FAMILLES

DU MÊME AUTEUR

AUX ÉDITIONS DU SEUIL

Le Sexe et l'Occident
Évolution des attitudes et des comportements
coll. « L'univers historique », 1981

Un temps pour embrasser
Aux origines de la morale sexuelle occidentale, VIe-XIe siècle
coll. « L'univers historique », 1983

CHEZ D'AUTRES ÉDITEURS

L'Église et le Contrôle des naissances
Flammarion, coll. « Questions d'histoire », 1970

Les Amours paysannes
Amour et sexualité dans les campagnes
de l'Ancienne France (XVIe-XIXe siècle)
Gallimard, coll. « Archives », 1975

CONTRIBUTION A L'OUVRAGE COLLECTIF
SOUS LA DIRECTION DE JACQUES LE GOFF
La Nouvelle Histoire
Éditions Retz, 1978

Le Cuisinier françois
Montalba, 1983

JEAN-LOUIS FLANDRIN

FAMILLES

PARENTÉ, MAISON, SEXUALITÉ DANS L'ANCIENNE SOCIÉTÉ

édition revue

ÉDITIONS DU SEUIL
*27, rue Jacob, Paris VIe*

CE LIVRE EST PUBLIÉ DANS LA COLLECTION
L'UNIVERS HISTORIQUE
DIRIGÉE PAR MICHEL WINOCK

Cet ouvrage a été publié pour la première fois
en 1976 par la Librairie Hachette
dans la collection « Le temps et les hommes »
dirigée par Jean Delumeau.

ISBN 2-02-006714-5
ISBN 2.01.002330/7 (1re PUBLICATION)

INTRODUCTION

Formateur ou informateur du sens civique, l'historien s'est longtemps confiné dans l'étude de la vie publique. Lors même qu'il entreprenait d'analyser la structure des économies anciennes, les conjonctures, les conflits sociaux, c'était dans une perspective politique. L'histoire de la vie domestique et de ses institutions était abandonnée aux sociologues et aux juristes.

Si des historiens commencent aujourd'hui à parler de la famille, c'est peut-être que les problèmes de la vie privée ont envahi l'actualité ; que les droits et les devoirs respectifs du mari et de la femme, leur autorité sur leurs enfants, les possibilités du divorce, de la contraception ou de l'avortement sont devenus des affaires d'Etat. Face à une transformation des mœurs chaque jour plus évidente, certains somment en effet l'Etat de préserver la morale traditionnelle, d'autres d'accélérer les évolutions « nécessaires », tandis que d'autres encore tentent d'en faire une machine de guerre contre le régime politique. Comment un historien attentif aux conflits politiques de son temps pourrait-il donc se désintéresser de la « vie privée » de nos ancêtres ?

D'autant qu'à y regarder de près la distinction du privé et du public, fondamentale dans nos sociétés libérales, est peu pertinente pour l'analyse des sociétés monarchiques. L'institution familiale y avait des caractères d'institution publique et les relations de parenté servaient de modèle aux relations sociales et politiques.

L'autorité d'un roi sur ses sujets, celle d'un père sur ses enfants étaient de même nature, nous le verrons : ni l'une ni l'autre n'étaient contractuelles ; l'une et l'autre étaient considérées comme « naturelles ». Le roi et le père n'avaient de comptes à rendre qu'à Dieu, de leur gouvernement. L'un et l'autre agissaient normalement en fonction des intérêts de leur famille, fût-ce pour le plus grand malheur de leurs sujets ou de leurs enfants. Comment comprendre les mariages d'autrefois si l'on en fait une affaire purement privée, n'intéressant que le bonheur des conjoints ! Comment comprendre la guerre de succession d'Espagne, à la fin du règne de Louis XIV, ou les guerres d'Italie, si l'on ne raisonne que du point de vue des intérêts de l'Etat !

En politique extérieure comme en politique intérieure, il y avait, certes, une logique de la souveraineté qui s'imposait aux princes d'autrefois comme aux Etats d'aujourd'hui, les poussant à combattre toutes les puissances qui pouvaient porter ombrage à la leur. N'en concluons pas, cependant, à la vanité et à l'hypocrisie de formules comme « mon frère » ou « mon cousin », que les princes d'autrefois employaient lorsqu'ils s'adressaient à un autre prince ou à un grand seigneur de leur royaume. Ces formules sont significatives : elles constituent un indice entre beaucoup d'autres de ce que les relations de parenté modelaient les relations politiques ; et inversement, elles renseignent l'historien de la famille sur la fraternité et le cousinage.

Les familles particulières, d'autre part, jouaient un rôle majeur dans la vie politique. Il était normal, lorsqu'on détenait une part de l'autorité publique, de gouverner avec l'aide de ses parents et à leur profit. Les plus grands serviteurs de l'Etat — un Richelieu, un Colbert — ne s'en sont pas privés. Lorsqu'ils étaient au contraire éloignés du pouvoir, les grands n'hésitaient pas à prendre les armes contre le roi, avec la complicité de leurs parents et clients.

L'histoire de l'Ancien Régime ne se réduit certes pas à des conflits de familles : certaines guerres s'expliquent essentiellement par l'affrontement des fanatismes idéologiques, d'autres par des luttes de classes ; et parfois affrontements idéologiques et luttes de classes se conjuguaient. Mais il n'en est pas toujours ainsi. Plutôt que de torturer les témoignages pour trouver, dans tous les conflits d'autrefois, la nature de classe de chaque parti, on serait parfois bien inspiré de chercher les liens de parenté, d'alliance et de clientèle qui les cimentaient toujours plus ou moins. Même lorsqu'un groupe défendait ostensiblement des intérêts de classe, il arrivait que ceux-ci masquent en fait des intérêts de famille.

Pour ces raisons aussi et d'autres encore, l'analyse de la vie politique, économique et sociale sous l'Ancien Régime exigerait que l'on prenne en considération la structure familiale et les relations de parenté. Mais il y a plus : à nous qui portons sur la place publique les problèmes de notre vie privée et qui prenons conscience du bouleversement de nos mœurs, il importe de connaître pour elle-même la vie familiale de nos ancêtres, davantage, au fond, que les péripéties et les fastes anachroniques de l'ancienne vie publique. Plus que les affaires de famille des grands, qui en formaient la trame, ce sont les structures de la vie privée des masses qui éveillent notre curiosité.

En quoi les familles d'autrefois différaient-elles et en quoi ressemblaient-elles à celles d'aujourd'hui ? Que sait-on de précis sur leur taille ? Sur l'âge et les liens de parenté de ceux qui les composaient ? Sur les relations des époux ? Sur l'attitude des parents envers leurs enfants ? Sur le rôle de la famille dans l'éducation ?

Sur tous ces points, des recherches sont en cours, qui vont sans doute préciser ou modifier les idées développées dans ce livre. Faire dès maintenant un premier bilan de nos connaissances sur la famille autrefois — principalement sur les familles françaises des XVIᵉ, XVIIᵉ et XVIIIᵉ siècles — nous a néanmoins paru nécessaire. Car depuis quelques années les historiens ont sensiblement modifié l'image qu'en avaient donné les sociologues et les historiens du droit. Ils se sont posé des questions nouvelles ; ont abordé les anciennes à partir d'autres documents et selon d'autres méthodes d'analyse ; et ils ont abouti à des conclusions parfois radicalement opposées à celles qu'on croyait établies.

Chacune de ces sources, chacune de ces méthodes — il faut en être conscient — ne permet pourtant de retrouver qu'un aspect, qu'une dimension de l'ancienne réalité familiale. Les « familles » reconstituées par les démographes français à partir des registres de baptêmes, mariages et sépultures, ne sont que l'image de la fécondité des couples ; elles ne nous disent rien sur la taille du groupe domestique. Les « familles » que les historiens anglais découvrent dans les recensements maison par maison ne sont qu'un instantané de l'occupation des logements d'une localité à un moment donné. Ni les unes ni les autres ne sauraient purement et simplement remplacer les images qu'à partir de documents différents — moins nombreux mais plus riches — juristes et sociologues avaient données des familles d'autrefois.

Entre ces images anciennes et ces images nouvelles, une synthèse est donc aujourd'hui nécessaire, à l'usage d'un public cultivé qui manifeste pour ces questions un intérêt croissant. Synthèse critique, provisoire, et parfois aventureuse — disons-le d'emblée —, elle peut n'être pas non plus inutile aux spécialistes qui, chacun sur son chantier, travaillent sans toujours se préoccuper de ce qui s'édifie sur les chantiers voisins. Frappés d'un étrange provincialisme, des historiens anglais et des historiens du Bassin parisien prétendent reléguer la famille étendue au musée des mythes sociologiques en ignorant les recensements de la France méridionale qui confirment son existence. Beaucoup, en France comme en Angleterre, confondent d'ailleurs le ménage élargi avec le « lignage », le lignage avec la « race » ou la « maison », sans se soucier des oppositions que les historiens du droit ont pourtant fait apparaître entre ces différentes réalités. Et la distinction que les ethnologues établissent entre la notion de lignage et celle de parentèle n'est pas non plus toujours connue des historiens. C'est sans doute que les historiens de la famille, comme les démographes et les sociologues, s'intéressent trop exclusivement à la cellule domestique et pas assez aux systèmes de la parenté ou de l'alliance qui obsèdent au contraire les ethnologues.

Il est vrai que le concept de famille n'est pas exempt d'ambiguïté. Cherchons donc à le définir, avant d'aborder l'étude des réalités familiales.

Le concept de famille

Le mot « famille » s'applique aujourd'hui à des réalités diverses. Dans un sens large, c'est « l'ensemble des personnes liées entre elles par le mariage ou la filiation » ; ou encore « la succession des individus qui descendent les uns des autres », c'est-à-dire « une lignée », « une race », « une dynastie » (Petit Robert). Mais il y a aussi un sens étroit, beaucoup plus habituel, que les dictionnaires donnent en premier et que les sociologues prennent généralement seul en considération. En ce sens le mot désigne « les personnes apparentées vivant sous le même toit », et « plus spécialement le père, la mère et les enfants » (Petit Robert). Ces deux éléments de définition de la famille au sens étroit sont conciliables dans la mesure — et dans la mesure seulement — où il est rare, dans notre société, que d'autres personnes que le père, la mère et les enfants vivent dans le même foyer.

En était-il de même entre le XVIe et le XVIIIe siècle ? Il ne semble pas. La lecture des anciens dictionnaires anglais et français révèle que le concept de famille était écartelé entre l'idée de corésidence et l'idée de parenté que l'on trouve soudées dans la définition devenue la plus courante aujourd'hui. Le mot évoquait en effet beaucoup plus fréquemment un ensemble de parents qui ne résidaient pas ensemble ; et il désignait couramment aussi un ensemble de corésidents qui n'étaient pas nécessairement liés par le sang ou le mariage.

C'est *l'idée de corésidence* qui était énoncée en premier dans les anciens dictionnaires anglais. Ainsi celui de Samuel Johnson (1755) donne comme premier sens de *Family* : « Ceux qui vivent dans la même maison » ; et comme synonyme *household.* Abel Boyer, dans la première édition de son *Dictionnaire royal françoys et anglois,* entendait par « famille » : « Tous ceux qui vivent dans une même maison, sous un même chef » ; et il donnait comme équivalents anglais « *family* » et « *household* ». De même Cotgrave, en 1673, traduisait

« Famille » par « *A Family or household* » ; et « *Family* » par « Famille, maisonnée », quitte à ajouter ensuite d'autres équivalents correspondant à d'autres sens du mot. Aucun de ces dictionnaires ne réduisait la famille à ceux qui, dans la maison, sont liés par la parenté. Et l'usage confirme que les domestiques et autres « familiers » en faisaient partie. Ainsi Samuel Pepys écrivait-il en 1660, au début de son célèbre journal intime : « I lived in Axe Yard, having my wife, and servant Jane, and no more in family than us three [1]. »

Ce sens de « maisonnée » ou « ménage », particulièrement habituel en anglais, se rencontrait aussi dans le français des XVIIe et XVIIIe siècles. C'est lui qui apparaît en tête de l'article « famille » dans la première édition du *Dictionnaire de l'Académie,* en 1694 : « Toutes les personnes qui vivent dans une même maison, sous un même chef ». Et, dès 1690, Furetière avait précisé que, dans ce sens, le mot « Famille se prend pour un ménage composé d'un chef et de ses domestiques, soit femmes, enfans ou serviteurs ». Cette définition a été reprise dans toutes les éditions postérieures de son dictionnaire, et dans toutes celles du *Dictionnaire de Trévoux,* de 1704 à 1771. On notera, incidemment, la réunion de l'épouse et des enfants avec les serviteurs domestiques dans le concept de domesticité. Il arrivait d'ailleurs que « famille » ne désigne que l'ensemble des serviteurs, y compris, parfois, ceux qui ne vivaient pas avec le maître. Ainsi « chez les personnes de qualité, on comprend sous le nom de famille tous les domestiques, tous les officiers, grands et petits » (Furetière et Trévoux). Sans doute ce sens n'était-il plus très usuel au XVIIIe siècle puisque à partir de 1740 les dictionnaires éprouvent le besoin de situer cet usage « en parlant des Grands d'Italie » (Académie) et de l'illustrer par des exemples comme « la famille d'un cardinal » et « la basse famille de l'Ambassadeur (de France en Italie) ». Il n'en reste pas moins qu'encore dans la seconde moitié du XVIIIe siècle, en France comme en Angleterre, et quel que soit le milieu social considéré, on comptait comme membre de la famille, et les parents résidant dans la maison et les domestiques, dans la mesure où ils dépendaient tous d'un même chef de famille.

L'idée de parenté, sans indication de corésidence, était d'autre part mise en avant par tous les dictionnaires français et la plupart des dictionnaires anglais. Nicot, en 1606, ne connaissait que ce sens ; Furetière et le *Dictionnaire de Trévoux* en connaissent d'autres, un siècle plus tard, mais mettent toujours celui-là en tête de l'article « Famille » ; Richelet, le *Dictionnaire de l'Académie,* et les dictionnaires anglais le citent en deuxième ou troisième position : « Il se dit en ce sens de ceux qui sont d'un même sang par les masles » (Académie) ; de « tous ceux qui descendent d'une même tige et qui ont par conséquent le même sang » (Encyclopédie) ; et de « ceux qui descendent ou proclament descendre d'un ancêtre commun » (Murray). L'Encyclopédie apporte une nuance non négligeable en affirmant que « Famille se prend ordinairement pour l'assemblage de plusieurs personnes unies par les liens du sang ou de l'affinité ». Et l'on donne pour synonyme du mot « famille » pris dans ce sens : « race », « maison », « extraction », « naissance », « souche », « tige », « lignage » — qui ne s'emploie plus guère, selon l'Académie — ou même « parenté », selon les dictionnaires anglais.

Lorsqu'on parle de « Maison », ici, cela n'implique pas la corésidence. La Maison de France, en ce début du XVIIIe siècle, a une branche installée sur le trône d'Espagne, comme avant elle la Maison d'Autriche. C'est trop évident pour que les auteurs du temps le précisent. Il leur paraît en revanche important de souligner les différences d'emploi des mots « famille » et « maison ». « En France (famille) ne se dit guère que des Maisons de robbe ou bourgeoises (...). Ce serait parler improprement que de dire d'un grand seigneur " Il est de la famille de... " pour marquer sa race. Il faut dire " Il est de la Maison de... " » (Furetière, Trévoux). « Famille, dit l'abbé Girard, est plus de bourgeoisie, Maison est plus de qualité. » Certains usages, pourtant, ne peuvent s'expliquer ainsi : « On dit, en parlant de naissance, être d'honnête famille et de bonne maison ; on dit famille Royale, et maison Souveraine » (Trévoux, 1771).

Le chevalier de Jaucourt, dans l'*Encyclopédie,* part en guerre contre l'affectation du mot « maison ». « C'est la vanité qui a imaginé le mot *maison,* pour marquer encore davantage les distinctions de la fortune et du hasard. L'orgueil a donc établi dans notre langue, comme autrefois parmi les Romains, que les titres, les hautes dignités et les grands emplois continués aux parens du même nom, formeraient ce qu'on nomme les *maisons* des gens de qualité, tandis qu'on appelleroit *familles* celles des citoyens qui, distingués de la lie du peuple, se perpétuent dans un Etat, et passent de père en fils par des emplois honnêtes, des charges utiles, des alliances bien assorties, une éducation convenable, des mœurs douces et cultivées ; ainsi, tout calcul fait, les *familles* valent bien les *maisons...* » Pas plus que les maisons, les familles ne se seraient donc rencontrées dans « la lie du peuple ». La « famille », comme la « maison », était une formation sociale caractéristique des élites ; et un consanguin, faute d'avoir le statut social et la culture exigible des membres de la famille, en était sans doute exclu. C'est ce que suggère aussi le *Dictionnaire de Trévoux,* en 1771 : « Les familles se font par les alliances, par une façon de vivre polie, par des manières distinguées de celles du bas peuple, et par des mœurs cultivées, qui passent de père en fils. »

Ces éléments sociaux de définition étaient-ils anciens ? On peut en douter, puisqu'ils n'apparaissent qu'après 1750. D'autre part il faut attendre la cinquième édition du *Dictionnaire de l'Académie* (1798) pour apprendre qu'on « appelle *Enfant de famille* un jeune homme d'une naissance honnête ». Jusque-là, tous les dictionnaires français définissaient le *fils de famille* de manière juridique comme « un jeune homme qui vit sous l'autorité de son père et de sa mère ». Cette remarque emporterait la conviction si Cotgrave, dès 1673, ne traduisait *Enfant ou fils de famille* par « *Youths of good houses, rich young men (whose parents are living)* ». Peut-être parce que l'enfant du pauvre, vivant comme domestique sous l'autorité d'un maître, ne répondait pas à la définition juridique du fils de famille.

« Famille se prend encore plus étroitement, disent les dictionnaires français, pour les plus proches parens. En ce sens, il se dit des personnes de qualité aussi bien que des Bourgeois et du peuple » (Furetière, Trévoux). Ce sens se rapproche d'autant plus du sens dominant aujourd'hui qu'il était présenté après celui de « ménage ». Mais qui étaient ces parents ? Quels étaient les critères et les limites de cette proximité ? Les quelques dictionnaires qui s'en soucient donnent des réponses diverses et plus ou moins explicites. « En ce sens, sous le nom de *Famille Royale,* on comprend les enfans et les petits enfans des Rois », disent Furetière et le *Dictionnaire de Trévoux.* L'Académie, pour sa part, entend, en ce sens restreint, « tous ceux d'un même sang, comme enfants, frères, neveux ». Cela ne l'empêche pas de reprendre littéralement le passage consacré à *Famille royale* par Furetière. Pour Richelet, *famille* signifie essentiellement « le père et la mère avec les enfants ». De même pour le chevalier de Jaucourt dans l'*Encyclopédie.*

Peut-on discerner un progrès de ce troisième sens, et une tendance à séparer du reste de la parenté le père, la mère et les enfants ? Nicot (1606 et 1621) ni Cotgrave (1611 et 1673), ni Abel Boyer (1702) n'ont retenu le sens de parenté proche. Il n'apparaît en France qu'à partir de 1680, avec la première édition du dictionnaire de Richelet. Depuis lors, il est présent dans tous les grands dictionnaires français. En Angleterre, l'évolution est analogue, quoique plus tardive : ce sens du mot « famille » est encore absent du dictionnaire de Johnson en 1755, alors qu'il est donné par Murray, au XIXe siècle, avec un premier exemple incontestable daté de 1829. D'ailleurs l'évolution du concept de famille est illustrée par ce qu'on dit de la *Sainte Famille.* Dans toutes les éditions du Furetière, de 1690 à 1732, dans les cinq premières éditions du *Dictionnaire de Trévoux* — de 1704 à 1752 — et dans les deux premières du *Dictionnaire de l'Académie,* la Sainte Famille comprend « notre Seigneur, la Vierge, S. Joseph et S. Jean ». Ensuite la présence de saint Jean ne va plus de soi et paraît faire problème : le Trévoux en 1771, l'Académie en 1740, 1762, 1798 et 1835 appellent *Sainte Famille* « un tableau qui représente Notre-Seigneur, la Vierge, saint Joseph, et *quelquefois* saint Jean ». Nouvelle nuance dans le Littré (1863) qui note : « *La Sainte Famille,* Joseph, la Vierge et l'enfant Jésus. *Une sainte Famille,* tableau qui représente la Sainte Famille, quelquefois avec saint Jean. » Aujourd'hui, dans le Petit Robert, saint Jean a totalement disparu.

En même temps que s'opérait cette réduction des membres de la famille, s'effectuait l'agrégation des deux idées de parenté et de corésidence, qui étaient restées dissociées jusqu'au milieu du XVIIIe siècle. Au lieu de répertorier les sens différents du mot « famille », le chevalier de Jaucourt, dans l'*Encyclopédie,* s'est efforcé de les réunir. Pour lui, la famille est une « société domestique qui constitue le premier des états accessoires et naturels de l'homme. En effet, une famille est une société civile établie par la nature : cette société est la plus naturelle et la plus ancienne de toutes ; elle sert de fondement à la société nationale ; car un peuple ou une nation n'est qu'un composé de plusieurs familles. Les familles commencent par le mariage et c'est la nature elle-même qui invite les hommes à cette union ; de là naissent les enfans qui, perpétuant les familles, entretiennent la société humaine, et réparent les pertes que la mort y cause chaque jour. » On voit à l'œuvre, dans ce préambule, l'idéologie des Lumières : sans doute était-elle nécessaire pour masquer l'écart — fréquent dans les milieux où l'on pouvait lire l'*Encyclopédie* — entre la parenté proche et l'ensemble des corésidents. Si la famille a été établie par la nature, un tel écart est insignifiant. Ce n'est qu'une fois ces principes établis que Jaucourt en vient à distinguer deux sens du mot famille, avec un luxe de justifications qui révèle le caractère novateur de sa vision. « Dans un sens étroit, elle n'est composée, 1° que du père de famille ; 2° de la mère de famille qui, suivant l'idée reçue presque par-tout, passe dans la famille du mari ; 3° des enfans qui étant, si l'on peut parler ainsi, formés de la substance de leur père et mère, appartiennent nécessairement à la *famille.* Mais quand on prend le mot *famille* dans un sens plus étendu, on y comprend alors tous les parens ; car quoiqu'après la mort du père de *famille* chaque enfant établisse une *famille* particulière, cependant tous ceux qui descendent d'une même tige, et qui sont par conséquent issus d'un même sang, sont regardés comme membres d'une même *famille.* »

Il faut attendre le XIXe siècle pour que les idées de corésidence et de parenté proche se trouvent liées en des formules lapidaires, des définitions dont la concision atteste qu'elles ne font plus problème. « Les personnes d'un même sang vivant sous le même toit et plus particulièrement le père, la mère et les enfants », dit Littré en 1869. Encore ne place-t-il cette définition qu'en quatrième position ; et le dictionnaire de l'Académie, dans sa 6e édition, ne la présente pas comme très courante vers 1835 : « Il se dit *quelquefois* de Parents qui habitent ensemble ; et plus particulièrement du père, de la mère et des enfants, ou même des enfants seulement. » Le concept de famille, tel qu'il est le plus communément défini aujourd'hui, n'existe donc que depuis une date récente dans notre culture occidentale.

Cette analyse conceptuelle nous fournit plusieurs hypothèses de recherche. Elle suggère que le lignage constituait une réalité plus vivace dans les élites que dans le peuple ; qu'en France comme en Angleterre, ce qui unissait les membres du groupe domestique — parents et serviteurs — en une « famille », c'était une commune dépendance vis-à-vis du « père de famille » ; et que, dans les deux pays, la triade père-mère-enfants a pris de plus en plus d'indépendance par rapport au lignage et par rapport aux serviteurs, pour devenir au XIXe siècle la cellule de base de notre société. Il est vrai que la chronologie des transformations du concept de famille, au niveau des dictionnaires, retarde sans doute sur l'évolution de la réalité familiale. Mais il ne manque pas d'autres indices du caractère tardif de cette évolution. Au XVIIIe siècle, c'est l'opinion « éclairée » qui milite en faveur de l'intimité familiale, qui présente la famille comme une « société naturelle » et qui en fait le lieu privilégié du bonheur. Dès le début du XXe siècle, au contraire, les écrivains novateurs attaquent la famille que défend l'opinion conservatrice.

Il ne nous est pas pour autant interdit de privilégier, dans notre recherche historique, les relations que les époux entretenaient entre eux et avec leurs enfants, puisqu'elles sont au cœur de nos préoccupations contemporaines. Mais il importait de souligner que ce qu'on appelait autrefois la famille ne se confondait pas avec la triade père-mère-enfants, et qu'on ne peut étudier cette triade, aux XVIe, XVIIe et XVIIIe siècles sans se soucier de ses rapports avec le lignage ou la parenté d'une part, avec la domesticité d'autre part *.

*** Figures et graphiques sont insérés dans le texte. Les tableaux statistiques sont regroupés en fin de volume.**

CHAPITRE PREMIER

LES LIENS DE LA PARENTÉ

1. Nature de la parenté

« Parenté », « lignage », « race », « maison », voire « famille » sont présentés par les dictionnaires des XVIIe et XVIIIe siècles comme quasiment synonymes, et nous avons nous-même paru l'admettre lorsqu'il s'agissait d'opposer la famille-parenté à la famille-maisonnée. En fait ils ne l'étaient pas ou ne l'ont pas toujours été.

L'un des concepts les plus difficiles à saisir est celui de « maison ». Dans ses *Essais,* au chapitre « Des Noms », Montaigne nous parle d'une demoiselle d'honneur de Catherine de Médicis à qui Henri II fut « d'avis de donner le nom général de la *race,* parce que celuy de la *maison* paternelle luy sembla trop revers [1] ». Qu'est-ce à dire ? Ce qu'il entend par « le nom de la race », c'est le patronyme ou nom de famille. Il n'était pas d'usage, dans l'aristocratie de cette époque, pas plus que les noms de baptême. Cela n'allait pas sans inconvénients, ainsi que Montaigne le souligne dans le même chapitre. « C'est un vilain usage, et de très mauvaise conséquence en nostre France, d'appeler chacun par *le nom de sa terre* et seigneurie, et la chose du monde qui fait le plus méconnaître les races. Un cadet de bonne *maison,* ayant eu pour son appanage une terre sous le nom de laquelle il a esté connu et honoré, ne peut honnestement l'abandonner ; dix ans après sa mort, la terre s'en va à un estranger qui en faict de mesme : devinez où nous en sommes de la connoissance de ces hommes [2]. »

Alors que dans le premier texte il opposait le « nom de la maison paternelle » au « nom de la race », il oppose dans celui-ci le « nom de la terre » à celui de la maison et de la race apparemment confondus. Voyons par un exemple emprunté à Brantôme [3] comment ces différentes dénominations étaient utilisées. « M. le comte du Lude d'aujourd'huy est filz de ce brave messire Guy de Daillon, duquel le père et ma mère estoient cousins germains, à cause de Louyse de Daillon, dicte la seneschalle de Poictou, ma grand-mère, laquelle estoit tante propre de M. du Lude, cousin germain de madicte mère... Dudict M. du Lude, Guy de Daillon, et de madame du Lude, de la maison de La Fayette, sont sortis M. du Lude d'aujourd'huy et trois filles... M. du Lude [Jean de Daillon] eut plusieurs fils et filles. Les fils sont Messieurs des Chastelliers..., de Sarterre et de Briançon, lesquels sont morts sans enfans. Les filles furent madamoiselle du Lude, qui mourut fille à la cour ; l'autre, madame la Mareschalle de Matignon, de laquelle est sorti M. le comte de Torigny, maryé avec une fille de Longueville ; l'autre fille fut maryée avec M. de Ruffec, gouverneur d'Angoulmois, desquels sont sortis messieurs de Ruffec d'aujourd'huy, qui sont quatre enfans masles... »

Le *nom de race* — que nous appelons « patronyme » ou « nom de famille » — était Daillon. Par exception, Brantôme l'utilise pour sa grand-mère, « la Seneschalle de Poictou », et pour « le brave messire Guy de Daillon » qui s'était peut-être illustré sous ce nom du vivant de son père. Mais plutôt que de donner leurs nom et prénom à son père Jean de Daillon ou à son fils François de Daillon, il préfère user de périphrases comme « M. du Lude cousin germain de madicte mère » et « M. le comte du Lude d'aujourd'huy », ou risquer de fourvoyer le lecteur.

Le *nom de la maison* paternelle était appliqué aux filles non mariées comme cette « madamoiselle du Lude qui mourut fille à la cour ». On l'utilisait aussi pour faire apparaître les alliances entre maisons : « Madame du Lude, de la maison de La Fayette », et « M. le comte de Torigny, marié à une fille de Longueville ». Les garçons ne le portaient que dans leur enfance. C'est le cas de « messieurs de Ruffec d'aujourd'huy, qui sont quatre enfans masles ». Plus âgé, l'aîné reprend le nom de la maison paternelle tandis que les cadets prennent d'ordinaire des *noms de terres* : ainsi « messieurs des Chastelliers..., de Sarterre et de Briançon ». Tous trois continuaient d'appartenir à la « race » des Daillon, mais ils étaient sortis de la « maison du Lude ». Allaient-ils fonder autant de maisons nouvelles ? Leur situation de cadet ne s'y prêtait guère ; ce n'est pas tout à fait par hasard que tous trois sont morts sans enfants. De sorte que ces « noms de terres », toujours moins anciens que les noms de maisons étaient aussi moins durables, ordinairement. Il arrivait même qu'un cadet le perde de son vivant, ainsi Emmanuel de Gondi, seigneur de Dampierre[4] : « M. de Dampierre [...] se nomme encore ainsy, bien que la place soit vendue ; autres le nomment M. le général des galères, estat certes très beau et très grand. » Une chance ! Il n'en reste pas moins que l'usage d'appeler chacun par son titre — qu'il soit tiré d'un office ou de la seigneurie sur une terre — était, comme le dit Montaigne, « la chose du monde qui fait le plus méconnaître les races ».

Ce « vilain usage » ne se rencontrait-il qu'en France, comme le suggère Montaigne ? Il existait aussi en Espagne et dans la plus haute noblesse de certains autres pays. En Angleterre où les gentilshommes se faisaient appeler par leurs nom et prénom, les Lords portaient leur titre. La faveur royale fit ainsi de Georges Villiers un duc de Buckingham, de Sir Edward Hyde le premier comte de Clarendon, ou de Sir Edward Montagu, Lord Sandwich. Ces titres, comme les noms de maison en France, ne passaient qu'à l'héritier, tandis que les cadets se contentaient généralement de leur patronyme précédé du prénom : ainsi Sir James Montagu, sixième fils de Lord Sandwich.

On pourrait dire que les gentilshommes français étaient aussi prétentieux que les plus grands seigneurs anglais. Mais l'usage du nom de maison était-il en France caractéristique de la seule noblesse ? En fait on le rencontrait jusque chez les paysans les plus pauvres dans plusieurs régions du Sud-Ouest, par exemple en Béarn ou en pays Basque. « En Labourt, écrivait le magistrat bordelais Pierre de Lancre au début du XVIIe siècle, les villageois et villageoises les plus gueux se font appeler sieur et dame d'une telle maison, qui sont les maisons que chacun d'eux a en son village, quand ce ne seroit que d'un parc à pourceaux... si bien qu'ils laissent ordinairement leur cognom et le nom de leurs familles, et mesme les femmes les noms de leurs maris, pour prendre celui de leurs maisons [5]... ». La maison basque, non seulement donnait son nom à ses habitants, allant jusqu'à faire complètement oublier leur état civil officiel, mais encore fondait leur condition sociale : elle était dite libre, noble, et portait blason, jouissant en quelque sorte d'une personnalité juridique [6]. Et les curés eux-mêmes, dans leurs registres paroissiaux, doublaient la mention des noms de famille et des prénoms par l'indication du nom de maison et le rapport de maître, d'héritier, de fils cadet, de gendre, etc., que l'on entretenait avec elle [7].

Le concept de maison est au fond intermédiaire entre ceux de « race » et de « ménage » que nous avons d'abord opposés. Aussi le retrouverons-nous au chapitre suivant. Mais il faut souligner ici qu'il liait la continuité familiale à la pérennité de l'implantation en un lieu. La désignation par le patronyme, qui a triomphé aujourd'hui, ne permet pas à une famille de survivre à l'interruption de sa descendance masculine, tandis que la désignation par le nom de maison le rendait possible. Prenons par exemple la maison du Vigean, fondée au XVIe siècle par un cadet de la maison du Fou [8]. François du Fou, seigneur du Vigean, fils du fondateur, « mourut sans hoirs masles », ne laissant que trois filles. L'aînée, Madeleine du Fou, hérita du fief qu'elle transmit à sa fille unique, Ester de Pons, dame du Vigean, connue de son temps sous le nom de « Madame de Fors » pour avoir épousé Charles Pesnart, seigneur de Fors, apparemment cadet de bonne maison. En tout cas l'aîné de ses enfants, au lieu de reprendre le titre paternel, devint baron du Vigean, faisant ainsi renaître la maison du Vigean « tombée en quenouille » pendant deux générations.

Les esprits chagrins — dès la fin du XVIe siècle et peut-être avant — se plaignaient d'un usage qui, faisant « méconnaître les races », permettait à des lignées ignobles de s'enter sur des souches illustres. Mais remarquons plutôt les avantages du système : il maintenait contre les aléas de la démographie et de l'économie une continuité des noms et des familles, masquant ainsi autant que possible les bouleversements de la hiérarchie sociale. Au contraire le patronyme multiplie les risques d'extinction des lignées, souligne l'impudence des promotions sociales, et, si l'on y réfléchit, ne garantit cependant pas mieux que le nom de maison la pureté du sang.

Pourquoi, en effet, lier *la race* à la patrilinéarité du nom ? Les médecins du XVIe siècle admettaient pour la plupart que dans la constitution du patrimoine génétique de la descendance — si l'on peut, pour faire bref, risquer cette formule anachronique — la mère avait autant de part que le père. Ou du moins les privilèges génétiques du père étaient trop discutés pour fournir une base solide à la patrilinéarité de la race. Au reste, personne n'ignorait qu'il était moins facile de connaître le père d'un enfant que sa mère : l'obsession du cocuage se manifestait chez les juristes et les théologiens, dans les contes, les comédies, les tragédies. Et, dans la réalité, le soupçon d'illégitimité n'épargnait même pas les plus grandes familles. Ainsi la race des Condé doit sans doute de ne pas s'être éteinte en 1588 à la décision arbitraire d'Henri IV de tenir pour légitime le père du vainqueur de Rocroy, un enfant né en prison, d'une mère enfermée pour adultère et pour l'empoisonnement de son mari. La race, en tant qu'elle était appréhendée par le patronyme, n'était donc pas une réalité biologique mais juridique. Elle paraît s'être constituée vers les XIIIe-XIVe siècles, en même temps que la condition juridique de la femme se dégradait, dans des conditions mal élucidées.

Avant la race, il y avait le *lignage,* ensemble d'individus qui descendaient ou prétendaient descendre d'un ancêtre commun par les hommes ou par les femmes. Admettant la bilinéarité de la filiation, le lignage était donc plus compréhensif que la race, et n'avait évidemment rien à voir avec la maison. Mais qu'en restait-il à l'époque qui nous intéresse ?

Dans l'Angleterre du XVIe siècle, il arrivait encore que, plutôt que le nom de la race, on prît celui du lignage maternel. Un exemple célèbre nous en est fourni par la généalogie d'Olivier Cromwell. Par les hommes, il se rattachait à des Gallois du nom de Morgan, venus chercher fortune en Angleterre au début du XVIe siècle. L'un d'eux épousa une sœur de Thomas Cromwell, favori d'Henri VIII. Les enfants de ce Morgan abandonnèrent son patronyme et adoptèrent le nom du lignage désormais illustre auquel ils appartenaient par leur mère. Il semble pourtant qu'à cette époque une telle pratique ait été exceptionnelle.

La survie du lignage anglais serait-elle suffisamment attestée par la survie du mot *lignage* dans les dictionnaires, encore au XVIIIe siècle ? En France, au contraire, le mot lui-même est considéré comme vieilli ou hors d'usage par les dictionnaires, dès la fin du XVIIe siècle. Encore courant au début du XVIe siècle — mais avec le sens vague de « parenté » — il disparaît ensuite de l'usage, et le souvenir n'en est guère maintenu que par son dérivé « lignager », dans l'expression « retrait lignager » sur laquelle nous allons revenir. Finalement, dès le milieu du XVIe siècle, la notion de lignage ne survivait plus en France que chez les juristes. Voyons donc ce qu'ils nous disent des solidarités lignagères.

Aux Xe et XIe siècles, dans une société où le pouvoir royal était quasiment inexistant, le lignage avait eu pour fonction essentielle la protection de ses membres. Tous étaient en effet tenus de venger l'injure faite à l'un d'entre eux, ou de punir son meurtrier. Ce devoir de « faide » était sacré et reconnu par les lois. Le souverain ne pouvait gracier un meurtrier que si ce dernier parvenait à s'entendre avec le lignage de la victime en payant le prix du sang. Dans ce cas, la somme en était généralement réunie par les parents du meurtrier et partagée entre tous ceux de la victime. Cette coutume suggère que l'individu était alors moins une personne qu'un membre du lignage au sens le plus concret du terme.

La résurrection progressive de la puissance royale et l'action de l'Eglise contre les guerres privées ont de plus en plus réduit *la nécessité et l'exercice* de la vengeance lignagère. A l'époque qui nous occupe, il n'en est plus question en droit. Sans doute défraie-t-elle encore la chronique, surtout à l'époque troublée des guerres de religion. Mais elle paraît plutôt le fait de clientèles, qui incluent des membres du lignage sans se confondre avec lui. Elle ne subsiste plus de manière institutionnalisée qu'en Corse. « Ils s'entretuent les uns les autres comme des Barbares, écrivaient les missionnaires venus de France, au XVIIe siècle, et ne veulent point pardonner ny entendre parler d'aucun accomodement, jusqu'à ce qu'ils soient vangez. Et non seulement ils s'en prennent à celuy qui leur a fait injure, mais aussi pour l'ordinaire à tous ses parens jusqu'au troisième degré inclusivement. De sorte que si quelqu'un en a offensé un autre, il faut que tous ses parens se tiennent sur leurs gardes, car le premier qui sera rencontré, quoy qu'innocent, et peut-être ne sçachant rien du mal qui aura esté fait, sera néanmoins traité comme s'il en avoit esté complice [9]. » La surprise, l'émoi des missionnaires français, attestent que cette vendetta corse tranchait avec les mœurs du continent. En France, ce qui rappellerait le plus les vieilles solidarités du lignage, en ce domaine, ce sont les foules de parents qui venaient se jeter aux pieds du roi pour réclamer justice d'un assassinat ou au contraire solliciter la grâce d'un coupable. C'est encore aux parents que revenait presque exclusivement ce rôle.

La force des liens du lignage, dans l'Occident médiéval, n'impliquait pas que tous ses membres vécussent en communauté sur un patrimoine indivis hérité de l'ancêtre commun. Ç'aurait été d'autant plus difficile que, la parenté se transmettant par les femmes aussi bien que par les hommes, chaque individu avait deux grands-pères, quatre arrière-grands-pères, etc., et participait de ce fait à plusieurs lignages. Cependant les descendants d'un ancêtre commun conservaient certains droits sur l'ensemble du patrimoine morcelé. Lorsque l'un d'entre eux voulait aliéner tout ou partie de ses possessions patrimoniales, il devait obtenir l'accord de ses lignagers : les actes d'aliénation des XIe-XIIe siècles en portent la trace. La renaissance de l'économie d'échange et celle du droit romain ont, dès le XIIe siècle, réduit ces prérogatives du lignage. A partir du XIIIe, il ne reste plus aux parents de celui qui vendait ou donnait son patrimoine, que la possibilité d'obliger l'acquéreur à le leur revendre. C'est le droit de retrait lignager [10].

Au XIIIe siècle, ce privilège paraît avoir eu pour fonction de protéger les droits des héritiers les plus proches. Mais dès le XIVe, on voit apparaître le principe nouveau qu'en cas d'aliénation en faveur d'un parent, un parent plus proche ne pouvait exercer de retrait lignager. La notion de « lignager » l'emporte désormais sur celle d'héritier. Et l'institution, qui a résisté aux assauts des juristes imbus de droit romain, a dès lors pour fonction essentielle de maintenir la puissance et l'éclat des grandes familles. Dès le XIVe siècle, le *Grand coutumier de France* proclame que « Retraict fut premièrement introduit en faveur du lignage affin que les héritages demeurassent es lignes dont ils sont venus et pour l'honneur dudict lignage [11]. » Autre indice du caractère aristocratique de l'institution : le droit de retrait pouvait s'exercer pendant un an et un jour en cas d'aliénation d'un fief, alors que les délais étaient beaucoup plus brefs lorsqu'il s'agissait d'une censive. Cette distinction qui avait cours en Picardie, en Artois et en Flandre, est apparue elle aussi à la fin du Moyen Age [12].

Institution coutumière, le retrait lignager s'est très peu implanté dans les pays de droit écrit — à l'exception de la Provence — bien qu'Henri III, pour des raisons fiscales, ait tenté de l'y introduire par un édit de 1581 [13]. C'est peut-être qu'il n'était pas nécessaire au maintien des maisons dans cette France méridionale, le droit romain fournissant aux chefs de famille le droit de léguer l'ensemble de leur patrimoine à un seul héritier, déduction faite de quelques maigres « légitimes » pour les cadets.

Dans ce qu'on pourrait donc appeler la France lignagère, comment l'appartenance au lignage se définissait-elle ? Le retrait lignager ne concernait généralement que les « biens propres » — ceux que le vendeur avait reçus en héritage — et non les acquêts. Or les biens propres se transmettaient selon la règle *paterna paternis, materna maternis,* c'est-à-dire que seuls les parents du côté du père avaient un droit sur les biens venus du père et les parents du côté de la mère sur ceux venus de la mère. Ce principe était incontesté, mais il recevait, d'une coutume à une autre, des interprétations diverses. On peut ramener ces interprétations à trois systèmes. Dans le *système de simple côté,* tous les parents du vendeur, du côté dont lui vient le bien en question avaient le droit de retrait. Cette interprétation était rare : on ne la trouvait au XVIIIe siècle que dans les coutumes de Chauny, Meaux, Etampes, Chaumont. A l'opposé, le *système soucher* n'accordait le droit de retraire qu'aux descendants en ligne directe du premier acquéreur du bien vendu. Moins rare, cette interprétation se rencontrait à Mantes, à Dourdan, à Melun, en Nivernais, en Bourbonnais et en Touraine. Enfin le *système de côté et ligne,* le plus répandu des trois, était intermédiaire entre les précédents : le droit de retrait y était accordé à tous les descendants du premier acquéreur, qu'ils en descendissent en ligne directe ou collatérale [14].

Les deux interprétations les plus courantes de la règle *paterna paternis materna maternis* définissaient donc le lignage comme un ensemble de descendants d'un ancêtre commun. Cette définition, conforme à celle qu'en donnent les anthropologues d'aujourd'hui, le distinguait nettement de ce qu'ils nomment une parentèle, c'est-à-dire de l'ensemble des parents d'un individu donné. D'autre part la règle elle-même témoigne du caractère constamment bilinéaire de la parenté, malgré l'apparition des patronymes au XIVe siècle. Mais cela ne plaide pas en faveur de la réalité des solidarités spécifiquement lignagères à l'époque qui nous occupe. Autrement dit, il est peu vraisemblable que les individus, dans leur vie quotidienne, aient été plus solidaires de ceux que les règles de transmission des biens appelaient leurs lignagers, que de leurs autres parents.

Les règles définissant l'aptitude à succéder et à retraire se préoccupaient en effet de l'histoire du bien revendiqué, non de la réalité des solidarités parentales au moment où s'exerçait le retrait. Inversement, comment auraient-elles pu imposer une solidarité particulière avec les lignagers alors que — par le jeu, sur quelques générations, des acquêts, des apports dotaux et des partages entre héritiers — la plupart des individus possédaient des biens venus d'ancêtres multiples et participaient à autant de lignages ? Bien rares devaient être les parents qui n'étaient pas lignagers pour telle ou telle possession.

Plus que la qualité de lignager, ce qui faisait la force des solidarités familiales, c'était la race — autrement dit la communauté de patronyme — et la proximité du parentage. Témoin, ce passage de *La vie de mon père* où l'avocat Rétif de Noyer, pour vaincre l'éventuelle jalousie du jeune Edme Rétif à l'égard d'un cousin nommé Daiguesmortes, lui dit : « Il est mon cousin germain [alors qu'Edme n'était qu'issu de germain], et fils d'une tante qui m'a servi de mère... Il est mon cousin germain, il a un degré de plus que toi ; mais tu portes mon nom, et par là vous m'êtes au moins égaux [15]. »

Les grands dictionnaires des XVIIe et XVIIIe siècles, comme le droit civil, tenaient les notions de *parenté* et de consanguinité pour absolument synonymes. Un parent est une « personne qui nous est unie par le sang », écrivait Richelet en 1680. Et l'Académie, en 1694, définissait la parenté d'un seul mot : « consanguinité ». Pourtant cela mérite discussion. Après avoir affirmé que « toute parenté vient de la naissance et dérive de ce que les personnes descendent d'une même souche », l'*Encyclopédie* devait avouer : « Il n'y a que ceux qui sont nés d'un mariage légitime qui soient parens de leurs pere et mere ; car les bâtards n'ont point de parens, si ce n'est leurs enfans nés en légitime mariage [16]. » En toute logique elle aurait pu aller plus loin : la consanguinité des parents n'était pas toujours évidente dans une société qui comptait la filiation par les hommes aussi bien que par les femmes. Mais la référence au sang faisait partie de l'idéologie de la parenté.

Au reste, le droit canon, lorsqu'il condamnait comme incestueux les mariages entre parents, avait de la parenté une vision beaucoup plus complexe. A côté de la consanguinité, légitime ou non, qu'il appelait « *parenté naturelle* », il prenait en considération la « *parenté légale* », créée par l'adoption entre l'adopté et toute la famille de son père adoptif ; *l'affinité légitime,* que le mariage faisait surgir entre chacun des conjoints et la famille de l'autre ; *l'affinité illégitime,* qui résultait de toute relation charnelle illicite ; la *parenté spirituelle,* enfin, qui unissait l'enfant baptisé et ses parents aux parrains et marraines et à leurs proches, ou encore le confesseur à sa pénitente et le catéchiste à la catéchisée. Si l'on admet donc que la parenté est une convention sociale caractéristique de chaque culture, et non pas une donnée de nature, pourquoi ne pas examiner cette vision ecclésiastique — maximaliste — de la parenté, avec autant d'attention que l'image restrictive qu'en donnait le droit civil ?

On ne saurait en effet expliquer cette multiplication des empêchements de mariage par une simple psychose de l'inceste : elle révèle l'existence de solidarités parentales autres que celles du sang, de la race, ou de la maison, et particulièrement la solidarité que le mariage établissait entre deux familles, même après la mort de l'un des conjoints. Au niveau du langage, l'analogie entre alliés et parents était plus sensible en Angleterre qu'en France : le mot « *kin* », si l'on en croit Abel Boyer, signifiait « allié » aussi bien que « parent ». « *Are you any kin to him ?* » était traduit par « Etes-vous son parent ? », tandis que « *He is no kin to me* » l'était par « Il ne m'est point allié ».

Mais la force de la parenté par alliance n'était pas plus contestable en France. Lorsqu'en août 1669 — pour éviter que quelques familles ne dominent des tribunaux royaux — Louis XIV décide de « régler les degrés de parenté qui rendent les offices incompatibles dans un même siège », à quelle sorte de parents témoigne-t-il de la méfiance ? Non seulement aux « parens au premier, second et troisième degré, qui sont de père et fils, de frères, oncles et neveux », mais aussi aux « alliés jusqu'au second degré qui sont beau-père, gendre et beau-frère », allant même jusqu'à interdire — dans cette société où l'homogamie était de règle — « que les officiers titulaires reçus et servans actuellement dans nosdites cours et sièges puissent ci-aprés contracter alliance au premier degré de beau-père ou gendre ».

Cette solidarité des parents et alliés dans la conquête ou l'exercice du pouvoir, on en trouverait une infinité d'exemples dans l'histoire de France ou d'Angleterre aux XVIe et XVIIe siècles. A la cour d'Henri II, par exemple, deux grands lignages se disputaient le pouvoir : celui des Guise d'une part, qui sortait de la maison de Lorraine et pouvait compter sur son indéfectible amitié ; celui des Montmorency d'autre part, conduit par le vieux connétable et ses trois neveux : l'Amiral de Coligny, le colonel général d'Andelot, et le cardinal de Châtillon. Il suffit que, sur le trône, arrive François II, époux de Marie Stuart nièce des Guise, pour qu'entre les deux factions l'équilibre fût détruit :

les Guise eurent tout et chassèrent leurs rivaux, et tous les mécontents de basculer avec Coligny dans le protestantisme.

Au temps de Louis XIV les familles jouent un rôle presque aussi considérable dans la vie politique : tout au long du règne la tribu des Colbert dispute le pouvoir à celle des Le Tellier, dont Louvois fut le représentant le plus apparent, tandis que quelques races moins en vue, comme celle des Phelypeaux, tentaient de conserver quelques places.

On sait peut-être moins la part qu'eut la politique familiale dans la conquête et l'exercice du pouvoir par Richelieu. Tous les membres de sa famille — les du Plessis et les La Porte — furent élevés par ses soins à des positions importantes ou de prestige : son frère devint cardinal, une nièce duchesse, son cousin La Meilleraye maréchal de France, son neveu Du Pont de Courlay général des galères, tandis que des parents plus éloignés occupaient d'innombrables autres offices. Il le leur devait, selon la morale de l'époque, et il le devait à sa propre gloire. Mais ces promotions avaient aussi une autre fin : bien que quelques-uns de ces parents aient laissé à désirer sur le plan de l'intelligence ou du sérieux, il les plaçait à des postes importants parce qu'ils lui étaient « naturellement » attachés et qu'il pouvait donc compter sur leur fidélité.

D'autre part Richelieu s'était créé, hors de sa parenté, un réseau de clients sûrs : le Père Joseph et Mazarin sont les plus connus, mais il y en avait beaucoup d'autres. Or, parmi ces clients, plusieurs lui étaient attachés par tradition familiale : le plus bel exemple en est celui des Bouthillier. L'ancêtre, Denis Bouthillier, seigneur de Fouilletourte, avait été clerc de François de La Porte, grand-père maternel de Richelieu. A sa mort, François de La Porte lui avait laissé sa pratique en lui recommandant « ses petits-enfants qui n'avaient plus de parens », nous dit Saint-Simon. En fait ils avaient encore leur mère, qui vécut jusqu'en 1616, mais il n'importe : « Bouthillier en prit soin comme de ses propres enfans, et c'est d'où est venu la fortune des Bouthillier. » Richelieu installa Claude Bouthillier, conseiller au Parlement, auprès de Marie de Médicis, comme « secrétaire des commandements de la Reine Mère », puis le fit recevoir, dix ans plus tard, secrétaire d'Etat. Son frère, Denis Bouthillier, seigneur de Rancé, fut également secrétaire de la reine mère, ce qui lui permettait de renseigner Richelieu sur ses intrigues et ses sautes d'humeur. Victor Bouthillier fut nommé évêque de Boulogne, puis coadjuteur de l'archevêque de Tours : dans ces fonctions, il pouvait tenir Richelieu au courant des affaires du clergé. En échange de cette collaboration, le ministre lui obtint toutes sortes de faveurs et de bénéfices, en particulier la place d'aumônier de Monsieur qui facilitait la surveillance de l'intrigant

Gaston d'Orléans. Le quatrième frère, Sébastien Bouthillier, fut évêque d'Aire et prieur de La Cochère. C'est lui qui, en 1619, avec le Père Joseph, obtint de Marie de Médicis le rappel de Richelieu exilé en Avignon. Enfin Léon Bouthillier, comte de Chavigny, le fils unique de Claude, reprit la charge de secrétaire d'Etat aux Affaires étrangères lorsque son père l'abandonna pour la surintendance des finances. Lui aussi fut, par tradition de famille, un fidèle du cardinal, et des plus sectaires [17].

Lorsqu'on cherche la part des liens de parenté dans la constitution des clientèles aux XVIe et XVIIe siècles — phénomène socio-politique qui mériterait une étude aussi systématique que la féodalité — il faut donc prendre en considération les consanguins et les alliés des clients aussi bien que les parents du « leader ». Sans doute faudrait-il aussi tenir compte des « parentés spirituelles » qui permettaient, mieux que l'alliance matrimoniale, d'institutionnaliser les solidarités entre le client et la famille de son patron ou entre le patron et la famille de son client.

Il est en tout cas clair qu'à niveau social égal les fidélités, qui pouvaient naître de la sympathie ou de l'intérêt, devaient être consacrées par un mariage, sous peine de rester muables et incertaines. Saint-Simon nous le fait entrevoir lorsqu'il raconte ses premières démarches matrimoniales. « Avec un établissement considérable, je me sentais fort esseulé dans un pays où le crédit et la considération faisoient plus que tout le reste. Fils d'un favori de Louis XIII et d'une mère qui n'avait vécu que pour lui, qu'il avait épousée n'étant plus jeune elle-même, sans oncles ni tantes, ni cousins germains, ni parents proches, ni amis utiles de mon père et de ma mère — si hors de tout par leur âge — je me trouvois extrêmement seul... Le duc de Beauvillier s'étoit toujours souvenu que mon père et le sien avoient été amis, et que lui-même avoit vécu sur ce pied-là avec mon père... Sa vertu, sa douceur, sa politesse, tout m'avoit épris de lui. Sa faveur alors étoit au plus haut point : il étoit ministre d'Etat depuis la mort de M. de Louvois, il avoit succédé fort jeune au maréchal de Villeroy dans la place de chef du conseil des finances, et il avoit eu de son père la charge de premier gentilhomme de la chambre [18]. » Bref, pour ce jeune duc sans parents et sans faveur auprès du souverain, il est absolument nécessaire de trouver des alliés puissants. Cela était plus important que d'épouser une riche dot, dont pourtant il aurait eu fort besoin aussi, son patrimoine étant mangé de dettes. Il le dit franchement au bienveillant duc de Beauvillier, en lui demandant n'importe laquelle de ses filles en âge de mariage. Malheureusement l'aînée veut être religieuse, la seconde y est contrainte par sa malformation physique, les autres sont trop jeunes. L'alliance ne peut donc être conclue, au grand regret des deux hommes : « Je m'affligeois, en lui répondant, que la nécessité de mes affaires (c'est-à-dire son besoin d'une dot pour " nettoyer " ses dettes) ne me permît pas d'attendre à me marier jusqu'à sa dernière fille, qui toutes peut-être ne seraient pas religieuses ; et c'était en effet ma disposition. La fin de l'entretien ne fut que protestations les plus tendres d'un intérêt et d'une amitié intime et éternelle, et de me servir en tout et pour tout de son conseil et de son crédit, en petites et en grandes choses, et de nous regarder désormais, pour toujours, l'un et l'autre comme un beau-père et un gendre dans la plus indissoluble union... Il dit qu'il ne se consolait que dans l'espérance que ses enfants et les miens se pourroient marier quelque jour [19]. »

2. Dimensions de la parenté

Après avoir ainsi fait le tour des manières d'être parent et avoir éprouvé la force de chacune, il faut maintenant préciser les dimensions de la parenté. Interrogeons d'abord le droit civil, c'est-à-dire les règles d'héritage et de retrait lignager [20]. En Nivernais et en Bourbonnais, elles ne reconnaissaient la parenté que jusqu'au 6ᵉ degré. C'était les coutumes les plus restrictives. Plus fréquemment on admettait à l'héritage et au retrait lignager les parents au 7ᵉ degré. Ainsi dans l'ancienne coutume de Beauvaisis décrite au XIIIᵉ siècle par Beaumanoir, ou encore, aux XVIᵉ et XVIIᵉ, dans les coutumes de Normandie, de Sens, du duché de Bar, du Bassigny. La *Très ancienne coutume de Bretagne* arrêtait le lignage au 9ᵉ degré ; et la plupart des autres ne lui fixaient pas de limites. Plus on avance dans le temps, plus cette tendance se généralise, sans doute parce que l'apparition et l'amélioration des registres de baptêmes, mariages et sépultures rendaient plus facile la preuve d'une parenté éloignée. « Suivant le droit civil observé en France, affirme l'*Encyclopédie,* on succède à l'infini, tant en directe qu'en collatérale, tant que l'on peut prouver sa parenté, quand même on n'en prouverait pas précisément le degré [21]. » Et le juriste Pothier cite, au XVIIIᵉ siècle, des cas de retrait lignager par des parents au 20ᵉ et même au 30ᵉ degré. On peut douter que les solidarités lignagères, et même la connaissance qu'on avait de sa parenté, soient jamais allées aussi loin.

Cette distorsion entre le caractère illimité de la parenté juridique et le caractère très limité des solidarités lignagères réelles est d'ailleurs mise en évidence par les testaments. On y trouve souvent, en effet, particulièrement en Provence et dans la région lyonnaise [22], une clause dirigée contre des parents connus ou inconnus qui voudraient revendiquer une part de l'héritage en s'appuyant sur les règles coutumières.

Par exemple, en 1559, dans celui de Bernard Salomon, peintre lyonnais : « Item donne et par droit d'institution à ses parents et amis prétendants droictz, à chacun 5 sols... » Ou, dans celui de Louise Labé, du 8 avril 1565 : « Item ladite testatrice a donné et lègue par droit d'institution à tous aultres prétendants avoir droict sur sesdits biens la somme de cinq sols tournois... sans pouvoir aultre chose quereller ne demander sur sesdits biens. » Cette clause, tout à fait habituelle, ne s'explique pas par des inimitiés particulières que certains testateurs pouvaient nourrir à l'endroit de tel ou tel de leurs parents. Elle témoigne à la fois des droits que la loi reconnaissait aux parents, aussi lointains soient-ils, sur les biens d'un défunt, et du refus du testateur d'admettre ces droits au détriment d'héritiers plus proches ou plus chers.

Le droit canon donnerait-il alors une définition plus réaliste de la parenté ? Il l'avait défini de manière extrêmement variable au cours du haut Moyen Age. A l'origine l'Eglise n'interdisait le mariage que jusqu'au 4ᵉ degré de consanguinité de la computation romaine ; aux Xᵉ-XIIᵉ siècles elle en était venue à l'interdire jusqu'au 7ᵉ degré de la computation germanique, ce qui équivalait à peu près au 14ᵉ degré de la computation romaine (fig. 1). Cela confinait à l'absurde : en supposant qu'à chaque génération chaque couple ait élevé et marié un garçon et une fille — ce qui est inférieur à la moyenne réelle, dans la conjoncture d'essor démographique des XIᵉ-XIIᵉ siècles — un candidat au mariage se serait vu interdire 2 731 cousines de sa génération, sans compter leurs ascendantes et descendantes en âge de mariage, c'est-à-dire, — qu'il fût grand seigneur homogame ou paysan attaché à la glèbe — toutes les filles à marier qu'il pouvait connaître et beaucoup plus encore.

Sans même tenir compte des empêchements de parenté spirituelle qui s'étaient multipliés, ni de l'affinité qui s'était également étendue jusqu'au 7ᵉ degré, il est clair que la plupart des jeunes gens devaient rester célibataires ou transgresser les interdits. Les transgressions constantes entraînaient une extrême instabilité des mariages : soit que les époux « incestueux » aient été dénoncés par un jaloux, soit que l'un d'eux, las de son conjoint, ait demandé l'annulation de leur union. C'est la raison pour laquelle, en 1215, le IVᵉ concile de Latran limita les empêchements de consanguinité et d'affinité légitime au 4ᵉ degré et celui d'affinité illicite au 2ᵉ degré.

Ces faits révèlent évidemment l'irréalisme des prescriptions du haut Moyen Age et ne plaident pas en faveur du réalisme des prescriptions canoniques postérieures. Les protestants ont d'ailleurs réduit encore les empêchements de parenté et l'Eglise catholique s'y est à

Figure 1

L'arbre de consanguinité.

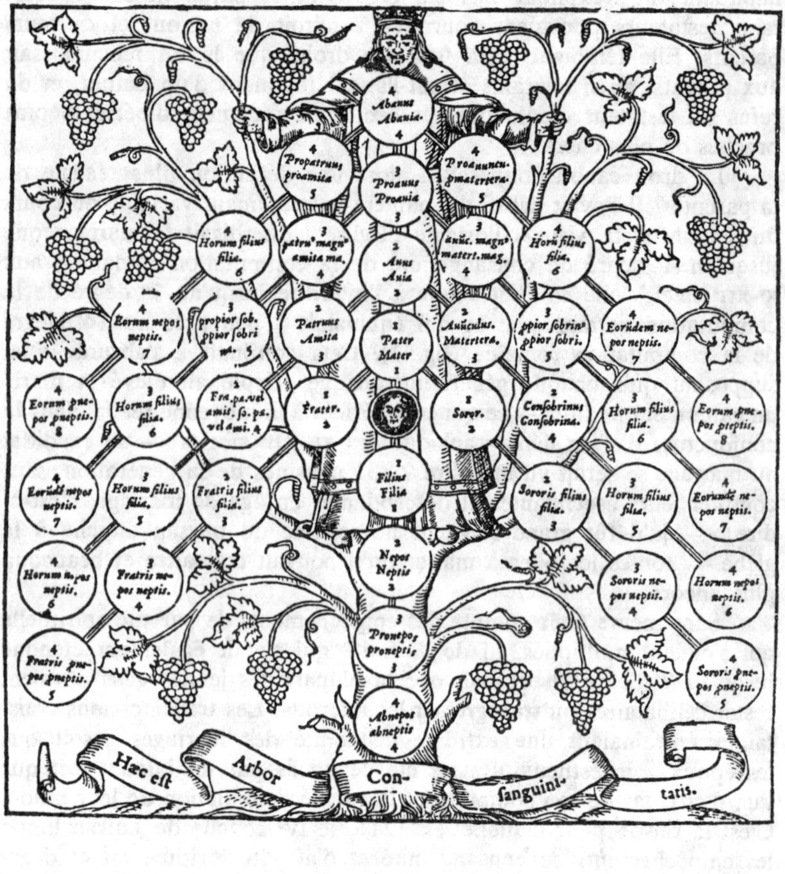

Dans chaque cercle, le chiffre du haut indique le degré de parenté selon la computation germanique (ou canonique) et le chiffre du bas selon la computation romaine (ou civile). Figure extraite du *Decretum Gratiani,* édition de Paris 1561, in-folio, col. 1939-1940.

son tour décidée en 1917, lors de la publication du nouveau code de droit canonique. Au reste il semble que canonistes et théologiens furent peu nombreux à comprendre l'utilité sociale des interdits de parenté, et que la plupart d'entre eux aient été surtout obsédés par le péché d'inceste comme variété du péché sexuel.

Cependant, comment ne pas être frappé par le parallélisme entre l'évolution des interdits et ce que nous pouvons entrevoir de l'évolution des solidarités lignagères. Celles-ci paraissent avoir atteint leur apogée entre le xe et le xiie siècle, et c'est à ce moment, justement, que les interdits se sont élargis jusqu'à la démesure ; lorsque, au contraire, dès le xiiie siècle, le lignage se resserre sous l'influence de tendances patrilinéaires qui ont précédé l'apparition des patronymes, et que, paradoxalement, les liens lignagers se relâchent — en matière de vengeance comme en matière de droits sur la terre — les interdits sont brutalement réduits. On ne peut donc, en l'état actuel des recherches, écarter l'hypothèse d'une certaine adaptation de la législation canonique à l'évolution réelle des solidarités lignagères.

D'autre part, s'il est évident qu'on ne pouvait connaître les 10 687 consanguins constituant la parenté jusqu'au 7e degré de la computation canonique — dans l'hypothèse moyenne minimale que nous avons adoptée — il n'y en avait que 188 jusqu'au 4e degré, dont 88 seulement de la même génération. C'est peu de chose, si l'on se réfère à la science de la parenté qu'avaient certains peuples décrits par les anthropologues. Il est donc très possible que les règles canoniques en vigueur entre 1215 et 1917 aient donné forme à l'idée que les fidèles se faisaient de leur parenté, ou qu'elles s'en soient inspirées. Ce n'est pas sans raison que Beaumanoir, au xiiie siècle, cherche à faire coïncider les limites de la parenté coutumière, en matière de « rescousse », avec celle de la parenté canonique [23].

On sait aussi que les curés étaient tenus d'apprendre aux fidèles à compter leur parenté. L'évêque de Troyes, par exemple, l'ordonnait dans ses statuts synodaux de 1374 : « Les prebtres doivent enseigner leurs parrochians a compter les degrez du lignage en telle manière : les frères sont ou premier degré ; les enfans de frères, quon appelle cousins germains, sont ou second degré ; les enfans des cousins germains, que on appelle secondz cousins, sont ou tiers degré ; et leurs enfans, que le peuple appelle tiers cousins, sont ou quart degré [24]. » Au vrai ce n'est sans doute par leur parenté qu'il fallait apprendre à ces paysans — les appellations populaires auxquelles le texte fait allusion suggèrent qu'ils la connaissaient —, ce n'est qu'à se familiariser avec la computation canonique. Remarquons enfin que le droit canon donnait alors à la parenté des limites voisines de celles que lui attribuaient les coutumes d'héritage et de retrait lignager puisque le 4e degré de la computation canonique correspond aux 7e et 8e degrés de la computation civile.

Toutes ces indications théoriques, cependant, demandent à être vérifiées. Les mémoires, les journaux et livres de raison nous en fournissent le moyen, en particulier pour les bourgeois. Mais avant d'en tirer parti, arrêtons-nous sur un document plus exceptionnel, émanant d'un noble : « *Nombre et rolle de mes nepveux, petitz-nepveux et arrière-petitz-nepveux à la mode de Bretagne que moy Brantôme je puis avoir, et que j'ay faict aujourd'huy 5 novembre 1602.* » L'intérêt de ce document vient de ce que l'auteur a essayé de recenser l'ensemble de ses neveux, alors que les auteurs de livre de raison connaissaient vraisemblablement plus de parents qu'ils n'en mentionnaient, et que les généalogies sont généralement sévères pour les collatéraux.

Une fois décomptées les répétitions, et sans tenir compte des ancêtres communs que Brantôme ne nomme pas, il nous présente 185 parents — ce qui n'est pas loin des 188 que nous avions calculés ! — et sait nommer 73 de leurs conjoints. Au total il aurait donc 258 parents connus par le sang ou par alliance. Pour considérable qu'elle puisse paraître, cette parenté est plutôt en deçà des limites canoniques : Brantôme ne nomme qu'accidentellement — et parce qu'ils sont de maisons princières — ses parents au 4e degré. En fait il n'entretient de véritables relations de parenté que jusqu'au 3e degré de la computation germanique.

Encore faut-il souligner qu'il n'est pas toujours capable de nous dire si tel de ses cousins ou cousines a des enfants, combien, ou comment ils s'appellent. Le plus souvent cela s'explique par l'âge tendre des enfants en question. De MM. de Saint-Aulaire, de La Renaudie et des Estres — ses neveux au 5e degré de la computation civile — il nous dit seulement que « sont sortis force enfans qui sont encore pour aujourd'huy fort jeunes ». Pourquoi en tenir le compte, alors qu'il en mourra en nourrice et qu'il en naîtra d'autres ? D'autre part, puisqu'on n'usait pas des prénoms, il était difficile d'individualiser ces enfants avant qu'ils aient reçu un titre. Cela pouvait arriver vite aux garçons. Ainsi peut-être « le petit M. de Coutures, qui est aujourd'huy jeune homme ». Les filles, au contraire, restaient souvent sans identité jusqu'à leur mariage : de M. de Sainte-Aulaire, son cousin germain, Brantôme écrit que sont « sorties force filles : l'aisnée maryée à la Borz-Saunier, et la seconde à Fradeaux... ; encore ensemble d'autres sœurs que je ne puis nommer ». Ce n'est pas faute de nouvelles récentes, puisqu'il sait déjà que la seconde, mariée à Fradeaux, « a eu force enfans ». C'est donc parce qu'elles n'étaient pas encore intéressantes à connaître, leur nombre même — il y en avait huit en comptant les deux aînées — vouant les dernières à des destins obscurs. Autre exemple, il sait que sa « nièce » au 5e degré civil, Mme de Charlus, a eu un fils marié à une fille du comte du Lude. Soupçonnant qu'elle a eu d'autres descendants, et ne les connaissant pas, il suppose que ce sont des filles. En bref, il n'identifie les filles non mariées que lorsqu'elles se sont fait connaître à la cour — ainsi « Mademoiselle du Lude qui mourut fille à la cour », ou « la belle et gentille Maumont, nourrie à la cour, qui fut maistresse de M. le Dauphin » — ou lorsqu'elles sont riches héritières. C'est le cas de celles qui sont sorties des deux mariages d'une de ses « nièces » au 7e degré : « L'aisnée est maintenant maryée avecque M. le duc d'Usez, et l'autre à maryer, deux fort riches héritières de la maison de Sainct-Sulpice ; comme aussi celle de Montluc... [qui] ne sçauroit avoir encore que douze à treize ans. » S'il les individualise, même dans un âge tendre, malgré leur célibat et le fait qu'elles ne lui soient parentes qu'au 8e degré, c'est parce qu'elles vont contracter de belles alliances et feront souche.

Brantôme ne tient cependant pas un simple « Bottin mondain » : la connaissance qu'il a de ses parents semble impliquer — sauf dans le cas des maisons princières — de véritables relations de parenté. A preuve son ignorance, lorsque l'éloignement géographique interdit des relations suivies : « De M. de La Rochandry sortit en maryage madame la comtesse de La Chambre, maryée en Savoye... que j'ai veu nourrir fille de madame de Savoye en sa cour, où M. le comte de La Chambre l'espousa. Je ne sçay s'il en est sorti des enfans. » Il pouvait rencontrer ses autres parents à la cour de France, lorsqu'il y vivait, ou en recevoir des nouvelles depuis qu'il en était éloigné. Au contraire la distance et les mauvaises relations de la France avec la Savoie à cette époque l'isolaient de cette parente-là.

Cela nous amène à supposer que d'autres ignorances — les plus significatives pour notre propos — sont imputables à l'éloignement de sa parenté avec les personnes dont il parle. De Mme de Pescels et de sa sœur la vicomtesse de Panas, il écrit : « Elles ont des enfans, mais je ne puis les spécifier, et pourtant nous sommes très proches. » Paradoxalement, cette réflexion conforte notre interprétation : ce n'est pas l'âge ou le sexe qui sont invoqués, c'est la distance généalogique. De fait, si proche que Brantôme estime sa parenté avec ces « nièces » et leurs enfants — parce qu'elles descendent d'un de ses arrière-grands-pères — c'est cependant la plus éloignée que l'on puisse découvrir dans son recensement : selon le droit civil ces dames étaient ses parentes au 8e degré et leurs enfants au 9e, c'est-à-dire au-delà de la limite du 7e degré retenue par la plupart des coutumes qui circonscrivent le lignage ; et selon la computation germanique, il était parent avec elles du 3ᵉ au 5ᵉ degré, et avec leurs enfants du 3ᵉ au 6ᵉ, c'est-à-dire que le droit canon n'établissait pas entre eux d'empêchement de parenté.

C'est parce qu'il a écrit ce mémoire à la fin de sa vie, que Brantôme a pu connaître des « nepveux, petitz-nepveux et arrière-petitz-nepveux à la mode de Bretagne » qui étaient à 4 et 5 degrés de leurs souches communes. Mais — à l'exception de celles qui le reliaient à des maisons princières — Brantôme lui-même n'est jamais à plus de trois degrés de ces souches, c'est-à-dire qu'il reste en deçà des limites théoriques de sa parenté. S'il en était ainsi d'un noble, attaché à ses généalogies, qu'attendre des bourgeois et des paysans ?

Pour juger des parentés bourgeoises en France, nous nous arrêterons à deux journaux intimes du début du XVIᵉ siècle : celui que Jehan de Gennes, grand marchand de Vitré, a tenu à partir de 1490 [25] ; et celui de Nicolas Versoris, avocat parisien, qui couvre la période 1519-1530 [26]. Les parents dont il y est question sont vivants — ou meurent — au moment où on les mentionne, tandis que, pour expliquer ses liens de parenté avec les vivants, Brantôme rappelait l'existence de parents morts depuis longtemps. Cela réduit artificiellement l'importance relative de ces parentés bourgeoises. En revanche, alors que Brantôme était célibataire et n'avait donc pas de parenté par alliance, nos deux bourgeois sont mariés, et les parents de leurs femmes tiennent dans le journal une place presque aussi importante que la leur. La force de la parenté par alliance se marque d'ailleurs par les appellations : « frère » et « sœur » qui désignent aussi bien des beaux-frères et des belles-sœurs que des frères ou des sœurs par le sang. Et il arrive même qu'on soit dans l'incapacité de distinguer un beau-frère d'un frère utérin. Au reste les deux journaux sont tenus dans une optique différente, ce qui les rend également incomparables entre eux. Nicolas Versoris note au jour le jour et à la suite, les événements qui lui ont paru « notables », en particulier, pour ce qui nous concerne, les naissances, les mariages et les décès. Jean de Gennes, pour sa part, a ouvert — dans ce qui est autant un livre de comptes qu'un journal — des rubriques concernant ses plus proches parents. Le recensement de ces rubriques aurait été instructif si le « journal » avait été publié en entier. Comme sa publication a été interrompue, le plus intéressant est de faire l'inventaire des parents et alliés dont il mentionne la présence aux fiançailles et mariages de ses proches.

Jean de Gennes mentionne ainsi 35 parents par le sang, 12 alliés de ces parents et 18 parents de ces alliés ; il faut y ajouter 15 parents de sa femme et 7 alliés de ces alliés : soit au total 87 parents et alliés divers. Plus significatif que ce nombre est la proximité de ses 35 consanguins : ils se composent de 7 enfants, son père, sa mère, 8 frères et demi-frères, 2 sœurs, 9 neveux, 3 oncles ou cousins du côté maternel et 4 oncles ou cousins du côté paternel. C'est-à-dire qu'il en reste au 2e degré de la parenté canonique. De même la parenté de sa femme, ou celle des épouses de ses frères, ne vont pas au-delà des oncles et des cousins germains. En matière de parenté, les bourgeois ont la mémoire courte, ce qui n'empêche pas, bien au contraire, l'esprit de famille.

Nicolas Versoris ne mentionne, lui aussi, que 34 consanguins parmi lesquels 8 enfants, 6 frères et sœurs, 15 neveux et nièces, 1 oncle maternel et 4 cousins. Il s'y ajoute 14 alliés de ces consanguins, et 23 parents et alliés de ses deux femmes successives : au total 71 parents et alliés. Si quatre de ses enfants sont morts dans les quinze jours suivant leur naissance, et si quelques-uns de ses neveux ont peut-être eu le même sort sans qu'il le note, cela fait néanmoins un nombre de parents non négligeable. Or il ne s'agit que d'une partie de ses parents : ceux qui sont nés, ou sont morts, ou se sont mariés, ou ont été parrains et marraines de ses enfants et neveux entre 1519 et 1530.

Les parrains et marraines, dans la famille de Gennes comme dans la famille Versoris, étaient généralement choisis parmi les parents et alliés. Ainsi la parenté spirituelle, se confondant avec la consanguinité et l'affinité légitime, ne risquait pas de compliquer les mariages futurs. Au niveau du vécu, nul doute que cette habitude avait encore pour avantage de resserrer les liens de famille. Un exemple limite paraît en témoigner : lorsque Nicolas Versoris prend pour marraine de sa fille Anne la seconde femme de Pierre Herbert — dont il ne nous dit même pas les noms et prénoms — c'est sans doute pour retenir dans la parenté des Versoris Pierre Herbert dont la première femme, Marguerite Versoris, nièce de Nicolas, était morte six mois avant. Il arrivait aussi qu'on se serve du parrainage pour établir des liens qu'on ne pouvait former par le mariage en raison de la différence des statuts sociaux. Peut-être noble homme Guyon de la Charonnière, connétable de Vitré, et la femme du châtelain de Vitré, qui tiennent sur les fonts la deuxième fille de Jean de Gennes sont-ils dans la hiérarchie sociale un degré au-dessus de lui. Ce n'est pas sûr : il s'agit peut-être simplement d'une opération politique à très court terme. En tout cas lorsqu'il prend pour « petit parrain » de son premier fils, et pour marraine du second, Pierre Tirel et Perrine Tirel, enfants ou proches parents de son homme de confiance, il est clair qu'il cherchait ainsi à institutionnaliser une fidélité qui ne pouvait l'être par un mariage.

Dans la passionnante étude d'anthropologie historique qu'il a consacrée à la vie familiale de Ralph Josselin, Alan Mac Farlane souligne le peu de relations que ce pasteur d'un villlage de l'Essex entretenait avec sa parenté [27]. Ni les baptêmes, ni les enterrements ne lui étaient une occasion de la rencontrer. Mais ces cérémonies que nous considérons comme familiales par excellence, l'étaient-elles autant autrefois ? Lorsque Bodynays de Gennes, gros marchand de Vitré et l'un des premiers procureurs de la ville, meurt le jeudi 15 août 1521, vers 4 heures du matin, en son domicile de la Brosse, qui voit-on à son enterrement ? « Ledit jour après vespres fut apporté sondit corps en sa maison de la rue de la Poterie [résidence urbaine et professionnelle] [...] et aprés fust veneu querir par les colleges et processions de ceste ville et fors bourgs et porté sond. corps par quatre notables marchans en léglize de Nostre-Dame [...] et après conduyt par lesd colleges et porté par lesd. marchans au cymetière de Saint-Martin ou il fut inhumé pres et au bout de la tombe et sepulture de mon feu père. » La famille, dans ce compte rendu, n'apparaît que par ses morts.

Les vivants apparaissaient parfois, dans les funérailles plus fastueuses, mais avec discrétion. Ainsi au mois d'avril de la même année, lorsqu'on porta en terre le beau-père de Jean de Gennes, André Cholet, seigneur de la Mereyaye, mort le mardi 8 à l'heure de midi. « Et le mercredy IXe jour dud. moys vindrent les collèges de Nostre-Dame et de la Madeleine et les Augustins, querir le corps et le porterent scavoir : le seigneur de la Hayrie Jehan de la Reaulté, lieutenant de Vitré. Me Jullien dargentré, procureur. Francoys de Mué, seigneur de la Chederie, et portoient le drap Guillaume Dollier seigneur de la Caillere. Me Guillaume de Grasmenil seigneur du Meix. Me Pierre Brocquet seigneur du Feu. Giles Gaulay seigneur du Mesnil Morel. » Or, à part Giles Gaulay, on ne nous a jamais parlé de ces personnages comme de parents : ce sont les plus notables de la ville, et c'est en tant que tels qu'ils sont là. Viennent ensuite des foules de pauvres vêtus pour la circonstance de « robes de bien bon bureau » et portant torches, cierges, ou pots à feu aux armes du défunt. Eux aussi sont signe de magnificence. La famille en tant que telle apparaît seulement au moment de l'inhumation, le corps étant alors porté par quatre des petits-enfants du défunt. Tous quatre, cependant, étaient tenus et guidés par deux hommes et deux femmes des plus notables de la ville qui associaient ainsi la participation du corps social à celle de la famille. Les plus proches parents, enfin, se distinguaient par leur vêtement de deuil : « Et ont porté le deuil led. sieur des Neuptumières et son frère (les deux petits-fils du défunt) pour les hommes. Et pour les femmes Jacquine Cholet, Briande Cholet et Gilete Cholet, toutes troys filles et seules héritières dud. feu sieur de la Mereyaye. » L'effacement de la famille proche, en cette occasion, n'était donc pas total. Jean de Gennes note d'ailleurs pour finir qu'à ce service funèbre « ont assisté beaucoup de gentilz hommes parens dud. deffunct et la pluspart des gens de bien de la ville et forbours de ce lieu, tant hommes que femmes et la pluspart ont disné à la maison ». Mais ces parents, proches ou lointains, n'étaient pas les seuls concernés par l'événement, ni les plus apparents dans la cérémonie. Dans les autres enterrements de la famille de Gennes, moins brillants, il n'en est pas du tout question. Et cependant le journal de Jean de Gennes ne laisse aucun doute sur l'étroitesse des relations qu'il entretenait avec ses parents et alliés.

Les consanguins que Mac Farlane a recensés dans le journal de Josselin ne sont cependant pas moins nombreux que ceux que nous avons trouvés dans les journaux des deux bourgeois français : 33 contre 35 et 34. Encore ce chiffre ne tient-il compte ni des 4 enfants morts en bas âge, ni des petits-enfants dont un au moins a fait la joie de Josselin, ni des neveux que ses quatre sœurs ont pu lui donner. D'ailleurs on dénombre dans cette parenté, 7 oncles et 14 cousins, alors qu'oncles et cousins n'étaient que 7 en tout dans le journal de Jean de Gennes et 5 dans celui de Nicolas Versoris, l'essentiel de la parenté des deux bourgeois étant constituée par leurs frères et sœurs et leurs neveux. Il est vrai qu'à l'exception de deux d'entre eux qu'il a visités quatre ou cinq fois, Josselin ne voyait jamais ses cousins ou presque jamais. Mais comment s'en étonner lorsqu'on sait la distance qui le séparait d'eux. Ce qu'il faut souligner, dans cette parenté de Josselin, c'est sa dispersion géographique. C'est en cela qu'elle ressemble aux parentés des sociétés industrielles évoluées. Mais était-ce, au XVIIe siècle, un trait ordinaire des parentés bourgeoises ?

Pour 43 événements familiaux, Nicolas Versoris a noté, de 1519 à 1530, 63 décès ou mariages survenus chez les gens de robe et médecins parisiens. Faut-il en conclure que le milieu professionnel ou social tenaient, dans ses préoccupations, plus de place que le milieu familial ? Certainement pas. Car son milieu familial ne se distinguait en rien de son milieu social : il était plus restreint que la bourgeoisie libérale parisienne, et il n'en atteignait pas le sommet, mais il y était tout entier inclus. On pourrait en dire autant des de Gennes et de leurs alliés par rapport à la bourgeoisie de Vitré, à quelques nuances près — leurs résidences campagnardes et leurs quelques alliances à Nantes et à Alençon.

En tant que pasteur de village, Josselin se trouvait dans une situation très différente. Comme le noble dans sa seigneurie, le pasteur de campagne était d'une condition différente de celle de ses paroissiens. Parvenait-il à nouer des relations d'amitié avec quelques voisins de son niveau social et de sa culture, qu'il ne pouvait généralement les transformer en relations de parenté : les bénéfices ecclésiastiques n'étant pas héréditaires comme les seigneuries, ses enfants n'étaient pas appelés à avoir le même statut social dans la même localité. Au reste les nobles, par leur vie oisive, avaient le goût de vivre en compagnie de parents et d'amis ; ils avaient les moyens de les héberger ; et lorsqu'ils étaient aussi distingués que Brantôme, ils les retrouvaient régulièrement à la cour. Le pasteur, au contraire, menait en principe une vie austère, peu faite pour attirer ses parents, et il n'avait guère les moyens de les entretenir. Comme le curé en France, il était condamné à vivre loin d'eux et, ayant femme et enfants, il s'intéressait moins que le curé à ses neveux et nièces, vivant ainsi plus replié encore sur son ménage. Bref, la vie familiale de Josselin est sans doute exemplaire de celle de beaucoup de pasteurs, mais il n'est pas sûr qu'elle nous fournisse une image exacte des solidarités parentales chez les possédants anglais au XVIIe siècle.

Autre exemple anglais assez particulier, celui de Simon Forman, astrologue londonien du temps de Shakespeare [28]. Issu d'une bonne famille des environs de Salisbury, il garda des relations avec ses frères et sœurs qui venaient parfois le consulter ou l'assister, mais se consacra surtout à sa belle-famille, après un mariage tardif qui assura sa fortune et sa position sociale.

A la limite supérieure de la bourgeoisie, Samuel Pepys [29] manquait au contraire de parents par alliance, pour avoir épousé la fille d'un émigré français. Mais il mentionne dans son journal plus de quatre-vingts parents vivants — assez éloignés pour la plupart, puisque nous parvenons souvent mal à comprendre sa parenté avec eux — et il fréquentait régulièrement une bonne partie d'entre eux. Il devait d'ailleurs ses études à Cambridge et sa brillante carrière à la protection de Lord Sandwich qui était son cousin issu de germain, bien qu'il n'ait jamais eu l'impudence de rappeler cette parenté. Fils d'un pauvre tailleur, il était devenu ainsi l'un des plus brillants représentants de la famille Pepys, et l'on comprend que ses parents proches ou lointains aient cultivé son amitié.

3. Parenté et voisinage en milieu populaire

La coïncidence entre milieu social et parenté, que nous avons soulignée dans le cas de Jean de Gennes et de Nicolas Versoris, comme élément favorable aux solidarités parentales, était aussi systématique chez les paysans français. Le recensement de Brueil-en-Vexin, au début du XVIIe siècle, nous montre que, quelles que fussent les différences de fortune entre les chefs de ménage, le cercle des alliances y embrassait toutes les « races ». Toutes, même les plus récemment implantées, avaient au village des parents ou des alliés.

C'est qu'il était habituel, chez les paysans, de prendre femme dans sa paroisse. Au XVIIIe siècle, à Saint-Méen-le-Grand (Ille-et-Vilaine), le taux d'endogamie paroissiale était de 71,6 pour 100 ; à Bilhères-d'Ossau (Pyrénées-Atlantiques), il était de 74,2 pour 100 ; à Vineuil (Loir -et-Cher), de 80,2 pour 100 ; et aux Roziers-sur-Loire (Maine-et-Loire), il atteignait 93 pour 100 entre 1661 et 1700. Il était plus impressionnant encore dans certains villages de montagne, comme Ceillac (Hautes-Alpes) où presque tous les mariages devaient se faire avec dispense de parenté. Ailleurs, la dispense n'était pas la règle, et la tendance endogamique était alors limitée par les interdits de l'Eglise. Il existait, certes, des villages où la fréquence des mariages entre deux jeunes gens de la paroisse était beaucoup moindre que dans les exemples précédents : 34 pour 100 à Rumont, en Gâtinais ; 33,3 pour 100 à Saint-Agnan, dans le Morvan ; 31 pour 100 à Rouvray, dans le Vallage (Champagne). Mais il s'agissait généralement de petits villages où le réseau de la parenté était déjà trop serré pour que l'on puisse y trouver facilement une épouse sans transgresser les interdits : Rumont ne comptait que 260 habitants et Rouvray 216. La corrélation entre la taille des villages et le taux d'endogamie paroissiale apparaît d'ailleurs bien dans le Vallage qui a récemment fait l'objet d'une excellente étude démographique [30] :

A Rouvray	(216 habitants) :	31 % des mariages étaient endogames
A Donjeux	(305 habitants) :	46 %
A Blécourt	(442 habitants) :	55 %
A Mussey	(511 habitants) :	68 %

En définitive, les liens de la parenté renforçaient les solidarités du voisinage aussi bien dans les gros villages — où le taux élevé de mariages entre paroissiens les resserrait continuellement — que dans les petits où l'endogamie était faible en raison de la densité de leur réseau.

Reste à savoir ce que les solidarités villageoises devaient à la parenté et ce qu'elles devaient au simple voisinage. Des ethnologues ont remarqué, dans certains villages de la France actuelle, qu'on y considère systématiquement comme parents les autres habitants du village, même lorsqu'on n'a avec eux aucun lien de parenté connu, et pour la seule raison qu'ils sont du village [31]. Comme si la notion de parent était fondée davantage sur l'appartenance à la communauté villageoise que sur les liens du sang et de l'alliance. Mais cela pourrait avoir un rapport avec l'habitude pluri-séculaire des paysans d'être apparentés avec tous les habitants de leur village ; car si l'on voulait seulement mettre en avant l'appartenance à la communauté villageoise, pourquoi utiliser le vocabulaire de la parenté ? Une telle habitude, paradoxalement, plaiderait donc en faveur de l'importance des liens du sang dans l'idéologie paysanne.

En revanche les coutumes qui réglementaient la vie paysanne — que ce soit dans les régions très communautaires du Nord-Est de la France et du Bassin parisien, ou dans les autres — se référaient à l'appartenance villageoise et au voisinage bien plus qu'à la parenté. Non seulement pour ce qui concernait la vie politique et la vie agricole, mais pour ce que nous appelons la « vie privée » et la « vie familiale ».

Le groupe des jeunes gens du village réglementait les fréquentations amoureuses et intervenait en tant que tel dans les cérémonies nuptiales, en particulier par le rite de la barrière, lorsque la jeune mariée épousait un « étranger », et par le charivari, lorsque le mariage leur déplaisait. Ces deux types d'intervention exprimaient plus ou moins consciemment l'appartenance de la fille au village et le droit que cela conférait sur elle aux garçons à marier de la paroisse. Leur droit de regard sur les rapports entre sexes ne cessait d'ailleurs pas après le mariage : les femmes qui trompaient leurs maris, et, pire, les cocus contents et les maris battus étaient rappelés à l'ordre par le charivari et « l'azouade » ou promenade sur l'âne. Alors que dans la noblesse ou la bourgeoisie de tels écarts de conduite entraînaient souvent la réunion d'un conseil de famille ; chez les paysans et même dans le peuple des villes, c'étaient les gens du village ou les gens du quartier qui intervenaient. Il est particulièrement significatif que dans « l'azouade », le rôle principal ait été tenu institutionnellement par le plus proche voisin du couple scandaleux, soit qu'il conduisît l'âne que l'on forçait le mari à chevaucher dans une posture ridicule, soit que, plus fréquemment à l'époque qui nous intéresse, il dût lui-même chevaucher l'âne et jouer le rôle du mari battu. On soulignait ainsi son devoir de surveillance, donc sa responsabilité dans l'inconduite de ses voisins.

Les solidarités du voisinage étaient particulièrement fortes pour les femmes, plus attachées que leur mari à la maison, du moins en milieu paysan. Chaque jour elles allaient emprunter un ustensile à la voisine, demander conseil à une autre, bavardaient sur le pas de leurs portes, ou se rencontraient dans ces forums de la gent féminine qu'étaient le puits et le lavoir : « Deux femmes font un plaid, Trois un grand caquet, Quatre un plein marché. » Les paysans, au contraire, se dispersent tout au long du jour sur le finage — sauf en hiver et pendant les gros travaux d'été qui nécessitaient l'entraide — et, lorsqu'ils se réunissaient le soir au cabaret, ce pouvait être aussi bien entre amis ou frères d'âge qu'entre voisins.

Il est possible qu'en ville les hommes aient été plus immergés dans le voisinage immédiat. C'est le cas des artisans lyonnais du XVIIIe siècle [32]. Tous locataires dans des maisons de huit à douze appartements et parfois plus, ils étaient soumis, de la part du propriétaire et de la municipalité, à des contraintes collectives sous la responsabilité d'un « principal locataire » : entretenir les latrines, balayer les escaliers, les couloirs, et le trottoir devant l'immeuble. C'était, on s'en doute, la source de fréquents conflits. Mais leur solidarité se manifestait souvent de manière plus positive. Au moindre événement, tout le monde était aux fenêtres ; puis on observait la loi du silence quand la police enquêtait. Lors des procès, les voisins munissaient le prévenu de certificats de bonne vie et mœurs. Et lorsque les huissiers ou la police venaient sévir contre un locataire, ils offraient spontanément leur aide. Un exemple entre mille : un nommé Carra, cordonnier en chambre, rue Puitspalu, était en difficulté avec sa corporation, et les maîtres du métier vinrent un jour chez lui pour lui dresser contravention. Aussitôt, le locataire du rez-de-chaussée, un confiseur, les reconnaît et, de son arrière-boutique, il crie à Carra de se fermer chez lui. En même temps des femmes de la maison qui étaient dans la rue crient au cordonnier : « Carra ! Carra ! Fermez votre porte, les maîtres cordonniers montent chez vous ! » Aide précieuse, puisque trouvant la porte barricadée, la délégation remet sa visite à un autre jour.

Partout, les voisines venaient prêter main-forte lors des accouchements, des baptêmes et des enterrements. Les coutumes pyrénéennes répartissaient même avec précision les obligations de chaque voisin et voisine en ces circonstances. Lors d'un décès, par exemple, c'était aux premiers voisins à courir avertir parents et amis du défunt, et à préparer la maison tandis que la seconde voisine confectionnait le repas et s'occupait du bétail. La première voisine se tenait, à l'église, à côté du « perdant » ; et c'étaient souvent les quatre plus proches voisins qui portaient le cercueil [33]. Il était question d'eux jusque dans les règlements qui tentaient de limiter le faste des funérailles. Ainsi l'article 19 des statuts du Val d'Azun prescrivait-il : « Pour corriger les abus et les grandes dépenses qui se font les jours des enterrements des morts, qui ruinent les familles d'une petite fortune, il n'y aura que les deux voisins et les quatre proches parents du perdant qui pourront entrer dans la maison des héritiers du défunt, sauf les habitants d'un autre village [34]. » Mais cet article montre aussi que les solidarités du voisinage ne faisaient pas disparaître celles de la parenté, que les parents fussent du village ou de l'extérieur.

Dans les relations qu'un paysan avait avec ses parents habitants du même village, se référait-il à leur parenté ? La question n'a guère été étudiée, mais ce dialogue, rapporté par Rétif de la Bretonne, le suggère : « Nous fûmes joints par un homme qui sortait de sa vigne, son hotteau sur le dos : c'était Jean Piôt, le tisserand, cousin maternel de l'abbé Thomas. Il dit à celui-ci : “ Bonjeu mon couhingh. N'an dit qu' vous v'nez d' Pahis ? — Il est vrai, cousin. — Savez-vous que l' couhingh Jean Piôt, fi' [de] Jean le maréchal, vi' a vi feu voute grandpehe, ôt mort ? — Non, mon cousin [35]. » Si parmi les habitants du village les parents étaient ainsi distingués, on peut supposer que la parenté n'était pas sans effets spécifiques.

Lorsqu'on avait des parents hors du village, on les visitait parfois. Nicolas Rétif se rappelle que, dans son enfance, « les deux Restif de Joux, Jean et Bénigne, venaient souvent à la maison [...] Ils racontaient les nouvelles de ce qui se passait à l'Orient de mon village [36] ». Ce village, c'était Sacy, dont Joux-la-Ville est distant de six à sept kilomètres. Plus exceptionnelle, la visite de « mes deux cousines Gautherin » venues d'Aigremont, situé à une douzaine de kilomètres de Sacy [37]. « C'étaient les filles d'une sœur de la mère de mon père. La blonde Marie, l'aînée, se mariait ; elle venait en prévenir son oncle. » Le jeune Nicolas, qui avait alors une dizaine d'années, paraît les avoir vues pour la première fois. Dans son enfance, on l'avait aussi montré une fois à Jean Rétif — avocat à Noyers, distant d'une quinzaine de kilomètres de Sacy — et à « mon cousin Droin, des villages de la rivière [38] ». C'étaient deux vieillards dont le premier était cousin germain de Pierre Rétif, grand-père de Nicolas. Il s'était plusieurs fois intéressé à ses cousins paysans, et particulièrement à Edme, père de Nicolas. Mais s'il est parfois question, sous la plume de Nicolas, des Rétif de Grenoble, enfant de ce sage et riche parent de Noyers, il ne semble pas les avoir jamais rencontrés.

Beaucoup plus proches par la parenté et par la distance étaient les sœurs germaines d'Edme, restées à Nitry, que leur frère avait quitté en se mariant. Marie, la plus jeune, morte dès la prime enfance de Nicolas, avait passé quelques jours chez son frère, peu après son second mariage [39]. Quant à l'aînée, tante Madelon, elle devait parfois faire les cinq kilomètres qui la séparait de Sacy, puisque Nicolas dit l'avoir bien connue et aimée dès son jeune âge. N'ayant pas eu d'enfants de ses deux mariages successifs, « elle aimait ceux de son frère comme s'ils eussent été siens ; j'étais surtout l'objet de ses complaisances et de sa tendre et sincère affection ; aussi, dès qu'on me parlait d'aller chez ma tante Madelon, j'étais transporté de joie. Ce fut une faveur signalée, que mon père m'accorda, de me mener à la fête patronale de Nitry [40]. »

Il semble pourtant qu'à plus de dix ans il y alla pour la première fois : « J'avais à Nitry un autre bel-oncle, mari de ma [feue] tante Marie, sœur cadette de mon père, nommé Pierre Leclerc. Ma tante [Madelon] me mena chez lui pour lui rendre mes devoirs [...] ; il avait avec lui un fils, plus âgé que moi d'un an ou deux. Nous fîmes connaissance [41]. » C'est aussi ce jour-là qu'il fit connaissance de tous ses autres parents de Nitry, à commencer par la belle Edmée Boissart. « Nous approchions de l'église [...] quand je vis sortir d'une maison à côté de nous une jeune fille [...] qui faisait rentrer de jeunes canards avec leur mère. Sa beauté me frappa comme l'éclair... — " Edmée ? lui dit ma tante, c'est ton cousin Nicolas, de Sacy, et tu ne viens pas l'embrasser ?.... " Edmée accourut. Mais en m'approchant elle rougit et devint toute honteuse. Ma tante nous fit embrasser. Ensuite nous allâmes à l'église [...] Je sentais au fond de mon cœur ma timidité naturelle, qui aurait été bien plus forte si mon père n'avait été adoré à Nitry, si je n'avais pas été aussi bien habillé et si je n'avais pas été au milieu de parents qui avaient de moi la plus haute opinion [42]... »

Arrivé à l'église, Nicolas apprend les droits exclusifs de la résidence et les privilèges de la parenté. « Mon oncle, qui nous suivait, s'empara de moi et me mena dans le chœur, où était sa stalle : pour lui, il alla chanter au lutrin. Mon père, depuis qu'il avait abandonné la place à l'église de l'honorable Pierre, n'acceptait jamais celle que ses parents ou ses amis lui offraient : " Je ne suis plus rien à Nitry ! " disait-il. Et il allait se mettre en exilé à la porte de l'église, sous les cloches, derrière les plus pauvres [43]... »

Mais hors de ce lieu public qu'était l'église, les liens de la parenté pouvaient se manifester pleinement. Edme Rétif « avait apporté sa généalogie ; il la lut à ses deux beaux-frères, qui l'entendirent pour la première fois. Ils en furent émerveillés et j'entendis retentir les louanges de mon aïeul. On parla cependant de quelques-uns de ses défauts [...] Après le dîner, tous nos parents des deux sexes vinrent pour voir mon père, l'unique rejeton d'un nom respecté ; car chacun prétendait l'avoir pour le goûter ou le souper. Ce fut alors qu'arrivèrent Edmée Boissard, Ursule Simon, Catin Doré, Georgette Lemour, Catiche Touslesjours, Dodiche Gautherin, Ursule Lamas et d'autres jeunes filles de ma famille, les plus aimables du pays. Elles m'emmenèrent dans leurs courtils, pour me donner des bouquets, tandis que les pères et les mères causaient avec mon père, ma tante et mes oncles [44]. »

Cette exceptionnelle apparition d'Edme Rétif et de son fils dans le berceau de leur famille révèle donc l'abondance d'une parenté paysanne mieux que les travaux quotidiens, les baptêmes, les enterrements, voire les mariages, car en ces circonstances les parents de l'extérieur ne venaient pas tous, et ceux du village étaient inextricablement mêlés aux voisins et aux amis. Pourtant, ne déduisons pas du caractère exceptionnel de la réunion de famille à Nitry que les relations de parenté fussent un luxe pour les paysans. Elles étaient souvent utiles et avaient même, dans la vie paysanne, des fonctions quasi spécifiques.

Les oncles, tantes et grands-parents, voire des parents plus éloignés, se sentaient responsables de leurs neveux, nièces, petits-enfants ou petits-cousins, et l'opinion les en tenait pour responsables. Cela se manifestait particulièrement à l'occasion des mariages, non seulement dans la haute noblesse [45], mais dans les milieux les plus modestes. Une fois son père ruiné par l'incendie de sa maison, Barbe Ferlet, future mère de Rétif, était allée demeurer chez une riche parente, Mme Pandevant, à Auxerre puis à Paris. C'est là qu'elle fit connaissance de M. Boujat, qui lui proposa le mariage. La jeune fille « le pria de s'adresser à Mme Pandevant. Enchantée des avantages que cet homme faisait à sa protégée, cette dame accueillit le prétendant. Le mariage fut conclu en huit jours. » Malheureusement Boujat était bigame. Sa femme légitime, l'ayant découvert, se rend chez Barbe et l'interroge : « Y a-t-il longtemps que vous êtes mariée ? — Dix-huit mois, madame. — Comment avez-vous fait la connaissance de M.B. ? — C'est chez ma cousine Pandevant, madame : c'est elle qui a fait notre mariage. — Ah !... c'est sous l'autorité d'une parente ?... Cela change les choses [46]. » Si la jeune femme s'était mariée de son propre chef, elle eût été coupable. Mais on ne pouvait rien lui reprocher puisque c'était sous l'autorité de cette parente chez qui elle vivait.

Autre exemple, celui d'Elisabeth Bernard qui, en 1666, veut faire rompre ses fiançailles par l'officialité de Troyes. Elle fait valoir qu'elle ne s'est engagée que « par respect à sa mère, ayeulle et parans, et qu'elle n'a jamais eu [...] aulcune amitié pour ledict Gross », son fiancé. Celui-ci voit les choses autrement sans la contredire sur les faits : il soutient que « lesdictes promesses de mariage ont esté faictes d'un pur et libre consentement de ses dicts parans cy-devant nommez », assavoir la mère, l'aïeule, l'oncle, la tante et autres parents et amis d'Elisabeth Bernard [47].

L'intervention de la parenté qui s'était faite ici au détriment des sentiments de la jeune fille, pouvait au contraire être sollicitée par des jeunes gens désireux d'échapper à la tyrannie d'un père, d'une mère ou d'un tuteur. La loi le leur suggérait d'ailleurs : « L'enfant peut se plaindre au Juge de la tyrannie au joug de laquelle un père ou une mère injuste et barbare essaie de l'assujettir ; les père et mère de l'enfant sont alors entendus et quelquefois on appelle les parents : en ce dernier cas, leur délibération forme jugement [48]. » Cette procédure s'imposait particulièrement dans les démêlés d'un orphelin avec son tuteur. Ainsi lorsque Marie Guillier a demandé à l'officialité de Troyes de lui permettre d'épouser Jean Dauvert, malgré l'opposition de son tuteur, le tribunal a-t-il ordonné « que quatorze parans des plus proches de ladicte Guillier, savoir sept du costé paternel et sept du costé maternel seront ouys sur lesdictes promesses [49] ». Et il est vraisemblable que ce recours à la parenté ne se faisait pas toujours par l'intermédiaire des tribunaux.

Dans cette société où les veuvages et remariages étaient beaucoup plus fréquents qu'aujourd'hui, il était admis que les proches interviennent pour protéger les orphelins des mauvais traitements d'une marâtre. Ce stéréotype de relations familiales apparaît clairement dans l'un des jeux d'enfants décrits par Rétif, le jeu de la belle-mère, particulièrement dramatique. Il nécessitait quatre acteurs principaux : le père, la belle-mère, l'orpheline et la « tante maternelle, sœur de la mère défunte ». « La tante arrivait d'un village voisin. En approchant de l'endroit où la belle-mère était assise avec la belle-fille qu'elle faisait travailler sans lever les yeux, elle s'informait de droite et de gauche comment sa nièce était traitée par sa belle-mère. Les uns disaient : " Elle ne lui donne que du pain moisi. " Les autres : " Elle ne lui fait manger que des pommes sauvages demi pourries. " La tante, à chaque mot, répondait : " Oh ! ma pauvre nièce ! fille de ma pauvre sœur que j'ai tant aimée ! " Elle arrivait auprès de la belle-mère qui prenait un air doux. " Bonjour, ma sœur... Allons, petite fille, quittez l'ouvrage ; c'est assez travaillé. " La belle-fille se levait, mais elle avait eu la tête si longtemps baissée, par l'application au travail, qu'elle ne pouvait la relever. " Redresse-toi donc, ma nièce ! — Hélas ! Je ne saurais. Mon cou est plié, ne se dépliera jamais ! " La tante tournait la tête pour cacher ses larmes, et la belle-mère redressait sa belle-fille par deux bons coups de poing par-devant et par-derrière. " Allons, ma sœur, reprenait la méchante, vous venez de loin ; vous mangerez bien un morceau. Je vais mettre la nappe. " La belle-fille lui présentait la nappe, dans laquelle était enveloppé du pain noir moisi qui tombait à terre. La belle-mère disait tout bas : " Chienne, ramasse ton pain. " Et tout haut : " N'on ne manque pas de pain ici ; car on le laisse moisir. " On se mettait à table, et la belle-mère servait des œufs, du fromage. La tante disait à sa nièce : " Mange donc, ma fille ! " Mais pendant qu'elle ne regardait pas, la belle-mère lui ôtait ce qu'elle avait sur son assiette, pour le donner à ses enfants du deuxième lit qui étaient autour de la table. La belle-fille se levait sans avoir rien mangé. Elle ramassait à l'écart un morceau de pain moisi qu'elle dévorait. " Qu'est-ce que tu manges donc là, mon enfant ? " disait la tante. " C'est quelque chatterie qu'elle m'a volé, disait la belle-mère, car elle est friande et je la gâte un peu. " Mais la tante avait tout vu, sans en faire semblant, et elle éclatait, en prenant à sa nièce le morceau de pain moisi qu'elle montrait au père qui entrait. Elle lui débitait ensuite la kyrielle qu'on lui avait dite à l'arrivée. Le père battait la belle-mère et donnait la belle-fille à la tante qui l'emmenait et la gardait chez elle. En s'en allant, elle disait aux deux rangées qui étaient sur son passage tout ce qu'elle allait lui donner : " Je la nourrirai de pain blanc, d'œufs frais et de fromage à la crème. Je la vêtirai de toile fine et de siamoise rayée ; ses jupons de dessous seront de molleton, celui de dessus de coton fin à fleurs brodées ; ses corsets de basin ; ses bas de laine blanche à coin rouge ; ses souliers auront de hauts talons, et ses cornettes seront de mousseline à dentelle bien plissée. " Le but de ce jeu était d'éloigner du remariage les veufs qui avaient de grands enfants [50]. »

Il existe quantité de témoignages d'orphelins ayant réellement souffert des persécutions d'une marâtre. L'un des plus connus et des plus tragiques est celui du capitaine Coignet [51]. Mais le tableau naïf que ce jeu représentait de la méchanceté d'une belle-mère et de l'espoir qu'une orpheline pouvait placer en sa tante maternelle constitue, au fond, un document historique plus sûr, plus révélateur des stéréotypes d'une société, et ne réclamant aucune réflexion sur le caractère personnel de chacun des acteurs du drame, ou sur la situation de celui qui le rapporte. Il est en effet clair que la situation de seconde épouse — quoique moins tragique que celle d'orphelin — n'était pas non plus facile. Rétif de la Bretonne en témoigne lorsqu'il rapporte les démêlés de sa propre mère, Barbe Ferlet, avec ses cinq belles-filles.

« Suivant l'usage, elle ne fut pas aimée de ses beaux-enfants et n'eut personne de son parti dans le village, parce qu'elle était étrangère [52]. » Elle ne l'était pas par hasard : lors d'un second mariage, l'empêchement d'affinité se conjuguant aux autres empêchements de parenté, rendait plus difficile de trouver femme au village. « Elle voulut gouverner les filles déjà grandes, accoutumées à l'indépendance ; elle n'y réussit pas, et elle souffrit en cette occasion du vice de son éducation personnelle ; n'ayant jamais été contredite, elle alla sans doute trop loin, mais ce fut lorsqu'on eut passé les bornes avec elle. Cependant jamais le mari ne s'aperçut de ces dissensions domestiques. Sa femme reprenait un air serein, dès qu'il paraissait, et ne se plaignait que rarement. Ce fut une autre personne qui instruisit le père de famille de ce qui se passait chez lui. » Cette autre personne était encore une tante, mais sœur du père, ce qui pourrait passer pour une garantie d'impartialité. « Une sœur de mon père eut l'occasion de passer quelques jours à la maison ; le premier et le second jour, tout le monde se contraignit, mais la patience échappa aux grandes filles le troisième, dès le matin. Elles avaient tort ; la tante, surprise de cet orage, prit le parti de sa belle-sœur contre ses nièces. Mais ce ne fut pas le moyen de rétablir la paix. On pleura, on dit qu'on était abandonné de tout le monde depuis que cette belle dame était venue leur enlever le cœur de leur père. Les jours suivants, la même scène recommença. Pour lors la tante, bien convaincue que des personnes si peu faites pour vivre ensemble se rendaient mutuellement malheureuses, en parla à son frère. “ C'est ce que j'avais prévu, répondit-il, et je me suis trop tôt applaudi de m'être heureusement trompé ” [53]. »

Dans cette société — tout le monde en était conscient — belle-mère et belles-filles se rendaient fatalement malheureuses. Aussi le grand-père maternel des cinq jeunes filles, lorsque son gendre vint lui parler de l'éventualité d'un remariage, s'y était-il violemment opposé. « Thomas Dondaine fut effarouché de l'idée seule de ce mariage. Il fulmina et, dès le lendemain, il fit faire un inventaire en faveur de ses petits-enfants [54]. » Mais une fois le remariage accompli, la seule solution à l'inévitable conflit était le départ des enfants du premier lit. Dans le cas du capitaine Coignet, que pas un parent n'avait voulu prendre en charge, ce départ se fit dans les plus mauvaises conditions : la fuite, l'errance, et la domesticité chez des étrangers dès l'enfance. Les filles de Marie Dondaine, parce qu'elles avaient des parents du côté de leur mère, ont eu plus de chance dans leur malheur.

« Ce sont les grandes filles qui causent tout le mal », avait proclamé Edme Rétif, pour justifier leur expulsion. « On me demande l'aînée en mariage ; le parti est avantageux, mais j'hésitais : je vais la marier. La seconde souhaite d'aller en apprentissage à la ville : elle ira. Mon beau-père Dondaine me demande la troisième : je la lui donnerai. Il a déjà la quatrième ; je ne garderai donc ici que la plus jeune, qui est d'un caractère doux et qui d'ailleurs n'est qu'une enfant... Voilà des arrangements naturels. Mais, croyez, ma sœur, que si je m'étais trouvé dans une autre position, j'aurais su parler en père et en maître et mettre à la raison toutes ces petites personnes [55]. » Ce recours au grand-père maternel vient de ce qu'il a vécu exceptionnellement vieux et conservait encore le patrimoine des Dondaine. Il ne mourra qu'à quatre-vingt-huit ans, quand Marie-Anne Rétif en aura vingt-six et Marie-Madeleine vingt et un. L'une sera alors mariée à un tonnelier de Joux-la-Ville et l'autre sera gouvernante de son frère le curé de Courgis. Mais en général c'est un oncle qui avait recueilli le patrimoine et prenait en charge orphelins et orphelines.

De ce recours des orphelins à leur oncle, les exemples fourmillent dans les dossiers de dispense de mariage. Un laboureur du diocèse de Meaux, dont le fils et la nièce, tous deux âgés de vingt-trois ans, sont tombés amoureux l'un de l'autre au scandale de toute la région, dépose « qu'il n'est que trop vray que les impétrans se sont fréquentés, ladite impétrante ayant demeuré chez luy déposant depuis environ six ans avec ledit impétrant, à quoy luy déposant a été obligé de consentir attendu qu'il estoit son tuteur et qu'elle ne pouvoit pas être autre part d'une manière convenable ; que le public a beaucoup parlé de leur liaison, pourquoy luy déposant auroit envoyé ladite impétrante chez son oncle demeurant à Lumigny où elle n'auroit pu rester attendu les mauvais traitements de la femme dudit oncle [56] ». De même Madeleine Milliet, dix-huit ans, fille de laboureur, amoureuse de son cousin germain Joseph Bertin, explique « qu'il y a longtemps qu'ils se fréquentent, ladite impétrante ayant demeuré depuis l'âge de neuf ans chez la mère dudit impétrant [57] ». Il est évident que cette situation, si elle favorisait les amours « incestueuses », ne les provoquait pas fatalement, et qu'il y avait beaucoup plus d'orphelins élevés par des oncles et des tantes que ces dossiers de dispense de mariage ne nous en signalent.

Il n'était d'ailleurs pas nécessaire d'avoir perdu père et mère pour aller vivre chez un parent. Les riches laboureurs chez qui le travail ne manquait pas offraient souvent une place de domestique à des parents pauvres. Ainsi le nommé Lange, qui avait engrossé une fille, dans le bailliage de Provins, était-il « charretier chez Lange son oncle, laboureur à Fontaine-Argent [58] ». Ou bien le nommé Touslesjours — en fait un Rétif — « garçon de charrue, parent de la maison », qu'Edme Rétif, lorsqu'il vivait encore chez son père, « avait lui-même dressé », et dont la conduite l'avait tellement satisfait qu'ils « contractèrent une tendre amitié [59] ». Ou encore Nicolas Siot, ce garçon bourrelier du village de Saint-Jean-de-Rebès, dans le diocèse de Meaux, que sa cousine Marie Varié a appelé à la mort de son mari, bourrelier lui aussi, pour reprendre la boutique et épouser la fille aînée qui devait en hériter plus tard [60].

Dans cette sorte d'arrangement entre un parent possédant un moyen de production et un parent prolétaire, la situation de gendre, qui donnait des droits sur l'héritage, était en principe meilleure que celle de neveu ou de petit-cousin-valet. Tous les gendres, cependant, n'en étaient pas satisfaits. Edme Rétif, installé pendant dix-sept ans chez Thomas Dondaine, « eut beaucoup à souffrir de l'humeur dure de Thomas » ; « son esclavage — car c'en était un véritable... — finit à la mort de la respectable Marie... Dès qu'Edme fut veuf, la prudence et ce qu'il devait à sa jeune famille ne lui permirent pas de demeurer davantage avec son beau-père. Il s'en sépara, et se mit à travailler pour lui-même [61]. » Cet exposé idéalisé — qui présente l'association d'Edme et de son beau-père comme les sept ans d'esclavage que Jacob consentit pour Rachel — est regrettablement silencieux sur les dispositions du contrat de mariage et la possibilité ou l'impossibilité matérielle, pour Edme, de s'établir plus tôt à son compte. Mais il a le mérite de nous faire sentir les inconvénients psychologiques de ces arrangements familiaux. A la rancœur d'Edme faisaient écho, de l'autre bout de la France, les proverbes basques ou béarnais sur le malheur d'être gendre — ou sur le malheur de n'avoir que des gendres au lieu de fils — et les proverbes provençaux sur l'avidité des neveux [62]. Dans ces arrangements entre parents, chacun avait l'impression de venir en aide à l'autre en raison de leur parenté, et d'en être la dupe. Pourtant, si lancinants que fussent les proverbes, on aimait généralement mieux servir ses parents — ou en être servi — que d'avoir recours à des étrangers. Exemple limite : celui du jeune Coignet. Après plusieurs années de misère au service d'étrangers, il entre au service d'une de ses demi-sœurs mariée à un aubergiste, en lui cachant son identité, et il passe chez elle quelques années plus heureuses que les précédentes. Est-ce par hasard qu'il a eu recours à elle ? ou parce qu'il préférait, au fond, servir une sœur et un beau-frère que des étrangers ? Pourtant il lui en veut mortellement de l'avoir engagé sans le reconnaître et de ne pas l'avoir, en tant que sœur, retiré de chez son père où sa marâtre le persécutait :

il fera un beau scandale, devant tout le village, en la quittant [63]. Plus que des sentiments d'affection — qui pouvaient naître, mais de l'estime et de la sympathie personnelle, comme entre Edme Rétif et Touslesjours — la parenté créait des devoirs, un lien moral et juridique, ressenti comme « naturel ».

Un père de famille, même à l'aise, avait souvent recours à des parents pour l'éducation de ses enfants. Par deux fois Edme Rétif a mis son fils Nicolas en pension à Vermenton chez son gendre Michel Linard, mari d'Anne, fille aînée du premier lit et marraine de Nicolas. Plus tard il l'envoie étudier à Bicêtre, sous la férule de Thomas, deuxième fils du premier lit ; et, Nicolas débarquant à Paris, va tout naturellement loger chez une autre sœur du premier lit qui s'y était mariée. Enfin on le confie au curé de Courgis, aîné des fils du premier lit, qui s'en occupera pendant deux ans. Tous ces parents qui eurent en charge Nicolas Rétif étaient, certes, fort proches. Mais on n'hésitait pas non plus à s'adresser à des parents plus lointains : c'est à son cousin l'avocat de Noyers que Pierre Rétif avait envoyé Edme, lorsqu'il résolut de « donner quelques soins » à son éducation.

Or l'avocat n'acceptait pas cette charge par un besoin insatisfait de paternité. « Il y avait chez ce parent, outre ses deux fils, un cousin germain [...] nommé Daiguesmortes », nous l'avons vu. Il semble avoir été poussé par deux sentiments qui apparaissent tous deux dans le petit discours qu'il tient à Edme pour lui expliquer sa préférence pour Daiguesmortes. D'abord le sens de ses devoirs, d'autant plus contraignants que la parenté était plus proche : « Il est mon cousin germain et fils d'une tante qui m'a servi de mère... Il a un degré de plus que toi... » Mais d'autre part il attendait aussi un bénéfice de cette parenté : « Il a infiniment d'esprit, et mon but est de seconder la nature de tout mon pouvoir, persuadé que ce jeune homme peut se faire un nom et nous illustrer tous... Quant à toi, vouloir te traiter comme lui, ce serait du temps et des soins perdus : il a de l'esprit, et tu n'en as point [64]. » Dans cette société d'autrefois, qu'on l'ait voulu ou non, on participait à la gloire de ses parents comme à leur déshonneur, et d'autant plus qu'ils vous étaient plus proches.

Cela vaut pour les paysans presque autant que pour les bourgeois et les nobles. Parfois plus, dirait-on, lorsqu'il s'agissait de déshonneur. En 1751, Louise Thomas, jeune fille de vingt-quatre ans, a été engrossée par Michel Maury, un laboureur de quarante ans, chez qui elle était servante. Le déshonneur paraissait d'autant plus irrémédiable que le séducteur, étant le parrain de sa servante-maîtresse, ne pouvait l'épouser sans dispense de l'Eglise. Qui se sent concerné par ce scandale ? Maury rapporte qu'on a « entendu dire aux parents de lad. Thomas que s'il ne réparait pas son honneur ils lui feroient un mauvais parti et que sa vie ne seroit plus en sûreté ». Et le cabaretier du village confirme qu'il a lui-même « entendu... un parent de lad. Thomas qui s'entretenant avec d'autres personnes du deshonneur de lad. Thomas... disoit avec émotion que si ledit Maury n'épousoit pas celle qu'il avoit ainsi deshonoré, il auroit sa vie ou il auroit la sienne[65] ». Un tel scandale était insupportable à l'honneur des parents, surtout s'ils résidaient au village ou dans un village voisin.

La distance amortissait ces inconvénients, mais elle n'abolissait pas la parenté. Même si, pendant des années, on était resté sans contact avec des parents établis au loin, ils constituaient autant d'îlots de familiarité dans un monde extérieur perçu comme « étranger ». Dans la mesure où la parenté créait une solidarité d'honneur — voire de fortune, en vertu des coutumes d'héritage — on pouvait leur faire confiance ; c'est vers eux que l'on se tournait « naturellement » lorsqu'on était désemparé dans un monde inconnu et hostile. Réciproquement, lorsqu'un étranger se présentait au village, il n'était pas exactement étranger dès lors qu'il pouvait faire état de sa parenté avec un ou plusieurs « habitants » de la paroisse. Puisque sa conduite vis-à-vis des villageois intéressait l'honneur de ses parents, on comptait sur eux pour le rappeler à ses devoirs, alors que d'un étranger sans attache avec la communauté villageoise, on pouvait tout attendre, c'est-à-dire le pire.

Finalement, le seul moyen d'empêcher que les communautés villageoises ne constituent autant de sociétés closes, hostiles les unes aux autres, c'était de multiplier les relations de parenté entre villages, donc de veiller à l'exogamie des mariages. Les plus grands théologiens — saint Augustin, saint Thomas d'Aquin — semblent avoir compris que telle était la raison de la prohibition de l'inceste. Mais la pratique paysanne s'opposait journellement à la politique exogamique de l'Eglise. Dans beaucoup de villages, sinon dans tous, les « grands garçons », groupés institutionnellement, prétendaient établir leur monopole sur les filles à marier de la paroisse[66]. Toute fille mariée à un étranger représentait en effet pour les moins fortunés d'entre eux une chance supplémentaire de rester célibataire et domestique d'autrui. Aussi est-ce à coups de bâton, si l'on en croit Rétif et quelques autres, qu'ils interdisaient aux étrangers de les fréquenter. D'autre part ils proclamaient le déshonneur des filles qui s'intéressaient à d'autres qu'à eux-mêmes. Cette attitude des garçons du village rencontrait l'approbation de leurs parents, toujours inquiets de voir une fille emporter en dot une fraction du patrimoine villageois pour le remettre à un étranger qui ne participerait pas aux charges fiscales de la paroisse. En définitive, la collectivité villageoise en tant que telle avait toutes sortes de moyens pour empêcher le mariage des filles à l'extérieur. D'où des taux d'endogamie souvent impressionnants, et le recours aux dispenses de parenté.

Mais toutes les dispenses n'étaient pas accordées à des fiancés d'une même paroisse, bien au contraire : par exemple à Saint-Agnan, dans le Morvan, les quatre mariages qui, entre 1730 et 1794, ont nécessité une dispense de parenté, ont tous quatre été contractés avec un étranger au village. C'est que la parenté — empêchement de mariage selon l'Eglise — favorisait en réalité les mariages entre jeunes gens de paroisses différentes. Non pas tellement parce que des mariages consanguins permettaient de remembrer les parcelles autrefois morcelées — cela concernait essentiellement les cousins d'une même paroisse — mais plutôt parce qu'avoir des parents dans un autre village était le grand moyen de s'y introduire. Davantage : la parenté avec une fille permettait de la fréquenter sous couleur de cousinage ; et si l'on parvenait par ces fréquentations à éveiller ses sentiments, il n'était plus au pouvoir des garçons du village d'empêcher le mariage. D'où l'ambiguïté du cousinage avec une jolie fille, et le personnage du cousin dans les histoires d'amour.

Finalement, que dire des liens de parenté dans l'ancienne société par rapport à ce qu'ils sont dans la nôtre ? On a longtemps affirmé qu'ils étaient plus forts, et cela paraît incontestable au plan juridique. Pour ne prendre que trois exemples, la possibilité du retrait lignager, les droits que des parents pouvaient faire valoir sur un héritage, et le secours que des jeunes gens pouvaient trouver dans un conseil de famille contre l'abus d'autorité non seulement d'un tuteur mais même d'un père ou d'une mère, en témoignent assez.

Au plan des mentalités et des comportements, leur force était particulièrement évidente chez les nobles, obsédés par leurs ancêtres, leur descendance, leurs parents et leurs alliés, parce que ces liens du sang ou de l'alliance fondaient leur honneur, leurs privilèges, leur puissance, bref, leur place au sommet de la société. Et s'il est abusif d'assimiler les grandes clientèles des XVIe et XVIIe siècles aux anciens lignages médiévaux, il n'en reste pas moins que les solidarités familiales formaient effectivement la trame de ces clientèles qui, se disputant le pouvoir, structuraient la vie politique comme les partis d'aujourd'hui.

Dans le peuple, au contraire, les attaches familiales ne seraient elles pas moins solides que de nos jours ? C'est ce qu'ont affirmé, ces dernières années, quelques historiens français et surtout anglais. Et de fait nous avons vu que non seulement dans les activités quotidiennes et les travaux des champs, mais aussi lors des grands événements familiaux — naissances, baptêmes, enterrements, peut-être même mariages — les parents se faisaient moins remarquer que les voisins, les corps de métiers, les notables du lieu, etc. Cette constatation n'est pourtant pas décisive. Elle montre surtout l'abondance des solidarités dans l'ancienne société, par comparaison avec la nôtre où la plupart des services s'achètent et se vendent, ou sont gratuitement assumés par l'Etat. Dans l'effondrement général des anciennes solidarités, les solidarités familiales ont mieux résisté, et paraissent donc à certains égards plus fondamentales qu'avant. Mais en beaucoup de circonstances elles étaient autrefois plus nécessaires et plus effectives qu'aujourd'hui. Par exemple pour les orphelins, bien plus nombreux que de nos jours, ou pour les paysans pauvres qui ne savaient que faire de leurs enfants, ou pour les riches qui cherchaient un serviteur digne de confiance, ou, plus généralement, pour tous ceux qui avaient à faire hors de leur village, dans un monde inconnu et hostile.

CHAPITRE II

LE MÉNAGE : TAILLE, STRUCTURE ET VIE MATÉRIELLE

DÉBATS HISTORIQUES

Plus que les relations de parenté — qui n'ont guère été étudiées que pour la période médiévale — ce sont les structures et la taille des ménages qui suscitent actuellement un débat parmi les historiens des XVIe, XVIIe et XVIIIe siècles. Jusqu'à ces dernières années, ceux qui s'intéressaient à l'histoire de la famille — essentiellement des sociologues — admettaient encore avec plus ou moins de nuances l'image qu'en avait donnée Frédéric Le Play ; et c'est contre cette image que sont récemment partis en guerre un groupe d'historiens, surtout britanniques, menés par Peter Laslett.

Selon Le Play, l'une des caractéristiques les plus regrettables de la société industrielle est ce qu'il appelle la *famille instable* : une famille composée d'un couple et de ses enfants non mariés, puisqu'en se mariant les enfants quittent la maison et fondent de nouveaux ménages. La famille a d'autant moins de chance de se perpétuer, dans cette société industrielle, qu'elle n'est pas enracinée dans une maison, mais loue son logement, en change fréquemment et l'adapte au nombre variable de ses membres. Lorsque tous les enfants ont quitté la maison de leurs parents et que les parents meurent, il ne reste plus rien de cette famille contemporaine.

A ce système de la famille instable, Le Play opposait celui de la *famille-souche,* caractéristique de l'ancienne société occidentale et dont il retrouvait des traces dans certaines régions d'Europe, peu transformées par l'économie industrielle. La famille-souche était enracinée dans une maison qu'elle possédait en toute propriété et qu'elle se transmettait de génération en génération. Cette maison symbolisait la famille et la pérennisait. Le père de famille la transmettait à sa mort à son fils aîné, « l'héritier ». Mais de son vivant déjà il associait cet héritier à la gestion de l'entreprise familiale, lui apprenait les secrets de sa profession, le mariait « dans la maison » et voyait ainsi croître et multiplier sa descendance.

Les filles qui, en se mariant, entraient dans d'autres maisons, et les cadets qui voulaient quitter la maison, étaient dotés sur les revenus de la famille et non sur le capital foncier qui passait tout entier à l'héritier. Alors que l'héritier était enchaîné à la maison et à la profession paternelle, les cadets, plus libres, pouvaient se lancer dans de grandes entreprises et, aidés au départ par leur famille, les plus heureux d'entre eux faisaient souche à leur tour. Quant aux filles qui ne se mariaient pas et aux cadets les moins entreprenants, au lieu d'être abandonnés de tous et de traîner des existences misérables comme dans notre société industrielle, ils restaient tranquillement dans la maison, acceptant « naturellement » l'autorité de leurs aînés — alors que celle d'un patron « étranger », moins naturelle, est aujourd'hui mal acceptée — et ils travaillaient au bien commun de la famille, se prenant d'affection pour leurs neveux qu'ils se plaisaient à guider dans la vie et auxquels ils laissaient à leur mort leurs maigres économies.

Lorsque frères cadets et enfants ne suffisaient pas aux travaux de l'entreprise familiale, on embauchait des domestiques qui — au lieu d'être méprisés comme aujourd'hui — faisaient partie de la famille, lui étaient totalement dévoués, ne cherchaient pas à faire leur vie ailleurs mais acceptaient presque aussi « naturellement » que les cadets l'autorité du chef de famille. A leur mort, eux aussi léguaient souvent leur petit pécule aux enfants de la maison. Il faut préciser, bien sûr, que cadets et domestiques ne bénéficiaient de cette condition enviable qu'en échange d'un célibat méritoire, l'héritier seul pouvant procréer dans la maison.

Ce système économique, qui garantissait la paix sociale par l'aliénation systématique, se doublait spontanément d'un système d'éducation. C'est dans la maison que les enfants étaient éduqués par le père, la mère, les oncles et les tantes, les grands frères et les grandes sœurs, voire le grand-père et la grand-mère. On ne leur enseignait pas des sciences inutiles — que seuls des esprits d'élite peuvent d'ailleurs comprendre, dit Le Play — mais on leur donnait une solide formation morale et professionnelle que l'école d'aujourd'hui est bien incapable de leur fournir. L'inégalité des âges habituait les cadets à respecter leurs aînés, les aînés à acquérir le sens des responsabilités. Le respect des hiérarchies au sein de la famille, inculqué par la pratique dès l'enfance, était garant du respect des hiérarchies sociales « naturelles et inévitables ». Aujourd'hui au contraire l'enseignement scolaire ne peut dompter l'esprit du mal qui est dans l'enfant — lisez : le péché originel — ; et la claustration au collège, l'autorité sans amour d'un maître étranger, l'antagonisme avec des camarades du même âge, renforcent l'esprit de révolte et d'individualisme.

Cette organisation familiale de la société aurait été ruinée principalement et d'abord en France, par la règle du partage forcé entre les héritiers imposée par la législation révolutionnaire. Dès lors, sachant que son entreprise est vouée à périr avec lui, le père de famille s'en désintéresse à partir d'un certain âge. Les cadets, escomptant une part d'héritage, sont poussés à la paresse. Les aînés quittent la maison comme leurs frères avant la mort du père et n'assurent donc plus la continuité de la famille. On n'attend plus d'être propriétaire d'une maison pour se marier, et la maison louée n'est plus un véritable foyer. Tout est instable. Rien n'est assuré de survivre. Rien ne lie plus entre eux les frères et les sœurs. Enfin pour éviter tous ces maux, les époux limitent leur fécondité. C'est la dépopulation.

Pour fixer les idées, Le Play proposait un exemple type de famille-souche, résultant, dit-il, d'une moyenne entre les familles qu'il avait réellement pu observer dans les quelques régions d'Europe où l'ancien système s'était maintenu, et principalement dans les Pyrénées. Il prend cette famille type « au moment où l'héritier-associé choisi par le père vient de contracter le mariage qui doit perpétuer la race ». Elle comprend alors 18 personnes : « L'héritier et sa femme, âgés de 25 et de 20 ans ; le père et la mère, chefs de maison, mariés depuis 27 ans et alors âgés de 52 et de 47 ans ; un aïeul âgé de 80 ans ; 2 parents célibataires — frères ou sœurs du chef de famille ; 9 enfants dont les aînés ont presque l'âge du frère héritier et dont le dernier est en bas âge, souvent même à la mamelle ; enfin deux domestiques vivant dans les conditions d'une complète égalité avec les autres membres de la famille [1]. »

On sait que Le Play avait voué sa vie à établir la paix sociale par la science sociale, et on voit que son orientation était nettement réactionnaire — au moins au sens étymologique du mot — encore qu'il se soit lui-même défini comme « réformiste » et défendu d'être « rétrograde ». Ce projet politique de Le Play est ce que les historiens ont le plus souvent retenu de son œuvre. Mais les sociologues de la famille, même lorsqu'ils étaient politiquement aux antipodes de Le Play, ont été plus sensibles à la richesse de son analyse et à la cohérence de son système : c'est bien le système de la famille-souche que Pierre Bourdieu a retrouvé dans le Béarn, à l'occasion de sa belle étude sur le célibat paysan [2]. Plus généralement, il est devenu classique d'opposer à notre famille actuelle, peu nombreuse quant à sa taille et « conjugale » quant à sa structure, les familles de l'époque pré-industrielle, nombreuses autant par leur « fécondité naturelle » que par leur structure « élargie » ou « étendue » à d'autres que le père, la mère et leurs enfants.

Or les historiens réunis à Cambridge en 1969 autour de Peter Laslett, après avoir traité par ordinateur les données provenant de plus d'une centaine de recensements maison par maison, sont arrivés à la conclusion que les familles d'autrefois étaient peu nombreuses — 4 à 6 personnes, en moyenne — et cela non seulement en Angleterre mais dans toute l'Europe. Que de plus la plupart de ces familles étaient de type « conjugal », que les familles « élargies » étaient moins fréquentes encore que de nos jours, et que la famille-souche et autres types de familles « polynucléaires » ne se rencontraient presque jamais [3]. Faut-il donc, comme on s'est empressé de l'écrire, reléguer ces « familles étendues » au musée des mythes sociologiques ?

1. La taille des ménages

La taille des familles anciennes avait déjà été remise en question par les démographes français. Le Play pensait que dans l'ancienne société « les mères, pendant une période de 25 ans, mettent au monde de 15 à 24 enfants ». Et tout le monde a été longtemps convaincu comme lui que « cette fécondité était commune, au XVIIe siècle, dans toutes les régions de France, chez les bourgeois comme chez les paysans ». « Il serait facile, ajoutait-il, d'en citer beaucoup d'exemples, dans les familles dont le souvenir a été conservé par des monuments écrits. » Or les exemples cités concernaient généralement les milieux aristocratiques et bourgeois et n'étaient pas généralisables. En reconstituant les familles à partir des actes de baptême, mariage et sépulture, on a montré que « l'enfant annuel » était tout à fait exceptionnel, du moins dans les familles où les mères allaitaient elles-mêmes leur progéniture. En moyenne, l'intervalle entre deux naissances était de deux ans ou plus. D'autre part, rares étaient les femmes qui avaient vingt-cinq ans de vie conjugale féconde : elles se mariaient en moyenne aux environs de 24 ans plutôt que de 20 ans ; un nombre important d'entre elles mouraient en couches, et beaucoup d'autres, mal soignées, devenaient stériles avant l'âge normal de la ménopause. De sorte qu'au lieu d'avoir en moyenne 15 à 24 enfants, elle en avait plutôt 6 à 8. Enfin la mortalité opérait des coupes sombres dans cette descendance : 200 à 300 enfants sur 1 000 mouraient avant un an, et il en restait souvent moins de la moitié à l'âge de 20 ans.

Tout cela a été souligné, dès 1960, par Pierre Goubert. Cependant les « fiches de familles » que les démographes français établissaient à partir des registres paroissiaux, selon la méthode de Louis Henry[4], ne permettaient pas de connaître la taille des ménages d'une paroisse à un moment donné. Lorsque deux époux étaient originaires de paroisses différentes, ils s'étaient souvent mariés dans la paroisse de la femme et vivaient ensuite dans celle du mari, de sorte que ni dans l'une ni dans l'autre on n'avait enregistré tous les éléments nécessaires à l'établissement de leur fiche de famille. D'autre part ces fiches ne cumulaient pas les enfants qu'un homme pouvait avoir de plusieurs épouses successives, ni une femme de ses différents maris. Elles indiquaient la mort des enfants — s'ils étaient morts dans la paroisse — mais non leur départ de la maison, ni même leur mariage lorsqu'il avait eu lieu dans un autre village. Bref, la méthode dite « de reconstitution des familles » permet d'étudier la fécondité des couples d'autrefois mais non la taille réelle des ménages. D'ailleurs on ne s'en souciait guère, en France, au cours des années 60 : lorsqu'on avait la chance de trouver un recensement maison par maison, on en tirait des indications « démographiques » sur la répartition par âge ou le célibat, plutôt qu'une réflexion sur la taille et la structure des ménages[5].

C'est aux historiens-démographes britanniques qu'on doit de les avoir étudiés dans cette perspective : non seulement parce qu'ils étaient plus attentifs aux recherches anthropologiques, mais sans doute aussi parce qu'à l'inverse de ce qui se passe pour les registres paroissiaux — meilleurs en France qu'en Angleterre — ils possèdent des recensements plus nombreux et plus sûrs que les Français. Les chercheurs de Cambridge ont pu constituer un échantillon de cent recensements, établis de 1574 à 1821, dont 5 entre 1574 et 1645, 45 de 1662 à 1749, et 50 de 1750 à 1821. Cet échantillon concerne des paroisses urbaines aussi bien que des paroisses rurales, et couvre tous les comtés d'Angleterre.

Du traitement par ordinateur de cet échantillon, qu'est-il résulté ? On a calculé la taille moyenne des ménages dans chacune des cent paroisses, puis établi la médiane de ces moyennes, qui est de 4,73 personnes par ménage. Cela ne diffère pas sensiblement de la taille moyenne des ménages anglais à la fin du XIXe siècle : 4,60 en 1891[6].

On pourrait, certes, se demander quelle est la signification de cette médiane et si elle ne masque pas des écarts considérables d'une paroisse à une autre de l'échantillon. De fait la taille moyenne des ménages n'était que de 3,63 personnes dans le village de Little Strickland (comté de Westmorland) en 1781 alors qu'elle atteignait 7,22 personnes dans la paroisse londonienne de St. Mildred Poultry, en 1695. Mais un diagramme de fréquence montre que la taille moyenne des ménages ne descendait au-dessous de 4 personnes que dans 6 pour 100 des paroisses et ne s'élevait au-dessus de 5,75 que dans 5 pour 100. Autrement dit, elle était de 4 à 6 personnes dans 89 pour 100 des paroisses de l'échantillon ; on est bien loin des 18 personnes de la famille-souche moyenne de Le Play.

Allant plus loin, les historiens anglais ont obtenu de chercheurs d'autres pays, lors du colloque de Cambridge en 1969, des éléments de comparaison. On ne pouvait évidemment attendre de ces chercheurs des études aussi importantes et aussi coûteuses que celles entreprises sur l'Angleterre par Peter Laslett et son groupe : chacun présenta une seule paroisse de son pays, et ces paroisses ne sont pas forcément représentatives des moyennes nationales. Néanmoins cette comparaison est instructive par la similitude des résultats obtenus dans ces diverses régions d'Europe (tableau 1, p. 237). Entre ces paroisses de pays différents, en effet, la taille moyenne des ménages varie encore moins qu'entre les cent paroisses anglaises. La conclusion paraît s'imposer : ce n'est pas seulement en Angleterre mais dans l'Europe entière que la taille moyenne des familles était comprise entre 4 et 6 personnes.

Que cette famille de taille réduite soit un trait caractéristique de l'Occident, aux XVIe, XVIIe et XVIIIe siècles, ressort du fait que le seul exemple aberrant s'est rencontré hors d'Europe, dans le village japonais de Yokouchi (comté de Suwa), où la pratique des recensements annuels maison par maison a fourni une abondante documentation : 7 personnes par ménage en 1676 ; 5,5 en 1746 ; 5,1 en 1823 ; 4,4 en 1846. Il est donc possible que le passage d'une économie féodale à une économie de marché ait entraîné une très sensible diminution de la taille des ménages. Mais ou bien cette diminution s'est accomplie en Europe avant le XVIe siècle, ou bien le ménage réduit était un trait caractéristique de l'Occident dès le Moyen Age. Telle est la conclusion à laquelle on aboutit inévitablement si l'on admet la pertinence des résultats de l'enquête statistique conduite par les historiens de Cambridge et leurs amis.

Mais est-il pertinent, pour l'analyse sociale, de rechercher ainsi des moyennes paroissiales ? Est-ce qu'au sein des paroisses la marge de variation de la taille des familles réelles est aussi insignifiante que la variation de la « taille moyenne des ménages » d'une paroisse à une autre et d'un pays à un autre ? A l'abstraction des écarts à la moyenne, par quoi les statisticiens répondent généralement à cette question, préférons un exemple concret emprunté au célèbre essai de Peter Laslett, *Un monde que nous avons perdu* [7].

En 1676, le village de Goodnestone-next-Wingham, dans le Kent, comprenait 277 habitants que le pasteur responsable du recensement nous présente groupés en 62 ménages (tableau 2, p. 238) : 3 ménages de gentilshommes, 26 de laboureurs, 9 de gens de métiers, 12 de manouvriers ou journaliers et 12 de pauvres. Dans la catégorie des gens de métiers ont été comptées deux familles de charpentiers — dont l'une avait un domestique — deux familles de maçons, deux familles de tisserands, la famille d'un cordonnier, celle d'un tailleur, et une femme seule qui se disait épicière. Ces professions n'avaient rien que d'ordinaire dans les villages anglais. En revanche, puisqu'il n'est question ni de forgeron, ni de bergers, ni de bouviers, ni de couvreurs de chaume — autres métiers ordinaires à la campagne — c'est sans doute qu'on a compté ceux qui les exerçaient parmi les manouvriers.

La taille moyenne des ménages, dans ce village, est de 4,47, c'est-à-dire qu'elle est inférieure à la moyenne nationale de l'époque. Et on le comprend lorsqu'on voit que les ménages des gens de métiers ne comptaient en moyenne que 3,9 personnes, ceux des manouvriers 3,2 et ceux des pauvres 2,1. Ces ménages de catégories inférieures sont nettement majoritaires — 33/62 —, et leur taille moyenne est inférieure à 3.

Mais ils ne regroupaient qu'un peu plus d'un tiers de la population : 99 personnes sur 277, soit 35 pour 100. Le reste vivait dans les ménages plus grands des paysans aisés et des gentilshommes, c'est-à-dire dans des ménages qui avaient en moyenne plus de 6 personnes (6,2). Autrement dit, 65 pour 100 de la population vivaient dans des ménages dont la taille moyenne est exceptionnellement grande, selon ce que nous avons conclu des tailles moyennes des cent paroisses anglaises. Or ces moyennes par catégories sociales risquent encore de déformer la réalité.

Des trois ménages de gentilshommes, l'un comprenait 23 personnes — Sir Edward Hales et sa femme, leurs 6 enfants et 15 domestiques —, tandis que les deux autres étaient d'une dimension étonnamment restreinte : un célibataire avec un serviteur mâle d'un côté, un couple avec un enfant et pas de domestique de l'autre. Ou bien ces gentilshommes vivaient en pauvres paysans, sans domesticité, ou bien ils habitaient au manoir avec Sir Edward Hales, et ne constituaient pas de véritables ménages indépendants.

D'autre part, sur 26 ménages de laboureurs, il y en avait 12 gros qui regroupaient une centaine de personnes. Parmi eux deux familles Neame, de 14 et de 12 personnes, trois familles Wanstall dont deux avaient 8 personnes, la famille de William Tucker qui en comptait 10, celles de Richard Fuller et de Stephen Church qui en comptaient 9 chacune, et celle de John Pet qui en comptait 8. Le châtelain et cette douzaine de gros laboureurs — qui tenaient à peu près toutes les terres, donnaient du travail aux autres familles et dirigeaient le village politiquement aussi bien qu'économiquement — regroupaient dans leurs grandes maisonnées plus de la moitié de la population villageoise. Peut-on dire, dans ces conditions, que les grandes maisonnées étaient inexistantes ou sans importance ?

Peter Laslett a d'ailleurs montré pourquoi — contrairement à ce qu'on croyait autrefois et à ce que paraissaient même admettre les démographes français — les ménages les plus pauvres étaient si réduits. A Goodnestone-next-Wingham, sur 277 habitants, il y avait 52 domestiques dont 50 servaient au manoir ou chez les gros paysans, 2 seulement chez les gens de métier, et point, bien sûr, chez les manouvriers et les pauvres. Rien de cela ne surprendra. Mais ce n'est qu'une moitié de l'explication : l'autre est que les ménages pauvres comptaient nettement moins d'enfants que les riches. A Goodnestone, sur 113 enfants, 71 appartenaient aux 29 ménages des gentilshommes et des laboureurs alors qu'il ne s'en trouvait que 42 dans les 33 ménages des petites gens. La proportion des enfants dans le ménage — déduction faite des domestiques dont beaucoup étaient sans doute des enfants — croissait ou décroissait régulièrement avec la condition sociale (tableau 2, p. 238). Au bas de la société, les pauvres, il est vrai, paraissent rompre cette belle corrélation : 11 enfants pour 25 personnes, soit 44 pour 100. Mais il n'y avait, chez les pauvres de Goodnestone, que 0,9 enfant par ménage contre 1,2 chez les manouvriers. Ce qui gonfle leur proportion par rapport aux adultes, c'est le nombre étonnamment faible des adultes : 14 seulement pour 12 ménages. Cela implique que, sur ces 12 ménages, il y avait au plus deux couples : les ménages de pauvres étaient généralement d'anciens ménages de manouvriers tombés dans la misère à la suite de la mort du père de famille.

Pourquoi donc les ménages pauvres comptaient-ils moins d'enfants que les ménages riches ? Il pouvait y avoir à cela deux explications : la première est démographique et la seconde socio-économique.

Plus une femme se mariait tard, moins sa période de fécondité était longue. Or les filles pauvres devaient souvent gagner leur dot en servant pendant dix ou quinze ans comme domestiques, et cela les empêchait de se marier aussi jeunes que les riches. C'est apparemment le cas à Tourouvre-au-Perche (Orne) ou dans le Nottinghamshire.

Mais il arrivait aussi que, pour d'autres raisons, l'âge moyen au mariage fut plus élevé chez les filles riches que chez les pauvres : ainsi à Amiens.

D'autre part plusieurs chercheurs français ont remarqué que la fécondité des pauvres était plus faible — à âge égal — que celle des riches. Cela paraît s'expliquer par l'intervalle intergénésique plus long des femmes pauvres. Par exemple, à Tourouvre-au-Perche, l'intervalle moyen entre la première et la seconde naissance était de 23,6 mois chez les laboureurs, marchands et artisans, et de 27,6 mois chez les manouvriers et les sabotiers. C'est vraisemblablement que les femmes pauvres allaitaient leurs enfants et parfois aussi ceux d'autrui, ce qui arrêtait pour un temps leur fertilité, tandis que parmi les femmes riches un certain nombre mettait les leurs en nourrice et avaient de ce fait une interruption de fertilité beaucoup plus courte. C'était particulièrement sensible en France où l'allaitement mercenaire était plus répandu qu'en Angleterre.

Enfin la misère ne pouvait qu'accroître la mortalité infantile — toutes choses égales d'ailleurs — ainsi qu'on l'a montré à Argenteuil : dans la « classe supérieure » celle-ci était de 193 pour 1 000, dans la « classe moyenne » de 226, et dans la « classe inférieure » de 258.

Ces trois raisons démographiques du nombre d'enfants moindre dans les ménages pauvres que chez les riches ont surtout été mises en évidence en France, et il n'est pas sûr qu'elles aient été aussi déterminantes en Angleterre. Mais dans ce pays, la concentration plus avancée de la propriété foncière s'était accompagnée de la constitution de grandes exploitations agricoles et de la prolétarisation des petits paysans, de sorte que les pauvres, n'ayant pas de quoi entretenir leurs enfants — du moins au-delà d'un certain âge — les envoyaient travailler chez les riches en qualité de domestiques. Il est dommage que Peter Laslett n'ait pu faire apparaître ce phénomène à Goodnestone-next-Wingham, par une analyse de l'âge des enfants des ménages pauvres et des domestiques. On ne saurait cependant douter de sa réalité.

En France, un vieux proverbe disait « enfants sont richesse de pauvres gens ». Autrement dit, ceux qui n'ont ni terre ni argent ont cependant des enfants : le pauvre, c'est le prolétaire. Mais cette seule richesse, en France comme en Angleterre, les pauvres n'ayant pas les moyens de la faire fructifier, devaient la donner aux possesseurs du sol. Des enfants, finalement, ils ne connaissaient que l'embarras de les faire naître et de les faire survivre jusqu'à l'adolescence.

Les grosses maisonnées liées à l'existence de grosses exploitations agricoles, qui se rencontraient dans la plus grande partie de l'Angleterre, existaient aussi dans plusieurs régions de France. Depuis le XVIe siècle, en effet, nobles et bourgeois avaient entrepris d'arracher aux paysans la possession du sol, généralement conquise par ceux-ci durant les deux derniers sièles du Moyen Age. Puis, plus ou moins systématiquement selon les régions, ils avaient constitué de grosses exploitations : grandes fermes du Bassin parisien, grandes métairies de la Gâtine poitevine [8] ou de Sologne [9]. En Sologne, où ils étaient maîtres du sol dès le début du XVIIIe siècle, ils laissaient généralement subsister, à côté de métairies de 75 à 100 ha et parfois plus, de petites exploitations de quelques hectares, les « locatures », qui leur appartenaient également et pouvaient fournir une main-d'œuvre d'appoint aux métayers. Là aussi, cependant, comme en Poitou, la concentration de la propriété s'était accompagnée d'une transformation du paysage agraire avec réduction des surfaces emblavées au profit des pâturages — pour réduire les frais de main-d'œuvre, peu rentable sur ces terres pauvres — et destruction des bâtiments inutilisés pour réduire la charge fiscale et les frais d'entretien. Ainsi à Tremblevif, s'il faut en croire le cahier de doléances de 1789, les deux tiers des locatures et des métairies auraient disparu au cours du XVIIIe siècle. Au terme de cette évolution, certaines métairies atteignaient 100 à 200 ha — ainsi à Vouzon — et l'on en vit même une de 450 ha.

Malgré l'importance prise par l'élevage, de telles exploitations exigeaient une main-d'œuvre relativement abondante. En 1754, la métairie de Villeneuve, à Brinon, employait à demeure 20 domestiques : 2 garçons de labour, 2 bouviers, 3 servantes, 2 valets, 7 bergères et bergers, soit 16 adultes auxquels s'ajoutaient 4 enfants dont 1 vacher, 2 porchers et 1 dindelier. En plus de ces 20 domestiques, il faut sans doute compter le métayer, sa femme et leurs enfants. De même à Sennely où en 1775 la plus grande métairie employait 12 domestiques en plus de la famille du métayer. Dans les métairies ordinaires vivaient une dizaine de personnes en comptant le métayer, sa femme, leurs 2 ou 3 enfants, 3 ou 4 domestiques adultes et 1 ou 2 enfants, souvent des orphelins dont le métayer s'était fait donner la tutelle pour qu'ils ne lui coûtent rien.

Cette évolution économique a donc eu pour effet d'augmenter le nombre des grandes maisonnées, non seulement en Sologne mais en Gâtine poitevine, dans les plaines céréalières du Bassin parisien et, à un degré moindre sans doute, dans la plupart des autres régions. Là où il y avait aux XIVe et XVe siècles de petites familles paysannes travaillant sur de petites exploitations, on retrouve au XVIIIe siècle de grosses « familles » dans de grandes fermes ou de grandes métairies. Faut-il en conclure que la grande famille fut, en Europe occidentale, un trait de modernisme ?

Certainement pas. Car d'une part toutes les grandes maisonnées n'avaient pas pour raison d'être la nécessité du travail dans une grande exploitation agricole ; d'autre part la tendance à la concentration du capital et à l'agrandissement des unités de production n'a pu provoquer l'agrandissement des ménages que dans une société qui faisait coïncider l'unité de production avec l'unité de consommation — autrement dit qui employait une main-d'œuvre domestique — ce que la nôtre ne fait plus, et que nous pouvons donc considérer comme un trait d'archaïsme.

Premier fait que nous avons négligé jusqu'ici : les grandes maisonnées, aux XVIIe et XVIIIe siècles, étaient sans doute plus nombreuses dans les grandes villes — ou du moins dans certains quartiers des grandes villes — qu'à la campagne : sur les cinq paroisses de l'échantillon anglais où la taille moyenne des ménages dépassait 6 personnes, 3 sont des paroisses londoniennes. C'est que les grandes villes, centres de décision et rendez-vous mondains dès le XVIIe siècle, attiraient les puissants et leurs « familles » aussi abondantes qu'improductives. Dans leurs hôtels de la ville comme dans leurs châteaux, les membres de la haute aristocratie entretenaient en effet des douzaines de serviteurs, parfois même des centaines [10]. A la fin du XVIIe siècle, Gregory King estimait en moyenne à 40 personnes les familles des Lords temporels dont il y avait 160 dans le royaume. Etablissant une corrélation presque rigoureuse entre la taille des familles et la condition sociale de leurs chefs, il accordait en moyenne 20 personnes à celles des évêques, 16 à celles des baronets, 13 à celles des chevaliers, 10 à celles des écuyers, 8 à celles des simples gentilshommes. Au total, les 17 000 familles de l'aristocratie et la gentry auraient compté 8 à 40 personnes et les 100 000 de la bourgeoisie haute ou moyenne 5 à 8 personnes. Même si ces estimations sont discutables — et elles le sont, puisque ces chiffres ont varié d'une édition à l'autre de ce tableau de Gregory King — la rigueur de la corrélation entre condition sociale et taille des maisonnées doit retenir notre attention. Pourquoi, dans les élites de ce temps, entretenait-on de telles masses de domestiques improductifs, alors que de nos jours les hommes les plus riches se contentent de quelques-uns, quitte à louer des « extra » pour leurs réceptions ?

On peut dans une certaine mesure expliquer cette réduction de la domesticité des riches oisifs par la hausse des salaires et la multiplication des robots ménagers. Mais il y a autre chose : une transformation de l'attitude des riches face au problème des serviteurs. L'attitude actuelle est pratique : on n'embauche un domestique que si l'on estime en avoir « besoin », et si l'on ne trouve pas de solution moins chère ou plus commode. Non pas que la richesse aujourd'hui ne soit plus ostentatoire : on achètera par plaisir ou par ostentation de nouvelles voitures — pour ne rien dire des microscopes électroniques ou des ordinateurs dans la vie professionnelle — mais on aura tendance à n'embaucher un serviteur ou à le garder que s'il est « rentable ». L'ancienne aristocratie avait une attitude différente. Par goût du luxe et par ostentation elle multipliait ses domestiques aussi bien que ses carrosses. Mais ce n'était pas seulement par vanité : c'était aussi par devoir. On considérait en effet comme « ignoble » l'avarice — c'est-à-dire la propension à thésauriser ses richesses au lieu de les distribuer à ses proches — et le souci de rentabiliser sa domesticité ne pouvait donc se développer autant qu'aujourd'hui. Surtout, un grand avait des devoirs envers ses clients : il fallait prendre comme servante la fille de la fermière, comme secrétaire le filleul d'un parent, etc. On ne commençait pas par se demander si l'on en avait besoin ou non, mais si l'on voulait venir en aide ou non à ses clients et, peut-être, si l'on en avait les moyens. Plus on était haut placé dans la hiérarchie sociale, plus on avait de clients et plus on était censé avoir de moyens pour leur venir en aide. On pouvait d'autant moins échapper à cette logique que la puissance d'un grand se comptait aussi et surtout au nombre et à la fidélité de ses clients.

A en croire les auteurs qui, au XVIIIe siècle, s'élevaient contre la multiplication des domestiques, tous étaient des parasites. C'est évidemment exagéré, même lorsqu'on se place du point de vue de l'intérêt de la société. Les deux domestiques qui, à Goodnestone-next-Wingham, travaillaient pour des gens de métiers, contribuaient certainement à la production nationale. De même les 34 employés par des laboureurs et sans doute la plupart des 16 qui travaillaient au manoir. Mais il faut bien dire que, du point de vue économique, la fonction du domestique était ambiguë. Alors qu'aujourd'hui un industriel distingue nettement parmi ses salariés la centaine d'ouvriers qui travaillent dans son usine des quelques domestiques qui s'occupent de sa maison, cette distinction n'apparaissait autrefois ni au niveau du langage ni dans la réalité. Certains domestiques ne s'occupaient que de la maison et du bien-être de leurs maîtres, d'autres que de l'aider dans son activité professionnelle, et d'autres enfin des deux secteurs à la fois. C'était par exemple le cas des filles de ferme, qui aidaient leur maîtresse à tenir la maison, mais aussi la basse-cour et le potager et qui, pendant la saison des gros travaux, pouvaient aller aider leur maître.

Si une distinction s'est établie aujourd'hui entre l'ouvrier et le domestique, c'est que, à l'exception de certains « ouvriers agricoles », l'ouvrier d'aujourd'hui n'est plus logé chez son patron. La coïncidence entre l'unité de production et l'unité de consommation, qui était autrefois la règle, est devenue exceptionnelle. Pourquoi ? Ne l'imputons pas au capitalisme, puisque autrefois, dans les grandes maisonnées, les domestiques n'avaient pas plus de droits sur le capital que les ouvriers d'aujourd'hui. D'ailleurs on sait que les kolkhoziens qui, eux, ont un droit sur la terre qu'ils cultivent en commun, vivent cependant en petits ménages. Est-ce alors le gigantisme des entreprises contemporaines qui a nécessité cette séparation ? Mais il existait autrefois des familles géantes, de cent personnes et plus, autour de quelques grands seigneurs : on pourrait donc imaginer qu'un directeur d'usine vive lui aussi en famille avec ses ouvriers. La coïncidence de l'unité de production avec l'unité de consommation avait d'ailleurs des avantages qui n'ont pas disparu : à preuve la multiplication des cantines d'entreprise, des crèches, des coopératives d'achat, des cités ouvrières sur les lieux du travail, gérées par l'entreprise. Mais elle avait aussi des inconvénients que l'ancienne société acceptait mieux que la nôtre, par exemple le célibat des domestiques. Il faut chercher pourquoi.

La grande famille à domesticité nombreuse n'est pas une création de la période qui nous intéresse, ni même du Moyen Age : elle ne fait que prolonger la famille esclavagiste de l'Antiquité ; et, plus que par de bonnes raisons, ses caractères s'expliquent par la continuité d'une tradition. Tout ce qui nous paraît étrange, dans la condition du domestique, était déjà caractéristique de celle de l'esclave. D'abord l'esclave était un domestique en ce sens qu'il n'habitait jamais sa propre maison mais toujours la maison — ou une des maisons — de son maître. Servant par contrainte, il ne pouvait en effet vivre qu'en « famille » sous une surveillance constante. Comme le domestique, l'esclave pouvait être employé à toutes sortes de tâches, domestiques ou productives, sans que son statut social en fût modifié. L'éventail de ces tâches était très vaste pour les esclaves antiques, et l'est encore pour les domestiques des XVIIe-XVIIIe siècles. Enfin, le mariage, qui impliquait la libre disposition de soi-même et la possibilité de mener une vie indépendante, était incompatible avec la condition d'esclave, comme avec celle de domestique. Le serviteur domestique des XVIe-XVIIIe siècles — le *servant,* disent les Anglais — a chaussé les bottes du *servus* antique. Sa condition n'était différente qu'en ce qu'il avait le droit de quitter son état pour se marier et s'établir dans sa propre maison, alors que l'esclave antique ne le pouvait qu'après avoir été affranchi par son maître. Encore ce droit du domestique était-il souvent plus théorique que réel : pour s'établir, pour se marier, il lui fallait un petit capital qui était long à accumuler. Souvent, d'ailleurs, son salaire ne lui était pas versé à dates fixes, mais s'accumulait entre les mains du maître, qui finalement lui donnait de quoi s'établir lorsqu'il le jugeait bon.

Les philosophes de l'Antiquité avaient comparé l'esclave à un enfant : comme lui, il était totalement dépendant du père de famille. Or le domestique, lui aussi, se trouvait, à l'époque qui nous intéresse, dans la même situation à l'égard de son maître que l'enfant à l'égard de son père. Dans l'Antiquité, le père de famille avait droit de vie ou de mort sur ses enfants et ses esclaves ; aux XVIIe et XVIIIe siècles, il a conservé le droit de corriger ses enfants et ses domestiques. Souvent, d'ailleurs, les domestiques étaient des jeunes gens, et leur dépendance était transitoire comme celle de l'enfant. Inversement, l'enfant comme le domestique devait apprendre à servir — forme ancienne de l'éducation — avant de pouvoir s'établir et devenir à son tour « père de famille ». Quoi d'étonnant, dans ces conditions, que des mots comme « fille », « garçon », « valet », aient désigné aussi bien des jeunes gens que des serviteurs domestiques ?

Si le Français emploie le mot « domestique » au lieu d'être resté fidèle à la racine antique, c'est sans doute qu'au Moyen Age une partie des « serfs » ont été logés hors de la maison du maître. Tout le monde connaît le schéma de l'organisation agraire de ce temps : la réserve seigneuriale, dont le produit nourrissait les gens du château, était cultivée à la fois par des serfs domestiques et par des serfs « chasés », c'est-à-dire établis dans leur propre chaumière et y faisant vivre leur famille du produit d'une parcelle qui leur avait été attribuée héréditairement pour les encourager à procréer. A côté des serviteurs domestiques, dès le haut Moyen Age, il y a eu des dépendants mariés et installés hors de la famille, comme les manouvriers et journaliers des XVIe-XVIIIe siècles ou les ouvriers du XIXe.

Il est vrai que du Xe au XVIIIe siècle beaucoup de choses ont changé. La réserve seigneuriale, morcelée dans les derniers siècles médiévaux, a été accensée aux paysans libérés du servage, puis, plus ou moins complètement selon les régions, elle a été reconstituée entre le XVIe et le XVIIIe siècle et confiée, par baux à court terme, à de gros fermiers ou métayers ; la main-d'œuvre servile du haut Moyen Age a été remplacée, aux XVIIe et XVIIIe siècles, par celle, plus ou moins régulièrement salariée, des domestiques agricoles et des manouvriers possesseurs d'une maison mais non d'une terre suffisante pour nourrir leur famille. Cependant, malgré toutes ces transformations, le paysage agraire au XVIIIe siècle était caractérisé, comme au Xe, par la coexistence et la complémentarité de grosses exploitations et de petites, fournisseuses de main-d'œuvre ; et du Xe au XVIIIe, sans interruption quoiqu'en proportions variables, il y a eu en Europe occidentale des châteaux et des chaumières, de grandes maisonnées dominantes et de petits ménages dépendants. C'est cette coexistence et cette association qui ont caractérisé l'ancienne société occidentale. Et cela, les moyennes paroissiales ne peuvent le dire.

2. La structure des ménages

Ces ménages, grands et petits, quelles étaient leurs structures ? Autrement dit, quelles sortes de liens — et plus précisément quels liens de parenté — existaient entre leurs membres ? C'est en effet par rapport aux liens de parenté que les chercheurs anglais ont distingué cinq types principaux de ménages, subdivisés en 19 types secondaires (tableau 3, p. 239). En même temps que cette typologie, le groupe de Cambridge a mis au point un système de représentation graphique qui permet de comprendre d'un coup d'œil la structure d'ensemble des ménages les plus complexes, le sexe, l'âge et la condition de chacun de leurs membres, et la manière dont ils se relient entre eux (fig. 2, pp. 70-71).

Données statistiques

De l'analyse de quelques villages — en attendant le traitement par ordinateur des cent paroisses de l'échantillon anglais — il ressort avec évidence que, chez les paysans de l'Angleterre pré-industrielle, la structure normale des ménages était la famille conjugale. Il ne s'agit plus ici de moyennes, comme pour la taille des ménages, mais de fréquence, ce qui est beaucoup plus convaincant. Les ménages de type 3 représentent en effet 69 à 85 pour 100 du total (tableau 4, p. 240), ou même 76 à 85 pour 100 si l'on ne tient pas compte du cas de Bilston où 7 pour 100 des ménages sont de structure indéterminée. Les ménages élargis étaient incomparablement moins nombreux : 6 sur 33, dans le village de Cogenhoe (Northamptonshire) en 1628 — soit 18 pour 100 — est la proportion la plus grande encore trouvée en Angleterre [11]. Plus généralement leur proportion oscillait entre 6 et 11 pour 100. Quant aux ménages à noyaux multiples, ils étaient encore plus exceptionnels : au maximum 1 sur 33 — soit 3 pour 100 — à Cogenhoe en 1620, mais habituellement 0 à 2 pour 100 de l'ensemble des ménages.

Ce qui est encore plus dur pour les thèses de Le Play et les idées habituellement reçues, c'est que la proportion des ménages élargis ou multiples semble avoir augmenté plutôt que diminué aux XIXe et XXe siècles. A Woodford, faubourg de Londres, on a compté en 1957 que 23 pour 100 des retraités ayant des enfants mariés vivaient avec l'un d'eux. Et à Bethnal Green, faubourg plus populaire, 21 pour 100. Autre chiffre plus impressionnant encore : dans l'Est des Pays-Bas, vers 1950, 25 pour 100 des fermes étaient tenues par des couples mariés vivant chez leurs parents ou beaux-parents [12]. Ces indications, pour suggestives qu'elles soient, ne sont, il est vrai, pas directement comparables aux données des XVIe-XVIIIe siècles. Mais les six villages anglais qui avaient à cette époque 8 à 12 pour 100 seulement de ménages élargis et polynucléaires, en ont eu 12 à 21 pour 100 en 1850 (fig. 3, p. 72). Une augmentation aussi nette, dans chacune des six paroisses considérées, ne saurait être l'effet du hasard. Elle dément incontestablement les idées reçues sur le soi-disant passage de la famille élargie à la famille nucléaire au moment de la révolution industrielle.

Il est dommage que les chercheurs anglais ne nous aient pas dit dans quels milieux sociaux se rencontraient ces différents types de familles. On peut cependant supposer que celles des manouvriers et indigents, dont la taille moyenne était de 3,5 personnes, selon Gregory King, avaient rarement une structure complexe. Sachant d'ailleurs que ces pauvres gens ne pouvaient même pas conserver leurs enfants au-delà d'une dizaine d'années, on imagine mal qu'ils aient accueilli un vieil oncle ou même leurs pères et mères. Or, bien que ces ménages de manouvriers et d'indigents aient représenté à la fin du XVIIe siècle la grande majorité des ménages anglais — 764 000 contre environ 500 000 ménages de possédants — ils ne regroupaient même pas la moitié de la population anglaise, nous dit Gregory King. On aurait donc aimé savoir si dans les classes possédantes — et particulièrement dans l'aristocratie, la gentry, la bourgeoisie et chez les gros laboureurs — la famille conjugale était aussi prédominante et les ménages élargis et polynucléaires aussi rares. D'autant que les exemples de familles aristocratiques hébergeant différentes sortes de parents du maître de maison ne manquent pas [13]. Mais des exemples dispersés ne sont pas opposables à des résultats statistiques aussi nets que ceux qu'on vient de voir.

Figure 2

Représentation graphique de la structure des ménages.

(Source : *Annales E.S.C.*, juillet-octobre 1972, p. 871-872)

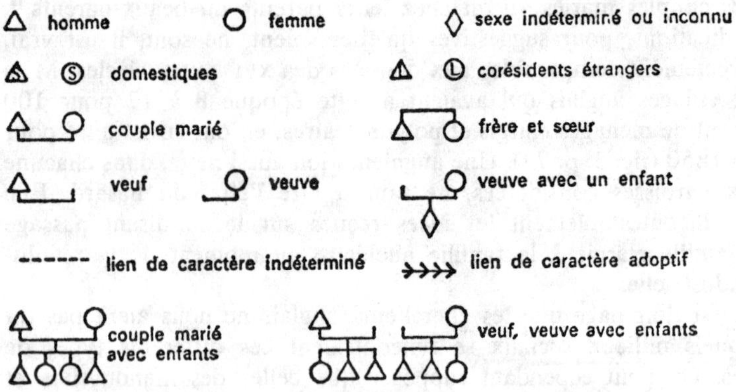

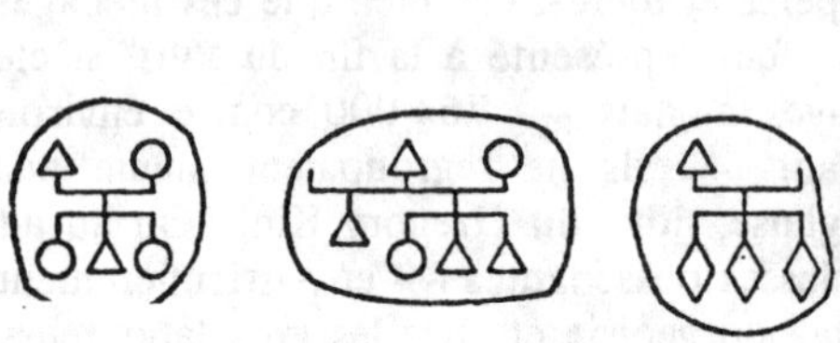

Familles nucléaires (conjugal family units)
(noter le remariage dans le deuxième exemple).
N. B. Le noyau familial est délimité par un cercle.

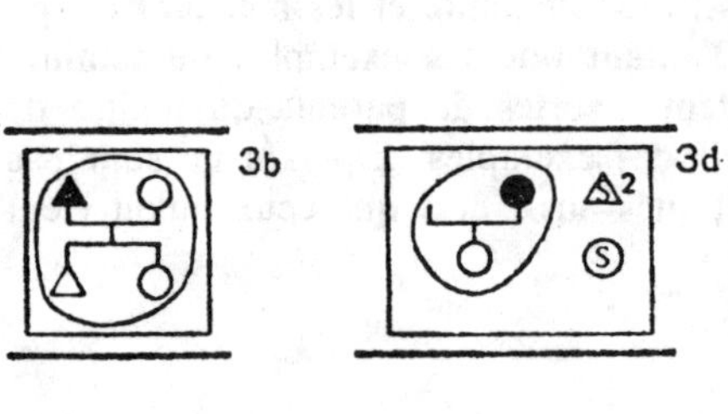

Ménages simples, avec référence à la catégorie *(simple family households)*.
N. B. Le ménage est délimité par un carré. Deux traits parallèles symbolisent la maisonnée.

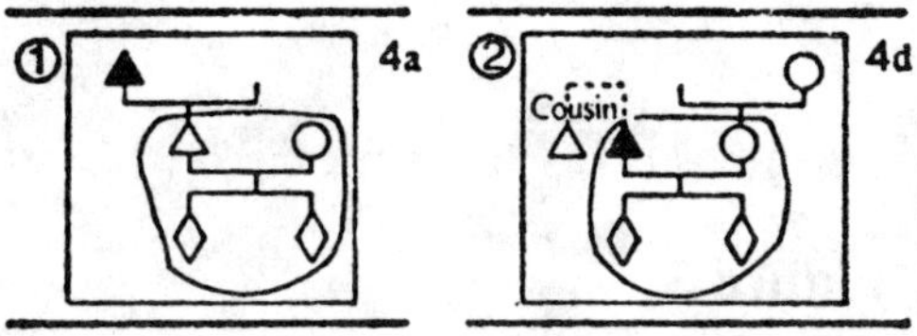

Familles élargies ***(Extended family households)***
① Ascendante.
② Descendante et collatérale.
③ Descendante avec corésidents étrangers.

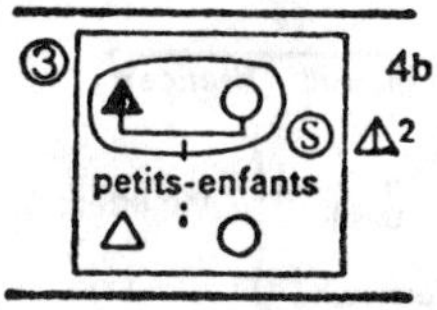

NB. Lorsque la source signale des gens apparentés et que le lien ne peut être suffisamment identifié, on reproduit la terminologie et le lien est indiqué en tirets.

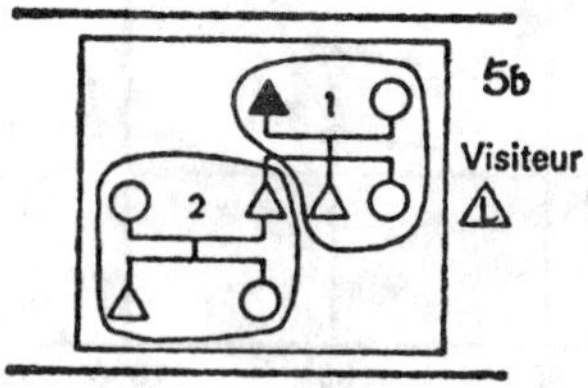

Ménages multiples ***(Multiple family households)***
Unités numérotées (principale et secondaire), avec un corésident, le document précisant qu'il s'agit d'un visiteur.

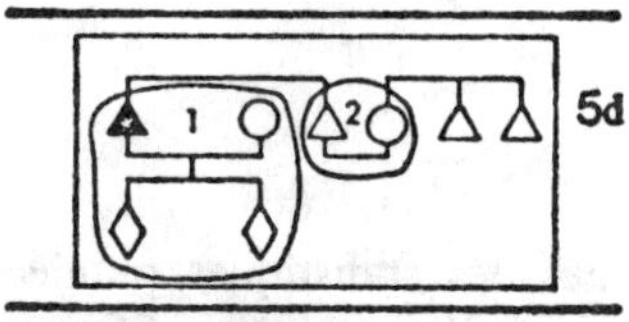

Frérèche

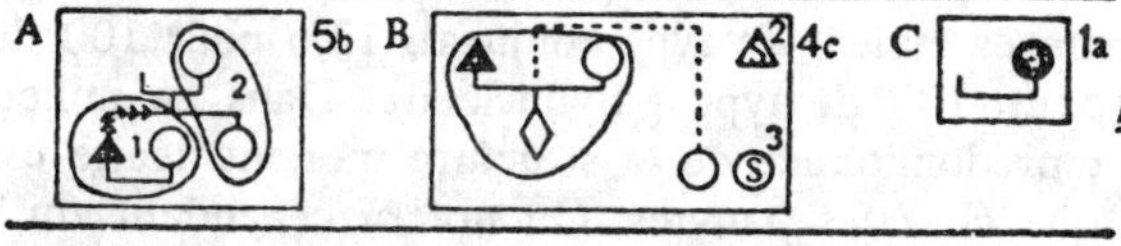

Maisonnée

A. Ménage multiple, avec unité secondaire ascendante et lien adoptif.
B. Famille élargie latéralement, avec 2 valets et 3 servantes, et une femme apparentée corésidente (sans que son lien de parenté soit spécifié mais rattachée au noyau).
C. Veuve vivant seule,

Figure 3

Evolution de la proportion des ménages complexes dans six villages anglais et à Montplaisant (Périgord).

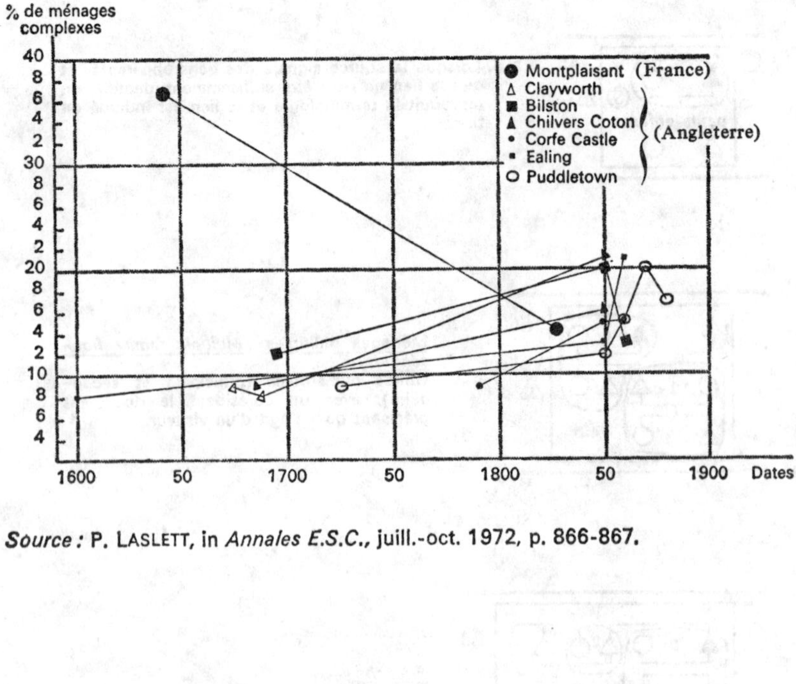

Source : P. LASLETT, in *Annales E.S.C.*, juill.-oct. 1972, p. 866-867.

Faute de mieux, revenons sur certaines des statistiques publiées par Peter Laslett. A Ealing, sur 85 ménages, il y en avait 56 sans domestiques et 29 avec domestiques. Encore que la présence de domestiques n'ait pas nécessairement impliqué une grande richesse, il s'agit cependant vraisemblablement des ménages les plus aisés. Or 72,4 pour 100 de ces ménages étaient de type conjugal, 13,6 pour 100 de type élargi et 3,4 pour 100 de type polynucléaire. Dans ce milieu relativement aisé, la prédominance de la structure mononucléaire est aussi incontestable que chez les pauvres. On notera cependant qu'à Ealing, sur 6 familles élargies, 4 avaient des domestiques et que la seule famille polynucléaire en avait également. C'est donc plutôt dans les milieux aisés qu'on trouvait des familles à structure complexe.

Ces conclusions, bien établies pour l'Angleterre — quoique sur un petit nombre d'exemples publiés — valent-elles aussi pour les autres pays européens, et en particulier pour la France ? Les historiens de Cambridge l'ont pensé après avoir examiné la structure des ménages dans quelques localités du continent. A Longuenesse, dans le Nord de la France (tableau 5, p. 241), si les familles élargies représentaient 14 pour 100 du total et les ménages polynucléaires 3 pour 100 — proportions un peu supérieures à ce qu'on trouvait généralement dans les villages anglais — la structure conjugale est cependant aussi prédominante qu'en Angleterre, puisqu'elle se rencontre dans 76 pour 100 des cas. Et le modèle anglais ressort encore plus nettement de l'analyse des ménages de Brueil-en-Vexin dont, en 1625, 85 pour 100 étaient de type mononucléaire contre 7 pour 100 seulement de type élargi et aucun de type polynucléaire. Tous les villages de la France septentrionale étudiés jusqu'à présent révèlent la même prédominance de la famille nucléaire. Pourquoi ?

Pour expliquer la rareté des famille élargies en Angleterre, Peter Laslett cite l'histoire exemplaire d'un tonnelier de Clayworth, Nicolas Bacon. Incapable d'acquérir par lui-même une maison où loger femme et enfants, il a dû attendre la mort de son père pour se marier. Alors, seul héritier des biens paternels, conformément à la coutume anglaise, il se marie et expulse de la maison sa mère et sa sœur, les abandonnant à la charité publique [14]. De telles mœurs étaient-elles habituelles en Angleterre ? C'est possible, et cela peut avoir eu un rapport avec le développement des lois sur les pauvres dès la fin du XVIe siècle. Mais si la France septentrionale a connu le mariage tardif, presque autant que l'Angleterre et pour des raisons analogues, il ne semble pas qu'on ait ainsi mis à la porte de la maison les mères veuves, les sœurs et les frères cadets. L'aurait-on voulu qu'on ne l'aurait pas pu, les coutumes d'héritage ne le permettant pas.

Examinons par exemple la population de Brueil-en-Vexin où la structure des ménages en 1625 était tout à fait comparable à celle des ménages anglais. Dans cette population, on compte 5 veufs et 13 veuves, ce qui est normal, les hommes se remariant plus fréquemment que les femmes. Sur ces 18 veufs et veuves, il n'y avait qu'une veuve vivant en solitaire ; encore n'avait-elle pas de descendants au village. Des autres, 13 vivaient en « famille conjugale incomplète », avec des enfants célibataires, et 4 seulement en familles élargies avec un fils ou une fille mariée. Cette rareté des ménages élargis ne s'explique pas, ici, par le mariage tardif des enfants : à vingt-quatre ou vingt-cinq ans, tous sont déjà mariés, ce qui est assez exceptionnel. Mais elle s'explique par la fécondité prolongée des hommes et des femmes et par le peu de chance qu'ils avaient de vivre plus de vingt ou vingt-cinq ans après la naissance de leur dernier enfant. Dans une société comme la nôtre où il est rare de procréer après trente-cinq ou quarante ans et où beaucoup de femmes dépassent soixante-cinq ou soixante-dix ans, les conditions démographiques sont beaucoup plus favorables à l'existence de ménages élargis. Aussi l'évolution des structures démographiques suffit-elle sans doute à expliquer la multiplication des familles complexes au XIXe siècle, là où on la constate, et par exemple dans les six villages anglais dont il a été question au graphique 3 (p. 72).

Or, bien que ces conditions démographiques favorables à la famille nucléaire aient existé dans toute la France comme en Angleterre, il s'avère que dans la France méridionale la structure des ménages était bien différente de ce que nous venons de voir. En Limousin, en Périgord, en Rouergue, en Provence, dans le comté de Nice, en Corse, et apparemment dans la plupart des régions centrales et méridionales du royaume, il existait une proportion de familles à structures complexes assez importante pour que l'on puisse mettre en doute la normalité de la famille conjugale.

La Corse, déjà, pose un problème [15] : des recensements maison par maison, concernant des secteurs entiers de l'île entre 1769 et 1771, ont montré que 19 à 26 pour 100 des ménages y étaient de type élargi ou polynucléaire (tableau 6, p. 241). Le type polynucléaire, en particulier, qui en Angleterre et dans la France du Nord ne représentait jamais plus de 3 pour 100 des ménages, en représente ici 13,5 à 18,5 pour 100. Autre originalité de la Corse : l'existence de frérèches, c'est-à-dire de ménages constitués par des frères ou sœurs, mariés ou célibataires, avec ou sans enfants, mais affranchis de leurs ascendants. Cette structure familiale, pratiquement inconnue en Angleterre, est d'ailleurs mal révélée par la typologie des historiens de Cambridge, qui la disperse entre les types 2a, 4c et 5d. Une fois regroupées, ces frérèches représentent en Corse 7,5 pour 100 à 11,3 pour 100 des ménages.

Malgré ces traits spécifiques — qu'on pouvait imputer à un marginalisme socioculturel autant que géographique — le cas corse ne contredit pas vraiment la thèse de l'européanité du modèle anglais : la structure conjugale s'y rencontre encore dans 67 à 75 pour 100 des ménages. Mais sa prédominance est singulièrement plus réduite dans la France centrale et méridionale (tableau 7, p. 242) : 50,8 pour 100 des ménages à Montplaisant (Périgord), 51 pour 100 à Mostuéjouls (Rouergue), 50,8 pour 100 à Mirabeau (Provence) et 47,4 pour 100 seulement à Saint-Martin-de-Vésubie (comté de Nice), alors que dans ces pays 32 à 43 pour 100 des ménages étaient de type élargi ou polynucléaire. Des recherches encore inédites, menées sur la région pyrénéenne des Baronnies et sur le Limousin, ont confirmé ces résultats [16]. On a même trouvé, dans un ensemble de sept paroisses du haut Limousin, recensées en 1831, moins de 40 pour 100 de familles à simple noyau conjugal [17].

Remarquons d'ailleurs combien l'approche statistique du groupe de Cambridge réduit artificiellement l'importance des structures complexes. D'abord parce qu'en établissant les taux par rapport au nombre des ménages on donne à une ou deux personnes le même poids qu'à dix ou douze. A Bulan, dans les Baronnies, sur 53 ménages il n'y en avait que 22 — soit 41,4 pour 100 — de types 4 et 5, contre 29 de type 3 et deux de type 2 ; cependant 240 personnes vivaient dans les familles complexes contre 121 seulement dans les familles de structures simples [18]. D'autre part, même si la cohabitation des parents avec un enfant marié avait été une règle absolue, il y aurait eu une proportion importante de familles nucléaires de par la seule mortalité des parents. A Saint-André-les-Alpes, sur 1 254 contrats de mariages établis entre 1638 et 1792, 568 seulement prévoyaient la vie commune des époux avec les parents de l'un d'eux ; mais dans les 687 autres couples, les trois quarts des maris avaient perdu leur père avant le contrat et ne pouvaient donc cohabiter avec lui [19]. Tout cela, bien sûr, était de peu d'importance en regard de la prédominance massive de la famille conjugale en Angleterre et dans la France du Nord. Mais il faut le préciser ici pour mieux faire apparaître qu'à cette France de la famille conjugale s'opposait une France des familles complexes. Reste à expliquer cette opposition.

Coutumes d'héritage et structures familiales

L'explication qui vient d'abord à l'esprit est que ces structures familiales différentes étaient liées à des règles d'héritage différentes. Le Play déjà avait attiré l'attention sur la relation existant entre la famille-souche et la transmission du patrimoine à un seul héritier, de même qu'entre la famille conjugale et le partage égalitaire entre les enfants. Or, la règle égalitaire n'est pas, comme il le laissait croire, une invention de la Révolution : elle existait traditionnellement, pour les roturiers, dans toute la moitié Nord de la France [20]. Au contraire, dans la France méridionale, le patrimoine passait intégralement ou presque à un seul des enfants : soit que — dans les pays de droit romain — le père fût libre d'en disposer à son gré par testament, réserve faite de la dot des filles et de la « légitime » des cadets ; soit que — dans les Pyrénées centrales et occidentales — il fût obligé de le transmettre à un héritier précisément désigné par la coutume. Jusqu'en 1551, en Béarn, et durant tout l'Ancien Régime en Aure, en

Lavedan, dans la vallée de Barèges et dans les provinces Basques, c'était à l'aîné, fille ou garçon, que devait revenir l'ensemble du patrimoine. « Les aînés, soit mâles ou femelles indifféremment — déclaraient en 1670 les députés de la vallée de Barèges — sont par un fidéis commis perpétuel les héritiers des maisons dont ils descendent, et des biens de souche ou avitins, à l'exception de tous les autres frères et sœurs cadets, qui chacun n'ont que leur légitime. » Celle-ci devait être réglée « suivant le nombre des enfants [...] leurs pères et mères [...] ne pouvant disposer ni donner que la seule quarte de leurs biens, y compris les frais tant de funérailles et tous legs [21]... ».

Dans ces régions pyrénéennes, la tradition était si forte que les familles se sont arrangées jusqu'au XXe siècle pour tourner le Code civil en jouant sur le quart de l'héritage dont il laisse aux pères la libre disposition, ou en refusant le partage et en obligeant les cadets à vivre, célibataires, dans la maison de leur aîné, ou encore en les désintéressant par une dot en argent ou en biens mobiliers — rarement payés comptant — lorsqu'ils s'établissaient à l'extérieur. C'est la situation décrite par P. Bourdieu dans le Béarn du début de ce siècle [22]. Cela a permis de maintenir — ou peut-être de renforcer — le système de la famille-souche avec cohabitation des cadets célibataires.

En Limousin, vers 1830, un observateur décrivait — en la regrettant — une situation analogue, due à « un usage consacré par les anciennes lois du pays, et tolérée par certaines dispositions de notre nouveau Code ». « Dans la plupart des maisons aisées, l'aîné des enfants mâles, ou l'aînée des filles s'il n'y a pas de garçons, prélève un quart de l'héritage paternel et reçoit ensuite, de ce qui reste, une part égale à celle de chacun des copartageants. Il a en outre le privilège, lorsqu'il se marie, d'habiter la maison de la famille et d'y vivre, lui, sa femme et ses enfants, aux dépens de la fortune de tous, jusqu'au moment où la mort du père vient lui en livrer la plus forte part. » Mais déjà, les effets désintégrateurs du Code civil commençaient à se faire sentir dans cette région, s'il est vrai que l'on voyait alors « un grand nombre de familles limousines aigries par les procès, divisées par les haines. Les frères regardent leur aîné comme un spoliateur, comme un ennemi donné par la nature. A l'inimitié des frères succède celle de leurs enfants entre eux. L'esprit de famille se perd ainsi [23]. »

En Périgord, l'étude des structures familiales de Montplaisant nous permet de mesurer l'ampleur de cette désintégration [24]. En 1644 il y avait dans ce village 36, 5 pour 100 de ménages à structure complexe ; en 1836 il n'en reste que 14,6 pour 100, tandis que la proportion des familles conjugales a progressé de 50,8 pour 100 à

74,4 pour 100. On comparera utilement cette évolution au doublement de la proportion des ménages complexes, au même moment, dans les six villages anglais proposés en exemple par Peter Laslett (fig. 3, p. 72). Or les transformations économiques et démographiques ont été analogues de part et d'autre : c'est apparemment l'introduction du Code civil qui explique l'évolution des structures familiales à Montplaisant, et en particulier la quasi-disparition des familles à noyaux multiples, dont la proportion est tombée de 20,6 pour 100 à 1,2 pour 100. Au reste, il n'est pas impossible que l'évolution en sens contraire des structures familiales en France du Sud et en Angleterre s'explique par l'évolution en sens inverse des règles d'héritage de part et d'autre.

En Angleterre, la règle du partage égal entre héritiers découlait à la fois de coutumes celtiques comme le *cyfran* du Pays de Galles, du *gavelkind* saxon, et du droit normand tel qu'il existait au temps de Guillaume le Conquérant et que nous l'expose un siècle plus tard le Grand Justicier Glanville. Pourtant, dès le XIIIe siècle, les impératifs de la transmission intégrale des fiefs avaient imposé le droit d'aînesse dans la « loi commune » du royaume, au moins entre les hommes, car les filles — sauf pour la succession au trône — continuaient à se partager l'héritage en l'absence d'héritiers mâles. Mais cette règle du droit d'aînesse, née des besoins du système féodal, était-elle réellement appliquée chez les paysans ? On sait qu'encore au XVIe siècle le partage entre fils du défunt subsistait dans les régions montagneuses du Nord et de l'Ouest, archaïques et imprégnées de traditions celtiques, ou dans les plaines du Yorkshire, du Norfolk et surtout du Kent, attachées aux « libertés » saxonnes. C'est d'ailleurs à ces partages que les élites attribuaient, aux XVIe et XVIIe siècles, la paupérisation paysanne. Ces vieilles règles de succession ont, certes, disparu au cours des XVIIe et XVIIIe siècles, et avaient déjà été remplacées, dès le Moyen Age, dans les autres régions du royaume. Mais la pratique millénaire du partage entre héritiers n'avait-elle pas implanté en Angleterre une tradition d'individualisme — ou plutôt, ne manifestait-elle pas un esprit d'individualisme — contre quoi la coutume nouvelle ne pouvait rien ? L'exemple de Nicolas Bacon expulsant sa mère et sa sœur en vertu de son droit exclusif à l'héritage plaide en faveur de cette idée.

Cette réflexion sur les coutumes d'héritage en Angleterre ne saurait être qu'un jeu de l'imagination, puisque les historiens anglais, convaincus qu'il n'y a eu aucune relation entre l'histoire des règles successorales et celle des structures familiales, n'ont fait aucun effort pour en trouver, et sont restés muets devant les variations pourtant sensibles du nombre des ménages complexes dans l'espace et dans le temps. D'un autre côté, les recherches statistiques françaises sont trop peu avancées pour permettre de dresser une carte précise des structures familiales en France et de la comparer avec la carte, relativement bien connue, des règles de succession.

Il existait, en effet, dans la France méridionale, des pays égalitaires. Dans le Bazadais, par exemple, le père ne pouvait, entre ses enfants « sauf par don manuel, créer d'inégalité » ; ou du moins « en avantager aucun de plus d'un douzième de ses biens », alors que le Code civil lui laisse la libre disposition d'un quart [25]. De même à Mont-de-Marsan, « ne peut le père avantager l'un fils plus que l'autre par testament ny autrement es biens avitins [26]. » Plus grande encore était la diversité des coutumes dans la France septentrionale : Auvergne, Bourbonnais, Berri, Nivernais, Bourgogne formaient, au contact des pays de droit écrit, une zone de transition où le père conservait un certain pouvoir d'avantager l'un de ses héritiers. Or, si les ménages à noyaux multiples ont été célèbres dans cette zone, aucune étude statistique — ou presque aucune [27] — ne nous fait connaître leur proportion par rapport aux ménages simples. Nous n'en avons aucune non plus sur les pays « d'aînesse en roture » qui s'allongeaient de l'embouchure de la Seine au Pas-de-Calais : Pays de Caux, Vimeu, Ponthieu, Boulenois. Plus inquiétante encore pour la corrélation proposée entre coutume d'héritage et structures familiales : l'existence d'une zone de coutumes préciputaires au Nord de la France, en Artois, Cambrésis, Hainaut, Flandre française. Or nous savons que dans la région de Valenciennes, qui fait partie de cette zone, les structures complexes ne se rencontraient que dans 8 à 11 pour 100 des ménages (tableau 5, p. 241). Pire : Longuenesse, où on en compte 17 pour 100, est dans le bailliage de Saint-Omer dont la coutume était nettement plus égalitaire [28]. Il est vrai que c'est dans des régions plus égalitaires encore — le Vexin français et surtout la Normandie — qu'on a trouvé les taux les plus minimes de ménages complexes. Mais il reste fort à faire avant que soient vraiment éclaircies les relations entre structures familiales et coutumes d'héritage.

Au reste le problème est peut-être mal posé, et du fait des préoccupations des juristes, et du fait des historiens et sociologues. En matière de règles d'héritage, ce qui est à mettre en relation avec les structures familiales, c'est moins la liberté accordée au père de famille d'avantager tel ou tel de ses enfants que la propension à diviser ou à ne pas diviser le patrimoine, et les devoirs qui incombaient à l'héritier envers les autres membres de la « maison ». Les coutumes pyrénéennes, qui ne laissaient au père aucune liberté, étaient pourtant plus obsédées par l'indivision du patrimoine que le droit romain qui laissait toute liberté — ou presque — de le léguer à un seul des enfants. D'ailleurs le droit d'aînesse n'entraînait la formation de ménages élargis à la mère et aux collatéraux que dans certaines conditions. Dans les Pyrénées, il manifestait l'existence d'un « esprit de maison » qui faisait à l'héritier un devoir de prendre en charge l'avenir de ses frères et sœurs. En Angleterre, au contraire, où il avait été imposé artificiellement à des populations traditionnellement individualistes, il ne faisait que jeter à la charité publique les veuves, les filles et les cadets qui n'avaient pu se caser avant la mort du père. Quant à la liberté laissée au père d'avantager l'héritier de son choix, elle favorisait sa cohabitation avec lui plus qu'avec les cadets. Encore était-ce de manières fort diverses selon les régions. A Saint-André-les-Alpes, c'était neuf fois sur dix un garçon qu'on mariait dans la maison, parce que la coutume provençale, d'esprit agnatique comme le droit romain, privilégiait les mâles [29]. A Messeix-en-Auvergne, au contraire, un recensement du XVIIIᵉ siècle nous apprend que pour 16 parents qui cohabitaient avec un fils marié, il y en avait 15 cohabitant avec une fille et un gendre. Comme si la moindre liberté que la coutume auvergnate laissait aux pères d'avantager un de leurs héritiers les avait une fois sur deux empêchés de retenir un fils à la maison.

Enfin la transmission du patrimoine à un seul enfant n'était pas la seule manière de maintenir son indivision : il en était d'autres, comme les communautés d'héritiers, qui pouvaient entraîner la constitution de ménages plus grands et plus complexes que la famille-souche. Ainsi certaines « sociétés de consorts » en Auvergne, et « communautés taisibles » du Nivernais, sur lesquelles nous allons revenir.

Esprit de maison, esprit de lignage, esprit de ménage

Trop d'historiens confondent, sous le concept de famille étendue, le lignage, la famille patriarcale foisonnante ou élaguée, et ces autres communautés d'esprit égalitaire. Or ce sont trois réalités fondamentalement différentes, animées par des esprits différents, comme l'ont souvent souligné les historiens du droit. *L'esprit de maison,* qui existe avec des nuances dans les pays de droit écrit et la région pyrénéenne, implique la dévolution du patrimoine à un seul héritier, marié dans la maison, tandis que les autres enfants sont voués au célibat ou à l'exil. Cet esprit de maison est bien distinct de *l'esprit de lignage* : à preuve le refus de ces pays d'accepter le retrait lignager. Il semble y avoir eu une corrélation entre l'esprit de maison, la pleine propriété de l'alleu — bien mieux préservée dans cette partie de la France qu'en pays coutumier — et ce qu'en matière fiscale on appelait les « pays de taille réelle », où la terre et non l'homme avait les privilèges fiscaux de la noblesse. Ces pays où régnait l'esprit de maison sont ceux où Le Play a rencontré sa famille-souche ; mais on y rencontrait aussi d'autres sortes de familles patriarcales, plus foisonnantes, ou moins.

Aux antipodes de cet esprit de maison était *l'esprit de lignage*, qui n'apparaît nulle part aussi bien que dans les pays de stricte égalité entre héritiers, comme la Normandie. Dans ces régions, la famille comme la taille a une base « personnelle » et non « réelle ». Autrement dit elle était fondée sur les « liens du sang » plus que sur la conservation du patrimoine ancestral. A la mort du père, chaque enfant emportait sa part d'héritage et les droits que chacun y avait étaient imprescriptibles, même s'il avait quitté sa famille depuis des années ou même si l'on avait obtenu de lui une renonciation formelle à l'héritage, car ils découlaient strictement de la consanguinité. En Normandie, d'ailleurs, on ne connaissait pas la communauté entre époux : le régime du douaire — que l'épouse emportait à la mort du mari — y régnait de manière exclusive, ce qui est un signe supplémentaire d'individualisme. Ce droit normand, personnel et lignager, aurait été imposé d'en haut, selon Jean Yver qui le connaît bien, peut-être par les envahisseurs normands qui connaissaient déjà en Scandinavie l'exclusion des filles et la préoccupation lancinante de l'égalité entre les garçons [30].

Bien éloigné de cet individualisme méfiant des Normands, le droit confiant et communautaire des paysans français. *L'esprit de ménage,* qui le caractérise, s'oppose comme le troisième sommet d'un triangle, à l'esprit de lignage aussi bien qu'à l'esprit de maison. Comme les coutumes méridionales, les coutumes paysannes françaises liaient la famille au patrimoine ; comme les coutumes de l'Ouest, elles étaient égalitaires ; mais elles s'opposaient aux unes et aux autres en ce qu'au lieu de considérer la famille dans le temps, dans la succession de ses générations, elles la considéraient dans le présent. La famille était le ménage formé à un moment donné par les parents et ceux de leurs enfants qui continuaient à vivre avec eux. Seuls ces enfants-là avaient part à l'héritage au jour de la dissolution de la communauté, les enfants dotés, établis ailleurs, en étaient exclus. Sans doute ne faut-il pas exagérer cet esprit de ménage jusqu'à dire, avec Olivier-Martin, que « le fondement des droits de l'enfant n'est pas dans le lien de la parenté mais dans le travail et la vie commune [31] » : père et enfants, dans les coutumes de l'Ile-de-France, ne sont jamais mis sur le même plan, comme ils l'ont été dans d'autres régions plus communautaires ; ni non plus les enfants et d'éventuels domestiques agricoles. Mais il est vrai que la parenté ne suffisait pas à faire l'héritier. Or, si l'exclusion des enfants dotés a été mise en question par les juristes bourgeois — qui dès le XIVe siècle lui ont substitué le droit d'option entre les avantages acquis du vivant du père et la participation à l'héritage — elle paraît s'être souvent maintenue jusqu'en plein XVIe siècle, dans la pratiaue paysanne.

L'empreinte du servage

Il est possible que cette exclusion des enfants dotés, qui poussait les adultes à rester dans le ménage de leurs parents, ait eu des origines seigneuriales plutôt que spontanément paysannes. En effet, en vertu du droit de mainmorte, le seigneur recueillait, au Moyen Age, l'héritage du serf qui, au moment de sa mort, ne vivait pas en communauté avec ses héritiers. Peut-être les affranchissements massifs du XIIIe siècle expliquent-ils donc l'évolution des coutumes d'héritage du groupe orléano-parisien, vers cette époque, et eut-elle pour effet de substituer le ménage nucléaire aux ménages complexes. Ce qui paraît sûr, en revanche, c'est que la mainmorte a longtemps survécu dans les provinces centrales du royaume : la Marche, l'Auvergne, le Bourbonnais, le Nivernais, la Bourgogne, la Franche-Comté, toutes provinces où des communautés familiales importantes existaient encore entre le XVIe et le XVIIIe siècle. Dans l'Ouest de la Bourgogne, par exemple, les villages mainmortables restaient nombreux au XVIIIe siècle [32]. Ainsi, à Thomirey, les habitants notaient « la précaution que prennent ceux qui sont sujets [à la mainmorte] d'entretenir des communions » — c'est-à-dire de vivre en communauté avec leurs enfants ou autres héritiers de leur condition — seule arme efficace contre l'avidité du seigneur [33].

Dans la Franche-Comté, célèbre au XVIIIe siècle pour le nombre de ses mainmortables, les « communions » étaient plus fréquentes encore, ce qui paraît confirmer l'influence de la mainmorte sur les structures du ménage. Cependant les ménages complexes étaient passés en habitude dans tous les milieux sociaux, dans les villes — non mainmortables — comme dans les campagnes. Les historiens du droit l'ont abondamment montré [34]. Tout comme les contrats de mariage du charpentier Jean Martin ou du vigneron Melchior Chasne, ceux du docteur en droit Pierre Bichet ou du marchand Bonaventure Vuillard prévoyaient que les futurs époux vivraient chez les parents du mari, en communauté de bien avec eux.

Familles patriarcales et communautés égalitaires

Ces communautés étaient fort diverses par le nombre de leurs membres, les relations de parenté qui existaient entre eux, et par les droits que le contrat accordait à chacun d'eux. Lorsque Antoine Billard se marie, c'est son oncle Denys Belin et sa tante Foy Vuillin qui lui font une donation de 300 francs à condition que le jeune ménage entre en leur communion. Le contrat de Nicolas Finot et de sa future Symone Jeunet prévoit qu'ils vivront en communauté non seulement avec le père et la mère du jeune homme, mais encore avec son frère et sa belle-sœur. Plus compliquée encore la communauté qu'Anne Morel va entretenir avec son fils Claude Gonin, sa bru Guyotte Maguenet, le frère, la sœur et la mère de celle-ci.

Certains contrats établissaient entre les membres de la communauté une stricte égalité de droits. Ainsi Nicolas Finot et sa femme participeront pour un tiers dans la communauté qui les accueille, un autre tiers revenant à ses père et mère, et le dernier à son frère et à sa belle-sœur. C'est une communauté égalitaire entre trois couples. D'autres contrats consentaient à certains membres de la communauté des privilèges minimes : par exemple Anne Morel — qui paraît avoir apporté l'essentiel des biens mis en commun — reconnaissait à chacun de ses communiers comme à elle-même une participation d'un sixième, mais elle gardait la disposition de 80 francs pour en jouir et en disposer à sa guise. D'autres, enfin, maintenaient entre le père et ses enfants une inégalité fondamentale. Ainsi Pierre Chasne le Vieil, qui reçoit en sa communauté son fils Melchior, marié, et ses fils célibataires Claude, Pierre et Jean, se réserve quatre parts tandis que chacun de ses fils, célibataire ou marié, n'en aura qu'une. Il est d'ailleurs entendu que Melchior et sa femme rendront des services à la maison et apporteront dans le pot commun ce qu'ils auront gagné en travaillant au-dehors à la journée ; et s'ils veulent un jour s'établir séparément, le père leur donnera seulement le huitième des biens acquis depuis la date du contrat. Cela ressemble fort aux contrats léonins que les pères passaient avec leurs fils ou leurs gendres dans les pays de droit écrit comme le Languedoc.

Primitivement, en Franche-Comté, les enfants avaient tacitement vécu en communauté avec leurs parents, disposant de droits égaux aux leurs sur le patrimoine. Mais vers la fin du XIIIe siècle, l'introduction dans la province des principes du droit romain relatifs à la puissance paternelle avait ruiné cette « communauté » familiale : depuis lors le père a été — sauf contrat contraire — seul maître du patrimoine familial et libre d'en disposer à son gré sans l'autorisation de ses enfants [35]. En Languedoc où la domination du père était traditionnelle, les contrats qu'il passait avec ses enfants mariés étaient beaucoup plus généralement léonins, du moins aux XIVe et XVe siècles.

Il leur faisait d'ordinaire une donation, fictive dans l'immédiat puisqu'il s'en réservait l'usufruit sa vie durant. En contrepartie l'enfant prenait l'engagement de rester à la maison et de vivre à feu et à pot avec lui. Quant à la dot de l'épouse ou du gendre — généralement constituée de chèvres ou autres biens mobiliers — c'est bien réellement qu'elle était donnée à la communauté et passait sous le contrôle du chef de famille. Au reste, jeunes et vieux s'engageaient à vivre dans une promiscuité presque totale, mangeant et buvant « même pain et même vin » et à n'avoir qu'une bourse. Mais seuls les enfants et leurs conjoints juraient de ne jamais détenir une somme supérieure à cinq sous sans le consentement paternel dûment exprimé. Dans la communauté le patriarche s'arrogeait — au moins au niveau de l'acte juridique — « domination, régie, administration, usufruit de tous les biens », tandis que fils et gendres lui promettaient « honneur, révérence, service, obéissance ». Ces ménages agrégeant les conjoints des enfants étaient donc des familles patriarcales — ou gérontocratiques, puisqu'en l'absence du père, la mère s'arrogeait souvent les mêmes droits — et sont fort loin d'avoir eu les structures égalitaires qui, d'un point de vue juridique, caractérisaient les communautés. Souvent, d'ailleurs, les contrats des XIVe et XVe siècles interdisaient aux jeunes gens de se libérer de cette domination par la rupture de la vie commune. D'autres prévoyaient la rupture par la seule volonté du père : « Au cas où *je* te chasserais, toi et ta femme, de *ma* maison [36]... » Au XVIIIe siècle, encore, ils soumettent la rupture à des conditions si lourdes qu'ils l'excluent de fait [37].

C'est parce que la puissance paternelle était si forte que, dans ces provinces méridionales, on concevait comme totalement différente une autre sorte de communauté de vie : la frérèche. Elle avait, certes, un chef que les actes juridiques appellent *gubernator*. Mais ce chef n'était, pour les autres contractants, qu'un « frère », c'est-à-dire un égal. L'argent commun était déposé dans un coffre dont chacun des frères avait la clef, et chacun s'engageait à ne pas disposer de plus de quelques sous d'argent de poche sans le consentement de l'autre. Au XVe siècle ces contrats d'affrairement se sont multipliés dans toute la moitié sud du Massif central : dans les Cévennes, en Gévaudan, en Velay, en Rouergue, etc. Ils pouvaient lier des frères, des beaux-frères ou d'autres parents, des amis, voire un mari et sa femme ou même une fille et son père. Quel que fût le rapport de parenté des contractants, ils établissaient entre eux une communauté égalitaire comme dans les provinces au nord du Massif Central [38].

Particulièrement intéressants, les contrats d'affrairement entre conjoints. Aux clauses ordinaires des contrats d'affrairement, ils en ajoutaient deux spéciales : le respect mutuel du devoir de fidélité et l'obligation, pour le mari, de vêtir convenablement sa femme. Au XVe siècle, dans cette région, ce fut le grand moyen d'établir la communauté de biens entre époux, qui auparavant semblent avoir été de simples membres de la famille patriarcale, ne communiant exclusivement l'un avec l'autre que charnellement. On voit comment, en Languedoc, la communauté conjugale dériva juridiquement de communautés plus vastes ; et les historiens du droit ont discerné une évolution analogue dans d'autres régions de France, par exemple en Nivernais et en Franche-Comté [39].

En Languedoc, la multiplication, à partir de 1350, des contrats de mariage prévoyant la cohabitation avec les parents et la vogue des contrats d'affrairement entre 1400 et 1550 signifient-elles que les ménages complexes se sont alors multipliés ? Ce n'est pas impossible, d'autant que, dans beaucoup d'autres régions de France, c'est aussi aux XIVe et XVe siècles que les communautés apparaissent dans les textes [40]. On l'explique généralement par deux raisons essentielles : d'une part parce qu'en cette époque de particulière insécurité il fallait multiplier les liens de solidarité ; d'autre part parce que la crise démographique créait aux paysans possesseurs de terres un problème de main-d'œuvre et que ces contrats étaient une manière de le résoudre. Ou plutôt deux manières : autoritaire avec le maintien des enfants mariés dans la maison paternelle ; libérale avec le contrat d'affrairement qui pouvait associer le cadet à la possession d'un patrimoine dont l'aîné était seul héritier. Cette seconde solution devait être particulièrement nécessaire en ces durs pays de montagne que les jeunes gens étaient tentés de quitter pour aller chercher dans les plaines et les villes dépeuplées mais néanmoins actives de ce temps, de hauts salaires.

Cependant il reste possible que la multiplication de ces contrats ne soit que la manifestation d'un essor des actes notariés — par ailleurs évident — et que, pour avoir laissé moins de traces écrites, les communautés égalitaires ou patriarcales n'aient pas été moins nombreuses avant le XIVe siècle. On sait en effet qu'encore aux XVIe, XVIIe et XVIIIe siècles, dans les provinces au nord du Massif Central — particulièrement en Auvergne et en Nivernais — il subsistait nombre de « communautés taisibles », c'est-à-dire de fait, sans contrat écrit, que la loi reconnaissait comme tacitement contractées au bout d'un an et un jour. En son chapitre XXII, la coutume du Nivernais en a traité longuement, et Guy Coquille a fait au XVIe siècle un commentaire bien connu de ce chapitre. Certaines de ces communautés étaient proprement des frérèches : « Entre deux frères majeurs de vingt ans, étant hors de puissance de père, qui ont demeuré ensemble par an et jour, tenans leurs biens par ensemble et faisant communication de gains, il y a communauté taisible entre eux contractée » (art. 2). D'autres s'établissaient tacitement entre des enfants pubères ayant perdu père ou mère et d'autre part le conjoint survivant et ses « communs parsonniers », qu'il s'agisse d'un nouveau conjoint venu avec des enfants d'un premier lit, ou des parents, ou de tous autres associés anciens ou nouveaux. Libéralement, la coutume nivernaise considérait ces orphelins pubères comme des associés à part entière dans la communauté constituée tacitement ; c'était surtout, il est vrai, un moyen de sauvegarder leurs droits lorsqu'on avait omis de les préciser par un inventaire à la mort de leur père ou mère.

Il est vrai aussi que, dans son article premier, la coutume paraît refuser ce privilège de constituer une communauté taisible aux autres personnes habitant sous le même toit, sans doute pour éviter que des domestiques, voire des parents recueillis par charité, ne puissent un jour faire valoir des droits sur le patrimoine : « Communauté de bien ne se contracte taisiblement entre gens demeurans ensemble, par quelque temps que ce soit, s'il n'y a convention expresse. » Cependant, dans son commentaire très autorisé, Guy Coquille en jugeait autrement : « La convenance peut être expresse ou tacite ; car la volonté et consentement est aussi bien rapporté et tesmoigné par faits et par paroles... Doncques, si aucuns qui ne sont de la qualié entre lesquels la coustume introduit la société tacite, par an et jour, communiquans leurs profits, gaings et moyens l'un avec l'autre uniformément et sans diversité par longue espace de temps, comme de six, huit ou dix ans, je dirai que par convenance tacite ils sont communs ... » C'est que, de fait, il était fréquent, dans les campagnes nivernaises, que des communautés se créent taisiblement entre des personnes qui n'étaient ni frères, ni époux, ni orphelins pubères et parents survivants. « Cela est plus prompt et facile à présumer ès maisons de villages, en ce pays, esquelles les sociétés sont non seulement fréquentes mais aussi ordinaires, voire nécessaires, selon la constitution de la région, en tant que l'exercice de mesnage rustique est non seulement au labourage, mais aussi à la nourriture du bestail : ce qui désire multitude de personnes[41]. »

Structures économiques et structures domestiques

Par ses silences autant que par ses remarques, Guy Coquille nous invite à réfléchir sur les relations qui pouvaient exister entre la structure des ménages et les conditions de la production agricole.

Remarquons en effet que, cherchant à distinguer la simple cohabitation de l'association, il n'a pas pris pour critère l'apport ou l'absence d'apport de biens à la communauté. C'est peut-être qu'en ces régions — du moins aux XVe et XVIe siècles — la possession du sol ne valait pas plus que les bras nécessaires pour le faire produire. On pourrait donc avancer comme première hypothèse que la constitution de communautés était une manière de se procurer de la main-d'œuvre dans les provinces où la terre était pauvre et particulièrement en des temps de basses eaux démographiques et de hauts salaires. Inversement, là où la terre était riche, il était rentable d'employer une main-d'œuvre salariée, particulièrement aux époques d'essor démographique et de bas salaires.

Pourtant la qualité de la terre et le prix de la main-d'œuvre n'expliquent pas tout. A Triel, en 1817, dans les bonnes terres de l'Ile-de-France et à une époque où le salariat est passé dans les mœurs, 5 pour 100 seulement des ménages employaient des domestiques — proportion la plus basse que nous connaissions actuellement. Il faut ajouter, il est vrai, qu'on y trouvait moins encore de familles complexes : 4 pour 100 (tableau 5, p. 241). C'est que le travail de la vigne, qui y régnait presque exclusivement, exige une main-d'œuvre très qualifiée mais peu nombreuse — les exploitations étant très petites —, sauf au temps des vendanges. Au contraire l'association labourage-élevage qui caractérisait l'agriculture nivernaise exigeait force bras, si l'on en croit Guy Coquille, donc le recours soit au salariat soit à des parents ou autres associés. On pourrait sans doute en dire autant de l'agriculture auvergnate ou de celle d'autres pays de montagne comme les Cévennes, le Velay, la bordure montagneuse du Quercy et du Périgord, le Limousin, la Haute-Provence et le Dauphiné, où l'on a vu se multiplier les contrats d'affrairement au XVe siècle [42].

Il arrivait que dans une région pauvre et manquant de bras, comme la Sologne du XVIIIe siècle, les communautés aient été inconnues et que les métayers aient eu recours à de nombreux domestiques agricoles. C'est que, dans ce pays, nobles et bourgeois s'étaient emparés du sol et l'exploitaient dans le cadre d'une économie de profit. Ils avaient réussi à rentabiliser la main-d'œuvre salariée en convertissant les labours en pâturages — comme beaucoup de grands propriétaires anglais l'avaient fait dès le XVIe siècle [43]. L'association égalitaire entre possesseur du sol et travailleurs ne se conçoit que dans des régions de propriété paysanne et dans une économie de subsistance ; ce qui paraît bien avoir été le cas des provinces montagneuses dont il vient d'être question.

Pourtant, même dans ces montagnes, l'essor démographique du

XVIIIe siècle et le développement de l'économie monétaire paraissent avoir raréfié les ménages complexes, comme la conjoncture des XIVe et XVe siècles les avait multipliés. Ainsi de l'Auvergne, encore célèbre au XVIIIe siècle pour ses vastes communautés taisibles et « société de consorts ». Le juriste Chabrol remarquait, en 1786 : « Elles sont moins fréquentes aujourd'hui, on n'en connaît guère d'exemples qu'entre villageois ; c'est principalement aux environs de la ville de Thiers que l'usage s'en est perpétué. » De fait, dès 1746, les rôles du vingtième d'Escoutoux ne faisaient apparaître que 18 cotes de « consorts » sur 175 cotes, soit à peine plus de 10 pour 100 ; et à Messeix, dans le Puy-de-Dôme, sur 198 ménages, 31 seulement comprenaient un fils ou une fille mariés à la maison, soit 15,6 pour 100 [44].

Remarquons enfin que les conditions qui nous ont paru nécessaires à la constitution de communautés véritables, de type égalitaire, ne l'étaient pas au maintien des grandes familles patriarcales, dans les pays de droit écrit. A Montplaisant, en Périgord, les métairies étaient nombreuses déjà en 1644. Cela n'empêchait pas qu'il y eût 10 familles élargies et 13 polynucléaires, qui constituaient au total 36,5 pour 100 des ménages. La main-d'œuvre salariée, certes, n'était pas inconnue, puisque 17 pour 100 des chefs de famille employaient des domestiques. Mais ce n'était qu'un pis-aller : chaque fois qu'ils le pouvaient, ils préféraient la main-d'œuvre familiale. A preuve, sur 23 ménages complexes, 6 seulement comprenaient des domestiques, au contraire de ce que nous avons remarqué à Ealing, en Angleterre. Le métayer G. Vidal a besoin d'une servante parce qu'il n'a pas de fille et qu'un seul de ses deux fils est marié ; un autre emploie un valet parce que, sur quatre enfants, il n'a qu'un fils, auquel s'ajoute, il est vrai, un neveu. Si Jean Mourlhiou, le papetier, emploie quatre salariés auxquels aucune parenté ne paraît le lier, c'est que sa femme, ses trois filles, ses deux gendres et deux frères de ses gendres ne suffisaient pas à la tâche. Plus heureux, Jean Gibert le Vieux cultive sa grosse métairie avec l'aide de son fils et de sa bru, de ses trois petits-fils encore célibataires, de ses deux petits-fils mariés et de leurs deux épouses. En comptant son arrière-petite-fille en bas âge, il est à la tête d'une maisonnée de 11 personnes, comprenant quatre générations et quatre couples ou éléments de couples.

Alors qu'il ne reste à Montplaisant qu'une frérèche — installée comme de bien entendu sur une borderie, terre paysanne — le métayage a suscité la constitution de familles patriarcales parfois plus foisonnantes que les familles-souche de Le Play qui ne toléraient qu'un couple par génération. On sait d'ailleurs que dans bien d'autres régions, ceux qui se proposaient pour exploiter une métairie accompagnés d'une famille nombreuse et en âge de travailler avaient plus de chance d'obtenir la concession que les conjoints esseulés. On appréciait ces familles nombreuses même dans des pays de tradition égalitaire où régnait la famille conjugale comme la Sologne du XVIIIe siècle, si l'on en croit cet extrait d'un cahier de doléances : « Un locataire » — exploitant d'une petite « locature » — « qui a nombre d'enfants que son travail ne peut suffir pour les élever, se présente pour prendre une ferme à moitié » — c'est-à-dire, dans notre langage d'aujourd'hui, une métairie — « par cet arrangement, il parvient à élever sa famille qui, étant en âge de s'établir, se marie chez le père, qui leur donne de petits avantages comme domestique. Les enfants de ces nouveaux mariés s'élèvent avec la famille qui, ayant aménagé les profits que lui auront produit une boisselée de jardins ensemencés en chanvre, et quatre ou six bêtes à laine qu'on leur accorde dans le troupeau avec 12 livres de service en argent, les met dans le cas de succéder à leurs père et mère dans la jouissance du domaine où ils ont été élevés, et par suite, leurs enfants leur tiennent lieu de domestiques [45]. » Quand on se rappelle que les philosophes antiques comparaient les esclaves à des enfants, ce dernier bout de phrase « leur tiennent lieu de domestiques » révèle la normalité du travail salarié dans la Sologne du XVIIIe siècle. La main-d'œuvre familiale, si courante dans les régions méridionales à forte tendance patriarcale, n'est dans ce pays de tradition égalitaire qu'une solution utopique proposée pour remédier à la dépopulation et à la cherté des domestiques.

Structure des ménages et condition sociale

Cette analyse des relations que la structure des ménages entretenait avec les traditions juridiques et les structures économiques était nécessaire pour éclairer les rapports ambigus que les historiens découvrent entre la condition sociale et la complexité des familles. Selon les régions, en effet, et peut-être même selon les époques, c'est plutôt chez les riches ou plutôt chez les pauvres que l'on trouvait des familles complexes.

Cherchant à expliquer qu'au XVe siècle, dans une conjoncture de dépeuplement, les frérèches se soient multipliées en Languedoc, Emmanuel Le Roy Ladurie fait valoir que « pour les grandes fermes de la montagne », en l'absence de main-d'œuvre salariée, il fallait « abandonner, ou bien avoir recours... à la grande famille ». C'est vraisemblable, pour autant qu'il ait existé de grandes fermes dans ces montagnes [46]. Mais lorsque la conjoncture démographique et salariale s'est renversée, ce sont des paysans pauvres ou médiocres qu'on nous montre attardés dans les communautés et sociétés de consorts. Selon Abel Poitrineau, dans l'Auvergne du XVIIIe siècle, « le plus grand nombre des contrats de société lie d'assez pauvres hères ou du moins de médiocres paysans ». Ce sont par exemple deux journaliers de Saint-Martin-des-Plaines, Etienne Marquet et Jean Riffard, qui associent leur misère le 20 mars 1720. Misérables aussi, comme le montre l'inventaire de leurs biens, Henri Madeuf et Annet Villemin, habitants de Sachapt, qui le 3 mars 1779 concluent société « à pot et à feu » pour trois ans [47].

Ces exemples ni ces impressions d'historiens réputés ne valent, il est vrai, une bonne statistique. Mais une chose au moins paraît claire : c'est qu'à toutes les époques ces communautés ont été paysannes plus que bourgeoises, qu'elles ont subsisté plus tard chez les paysans, et qu'on n'en trouve pas trace dans la noblesse, sinon la plus pauvre. Les historiens du droit sont unanimes à le dire, et Jean Gaudemet y est revenu à plusieurs reprises dans la petite synthèse qu'il a consacrée aux communautés [48]. On a vu d'ailleurs que c'était aussi l'opinion des contemporains, aussi bien pour le Nivernais du XVIe siècle que pour l'Auvergne du XVIIIe. Mais cela ne vaut que pour les communautés égalitaires.

Il en va tout autrement de la cohabitation des parents avec leur héritier marié, dans les pays où règne « l'esprit de maison ». A Saint-André-les-Alpes, en Haute-Provence, une analyse attentive des contrats de mariage a prouvé que les jeunes époux cohabitaient avec les parents de l'un d'eux d'autant plus fréquemment qu'ils étaient plus riches (tableau 8, p. 242) [49]. Il était normal, dans cette région, de marier l'un des enfants « dans la maison » : en principe l'héritier ou, faute de mâle, l'héritière. Encore fallait-il disposer d'une maison assez vaste et d'un patrimoine suffisant pour faire vivre les deux ménages. Au reste les parents ne pouvait imposer la cohabitation que lorsqu'ils étaient en mesure d'offrir à leur fils ou à leur gendre une perspective d'héritage attrayante. Les plus pauvres, au contraire, avaient généralement perdu leurs enfants dès l'adolescence, en les envoyant travailler dans la maison d'autrui, selon le schéma proposé par Ariès et Laslett. Les héritiers attendaient donc vraisemblablement pour se marier que la mort des parents leur fournisse une maison où installer une femme et des enfants. Enfin certaines des dots les plus modestes avaient sans doute été données à des cadettes épousant des cadets, encore que ces « mariages de la faim avec la soif » — comme on disait dans le Sud-Ouest — fussent en principe rares. Lorsqu'ils avaient lieu, en tout cas, l'esprit de maison s'opposait à ce que les jeunes époux habitent avec leurs parents.

A Ealing, en Angleterre, c'est également dans les milieux relativement aisés que nous avons trouvé le plus de familles élargies, et pour des raisons analogues, encore que, dans ces milieux comme dans les autres, la famille conjugale fût de règle. Il en était de même dans la France du Nord, comme le montrent les statistiques encore inédites présentées récemment par Jean-Pierre Bardet [50] sur un quartier de Rouen, sur la ville de Valenciennes et sur les villages voisins (tableau 9, p. 243). Ce qui est frappant, à Rouen, c'est surtout le nombre des déracinés, particulièrement parmi les ouvriers et journaliers dont près de 40 pour 100 semblent avoir vécu en solitaires. Cela abaissait la proportion des familles conjugales jusqu'à des proportions analogues à celles de la France méridionale. Rappelons cependant qu'en calculant la proportion de ces isolés par rapport au nombre des ménages et non pas par rapport au nombre des individus, on gonfle artificiellement leur importance et qu'on diminue d'autant celle des familles conjugales ou élargies. Au reste, comme on pouvait le supposer, les familles élargies étaient nettement moins rares chez les bourgeois et les maîtres que chez les ouvriers et journaliers.

L'exemple de Valenciennes mérite aussi qu'on s'y arrête parce qu'il est le seul pour l'instant à nous renseigner statistiquement sur les structures familiales nobiliaires. Dans ce groupe social où régnait le droit d'aînesse, la proportion des familles conjugales était presque aussi basse que dans les pays de droit écrit : 58,3 pour 100. C'est apparemment dû au célibat des cadets. Mais ces célibataires nobles ne restaient généralement pas dans la maison de leur aîné et servaient encore plus rarement comme domestiques chez un grand du moins à Valenciennes : le plus souvent ils vivaient seuls ou avec un domestique, une logeuse, voire une concubine ; de sorte que la proportion des familles élargies, dans cette noblesses valenciennoise, était aussi basse que dans la petite bourgeoisie et dans le peuple. Cette proportion ne s'élevait nettement au-dessus de la moyenne que chez les officiers et autres membres de la bourgeoisie libérale ou marchande. Est-ce parce qu'ils étaient souvent plus fortunés que les nobles, bien qu'en principe au-dessous d'eux dans la hiérarchie sociale ? Ou est-ce plutôt le signe que la noblesse urbaine comprenait un grand nombre de déracinés, venus d'ailleurs — comme les ouvriers du quartier Saint-Nicaise à Rouen — tandis que bourgeois et officiers de Valenciennes étaient au contraire enracinés dans leur ville ? L'une et l'autre de ces hypothèses sont vraisemblables, et elles ne s'excluent pas.

Si, contrairement au parti que nous avons pris jusqu'ici, on voulait, pour conclure, ne retenir des structures familiales que la simplicité et la complexité, il faudrait dire que la complexité était moins liée à la richesse ou à la domination sociale qu'à l'enracinement au sol ancestral. Solide, systématique, dans les vieilles populations sédentaires de la France méridionale et centrale, cet enracinement a pu prendre les voies d'une organisation soit patriarcale, soit communautaire. En Angleterre et dans la France du Nord, au contraire, où les envahisseurs germaniques, bretons, scandinaves, avaient implanté le système du partage entre les fils, la famille conjugale a été de règle, et le déséquilibre, le mouvement, permanents. Expansion démographique et militaire, bouleversements économiques et sociaux en sont les résultats vraisemblables. Si c'est cela qui caractérise l'européanité, alors la famille conjugale est européenne. On ne saurait toutefois oublier que, même dans ces régions, les bourgeois les mieux enracinés dans leurs villes et, sans doute, les nobles dans leurs fiefs, ont eux aussi quelque peu pratiqué la famille élargie, tandis que les paysans en voie de déracinement, dans leurs villages, les ouvriers et les cadets de maisons nobles, immigrés dans les villes, étaient condamnés à vivre chez autrui, ou en solitaire, ou au mieux, en petits ménages conjugaux, incapables de retenir leurs enfants.

3. Le cadre matériel et les rites de la vie domestique

Le château et la chaumière, nous l'avons vu, ont inscrit dans le paysage européen l'opposition des grands et des petits ménages. Pourrait-on de même retrouver les caractéristiques de l'ancienne vie de famille à partir de ce qu'on sait de son cadre matériel ? En effet les témoignages sur la vie matérielle de nos pères ne manquent pas : vestiges des bâtiments d'autrefois — des plus beaux surtout, il est vrai, et de leur architecture extérieure plus que des aménagements intérieurs ; meubles et ustensiles conservés dans nos musées ; peintures de scène d'intérieur — malheureusement moins nombreuses et moins réalistes en France et en Angleterre que dans les Pays-Bas ; inventaires après décès décrivant avec minutie le cadre de vie du défunt ; mentions, dans certains contrats de mariage, des pièces du trousseau de la mariée ; notations fugitives, enfin, mais irremplaçables, des mémoires et des romans d'époque.

L'architecture intérieure

Essayons de résumer d'abord les belles pages déjà écrites dans cette voie par Philippe Ariès [61]. Dans les palais comme dans les masures, la promiscuité était autrefois bien plus grande qu'aujourd'hui, et elle gênait l'éclosion du sentiment familial moderne. Les pauvres étaient si mal chez eux qu'ils vivaient ailleurs aussi souvent qu'ils le pouvaient et que les parents se séparaient de leur progéniture dès l'adolescence pour l'envoyer servir dans la maison d'autrui. Quant aux riches, leurs vastes demeures encombrées de domestiques et de visiteurs les empêchaient de vivre dans l'intimité de leurs femmes et de leurs enfants.

L'organisation interne des grandes maisons nobles ou bourgeoises, en se transformant vers le XVIIIe siècle, manifeste une recherche du confort et de l'intimité. Au XVIIe siècle encore on y trouvait de grandes pièces ouvrant les unes sur les autres et n'ayant pas de fonctions précises : on y dormait, on y mangeait et on y séjournait dans le va-et-vient des domestiques, des enfants et des visiteurs, les serviteurs ne se gênant pas plus que les enfants pour intervenir dans la conversation des maîtres et de leurs amis, si l'on en croit les *Caquets de l'Accouchée* [52] ou les comédies de Molière. La nuit, les domestiques dormaient à proximité de leurs maîtres, souvent dans la même chambre, prêts à répondre à leur appel. A toute heure l'intimité était inconnue ; chacun, dit Philippe Ariès, vivait en représentation comme à la cour de Versailles. Au XVIIIe siècle, au contraire, des couloirs sont venus donner leur autonomie à des chambres qui se spécialisent, se multiplient et deviennent individuelles. Les femmes, pendant la journée, peuvent s'isoler dans leurs boudoirs ou recevoir des intimes dans de petits salons. Les domestiques sont refoulés à la cuisine, à l'office, dans les antichambres, et l'on essaye d'empêcher les enfants de trop familiariser avec eux. Au sein des grandes maisonnées, la « famille » moderne commence à conquérir son indépendance.

Une fois dessinées ces grandes lignes de l'évolution, il faudrait revenir sur l'analyse des comportements et la chronologie de leur évolution. Arrêtons-nous sur une anecdote rapportée par Longchamp, qui fut secrétaire de Voltaire après avoir été valet de chambre de la marquise du Châtelet [53].

Il nous raconte son trouble lorsque la marquise s'était dénudée devant lui pour entrer dans sa baignoire, et le ton au contraire insouciant dont elle lui avait reproché son manque d'attention et sa maladresse à l'arroser d'eau chaude. Cela prouve certainement que dans l'architecture intérieure intimiste du XVIIIe siècle, certaines des anciennes habitudes étaient longues à mourir. Mais comment ces habitudes étaient-elles vécues ? La plupart des commentateurs de Longchamp soulignent le mépris que de telles scènes impliquaient de la part des aristocrates — même les plus proches des philosophes —

envers ces demi-hommes qu'étaient les domestiques et autres gens du commun [54]. C'est peut-être devenu vrai au XVIIIe siècle ; mais est-ce le mépris de ceux qui assistaient à son lever, à son coucher, et aux séances de chaise percée, qui explique aussi l'espèce d'exhibitionnisme de Louis XIV et de la plupart des autres souverains ? Ou est-ce que simplement Louis XIV sur sa chaise percée comme Mme du Châtelet dans son bain n'avaient pas honte d'accomplir selon le cérémonial propre à leur condition sociale des actes ordinaires à la condition humaine. Lorsque Philippe Ariès met l'accent sur la vie « en représentation » qui était celle de tous ces grands, c'est pour l'opposer à un besoin d'intimité dont on n'a pas de preuve qu'il ait existé avant le XVIIIe siècle, ou à une pudeur qu'on pourrait dire névrotique si elle n'était devenue, aux XVIIIe et XIXe siècles, une norme sociale.

On sait encore mal comment et pourquoi ce besoin d'intimité est apparu. Mais on peut y discerner deux éléments qui, directement ou indirectement, renvoient à la sévérité soupçonneuse des moralistes de la réforme catholique, voire protestante. L'ancienne promiscuité s'accompagnait d'interdits sexuels extrêmement rigoureux : l'inceste, l'adultère domestique, la séduction des filles de la maison étaient punis de mort. La chronique judiciaire des XVIe et XVIIe siècles l'atteste abondamment [55]. Elle atteste aussi que, malgré la rigueur des interdits, des risques subsistaient, que les militants de la réforme catholique se sont employés à prévenir : non seulement il devient indécent de se montrer nu aux domestiques, mais il devient indécent d'être nu avec soi-même, car la nudité, même solitaire, risque de pousser au péché. Marie-Antoinette, élevé dans ces principes sévères, évite l'imprudence de Mme du Châtelet non pas en se baignant sans témoins, mais en prenant son bain vêtue d'une longue robe de flanelle boutonnée jusqu'au cou. Et tandis que ses deux baigneuses l'aidaient à sortir du bain, elle exigeait que l'on tînt devant elle un drap destiné à la cacher à ses femmes [56]. C'est aussi la morale chrétienne du XVIIe siècle qui multiplie les mises en garde contre la mauvaise influence que pouvait avoir sur les enfants la fréquentation des domestiques. Enfin, si l'on n'a pu détourner les maîtres de maison ou leurs grands fils des amours ancillaires, il devient de règle, sous peine de scandale public et d'excommunication, de mettre les servantes à la porte dès qu'elles sont enceintes. C'est une autre manière de les remettre à leur place.

Le goût de l'intimité semble avoir été d'abord une réaction des libertins contre la sévérité de cette morale. Il paraît naître à la fin du règne de Louis XIV, lorsqu'elle est devenue étouffante, et manifeste la volonté de vivre librement dans une société extrêmement sensible au scandale. Même arrivé au pouvoir, Philippe d'Orléans ne peut se permettre de faire publiquement ce qu'il a l'habitude de faire dans ses petits soupers intimes. Ce n'est que plus tard, dans la seconde moitié du XVIIIe siècle, que ce goût de l'intimité sera associé aux joies bourgeoises de la vie de famille ou aux bergeries du Trianon. Avant le triomphe de la réforme catholique, Henri IV n'avait pas besoin de se cacher pour jouer avec ses enfants, légitimes ou non.

Dans les milieux populaires, c'est l'exiguïté du logement qui contraignait à une promiscuité insupportable à nos yeux, et son inconfort ne favorisait sans doute pas les réunions de famille [57]. Cela, certes, reste vrai d'une fraction de nos sociétés occidentales — des bidonvilles de Nanterre au ghetto de Harlem — pour ne rien dire du reste du monde. Au bas de la société, l'histoire de la vie familiale se confond à peu près avec l'histoire du niveau de vie, tandis que dans les élites, même sous ses aspects les plus matériels, elle fait partie de l'histoire de la culture. Ce n'est donc pas seulement en raison des contingences de la documentation historique, que Philippe Ariès a parlé des maisons nobles et bourgeoises plus longuement que des ménages populaires : c'est surtout pour le rôle déterminant que noblesse et bourgeoisie ont joué dans la genèse de notre sentiment de la famille. Essayons, néanmoins, dans la perspective moins génétique qui est la nôtre ici, d'imaginer la vie domestique des masses d'autrefois à travers ce qu'on sait aujourd'hui de son cadre matériel.

On commence en effet à mieux connaître leur habitat. A Lyon, au XVIIIe siècle [58], près de la moitié des logements d'artisans et ouvriers n'avaient qu'une pièce. Philibert Chalumeau, compagnon maçon décédé en 1780, vivait par exemple dans une chambre où se trouvaient un lit et trois couchettes. Sa veuve explique à ceux qui dressent l'inventaire que ces couchettes étaient louées au mois à trois compagnons charpentiers. Autre exemple, celui de François Gaillard, maître tailleur, qui vivait avec sa femme et deux enfants mineurs dans une « chambre » où l'on trouve à sa mort sa table de tailleur, quelques rayons, une commode pour les vêtements de sa femme — lui-même portant, dit-elle, ceux de ses clients — une soupente avec un lit et deux couchettes. Cette exiguïté était relativement rare chez les maîtres artisans ayant boutique au rez-de-chaussée, mais fréquente chez les ouvriers habitant dans les étages. Les ouvriers en soie et la plupart des artisans lyonnais vivaient dans deux pièces, l'une plutôt consacrée à leur activité professionnelle, l'autre à l'habitation et à la cuisine. Souvent la boutique ou la pièce consacrée au métier comprenait une soupente où l'on cachait des lits. Les études récentes ou anciennes sur Coutances [59], Aix [60], Marseille [61], confirment les indications recueillies à Lyon : la très grande majorité des ménages urbains, aux XVIIe et XVIIIe siècles, ne disposaient que d'une ou deux pièces pour leur logement et leur activité professionnelle. Dans de telles conditions matérielles, il fallait ou bien se débarrasser des enfants — c'est-à-dire ne pas mener ce que nous appelons une vie de famille — ou bien vivre avec eux dans une insupportable promiscuité. Généralement on mettait les plus jeunes en nourrice et les adolescents en apprentissage, tandis que ceux d'âge intermédiaire — qui pouvaient être nombreux lorsque par hasard peu d'entre eux étaient morts en nourrice — passaient la journée à l'école ou dans la rue, et ne rentraient chez leurs parents que pour dormir.

Dans les campagnes, la maison du paysan pauvre ou modeste était de taille et d'aspect divers selon les régions : ici, murs de pierres — mais les hommes étaient rares là où la pierre était abondante — là, murs de planches et de torchis ; le plus souvent les toits étaient de chaume, sauf exceptions régionales, la tuile et l'ardoise recouvrant surtout les maisons des riches ; presque toujours un sol de terre battue — souillé de déchets où picoraient les poules — qui en hiver isolait mal du froid de la terre. En général une seule pièce était habitée, et, dans certaines régions, les hommes y vivaient dans la chaleureuse et odorante promiscuité du bétail. L'optimiste description que Noël du Fail nous a laissée de la maison d'un bon paysan breton du XVIe siècle [62] ne fait état que d'une seule pièce d'habitation, séparée des étables — « tect aux vaches » et « tect aux brebis » — par « de belles gaules de coudre entrelacées par un subtil ouvrage ». Misérabilistes ou facétieuses, les descriptions littéraires des anciens *cottages* anglais ne mentionnent, elles aussi, qu'une seule pièce habitée [63].

Sans doute, ces descriptions littéraires nous donnent-elles une idée plus juste de la demeure ordinaire des *cottagers* et *labourers* anglais — ces paysans sans terre analogues aux manouvriers et aux journaliers français — que les inventaires après décès, beaucoup plus fréquents chez les riches que chez les pauvres. Sur 3 600 inventaires ruraux des XVIe et XVIIe siècles étudiés par une équipe d'historiens anglais [64] 300 seulement, soit 8 pour 100, concernent des gens désignés comme *labourers* ou *cottagers,* alors qu'ils représentaient 25 pour 100 de la population anglaise au début du XVIe siècle et 47 pour 100 à la fin du XVIIe. Ce qui permet de supposer que seule la fraction la plus riche de cette catégorie sociale a bénéficié d'un inventaire après décès. Exemple limite, ce Robert Wood, *peasant labourer* de Nuneaton — paroisse forestière des Midlands — dont la « ferme » comprenait sept pièces et un mobilier abondant, presque luxueux.

Ce paysan sans terre était en fait un gros fabricant de fromage, et il doit y en avoir bien d'autres, aussi peu typiques de la condition des *labourers,* parmi ceux dont on a inventorié les biens. Il reste cependant que trois quarts de ces inventaires ne distinguent pas les pièces de la maison, vraisemblablement parce qu'il n'y en avait qu'une.

Ils nous apprennent aussi combien la valeur des biens domestiques de ces *labourers* pouvait varier dans l'espace et dans le temps : 1 livre, 10 shillings en moyenne dans les basses terres du Nord de l'Angleterre, 3 l. 10 s. dans les campagnes des Midlands, 4 l. dans l'East Anglia, 4 l. 10 s. dans les paroisses boisées des Midlands 6 l. dans le Somerset, et 7 l. 10 s. dans le Hertfordshire. Dans les basses terres du Nord, les biens domestiques qui représentaient en moyenne 18 pour 100 de l'héritage au début du XVIe siècle en représentaient 29 pour 100 au XVIIe siècle. Leur proportion est passée dans le même temps de 35 pour 100 à 46 pour 100 dans les campagnes des Midlands, de 59 pour 100 à 69 pour 100 dans le Hertfordshire, et de 40 pour 100 à 50 pour 100 dans l'ensemble de l'Angleterre. Cela révélerait, chez cette fraction des *labourers* dont les biens méritaient un inventaire après décès, un progrès indéniable du confort. Mais on a par ailleurs des raisons de penser que les autres, de plus en plus nombreux, ont vu leur niveau de vie se détériorer.

En France les inventaires après décès des paysans n'ont pas encore fait l'objet d'études statistiques comparables. Les quelques-uns qui ont été publiés n'en donnent pas moins des indications instructives sur la promiscuité de la vie domestique. Pour changer, voyons ceux des bons paysans et « bourgeois » ruraux. La maison d'un tonnelier du Mâconnais [65], inventoriée en 1674, ne comporte qu'une pièce d'habitation contenant quatre lits en bon état et deux hors d'usage. Celle d'un laboureur, décrite en 1723, était composée d'une pièce principale, avec un lit à rideaux, et d'une petite chambre attenante sans cheminée, avec deux lits sans rideaux. A un niveau social encore supérieur, voici celle d'une veuve de contrôleur des guerres, morte en 1780 qui laissait deux filles célibataires habitant avec elle et trois garçons établis hors de la maison, l'un marchand à Lyon, le second « bourgeois » à Viviers et le dernier maître chirurgien. La maison se composait de trois pièces habitées : une cuisine-salle à manger-salon, où l'on ne trouvait plus aucun lit mais cependant des armoires à vêtements ; une première chambre avec un lit à rideaux pour la maîtresse et un lit tombeau pour la bergère ; enfin la chambre des deux filles qui comprenait deux lits à rideaux. La spécialisation des pièces est donc plus avancée ici que dans les exemples précédents, et la promiscuité moins grande, ce qui pourrait s'expliquer par trois raisons : peut-être par la date plus tardive ; certainement par la condition sociale plus élevée ; sans doute par le fait que le mari était déjà mort et les fils établis hors de la maison lorsque l'inventaire a été fait. A l'appui de cette dernière hypothèse, le fait qu'il y avait au grenier les éléments d'un cinquième lit. Or même dans cette maison cossue, apparemment dépeuplée, la maîtresse faisait encore chambre commune avec la bergère.

Le coucher

Dans certaines régions, la promiscuité nocturne était particulièrement habituelle. Ainsi, dans le Queyras (Hautes-Alpes), selon un témoignage des environs de 1830 : « Les familles sont nombreuses ; tous les individus qui les composent, sans distinction d'âge ni de sexe, dorment pêle-mêle dans les étables à vache, sur une couche grossière garnie de draps de laine qui ne sont jamais lavés [66]. » Dans la Loire-Inférieure, à la même époque, on nous rapporte « l'usage presque général, dans toutes les familles de loger dans une seule chambre ». « Six lits garnis de rideaux de serge et à peine séparés par une étroite ruelle, étaient dans cette chambre. Quand on me dit que c'étaient les lits des garçons et des filles de la ferme, je ne pus m'empêcher de témoigner ma surprise [67]. »

Chez les paysans de la plupart des régions de France comme chez les grands seigneurs, l'absence d'intimité était partiellement corrigée par la clôture des lits. Noël du Fail nous parle du lit « clos et fermé, assez haut perché », du paysan breton, que les folkloristes du XIXe siècle ont par ailleurs abondamment décrit. Peut-être moins monumentaux dans d'autres régions, les lits paysans — surtout le lit conjugal — n'en étaient pas moins fermés. Pourtant, n'abandonnons pas trop vite l'idée d'une promiscuité nocturne : dans la maison du paysan breton, il n'y avait qu'un lit ; dans ces lits clos dormaient fréquemment tous les membres de la maisonnée, domestiques compris, et l'on y offrait parfois l'hospitalité aux hôtes de passage. Telle semble du moins avoir été la situation ordinaire au Moyen Age.

« Nous défendons aux frères et sœurs ou autres parents de sexe différent de coucher ensemble après l'âge de sept ans », écrivait en 1507 l'évêque de Saint-Brieuc, convaincu que cet usage « donne lieu à une infinité d'horribles péchés comme nous l'ont rapporté plusieurs confesseurs ». Malgré l'excommunication et les 10 livres d'amende dont il menaçait les contrevenants, il est douteux que cet usage ait disparu rapidement : jusqu'à la fin du XVIIIe siècle les statuts synodaux de toutes les régions ont continué à s'en plaindre.

Ils dénonçaient aussi, avec autant de constance, l'habitude qu'avaient les parents de coucher avec leurs enfants dans le lit conjugal. « Nous avons reconnu dans le cours de nos visites », écrivait par exemple en 1681 Mgr Le Camus, évêque de Grenoble, « que l'un des moyens dont le démon se sert le plus communément pour faire perdre aux enfants la pureté de l'âme en leur ôtant celle du corps, c'est la coutume qu'ont plusieurs pères et mères de faire coucher leurs enfants en même lit avec eux... quand ils commencent à avoir usage de raison ». Il ordonnait donc aux curés de faire tout leur possible « pour remédier à un mal si commun et si préjudiciable au salut des âmes ». Mais combien de lits un paysan pauvre, père de famille nombreuse, pouvait-il se payer et faire entrer dans sa maison ?

Le fait que, dans ces plaintes, il soit toujours question de « parents de sexe différent » doit retenir notre attention. L'accent mis sur la différence des sexes indique que le clergé séculier était plus obsédé par le risque de relations hétérosexuelles que par le risque d'homosexualité : plus coupable, celle-ci était donc vraisemblablement moins fréquente en France — à moins qu'elle fût seulement plus secrète. Est-ce aussi parce qu'il n'était pas fréquent de coucher avec des domestiques ou des étrangers de passage qu'il n'est jamais question d'eux ? Ou est-ce qu'on ne parlait que des parents parce qu'on était obsédé par la gravité de l'inceste ?

Il semble avoir été habituel de coucher dans un même lit des personnes de même sexe, qu'elles aient été apparentées ou non. Dans le procès qui, en 1533, opposait Marguerite, veuve de Jean Jacomart, à son séducteur Pierre Pellart dit Mordienne, une jeune fille de dix-huit ans vient déposer « qu'une nuit, comme elle était couchée avec Marguerite dans la chambre de cette dernière, l'accusé y vint et connut charnellement Marguerite. Elle le sait parce qu'elle était à côté de Marguerite et qu'elle la touchait [68] ».

A la fin du XVe siècle et au début du XVIe il arrivait aussi à des adultes de sexes différents de partager le même lit sans penser à mal. D'autres s'en scandalisaient peut-être, il est vrai. Jeanne Jacquet, une jeune fille « âgée de vingt ans ou environ », était semble-t-il couchée avec sa mère et son beau-père lorsque trois jeunes gens cognent à la porte en criant : « Mort Dieu ! Chais Dieu !... ouvre l'huys, ribaulde ! » « La mère, entendant ce bruit, fit lever sa fille et la fit monter dans le grenier. Pendant ce temps les compagnons enfonçaient la porte... Ils entrèrent dans la maison et se mirent à chercher Jeanne. Ils regardèrent dans *le* lit, dans la huchette, dans le four, et voyant qu'ils ne la trouvaient pas, ils montèrent dans le grenier où ils la découvrirent. » Il n'est pas impossible que le prétexte de cette attaque suivie de viol ait été justement la cohabitation de la jeune fille avec son beau-père. Mais les pièces du procès n'y font aucune allusion [69].

Les allusions sont plus claires dans une autre affaire de viol dont fut victime, en 1516, une femme nommée Perrette. Elle était allée voir son enfant en nourrice chez Jean Gauthier, vigneron à Barberey-aux-Moines, près de Troyes. « Dans la soirée, comme Jean Gauthier était déjà couché, tandis que sa femme et Perette étaient devant le feu qui se déshabillaient » pour en faire autant, deux hommes frappent à la porte sous prétexte d'acheter des alouettes. « Enfens, leur dit Jean Gauthier, je n'ay nulles allouettes. » Alors l'un d'eux dit : « Jean Gauthier tu as deux femmes, il ne t'en fault pas deux. Veez là la tienne, il nous fault ceste-cy. — Vous n'aurez de ceste-là ne que de moy », leur répondit la femme de Jean Gauthier. Enfin ils se retirèrent en disant : « Il en viendra tantost des aultres. » Là-dessus *la femme de Jean Gauthier et Perrette se couchèrent dans le même lit où était déjà Jean Gauthier et son valet.* Une heure ou deux après, les accusés revinrent accompagnés de plusieurs complices. Ils enfoncèrent la porte, entraînèrent Perrette dans les champs « n'ayant pour tous vêtements que sa chemise » ; là « ils lui firent mettre son cotillon que l'un d'eux avait emporté », puis la violèrent après l'avoir rouée de coups [70].

Si la présence d'une femme sous le toit d'un homme qui n'était ni son père ni son mari peut avoir servi de prétexte à quelques-unes de ces violences — d'ailleurs habituelles, en ce temps — en revanche le fait qu'ils aient partagé le même lit allait ensuite de soi. Personne n'y insiste au cours des procès, et personne ne paraît s'être ému de ce que, par exemple, Jean Gauthier et sa femme aient habituellement dormi avec leur valet. Pourtant dès le XVIe siècle, avant même le concile de Trente, cette promiscuité nocturne était chose d'autrefois pour les gens aisés. Témoin ce dialogue de Noël du Fail : « Ne vous souvient-il de ces grands litz où l'on couchoit tous ensemble sans difficulté ?... Du temps qu'on portoit souliers à Poulaine... la foy des femmes vers les hommes estoit inviolable... A l'occasion de ceste merveilleuse confidence, couchoient indifféremment tous les mariez, ou à marier, en un grand lict fait tout à propos, de trois toises de long et neuf pieds de large, sans peur ou crainte de quelque démesuré pensement, ou effect lourd : pource qu'en ce temps là les hommes ne s'eschauffoient de voir les femmes nues... Toutefois, depuis que le monde est devenu mauvais garçon, chacun a eu son lict distinct et à part, et pour cause... On fit, par commun advis, lits plus petitz au profit d'aucun mariez... Maudit soit le chat, s'il trouve le pot descouvert, qui n'y met la patte... [71] »

Comme les clercs qui ont inlassablement combattu l'usage du lit commun, c'est du point de vue de la chasteté que Noël du Fail en fait ici, avec quelque facétie, l'éloge. Pour nous, au contraire, c'est moins par vertu que par une instinctive répulsion que nous refusons l'ancienne promiscuité. Nous n'admettons de contacts charnels qu'avec des personnes choisies. La chaleur et l'odeur d'autrui, lorsqu'elles ne nous attirent pas, nous répugnent. Est-ce affinement de nos sens ? ou de notre pudeur, c'est-à-dire intégration profonde d'interdits dont nous sommes à peine conscients ? Il est en tous cas remarquable qu'en faisant l'histoire du sentiment familial on n'ait généralement retenu de l'ancienne promiscuité que ce qu'elle pouvait avoir d'opposé à notre sentiment de la famille — l'ouverture de la maison, de la chambre, ou même du lit à des étrangers — et qu'on n'ait pas eu l'idée d'y voir l'une des racines de l'ancienne cohésion familiale. Il y a, dans notre délicatesse contemporaine, une sorte d'individualisme névrotique, contradictoire à la spontanéité de nos relations avec autrui, et peut-être, avec les membres de notre propre famille réduite. Dans des pays qui mettent en principe au-dessus de tout l'amour conjugal, cette délicatesse ne va-t-elle pas jusqu'à faire coucher les époux dans des lits séparés ? Nous devrions admettre au moins la possibilité que le sommeil en commun ait été, chez les paysans et autres pauvres gens d'autrefois, l'une des manifestations les plus intéressantes du sentiment communautaire, et le lit commun un des lieux privilégié de la vie de famille avant que, en l'espace de trois siècles ou plus, des moralistes obsédés par les péchés de la chair en ait obtenu la disparition.

D'ailleurs les familles pauvres avaient-elles d'autres lieux de réunion que le lit commun ? La maison était surtout un abri contre les bêtes et les démons de la nuit. L'été, pour le plaisir comme pour le travail, en ville comme à la campagne, on était tout le jour à l'extérieur. L'hiver, les paysans mal vêtus de froides cottes de chanvre, devaient encore s'agiter au-dehors pour se réchauffer [72]. Le combustible, en effet, était rare et cher dans bien des régions de France et d'Angleterre, excessivement déboisées. Au reste, faute de poêle ou de fourneaux, les systèmes de chauffage étaient défectueux dans la France entière et dans tous les milieux. Les riches, devant leurs cheminées, se rôtissaient d'un côté et gelaient de l'autre ; les pauvres, avec leurs misérables feux parfois au milieu de la pièce, récoltaient plus de fumée que de chaleur. Pour retenir la chaleur, on affectionnait donc les plafonds bas et l'on réduisait au minimum les ouvertures. Ainsi en Sologne : « Les habitants aiment à toucher de la tête aux poutres de leur chambre, ce qui est d'une dangereuse incomodité aux personnes de ma taille », écrivait à la fin du XVIIe siècle le prieur de Sennely, qui n'était pas Solognot. « Ils devraient ouvrir [leurs maisons] par de grandes fenêtres pour leur donner de l'air au lieu qu'elles sont obscures et plus propres à servir de cachots à des criminels que de demeures à des hommes libres. » Dans ces maisons basses et obscures, on s'éclairait au moyen de chandelles de résine à mèches de chanvre qui dégageaient une odeur peu supportable [73]. Rien de bien propice, en tout cela, aux réunions familiales.

Or, dans ces tanières, les Solognots avaient « de bons lits de plume » comportant châlit de bois, paillasse, « lit » proprement dit — c'est-à-dire matelas de plume — traversins de plumes d'oie, couverture de droguet, rideaux, coussins et festons. Le lit des « locataires » valait en moyenne 200 livres, celui des métayers 300, et les plus pauvres manouvriers en avaient encore d'une centaine de livres. Sur un échantillon de cinquante journaliers dont on a étudié les inventaires après décès, le lit représentait toujours au moins 40 pour 100 de la valeur totale des biens [74]. Il y avait en somme une relation logique entre l'inconfort de la maison et le confort du lit. Dans cette région où le bois était particulièrement rare à l'époque, la seule manière d'avoir chaud, lorsqu'on était las de s'agiter, c'était de se mettre au lit, et de tirer les rideaux pour conserver la chaleur des corps. Dans cette chaleureuse intimité du lit, ne naissait-il pas, entre les membres de la famille paysanne, une relation aussi essentielle et aussi digne d'attention que des rites de nos foyers bourgeois ?

Le repas familial

L'un des grands moments de la vie familiale — dans nos intérieurs bourgeois traditionnels —, c'est le repas familial. Le nombre quotidien des repas, leurs heures, leur sacralité a varié dans le temps et dans l'espace. Dans la bourgeoisie française du XIXe siècle, le rite du repas familial semble avoir été particulièrement important, et ce n'est sans doute pas sans relation avec la richesse de la cuisine française à cette époque et le prestige, parmi les Français d'aujourd'hui, de la « cuisine bourgeoise ». Ce rite fut-il aussi important entre le XVIe et le XVIIIe siècle ? Et dans quels milieux l'aurait-il été ? Autrement dit, l'alimentation impliquait-elle à cette époque la rituelle réunion de toute la famille autour de « la table », dans ce lieu du culte familial qu'est « la salle à manger » ?

Chez les riches, Philippe Ariès l'a souligné, la salle à manger est apparue tardivement ; et pendant longtemps la table n'a été dressée qu'au dernier moment, sur des tréteaux, dans une pièce sans affectation précise [75]. Cette instabilité du meuble fondamental de notre vie familiale paraît significative du peu d'importance rituelle des repas quotidiens et de l'instabilité du groupe qui les prenait en commun : nos tables bourgeoises, au contraire — même si elles sont à rallonges en prévision des jours de fête — sont normalement adaptées aux dimensions d'un groupe familial stable, et elles rappellent ensuite aux vieux couples l'envol de leur progéniture.

Chez les pauvres, l'absence de distinction entre cuisine, salle à manger et chambre à coucher est beaucoup moins significative. Reste à savoir quelle place tenait la table dans les intérieurs modestes. Les paysans de Le Nain partagent le pain et le vin avec un hôte, sur une table de fortune, alors qu'un lit monumental se distingue au fond de la pièce. Certains textes fournissent un témoignage identique [76]. L'inventaire d'un manouvrier de Thil, près de Bar-sur-Aube, dressé en 1744, n'indique que deux chaises, un banc et pas de table, ce qui surprend étant donné la relative aisance dont témoigne le reste de ses biens [77]. Pourtant les lourdes tables paysannes ne datent pas du XIXe siècle : voyez, chez le paysan breton de Noël du Fail, « la table de bonne estoffe, sans mignardise, sans ouvrage, que plain » ; ou bien, dans les inventaires du Mâconnais, « la table de bois noyer avec ses deux bancs » qu'on trouve en 1674 chez le tonnelier ; et la « grande table en bois noyer avec des tiroirs et entourée de deux bancs » du laboureur, en 1723.

Le caractère rituel du repas de famille était renforcé par l'invocation divine : le *Benedicite*. Mais cette prière était-elle habituelle dans tous les milieux, dès le Moyen Age ? Ou ne s'est-elle développée, comme les autres manifestations cultuelles, dans le cadre de la famille, qu'avec la Réforme protestante, puis catholique ? Philippe Ariès a remarqué que, dans la peinture, le thème du *Benedicite* n'est devenu fréquent qu'à partir de la fin du XVIe siècle [78].

Chez les paysans, à quel moment de la journée la famille se trouvait-elle tout entière réunie autour de la table ? « Il n'avait pas été possible à Edme Rétif de mettre un certain ordre dans la journée pour les prières, ni même pour les repas : les devoirs des différentes personnes à gages étaient absolument différents ; il n'y avait que le déjeuner, à cinq heures du matin, où ils fussent à peu près tous réunis ; car en été, le bouvier et le berger étaient déjà partis pour les pâturages. On faisait une courte prière en commun, composée de l'oraison dominicale seulement ; ensuite on se séparait pour ne se rejoindre tous ensemble que le soir. Mais alors personne ne manquait [79]. » Entre ces deux repas, les travailleurs se contentaient d'un « goûter » : « on porte du pain, quelques noix ou un morceau de fromage blanc pour le goûter ». Et deux fois par semaine, lorsque Barbe Ferlet, mère de Rétif, cuisait le pain, elle « faisait des fouasses très minces, avec du beurre et de la pâte levée, tandis que le four chauffait, et elle envoyait cela, tout brûlant, par les servantes aux hommes qui travaillaient [80] ».

Pour tenir de cinq heures du matin à cinq heures du soir avec si peu de chose , il fallait un copieux repas matinal. « Chez notre maître nous avions, avant de partir pour la charrue, une soupe au bouillon de porc salé, cuit avec des choux ou des poids ronds, jointe à un morceau de salé et une assiette de pois et de choux ; ou bien une soupe au beurre et à l'oignon, suivie d'une omelette, ou d'œufs durs, ou d'herbages ou de fromage blanc assez bon [81]. » Heureux domestiques des bonnes maisons ! Les paysans pauvres, en Bourgogne, ne mangeaient d'ordinaire que du « pain d'orge ou de seigle, une soupe à l'huile de noix ou même de chènevis » et buvaient « une mauvaise boisson, c'est-à-dire de l'eau passée sur du marc, ou de l'eau pure [82] ». Dans d'autres régions les hommes partaient souvent avant le jour, sans manger. Puis, après le lever du jour, ils cassaient la croûte avec ce qu'ils avaient emporté ou ce que leur amenait une fille de la maison. Parfois ils rentraient à midi. Ailleurs — ou en d'autres saisons — ils restaient aux champs jusqu'au soir. Certains observateurs rapportent que, dans les Pyrénées, hommes et femmes, même réunis, ne mangeaient pas ensemble [83]. Cependant dans presque toute la France il semble qu'au moins le souper pouvait être pris en commun.

« Tous les soirs, à souper, qui était le seul repas où toute la famille pouvait être réunie, [Edme Rétif] se voyait, comme un patriarche vénérable, à la tête d'une maison nombreuse ; car on était ordinairement vingt-deux à table, y compris les garçons de charrue et les vignerons qui en hiver étaient batteurs, le bouvier, le berger et deux servantes, dont l'une suivait les vignerons et l'autre avait le gouvernement des vaches et de la laiterie. Tout cela était assis à la même table [84]. » Passons sur le chiffre de vingt-deux convives peut-être exagéré puisque six des enfants du premier lit avaient quitté la maison d'Edme Rétif peu après son second mariage et que ceux du second lit n'ont pu être ordinairement tous réunis. Le fait intéressant — parce que tout à fait courant dans les grandes fermes de l'époque — c'est la présence des domestiques à la table familiale.

Chacun, pourtant, savait sa place. « Le père de famille au bout, du côté du feu ; sa femme à côté de lui, à portée des plats à servir — car c'était elle seule qui se mêlait de la cuisine ; les servantes, qui avaient travaillé tout le jour, étaient assises et mangeaient tranquillement ; ensuite les enfants de la maison, suivant leur âge qui seul réglait leur rang ; puis le plus ancien des garçons de charrue et ses camarades ; ensuite les vignerons après lesquels venaient le bouvier et le berger ; enfin les deux servantes formaient la clôture ; elles étaient au bout de la table, en face de leur maîtresse, à laquelle elles ne pouvaient dérober aucun de leurs mouvements [85]. » Le sang, l'âge, le sexe et le caractère plus ou moins honorable de leurs fonctions créaient donc, entre les membres de la maisonnée, des distinctions, une hiérarchie. Mais nulle trace de ce fossé qui, dans la bourgeoisie du XIXe siècle, a séparé les maîtres des domestiques.

Il est vrai qu'il était courant au XVIIIe siècle de distinguer maître et domestiques par l'usage de pains et de vins différents. A La Bretonne : « Tout le monde mangeait le même pain ; la distinction odieuse du pain blanc et du pain bis n'avait pas lieu dans cette maison ; d'ailleurs ce n'aurait pas été une économie, le son un peu gras étant nécessaire aux chevaux, aux vaches laitières, aux porcs qu'on engraissait, et même aux brebis lorsqu'elles avaient agnelé. Pour le vin, comme le père de famille en usait peu et qu'il n'en avait pris l'usage que fort tard, il n'en buvait que de vieux. La mère de famille ne buvait que de l'eau que son mari n'avait pas eu peu de peine à l'engager à rougir seulement par une idée de vin. Les enfants buvaient tous de l'eau, sans exception. Les garçons de charrue et les vignerons buvaient un vin qui leur était beaucoup plus agréable que celui du maître ne leur aurait paru : c'était le vin de pressurage passé sur un " rapé " de " rales " de raisin. Tout le monde sait que les paysans aiment un vin qui gratte le gosier ; et ce goût général est considérablement renforcé à Saci, où l'espèce humaine est d'une grossièreté et d'une massiveté qui a peu d'exemple, même en Allemagne [86]. »

Veillées

Présents à table, les domestiques de ces grandes maisons paysannes participaient aussi aux prières familiales et à la veillée. « C'était [...] après le souper que le père de famille faisait une lecture de l'Ecriture sainte : il commençait par la Genèse et lisait avec onction trois ou quatre chapitres, selon leur longueur, les accompagnant de quelques observations courtes et peu fréquentes mais qu'il jugeait absolument nécessaires. Je ne saurais me rappeler sans attendrissement avec quelle attention cette lecture était écoutée ; comme elle communiquait à toute la nombreuse famille un ton de bonhomie et de fraternité. » « Dans la famille, note Rétif entre parenthèses, je comprends les domestiques » : cette incise témoigne que cela, chez ses lecteurs, n'allait déjà plus de soi. Mais à la campagne, les serviteurs restaient des enfants du maître de maison, qui devait les éduquer comme ses enfants par le sang. « Mon père commençait toujours par ces mots : " Recueillons-nous, mes enfants ; c'est l'Esprit-Saint qui va parler. " Le lendemain, pendant le travail, la lecture du soir précédent faisait le sujet de l'entretien, entre les garçons de charrue surtout. » Ces après-souper duraient plus ou moins longtemps selon la saison. « Après la lecture suivait en été une courte prière en commun ; on faisait ensuite réciter aux jeunes gens une leçon de catéchisme du diocèse ; puis on s'allait coucher en silence ; car après la prière du soir, les ris et la conversation à voix haute étaient sévèrement interdits. En hiver, où les soirées sont plus longues à la campagne — car à la ville le temps est toujours le même —, après la lecture et la leçon de catéchisme, le père de famille racontait des histoires, soit anciennes, soit modernes ; il y faisait entrer à propos les plus belles sentences des anciens. C'était la récréation. L'avidité était extrême pour ces récits instructifs, et comme chacun pouvait rire et faire des observations, c'était un amusement délicieux pour des paysans et pour des enfants qui n'en avaient jamais connu de plus agréables. Il fallait que ces entretiens et la lecture leur plussent beaucoup : nous avons eu souvent chez nous les fils des meilleurs habitants pour domestiques ; et lorsque leurs parents leur demandaient la raison qui leur faisait désirer avec tant d'ardeur d'entrer dans notre maison, ils n'en donnaient pas d'autre que la lecture et les entretiens du soir [87]. »

Ne croyons pourtant pas que la maison d'Edme Rétif ait été en cela exceptionnelle. L'enseignement moral et religieux que le maître donnait à ses domestiques et à ses enfants confondus, il le leur devait, en Angleterre comme en France, selon tous les moralistes des XVIIe et XVIIIe siècles. Nous y reviendrons. Quant aux histoires profanes qu'il racontait, elles étaient de tradition dans les veillées. Au XVIe siècle déjà on en contait les soirs d'hiver, dans les grandes fermes du bassin de Rennes dont parle Noël du Fail [88] ; ou bien chez le sire de Gouberville, dans son manoir du Mesnil-au-Val, près de Cherbourg, où il vivait avec deux bâtards de son père, ses trois filles naturelles, neuf domestiques mâles et quelques servantes : « Ce jour-là, 6e jour de février 1554, il ne cessa de pleuvoir. Nos gens furent aux champs mais la pluie les chassa. Au soir, toute la vesprée, nous lûmes en *Amadis de Gaule* comment il vainquit Dourdan [89]. » Il semblerait donc que du XVIe au XVIIIe siècle les veillées d'hiver aient été, avec le repas du soir et les prières en commun, l'un des principaux rites de la vie de famille, à la campagne.

Cependant quantité d'autres témoignages démontrent que, chez les petits paysans, les veillées étaient rarement des réunions de famille. Elles avaient généralement — encore que pas toujours — ce caractère en voie de disparition aujourd'hui, de mêler en un même lieu les hommes et les femmes, les jeunes et les vieux. Elles offraient aux jeunes gens à marier une occasion de se fréquenter sous l'œil vigilant des parents [90]. Mais justement parce qu'elles étaient un lieu de fréquentation pour des garçons et des filles mariables les uns avec les autres, elles devaient normalement réunir des individus habitant des maisons différentes, souvent même, des villages différents. Voyez ce qu'en dit Noël du Fail : « Il se faisait des fileries, qu'ils appellent veillois, tantost à la Valée, tantost à la Voisardière, à Souillas et d'autres lieux de réputation, où se trouvoient de tous les environs plusieurs jeunes valets et hardeaux, illec s'assemblans et jouans à une infinité de jeux que Panurge n'eut oncques en ses tablettes. »

Ce caractère multi-familial des veillées s'oppose avec une particulière clarté au caractère familial des repas et du coucher, dans certaines montagnes d'Auvergne où elles duraient presque toute la journée. Ecoutons un témoin du début du XIXe siècle. « Dans la Planèse, où le bois manque absolument, le paysan serait horriblement malheureux pendant l'hiver et ne pourrait y vivre s'il n'avait trouvé le moyen de s'en passer pour se chauffer : c'est ce qu'il fait en vivant au milieu de ses bestiaux. » Après avoir expliqué pourquoi et comment, en hiver, ces paysans transportent leurs grabats à l'étable, et comment les hommes y font la grasse matinée tandis que les femmes vont chercher de l'eau dans la neige, allument le feu, font cuire la soupe que l'on mange à dix heures du matin puis de nouveau à cinq heures du soir, l'observateur en vient à ces « veillées » diurnes. « Il est rare qu'une famille passe l'hiver seule et isolée dans son étable ; les ménages voisins se réunissent volontiers et choisissent pour cela l'étable la plus grande et la plus chaude. Le matin, *après la soupe,* chacun accourt : on s'assied en rond sur les bancs, on jase, on rit, on crie contre les impôts et les percepteurs, on raconte les historiettes qui courent sur les filles et les garçons, on médit enfin. *A cinq heures on se sépare pour aller manger,* puis on revient bavarder encore quelque temps, et *chacun retourne ensuite se coucher chez soi* [91]. »

La plupart des descriptions de veillées nous montrent les femmes et les filles au travail tandis que les hommes jouent aux cartes ou bavardent et que les garçons chahutent. Dans cette région d'Auvergne, la ségrégation sexuelle allait plus loin encore. « En tout ceci il n'est question que des hommes. Les femmes, en raison de l'infériorité de leur espèce, ne sont point admises aux conversations de leurs seigneurs et maîtres. Mais dès que ceux-ci se sont retirés, leur règne commence et la veillée, qui pour les hommes se termine à huit heures du soir, ne finit pour les femmes qu'à minuit ou une heure du matin ; elles regagnent alors le temps perdu ; mais — et ceci est un point caractéristique de l'économie du pays — comme il ne serait pas juste, en leur prêtant un parloir, que le maître de maison leur fournît encore l'éclairage, elles ont, pour leurs veillées particulières, une lampe dont l'huile est payée à frais communs, avec les petits bénéfices du filage. D'autres, plus économes, se passent de luminaires, l'obscurité n'empêche ni de filer ni de parler. »

Plus soucieux de dénoncer la barbarie de ces paysans envers leurs femmes que de comprendre la diversité des rôles masculin et féminin dans ces ménages montagnards, notre bourgeois éclairé ne cache cependant pas qu'hommes et femmes avaient des activités communes. « Dans les familles pieuses, on a *conservé* la coutume, dans ces réunions d'hiver, de réciter le chapelet et de chanter des cantiques. D'autres, plus adonnés aux plaisirs du monde, passent les soirées à la danse. L'homme qui est réputé le meilleur musicien se tient debout et chante ; les femmes qui ne dansent point l'accompagnent de leurs voix aiguës, et tout le reste saute et gambade, tandis que les bœufs ruminent au bruit cadencé des sabots. C'est alors le triomphe des danses nationales, les bourrées simples et figurées. Nous avons assisté à quelques-unes de ces danses, et nous avons remarqué qu'elles s'exécutaient au bruit de véritables chansons, qui, pour la plupart, sont très satiriques et ont rapport à quelque aventure scandaleuse bien connue dans le pays. L'homme qui chante marque la mesure en frappant la terre avec un bâton... Un poêle entretenu à grands frais ne donnerait pas à l'étable la chaleur que lui procure cette multitude d'hommes et d'animaux entassés, l'air se change en fumée épaisse qu'on voit sortir en vapeur par les ouvertures ; il devient étouffant, infect et malsain ; c'est une des causes principales des maladies des montagnards. »

Dans d'autres régions de la France centrale c'était non seulement en compagnie d'individus de plusieurs familles qu'on se réunissait l'hiver pour « passer le temps » et tromper le froid, mais hors de toute demeure familiale, dans ce qu'on appelait des « escraignes ». On connaît celles de Bourgogne décrites au XVIe siècle par Etienne Tabourot, seigneur des Accords [92]. Il en existait aussi en Champagne, particulièrement dans la région de Troyes, encore au XVIIIe siècle. « Les écreignes, dit Grosley, sont des maisons creusées sous terre et couvertes de fumier, où les villageoises vont faire la veillée et où le travail est assaisonné par les charmes de la conversation... L'intérieur est garni de sièges de mottes, pour asseoir les assistantes. Au milieu pend une petite lampe, dont la lueur éclaire tout l'édifice... Cette lampe est fournie successivement par toutes les personnes qui composent l'écreigne. La villageoise qui est à son tour [de fournir la lampe] a soin de se trouver la première, pour y recevoir les autres. Chacune des survenantes, la quenouille au côté, le fuseau dans la quenouille, les deux mains sur le couset et le tablier par dessus les mains, entre avec précipitation et se place sans cérémonie. Dès qu'on est placé, les mains quittent le couset, ce dernier est placé à sa destination, *ad proprias sedes remeat,* le fuseau est tiré de la quenouille, la filasse est humectée par un peu de salive, les doigts agiles font tourner le fuseau, voilà l'ouvrage en train... On sait... que le babil... est le fondement et l'objet principal de l'écreigne et que le travail n'en est que le prétexte. La conversation s'anime donc, toujours vive, toujours brillante, elle se soutient sans interruption jusqu'à l'heure où l'on se sépare [93]. » Refuges contre le froid, lieux de travail et de conversation, les écreignes étaient aussi des lieux de rendez-vous : « A de telles assemblées de filles se trouvent infinité de jeunes varlots et amoureux », écrivait Etienne Tabourot, au XVIe siècle. Dans le diocèse de Troyes, il en était de même jusqu'à ce que, en 1680, une ordonnance synodale de Mgr Bouthillier excommunie les hommes et les garçons qui pénétreraient dans les écreignes, ou attendraient les filles à la porte pour les reconduire chez elles, de même que les filles qui recevraient des garçons dans leurs assemblées. Dans son mandement de 1686 sur le même sujet, qui organise minutieusement la répression, l'évêque réformateur affirme qu'elle ne concerne plus que « quelques opiniâtres [94] ».

Est-ce par hasard que ces veillées entre voisins et amis — au foyer de l'un d'entre eux, dans son étable ou sa grange, ou dans une escraigne commune aux filles du village ou d'un quartier urbain — nous sont signalées surtout dans les pays démocratiques et communautaires de l'Est et du Centre plus que dans la France méridionale où régnait l'esprit de maison ? Dans la thèse qu'il vient de consacrer aux relations sociales en Languedoc, Yves Castan n'en dit pas un mot. Il souligne au contraire la répugnance des gens de la campagne à laisser entrer chez eux aucun étranger, sauf sur invitation en forme faite par le maître de maison [95]. Dans les Pyrénées, où des veillées d'hiver réunissaient, autour de la cheminée, voisins et membres de la famille, la présence du maître de maison ne se laissait pas oublier : il trônait à la place d'honneur, dans un fauteuil de bois, avec à sa gauche les femmes et les filles occupées à filer, à sa droite les ancêtres, tandis que les garçons — là encore indispensables trublions — se faufilaient où ils pouvaient. Certains soirs on écoutait des contes ou des « histoires vraies », souvent racontées par les bergers ; puis les garçons proposaient des jeux, main-chaude, colin-maillard ou luttes corps à corps. D'autres soirs, sur un signe du maître de maison, l'assistance se retournait, dos au foyer : la veillée allait être consacrée à la danse [96].

Evolutions

Entre le début du XVIe et la fin du XVIIIe siècle, le cadre et les rites de la vie familiale se sont modifiés. Mais les différences étaient si grandes entre ce qu'ils étaient dans l'aristocratie, dans les classes moyennes de la ville ou de la campagne, et dans le peuple, si grande aussi d'une région à une autre chez les petits paysans, qu'il n'est pas facile d'apprécier globalement ces transformations. La ségrégation entre domestiques et maîtres, très avancée en ville à la fin du XVIIIe siècle, l'est beaucoup moins à la campagne. Il semble que ce soit d'abord entre parents et enfants — et parmi ceux-ci entre garçons et filles — que la séparation de couche, voire de chambre, se soit effectuée, sous l'influence de la réforme catholique, et dans la mesure où le niveau de fortune le permettait.

Ce progrès de l'individualisme au sein de la famille — dont il ne faut pas négliger les effets désintégrateurs, aussi bien chez les paysans [97] que dans l'aristocratie [98] — a peut-être été compensé par un développement et une ritualisation plus forte de la vie familiale qu'on pourrait aussi attribuer, en France du moins, à la réforme catholique : éducation religieuse des enfants par les parents, prières en commun, caractère plus cérémonieux du repas de famille, lutte de l'Eglise contre les veillées hors de la maison, en attendant que des événements religieux comme Noël, le baptême des nouveau-nés, ou la première communion deviennent, aux XIXe et XXe siècles, des fêtes de famille. Parce qu'elle sentait des relents de paganisme et des risques sérieux de manquement à la chasteté dans les vieilles fêtes populaires et les sociétés de jeunes, l'Eglise paraît avoir choisi de les faire disparaître et de placer plus continûment qu'auparavant les enfants sous l'œil vigilant de leurs parents. Voyez par exemple la férocité de son combat contre les fréquentations apparemment innocentes dans les escraignes et autres veillées ; sa dénonciation des carnavals, des brandons, ou de la fête des Innocents ; et la méfiance de plus en plus forte qu'elle a témoignée envers les pèlerinages populaires, jusqu'au milieu du XIXe siècle. Délibérée chez les protestants en lutte contre la cléricalisation de l'Eglise autant que contre le paganisme des cérémonies traditionnelles, la politique d'encadrement familiale s'imposait avec moins d'évidence aux artisans de la réforme catholique. Auraient-ils donc senti que l'évolution économique et sociale ruinerait de toute façon les structures traditionnelles ? Ou ont-ils simplement adopté une stratégie dont les protestants leur avaient montré l'efficacité ? Sans doute faut-il surtout souligner que la réforme catholique, comme la Réforme protestante, a d'abord été un phénomène urbain ; qu'elle est le fait de clercs nourris d'une culture livresque et fondamentalement hostiles aux traditions « païennes » de la campagne. Mais pour mieux juger de l'influence de ces clercs, catholiques ou protestants, sur la formation du sentiment moderne de la famille, voyons de plus près ce que fut leur morale des relations domestiques.

CHAPITRE III

LA MORALE DES RELATIONS DOMESTIQUES

1. Diversité des mœurs et morale dominante

Entre les individus constituant la maisonnée s'établissaient autrefois comme aujourd'hui des relations fort diverses d'affection, de crainte, de condescendance, de respect, etc., dépendant du caractère de chacun et de circonstances particulières auxquelles nous ne pouvons nous intéresser ici. Ces relations, cependant, étaient aussi tributaires de modèles de conduite spécifiques de l'ancienne société. C'est de ces modèles qu'il convient de partir pour étudier la transformation historique des comportements familiaux.

Ils différaient certainement selon les régions et les milieux sociaux : les voyageurs étrangers ou les bourgeois qui, au début du XIXe siècle, se sont montrés curieux des mœurs paysannes, en ont abondamment témoigné. En Aveyron, ces observateurs s'étonnaient de ce que « dans la société comme à l'église, les femmes.... sont toujours entièrement séparées des hommes [1] », tandis que dans la Loire-Inférieure ils étaient au contraire surpris de voir rassemblés dans une même chambre « les lits des garçons et des filles de la ferme » et de ce que « le mélange des sexes n'y entraîne aucun des vices si communs dans nos villes [2] ». Sans doute est-ce l'indice de différences de mœurs tenant à des traditions très anciennes. Dans les Basses-Alpes, vieux pays de droit romain, on remarquait vers 1830 que « l'autorité paternelle a conservé... toute sa vigueur » ; et que dans les familles rendues nombreuses par « la longévité des vieillards et la précocité des mariages, les grands-pères et les pères forment une espèce de magistrature dont la volonté et les décisions sont toujours respectées [3] ». Il n'en était vraisemblablement pas de même dans des pays comme la Normandie où le père n'avait jamais été maître de privilégier à sa mort aucun de ses enfants. En tout cas l'on trouve trace, dans les dossiers de dispense de mariage du XVIIIe siècle en Normandie, d'un fréquent libéralisme des pères envers leurs enfants quant au choix de leurs conjoints. Ainsi un laboureur de Courville dit qu'il « a toujours laissé [sa fille] dans sa volonté pour se choisir un époux tel qu'elle le jugerait agréable » ; et un colporteur de Muneville-le-Bingard écrit à son fils : « Sy c'es votre bon plaisir et que vous eiés de l'amistiés pour elle et qu'elle en ay pour vous, Sy Dieu vous a destinés pour passé le reste de votre vie ensemble, je ne peux pas aller contre sa volonté [4]. »

En Limousin, « l'habitude de ne considérer que l'aîné a fait regarder les cadets comme peu de chose et les filles comme rien du tout. Une femme à qui vous demandez si elle a des enfants, vous répond très sérieusement : " Non, je n'en ai pas " ; et un instant après elle vous dit qu'elle a trois filles : car une fille n'est qu'une fille, un garçon a seul le privilège d'être un enfant [5]. »

D'autres différences de mœurs, parfois au sein d'une même province, sont moins faciles à expliquer en l'état actuel des recherches. « Dans les autres contrées de l'Anjou, les époux de toutes les classes se tutoient dès le lendemain de leurs noces ; dans les Mauges, au contraire, aussitôt les cérémonies du mariage accomplies, les mariés, qui la veille encore se tutoyaient, se disent vous : la femme ne parle plus à son mari qu'avec déférence et respect [6]. » On peut se demander pourquoi, dans l'Allier, « les femmes ont une amabilité, une gaîté remarquables, qualités qui résistent au temps, et qui attachent plus encore que la beauté. L'hymen, pour elles, n'est pas un joug, mais un échange d'égards, de prévenances et de tendresses [7] ».

Dans les montagnes d'Auvergne, toutes proches, et plus particulièrement dans la Planèse, il n'en va pas de même : « Les femmes sont chargées de tout le détail du ménage : elles traient les vaches, font le beurre et le fromage ; aussi elles se couchent plus tard et se lèvent plus tôt que les hommes. Quand la neige nouvellement tombée a couvert le chemin de la fontaine, la plus hardie d'entre elles se charge de frayer un chemin nouveau. Alors, armant ses jambes de guêtres et de gros sabots, se retroussant le plus qu'elle peut, elle va, vient et revient plusieurs fois de suite, jusqu'à ce qu'elle ait aplani un chemin pour ses compagnes. Un homme se croirait deshonoré s'il allait seulement chercher de l'eau. Ces grossiers campagnards ont pour leurs femmes ce profond dédain et le mépris despotique propre à toutes les peuplades sauvages, ils les regardent comme des esclaves ; leurs occupations, à eux, est de panser les bestiaux, de battre le blé, et d'aller au besoin au marché voisin ; hors de là, rien ne les ferait sortir de leur oisiveté naturelle [8]. »

Il est clair qu'en ce début du XIXe siècle l'attitude des paysans envers leurs femmes et leurs filles est, aux yeux des bourgeois, le signe évident de leur barbarie. Dans presque toutes les régions, pour une raison ou pour une autre, elle choque les observateurs. Dans la Mayenne, les femmes « sont tenues dans une infériorité qui rend souvent leur condition misérable... Jusque dans les soins que le jeune homme rend à sa fiancée, on voit un protecteur plutôt qu'un amant soumis ; et dans les fêtes les jeunes gens ne dansent avec sa prétendue qu'après lui en avoir demandé la permission [9] ». Dans la Creuse, les femmes ne boivent pas de vin : « Si elles accompagnent leurs maris ou leurs parents au cabaret, c'est pour les attendre respectueusement, mais non pour y partager leur écot. La subordination et la soumission des femmes envers les hommes sont extrêmes [10]. » Dans les campagnes de Basse-Bretagne, elles ne tiennent « qu'un rang inférieur. Elles servent leur mari à table et ne lui parlent qu'avec respect [11] ». Même chose dans les Mauges, on vient de le voir. Dans l'Aveyron « la condition des femmes... surtout parmi les habitants de la campagne est pénible et malheureuse... le mariage, au lieu d'être pour elles une époque de bonheur et de liberté, est souvent celle d'une servitude plus dure [12] ».

Plus encore que cette infériorité, ce qui paraît choquer les bourgeois de l'époque, c'est que les paysans font travailler leurs femmes aux champs. Il est rare que, comme dans la Marne, ils voient dans cette situation un compagnonnage : « Dans le vignoble la femme n'est vraiment que la compagne de travail de son mari : elle partage ses fatigues : l'intérieur du ménage qui est ailleurs la tâche du sexe le plus faible n'est ici que son amusement : le reste lui est commun avec le nôtre. » Presque tous les observateurs y voient un signe de brutalité et de barbarie. Ainsi dans l'Aveyron où « leurs parents les traitent souvent avec une sorte de barbarie, et les forcent, dès le plus jeune âge, à se consacrer sans mesure aux rudes travaux de la culture ». Parlant de la Basse-Bretagne, c'est tout de suite après avoir montré la femme servant son mari à table, qu'on ajoute : « Dans les familles peu riches elles travaillent aux champs et se livrent à tous les travaux pénibles. » Il est clair que ces appréciations nous renseignent autant sur les mœurs bourgeoises que sur les mœurs paysannes.

Parce que dans les élites la femme est faite pour être belle, tous les observateurs soulignent le tort que ces rudes travaux font à la beauté des paysannes. En Basse-Bretagne, les femmes soumises aux travaux pénibles « ne sont point jolies, leurs traits sont sans délicatesse, leurs vêtements sont lourds et ne laissent voir aucune forme.

C'est une beauté d'avoir le teint rouge et animé. Dans quelques localités les jeunes filles coquettes se graissent le front pour l'avoir luisant. » Dans l'Aveyron « le hâle, la sueur et la fatigue continue altèrent leurs traits et leurs formes. Avant dix-huit ans, des filles qui ailleurs auraient été gracieuses et jolies ont la peau tannée, les mains calleuses et la taille voûtée ». Malgré son optimisme, l'observateur des vignerons de la Marne doit faire les mêmes constatations : « L'habitude du plein air et d'une vie laborieuse donne aux femmes une force qu'on ne remarque pas ailleurs : elles sont moins délicates et ont, pour la même raison, moins d'agrément ; elles sont généralement très hâlées. »

Comment les aimer dans ces conditions ? L'idéologie bourgeoise fournit une réponse toute prête : elles étaient aimables pour leurs vertus. Ainsi celles des vignerons de la Marne : « Bonnes femmes et bonnes mères, de nombreuses qualités remplacent, pour elles, dans l'intérieur de la famille, ce qui leur manque sous le rapport de la beauté. » Ou encore dans l'Allier où leur « amabilité » et leur « gaîté remarquable » sont « des qualités qui résistent au temps et qui attachent plus encore que la beauté ». Dans la Creuse, on était plus pragmatique : « Ce ne sont... ni les grâces ni la beauté qui font le mérite des filles de la campagne ; elles sont recherchées des jeunes gens sur leur réputation de bonnes travailleuses, de fortes ouvrières et soigneuses pour l'intérieur de la maison. » A ce niveau du choix du conjoint nos observateurs paraissent avoir admis le pragmatisme parce qu'ils pouvaient le baptiser « amour de la vertu ». Lorsque la même logique ménagère poussait un veuf ou une veuve à se remarier sans délai, ils en étaient au contraire scandalisés, comme en témoigne cette observation sur les paysans du Cantal : « Lorsqu'un mari perd sa femme ou une femme son mari, le survivant donne aussitôt un repas : c'est quelquefois dans la maison où le cadavre est gisant, que les convives rient, boivent, chantent et font des arrangements pour remarier l'hôte qui les traite. Le veuf ou la veuve reçoit les propositions et donne ses raisons d'acceptation ou de refus : il est rare qu'on se sépare avant que l'arrangement ne soit conclu [13]. » C'est qu'il est devenu décent, en ce début du XIXe siècle, de pleurer ses morts et particulièrement son conjoint : la douleur qu'on manifeste alors est témoin de l'amour qu'on portait au défunt ; et le mariage est censé établir ou sanctifier une relation sentimentale entre les conjoints. Pourtant la rapidité des remariages était habituelle aux XVIIe et XVIIIe siècles dans d'autres régions de France. Il est vrai qu'en Béarn, à Bilhères d'Ossau, parmi les veufs qui se remariaient, on n'en trouvait que 6 pour 100 qui le faisaient avant six mois ; mais dans le Perche, à Tourouvre, 22,6 pour 100 ; dans le Bas-Quercy, à Thézels et Saint-

Sernin, 42 pour 100 ; en Champagne, dans les « cinq paroisses du Vallage », environ 55 pour 100 ; en Bresse, à Pont-de-Vaux, environ 60 pour 100 ; et enfin à Lyon, dans la paroisse Saint-Georges, 80 pour 100. A titre de comparaison, on notera que dans l'ensemble de la France, dans les années 1950, il n'y a eu que 15 pour 100 des veufs qui se soient remariés moins d'un an après leur veuvage. Aux XVIIe et XVIIIe siècles on en trouvait au contraire 45,3 pour 100 à Tourouvre et 46,6 pour 100 à Crulai, dans le Perche ; 48,4 pour 100 à Thézels et Saint-Sernin et 52 pour 100 à Sérignan, en Bas-Languedoc ; 63,6 pour 100 à Sotteville-lès-Rouen ; 63 pour 100 à Pont-de-Vaux ; 75 pour 100 dans les cinq paroisses du Vallage, et 90 pour 100 dans la paroisse Saint-Georges, à Lyon. Il est clair que la sécheresse affective et la brutalité des relations conjugales, si on peut les mesurer à la rapidité des remariages, n'étaient pas le lot des seuls paysans auvergnats, mais une caractéristique des anciens mariages dans la plupart des régions de France, sinon dans toutes.

En était-il de même de l'infériorité de la condition féminine ? Un jeune prêtre bolognais, Locatelli, qui voyagea en France au XVIIe siècle, s'est émerveillé de la liberté qu'on y laissait aux femmes. A Lyon par exemple : « Nous trouvâmes dans les rues, les faubourgs et jusque dans les ruelles de belles boutiques où tout le monde travaillait d'arrache-pied. Les femmes y ont les principaux emplois, elles tiennent les écritures en partie double, elles vendent, elles invitent les pratiques à acheter, leur montrent poliment les marchandises, comptent l'argent, le serrent et le gardent. Elles tiennent généralement la clef de l'endroit où il est déposé, attachée avec d'autres clés à une ceinture faite de cuir ou de chaînette d'argent. Bref, les maris et les pères servent de commis et de garçons de boutique [14]. » Ce texte, en vérité, nous renseigne davantage sur la condition des femmes de Bologne que sur celle des Lyonnaises. Et tous les témoignages sur les comportements populaires, étant dus à des nobles ou des bourgeois, sont également ambigus, y compris les plus positifs.

Ainsi tous les recensements maison par maison que nous possédons indiquent, pour chacune d'elles, un chef de maison dont le nom vient avant celui des autres membres de la maisonnée. C'est que les autorités civiles ou religieuses qui ont établi le recensement avaient une vision monarchique du gouvernement familial, ou que, plus platement, elles avaient besoin d'un responsable pour chaque ménage. Mais cela ne nous apprend rien de sûr quant à la réalité du gouvernement de ces ménages ni quant aux relations qui existaient entre leurs membres. Ce chef pouvait être un vieux père dirigeant en autocrate la maisonnée, avec tous pouvoirs ou presque sur ses membres et ses biens, comme ceux que révèlent les contrats de mariage languedociens des XIVe et XVe siècles. Ce pouvait être au contraire un simple représentant d'une communauté démocratique où chacun des adultes avait une part égale sur les biens communs et un égal pouvoir de décision, comme dans les frérèches méridionales et beaucoup des communautés de la partie nord du Massif central.

Il arrivait aussi que les autorités civiles et religieuses désignent comme chef de maison un individu soumis en fait au pouvoir d'un autre membre du ménage. A Brueil-en-Vexin, par exemple [15], il paraît douteux que Gervaise Desnouelle, âgée de quatre-vingt-quinze ans, ait encore exercé une quelconque autorité sur les huit personnes qu'elle était censée gouverner : c'est vraisemblablement son fils Benoist Havart, cinquante ans, qui avait la réalité du pouvoir. De même Jeanne Commissaire, soixante-quinze ans, ne pouvait sans doute faire la loi à son gendre Jean Delanoue âgé de quarante-cinq ans ; mais c'est moins sûr. Moins clair encore le rapport d'autorité entre Noël Havart, soixante-quinze ans, et son gendre Nicolas Jorre, vingt-cinq ans. Tous ces recensements, qui parfois scindaient même artificiellement une maisonnée ou regroupaient des individus en maisonnées factices, reflètent les structures mentales du recenseur autant que les structures familiales dans le village recensé.

L'imposition de modèles contradictoires aux traditions locales pouvait ne rien changer à la réalité ou susciter de vives réactions de rejet. Bien qu'en 1789 la loi électorale eût prévu l'élection des députés par tous les hommes majeurs de vingt-cinq ans et par eux seuls [16], on a la preuve qu'en bien des endroits le corps électoral fut composé comme à l'ordinaire par les chefs de maisons, hommes ou femmes. Dans la plupart des régions où des femmes ont voté, c'étaient apparemment des veuves, devenues chefs de ménage à la mort de leur mari. Il n'en était pas de même en pays basque et autres villes pyrénéennes où les filles aînées, héritières de leurs maisons, gouvernaient traditionnellement maris et frères cadets. Jusqu'en 1794, elles ont continué à voter pour leurs familles. Puis lorsqu'on prétendit imposer les règles individualistes et phallocratiques qui avaient depuis longtemps triomphé chez les bourgeois de la France septentrionale, cela suscita de vives réactions d'hostilité de la part de la population tout entière [17]. Jusqu'au XXe siècle d'ailleurs, les héritières brimées sur le plan électoral continuèrent à détenir l'autorité au sein de leur ménage.

Pourtant ces modèles imposés de l'extérieur pouvaient aussi pénétrer dans la mentalité villageoise. C'est le cas, on l'a vu, en Franche-Comté où l'introduction par les juristes du XIIIe siècle des principes du droit romain relatifs à la puissance paternelle semble avoir profondément transformé les relations à l'intérieur de la famille : à preuve les conditions léonines qu'un père imposait parfois à ses garçons mariés ou célibataires dans les contrats de communion des XVIe et XVIIe siècles. De même l'introduction du Code civil en Limousin a entraîné une rébellion des cadets contre leurs aînés dès le début du XIXe siècle. Et en Périgord on a vu qu'elle eut pour conséquence, dès 1836, la quasi-disparition des ménages polynucléaires.

Ce qui est vrai des modèles imposés par le droit civil l'est aussi de ceux qui furent véhiculés par la morale chrétienne. Partout ils s'opposaient à d'autres modèles, caractéristiques d'une région ou d'une condition sociale. Ni du côté des prêtres, ni du côté des fidèles, ces conflits n'étaient d'ailleurs compris comme opposition de morales différentes : les uns y voyaient une transgression de la morale par leurs paroissiens ; et ceux-ci une atteinte à la tradition, aux libertés, par les prêtres. Finalement, cependant, la plupart des modèles « chrétiens » — qu'il vaudrait mieux définir comme résultant de l'interprétation de la doctrine chrétienne par les clercs d'une époque donnée — finissaient par structurer la mentalité des fidèles. On sait que les Français, nombreux dès la fin du XVIIIe siècle, qui ont rejeté l'enseignement de l'Eglise, sont néanmoins restés pour l'essentiel attachés aux principes de sa morale, qu'ils appelaient absolument « La Morale ». On sait moins que certaines des pratiques dénoncées comme superstitions populaires par les clercs réformateurs des XVIIe et XVIIIe siècles avaient été imposées aux paysans par les clercs du haut Moyen Age. Ce sont autant de raisons d'étudier les principes chrétiens de la morale domestique et leur formulation par les clercs des XVIe, XVIIe et XVIIIe siècles.

2. Le gouvernement de la famille

Le modèle monarchique

Les deux textes fondamentaux de la doctrine chrétienne en ce domaine sont le 4e commandement du Décalogue — « Père et Mère honoreras, afin que vives longuement » — que les protestants appellent 5e commandement, et d'autre part l'Epître aux Ephésiens (5, 22 à 6, 9) où saint Paul a établi l'autorité du père de famille sur sa femme, ses enfants et ses domestiques, et les devoirs d'amour et de correction qu'il a envers eux.

Femmes, enfants, serviteurs doivent, selon saint Paul, obéir au maître de maison de la même manière que les chrétiens obéissent à

Dieu : « Femmes, soyez soumises à vos maris, comme au Seigneur... Enfants, obéissez à vos parents selon le Seigneur... Serviteurs, obéissez à vos maîtres... avec crainte et tremblement... Servez-le avec empressement comme servant le Seigneur. » Dès l'origine du christianisme, la famille a été considérée comme une monarchie de droit divin.

On ne doit pas sous-estimer l'importance historique — et peut-être même essentielle — de l'autorité paternelle ou dominicale pour le christianisme. Il est vrai que le monde où il est apparu connaissait depuis longtemps cette souveraineté du père, du mari, du maître. Mais cela était peut-être la condition nécessaire pour que le christianisme s'implante : connaît-on une religion monothéiste qui ne soit pas née et n'ait pas triomphé d'abord dans une société patriarcale ? Les premiers chrétiens se sont servis des rapports de subordination au père, au mari, au maître *(dominus)* — qui faisaient partie des réalités sociales les mieux établies dans les sociétés où ils prêchaient — pour expliquer et faire accepter l'obéissance absolue à un Dieu unique, vu comme Père universel et Seigneur *(Dominus)* universel. On comprend qu'ensuite l'Eglise ait eu du mal à admettre qu'on puisse se dire chrétien et contester les droits du père, du maître ou du roi à l'obéissance de leurs enfants, serviteurs ou sujets. En notre siècle où beaucoup de chrétiens refusent l'esclavage, la monarchie, la direction paternaliste des entreprises, et mettent même en question les pouvoirs des parents sur leurs enfants, il est paradoxal et tragique que l'on continue de ne savoir parler de Dieu qu'à travers les images du Père créateur et du souverain maître.

D'un autre côté l'Epître aux Ephésiens établit une réciprocité de devoirs entre le père de famille et ses sujets : à sa femme le mari doit l'amour et la sanctification ; à ses enfants il doit l'éducation ; à ses serviteurs sa mansuétude. Cette soif de réciprocité est particulièrement marquée par la formule « Et vous, maître, agissez de même à leur égard » (6, 9), formule étrange puisqu'on vient de commander aux serviteurs de servir leur maître comme servant Dieu, et qu'ensuite on commande seulement au maître de s'abstenir de menaces à leur égard. Dans le monde où s'établissait le christianisme, cette insistance sur les devoirs du mari, du père et du maître était sans doute plus originale que la prescription d'obéissance faite à la femme, aux enfants et aux serviteurs. D'ailleurs, pour asseoir l'autorité de Dieu et la morale chrétienne dans des sociétés patriarcales et esclavagistes qui ne la connaissaient pas, il a fallu limiter la puissance du mari, du père et du maître, ne serait-ce que pour sauvegarder la possibilité de conversion de l'épouse, du fils et de l'esclave. De l'Antiquité à nos jours — et particulièrement du XVIe au XVIIIe siècle, nous allons le voir — l'Eglise a souvent dénoncé les « excès » du pouvoir marital, paternel et seigneurial, déposant ainsi les germes d'une contestation du traditionnel rapport de subordination.

L'autorité du père de famille et l'autorité de Dieu ne se sont pas seulement légitimées l'une l'autre : elles ont servi à légitimer toutes les autres autorités. Rois, seigneurs, patrons, ecclésiastiques se sont tous présentés comme des pères et comme des représentants de Dieu. Ces images ne sont pas toujours comprises parce que celle du père s'est sensiblement modifiée. Aujourd'hui — et déjà au temps de Louis XVI — dire qu'une autorité est paternelle, c'est prétendre qu'elle est bienfaisante, voire indulgente ; que son détenteur aime, protège et ne corrige que pour leur bien ceux qui y sont soumis. Autrefois, et encore au temps de Louis XIV, c'était surtout proclamer sa légitimité et le devoir absolu d'obéissance de ceux qui la subissaient. Lorsque théologiens et moralistes justifiaient l'autorité de ces puissants c'était par référence au 4e commandement du Décalogue. « Ceux qui violent les lois et justes commandements des supérieurs — écrit par exemple Benedicti [18] — croians et disans que les hommes sont de nature égaux et de même condition, sans avoir authorité les uns sur les autres, sont hérétiques. Car combien qu'Adam n'eust jamais offensé [19], il y eust eu toutesfois entre les hommes quelque supériorité, comme il y a entre les anges : autrement il n'y eust point eu d'Eglise, qui est un ordre hiérarchique. Parquoy donc, celuy qui viole les préceptes tant des Prélats ecclésiastiques que séculiers, il peche : car la conclusion des Théologiens et Canonistes porte qu'ils peuvent obliger leurs subjects à garder leurs loix qui sont justes sous peine de péché mortel... Aussi par ce précepte nous est-il commandé d'honorer les Prélats, Rois, Princes et autres supérieurs, qui à bon droit s'appellent aussi pères. » Cette portée sociale, politique et ecclésiastique qu'on donnait au 4e commandement de Dieu, témoigne de l'importance fondamentale du rapport parents-enfants dans l'ancienne société occidentale. Mais elle témoigne aussi du peu d'intérêt que pendant longtemps l'Eglise a manifesté pour les affaires domestiques.

Lorsque, au début du XVe siècle, Jean Gerson commente ce 4e commandement dans son *Instruction pour les curés,* il n'évoque les relations domestiques que par ces mots : « Les mauvais héritiers souvent désirent la mort de leurs parents, afin de posséder leur héritage et avoir leurs biens [20]. » Soit, trois lignes sur les cinquante-deux du commentaire. Il en consacre huit à « ceux qui trop légèrement reprennent les ordonnances des Princes terriens et ce qu'ils font » ; et tout le reste du commentaire, soit quarante et une lignes, à ce que les laïcs doivent à l'Eglise et à la personne des ecclésiastiques.

L'étude de quelques autres manuels de confession d'époque différente, qui traitent aussi du 4ᵉ commandement de Dieu, suggère que du début du xvᵉ siècle au début du xviiiᵉ l'intérêt de l'Eglise pour la vie domestique s'est considérablement et continuellement accrue (tableau 10, p. 244). Comme les églises protestantes — quoique de manière plus ambiguë et pour des raisons différentes — l'Eglise de la Contre-Réforme a fait de la famille un des lieux privilégiés de la vie chrétienne. Peut-être parce que la Réforme l'avait aidée à prendre conscience de la force des liens domestiques et des possibilités qu'ils offraient pour surveiller et éduquer la masse des fidèles. L'évêque de Milan, saint Charles Borromée, qui fut l'un des premiers et des principaux réformateurs catholiques, écrivait par exemple : « Il serait à désirer que tous les premiers dimanches ou autres jours solennels du mois, les maîtres de famille s'assemblassent en leurs paroisses avec le curé, pour communiquer ensemble de l'ordre qu'il faut tenir pour bien régler et gouverner leurs familles [21]. » Même si ce souhait n'a guère été exaucé, du moins en France, il est significatif de l'intérêt nouveau de l'Eglise pour l'encadrement familial. Intérêt qui nous a valu des renseignements souvent précis, dans les manuels de confesseur postérieurs au Concile de Trente, sur ce que devaient être et sur ce qu'étaient trop souvent dans la réalité les relations entre les membres de la maisonnée.

L'autorité du mari sur sa femme

Dans le gouvernement du ménage, mari et femme cherchaient chacun à l'emporter sur l'autre. Déjà le jour des noces, lorsque l'époux passait l'anneau au doigt de l'épouse, celle-ci essayait de l'arrêter à la première phalange pour assurer sa prééminence. Un vieux proverbe remarquait [22] :

> *Femme veut en toute saison*
> *Etre maîtresse en sa maison* (Gruther, xviᵉ siècle)

Mais la sagesse populaire, telle que nous pouvons la connaître par les proverbes, faisait à l'homme un devoir d'imposer son autorité.

> *Ne souffre à ta femme pour rien*
> *De mettre son pied sur le tien*
> *Car lendemain la pute beste*
> *Le voudrait mettre sur ta teste* (G. Meurier, xviᵉ siècle)

Les femmes tentaient de s'imposer par la parole, les pleurs et les cris :

A toute heure
Chien pisse et femme pleure (Meurier, XVIe siècle)
Où femme y a, silence n'y a (Meurier, XVIe siècle)

L'homme devait les faire taire en sa présence.

La femme à son tour doit parler
quand la poule va uriner (Meurier, XVIe siècle)
Femme qui parle comme homme et poule qui chante comme coq ne sont bonnes à garder (Prov. Gallic., XVe siècle)

Et le meilleur moyen d'y parvenir, selon l'ancienne sagesse, était le bâton :

Bon cheval, mauvais cheval veut l'éperon
Bonne femme, mauvaise femme veut le baston (Meurier, XVIe siècle)

A partir du XVIIIe siècle, cependant, cette manière d'imposer son autorité paraît avoir été contestée : « Il faut être le compagnon de sa femme et le maître de son cheval », lit-on déjà dans le Dictionnaire comique de Le Roux (1786) ; et les proverbes de résonance bourgeoise, publiés dans un recueil de 1861 [23], multiplient les mises en garde contre l'ancienne méthode :

« Il faut être le compagnon et non le maître de sa femme. »
« La nature a soumis la femme à l'homme, mais la nature ne connaît point d'esclave. »
« Battre sa femme ne lui ôte folle pensée. »
« Celui qui frappe sa femme est comme celui qui frappe un sac de farine : le bon s'en va, le mauvais reste. »

Cette évolution des préceptes de la sagesse commune, qu'il est difficile de dater avec plus de précision, s'est vraisemblablement accompagnée d'une transformation des comportements, surtout dans les élites sociales. Les observateurs des campagnes, dès le début du XIXe siècle, s'indignent de la manière barbare dont les femmes y sont parfois traitées : l'attitude de l'homme envers la femme est devenue l'un des principaux tests de civilisation. D'ailleurs, au dire des confesseurs du XIXe siècle, les coups auxquels étaient habituées les paysannes pouvaient être moins durs à supporter que les méchancetés des maris bourgeois. Et les proverbes manifestant de la haine pour les femmes se multiplient à cette époque : maigre compensation de l'homme, que les mœurs ont privé de son moyen traditionnel de s'imposer sans avoir cessé de lui en faire un devoir.

Ne croyons pas en effet que le comportement autoritaire de l'homme dans le ménage soit la simple manifestation d'une volonté de puissance, naturelle en tout individu. La société traditionnelle lui donnait les moyens d'imposer sa volonté, mais elle exigeait aussi qu'il l'impose.

Le droit de battre sa femme lui était reconnu par la plupart des anciennes coutumes [24]. Celle du Beauvaisis, au XIIIe siècle, disait : « Il est bien à l'homme de battre sa femme, sans mort et sans meshaing quant ele desnie son mari. » Celle de Bergerac permettait de la battre jusqu'à effusion de sang, pourvu que ce fût à bonne intention — « bono zelo » — pour la corriger. De même celle de Troyes. En 1404, celle de la vallée de Barrèges stipulait : « Tout maître et chef de maison peut châtier femme et famille sans que nul ne puisse y mettre obstacle. » Dans cette région où les héritières gouvernaient leurs maris et leurs frères cadets, il fallait apparemment cumuler les qualités d'homme et de maître de maison pour avoir le droit d'user du bâton. Il y avait peut-être aussi quelques variations, d'une coutume à une autre, sur la limite à ne pas dépasser. En Béarn, si le mari battait sa femme enceinte et si elle en mourait, il était considéré comme homicide. Mais que disait-on lorsque la défunte n'était pas enceinte ? A Bordeaux, la coutume déclarait en 1359 qu'un mari ayant dans un accès de colère tué sa femme, n'encourrait aucune peine si par un serment solennel il s'en confesssait repentant.

Ces anciennes coutumes étaient au contraire sévères pour les maris qui n'imposaient pas leur autorité [25]. Selon la coutume de Senlis recueillie en 1375, « les maris qui se laissent battre par leurs femmes seront contraints et condamnez à chevaucher un asne le visage par devers la queue dudit asne. » La coutume de Saintonge, en 1404, comportait un article analogue. En Gascogne on précisait que l'âne devait être tenu en laisse par le plus proche voisin du mari. S'il refusait cet honneur — ou cette corvée — il était soumis à une amende de 10 livres que percevait la foule ameutée. De fait les *Décisiones Burdigalenses* de Boerius, publiées en 1593, nous montrent un conseiller au Parlement de Bordeaux qui, refusant de mener l'âne, s'était soumis de bonne grâce à cette amende.

Tous ces exemples de répression légale des maris battus sont antérieurs au XVIe siècle. Mais, du XVe à la fin du XIXe siècle, il semble que dans toutes les régions de France, on ait, de manière illégale, continué à les persécuter. Vers 1530, Jean Gaufreteau écrivait dans sa *Chronique bordelaise* : « Je voids que cette coustume ne se pratiquoit pas seulement à Bourdeaux, mais aussi en plusieurs endroits de France. Toutefois il est certain qu'elle a donné lieu au proverbe qui dict qu'*il faut faire courre l'asne toutes les fois qu'une femme se rebeque contre son mary et que le mary l'endure.* Mais est à noter que cette coustume n'est plus gardée aujourd'hui selon l'ancienne forme ; car à Bourdeaux, on n'en parle plus ; mais dans la campagne et petites bicoques circonvoisines, lorsqu'une femme a battu son mari, on ne faict pas monter le mary sur l'asne pour être promené par le plus proche voisin, ains c'est le plus proche voisin qui doibt estre monté sur l'asne, conduict et promené par le plus proche voisin de celui qui monte sur l'asne [26]. » Même transformation dans la France septentrionale ainsi qu'en témoignent par exemple les lettres de rémission des rois de France [27]. A Senlis en 1376 c'est parce qu'un couple voulait échapper à la chevauchée sous sa forme pénale qu'une rixe a éclaté ; au contraire, dès 1393 en Calvados, en 1404 dans l'Eure, en 1417 à Marennes de Saintonge, les lettres de rémission mentionnent des chevauchées dérisoires, par le voisin du mari battu. Nul doute, cependant, que celui-ci souffrait de ces démonstrations burlesques de son infortune : les lettres de rémission n'en parlent que parce que ces chevauchées ont entraîné mort d'homme. A Marennes, par exemple, on nous montre le mari furieux s'écriant : « Par le sang de Dieu ! si je le trouve chevauchant l'asne, je luy donneray d'un coustel parmi le corps et luy mettrai les tripes au soleil. »

Après s'être désolidarisées de cette pratique, les autorités légales l'ont dénoncée et poursuivie comme les autres charivaris. C'est ce qu'atteste, par exemple, un arrêt du Parlement de Toulouse du 27 mars 1762 [28]. Il nous apprend qu'à la suite d'une dispute entre un mari et sa femme, les habitants de Saint-Gaudens projetèrent « une espèce de charivari ». Dès qu'il fut informé de ce projet, le procureur général du roi près le Parlement de Toulouse enjoignit aux maires et consuls de Saint-Gaudens « d'employer toute l'autorité de leur charge pour empêcher l'exécution de la manifestation, comme contraire aux dispositions des ordonnances, aux arrrêts de règlement, aux bonnes mœurs et à la tranquillité publique ». En dépit de ces défenses, l'attroupement projeté eut lieu pendant les deux derniers jours du carnaval de 1762. Les autorités municipales, en effet étaient sans doute moins hostiles à la tradition que les parlementaires toulousains : on leur reproche non seulement d'avoir publié les interdictions en termes trop vagues, mais d'avoir suspendu pendant les deux derniers jours du carnaval une patrouille établie dans Saint-Gaudens. Aussi le lieutenant du maire, responsable de la police est-il admonesté et interdit de ses fonctions pour trois mois.

Malgré les efforts de la monarchie puis de la république et malgré la sévérité des tribunaux, on sait qu'au XIXe siècle ou même au XXe siècle il y eut encore des charivaris et des promenades sur l'âne en plusieurs régions de France. La longue survie de ces manifestations illégales atteste la pérennité du scandale que causaient les maris incapables d'imposer leur autorité à leur femme. En revanche leur mise hors la loi — dès le XVIe siècle semble-t-il — et leur disparition progressive montrent que les relations du mari et de sa femme ont de plus en plus échappé à la surveillance de leurs voisins et à la pression de l'opinion publique. Auquel des deux cela a-t-il profité ?

On a souvent remarqué que la résurgence du droit romain entre le XIIIe et le XVIIIe siècle, avait entraîné non seulement un renforcement de la propriété privée — qui est un aspect important du droit à la vie privée — mais aussi un renforcement de la puissance paternelle et maritale. De fait sur bien des plans, le statut juridique de la femme s'est détérioré : par l'affirmation de la patrilinéarité de la race, dès le XIIIe siècle, et l'usage du patronyme à partir du XIVe siècle ; par l'exclusion des femmes du trône de France, et leur incapacité à transmettre les droits à la couronne au XIVe siècle ; par leur incapacité à remplir les obligations vassaliques, dès le XIIIe ; enfin et surtout par les incapacités juridiques diverses qui ont frappé les femmes mariées, en particulier à partir du XVIe siècle. Tout cela a été souvent souligné par les juristes, les sociologues et quelques historiens [29].

Cependant, sur d'autres plans, l'évolution du droit français a été, au contraire, favorable aux femmes. Dès le XIIIe siècle leurs intérêts pécuniaires ont été plus solidement protégés, ce qui est peut-être une contrepartie de la patrilinéarité de la race. La puissance maritale, forte du XIIIe à la fin du XVe siècle, s'est ensuite affaiblie, en particulier quant au droit de correction très largement accordé au mari par les coutumes médiévales et dont il n'est plus question dans celles des XVIe et XVIIe siècles. Enfin la séparation de corps, rarement accordée à la femme au Moyen Age, paraît l'avoir été beaucoup plus fréquemment par la suite[30].

C'est dans ce climat d'ensemble qu'il faut replacer les prescriptions de la morale ecclésiastique. Elles ne disent rien certes, des incapacités juridiques de la femme ni de son douaire. Mais elles paraissent confirmer que, dans la vie quotidienne du ménage la femme s'est peu à peu et partiellement émancipée de la tutelle maritale. Sa subordination au mari, très explicitement soulignée à la fin du XVIe siècle et au début du XVIIe dans les manuels de Benedicti [31], Toledo [32] ou Fernandes de Moure [33], ne l'est plus au début du XVIIIe dans celui d'Antoine Blanchard [34].

« La femme qui ne veut obéir à son mari en ce qui concerne le gouvernement de la famille et de la maison, et en ce qui concerne les vertus et bonnes mœurs pèche. Car la femme est *obligée* de faire le *commandement* de son mari. Si au contraire elle se veut emparer du gouvernement de la maison, pertinacement contre la volonté de son mari quand il le luy prohibe pour quelque bonne raison, elle pèche, car elle ne doit rien faire contre son mari auquel elle est soumise par le droit divin et humain » (Benedicti, n°s 34 et 35). Tolet et Fernandes de Moure disent, plus brièvement, la même chose, et ce dernier conclut : « Vouloir en méprisant son mari gouverner, c'est péché mortel » (n° 8). Benedicti rappelle à la femme « qui enflée d'orgueil, de son bon esprit, de sa beauté, de ses biens, de son parantage, déprise son mary ne luy voulant obéir », qu'elle « résiste à la sentence de Dieu, par laquelle il veut que la femme soit subjecte au mari, lequel est plus noble et plus excellent que la femme, attendu qu'il est l'image de Dieu, et la femme n'est seulement que l'image de l'homme » (n° 39). Et il dénonce, comme tous les auteurs, « celle qui querelleuse, rioteuse et impatiente provoque son mari à blasphémer le nom de Dieu », car, « posé le cas qu'elle eust quelque raison, elle se doit plustost taire et ronger son frein que de le faire maugréer et jurer, cognoissant bien son humeur et sçachant fort bien qu'il est subject à ce vice » (n° 37). De même « la femme qui estant saisie de l'esprit de jalousie ne cesse de quereller et tourmenter son mari, sous couleur d'une fausse opinion qu'elle a de luy, qui n'est autre chose qu'une maladie de l'esprit maling » (n° 38). Tous ces articles, outre le droit des maris à commander, font sentir les difficultés qu'ils rencontraient le plus communément dans leurs ménages.

Au début du XVIIIe siècle, Antoine Blanchard dit en principe la même chose, mais d'une manière sensiblement différente. La femme à qui il s'adresse n'est plus une mégère difficile à apprivoiser, mais une personne douce et sensée dont on attend qu'elle soit raisonnable pour deux. « Avez-vous obéi à votre mari dans les choses justes et raisonnables ? » (n° 1), lui demande-t-il, lui laissant une sérieuse liberté d'appréciation. « N'avez-vous point méprisé les *avis* de votre mari et les *remontrances* qu'il vous a faites ? » (n° 14), lui dit-il comme si elle était, face à son mari, dans la position d'un roi face à ses ministres et à ses Parlements. Antoine Blanchard, il est vrai, paraît exiger de sa pénitente davantage encore que Benedicti : « Avez-vous entretenu l'union avec votre mari, supportant ses défauts avec patience et avec charité ? Ne luy avez-vous point donné occasion de colère et d'emportement par vos hauteurs et vos entêtements ? N'avez-vous point manqué de complaisance envers luy ? » (n°s 2, 3, 4). Mais c'est que le mari est un mauvais sujet et qu'on peut attendre au contraire beaucoup de sa femme, alors qu'au temps de Benedicti si le mari jurait et blasphémait, sa femme était pour sa part « enflée d'orgueil, querelleuse, rioteuse et impatiente » et parfois « saisie de l'esprit de jalousie ».

Cette transformation des rôles se voit plus clairement encore au chapitre des bonnes mœurs. Au XVIe siècle le mari était responsable de celles de sa femme. « Si le mari lasche la bride à sa femme, la laissant faire le mal, se farder pour plaire aux hommes, et orner outre la décence de son estat, et faire autres excès sans la reprendre, il pèche, à tout le moins véniellement : car il est tenu de la corriger, attendu que selon l'écriture le mari est le chef de la femme. Et si elle vient à tomber en quelque péché mortel par faute qu'il ne luy tient pas la bride, il participe à son péché » (n° 28). Bien entendu « le mari qui ne corrige point sa femme persévérant en adultère » est « comme fauteur de son péché » (n° 32). Au début du XVIIe siècle, même recommandation dans les manuels de Tolet et de Fernandes de Moure, ou encore dans l'*Instruction du Chrestien,* de Richelieu, qui morigène les maris « si indulgens que par ce moyen ils autorisent la licence que [leurs femmes] prennent de mal faire [35] ».

Rien de tel au contraire en 1713 dans l'examen de conscience d'Antoine Blanchard. Au mari il ne reproche que ses propres débordements. Et c'est à la femme seulement qu'il demande compte de sa conduite : « N'avez-vous point donné lieu à votre mari de soupçonner votre fidélité par quelque fréquentation qui luy fût suspecte et qu'il vous eût défendue » (n° 12). On sent que le mari peut encore surveiller la conduite de sa femme, mais le moraliste ne lui en fait plus un devoir. On a même l'impression que l'Eglise compterait plutôt sur la femme pour amender son mari et le retenir dans le lit conjugal : « N'avez-vous point eu de l'indifférence ou de la haine pour luy ? Ne luy avez-vous point donné par là occasion de porter son affection ailleurs et de s'attacher à quelque étrangère, d'où il s'en soit ensuivi quelque débauche ? » (nos 5 et 6). L'homme n'est plus qualifié pour surveiller et corriger les mœurs de sa femme. C'est au contraire la femme qui, dès ce début du XVIIIe siècle est devenue l'émissaire de l'Eglise auprès de son mari, comme elle le sera de manière encore plus flagrante aux XIXe et XXe siècles.

Enfin — on ne s'en étonnera point — il n'est pas question pour Blanchard d'autoriser le mari à batre sa femme, alors que les auteurs du XVIe siècle et du début du XVIIe ont sur ce point une attitude ambiguë : « Celuy qui sévèrement et attrocement bat ou corrige sa femme, dit Benedicti, encore que ce soit pour quelque faute, il pèche. Il doit la corriger doucement et non pas avec cruauté : ce qui n'est pas même concédé au maistre envers les serviteurs... Parquoy la loy veut que le mari qui cruellement bat sa femme soit puni. Et mesme que la femme ne pèche point si elle se sépare de son mari pour sa cruauté... Il peut bien toutefois la corriger pour sa faute, au moyen qu'il ne passe point les bornes de modestie et de raison : car combien qu'elle soit inférieure, toutesfois elle n'est pas esclave ou chambrière mais compagne et chair des os du mari... » (n° 30).

Pas plus que Tolet ou Fernandes de Moure, Benedicti n'interdit purement et simplement au mari de battre sa femme. Il défend seulement de la battre « sévèrement », « attrocement », « avec cruauté » ou en passant « les bornes de modestie et de raison ». De même Tolet interdit de « la frapper extraordinairement », et Fernandes de Moure « de la châtier hors les termes de la correction ». Il est clair que le mari avait le devoir de corriger sa femme et que cela impliquait parfois une certaine dose de violence. On remarquera d'ailleurs l'espèce d'équivalence qu'il y a dans cet article entre « battre » et « corriger ».

Benedicti nous laisse aussi deviner de quelle manière s'est effectuée la transformation des mœurs de son temps. Elle s'est faite d'une part par la voie des tribunaux qui, depuis la fin du Moyen Age paraissent avoir accordé plus souvent le « divorce » aux femmes battues « attrocement », « cruellement » ou « extraordinairement ». C'est dans les procès qu'il faut chercher le sens exact de ces mots : ils nous apprennent que trop souvent les coups et autres voies de fait mettaient en danger la vie de l'épouse ; mais n'accordait-on le divorce que dans ces cas-là [36] ? On devine d'autre part que, dans les élites sociales, les femmes ont échappé aux coups en faisant valoir leur condition sociale. Benedicti ne souligne pas sans raison que même les serviteurs ne doivent pas être corrigés avec cruauté et que la femme, bien qu'elle soit « inférieure », « n'est pas esclave ni chambrière ». D'autres auteurs font valoir qu'elle « n'est pas servante ». Sans doute Benedicti change-t-il de registre lorsqu'il définit l'être de l'épouse : « Compagne et chair des os du mari » fait vibrer la corde sentimentale. C'est pourtant bien l'opposition de la compagne à l'esclave et à la bête de somme que nous avons trouvé dans les proverbes des XVIIIe et XIXe siècles. Quant à Tolet et Fernandes de Moure, ils restent dans le registre social en disant qu'il faut « avoir égard à la personne et condition » de la femme, ou même qu'elle est « égale », c'est-à-dire de même condition que son mari.

En tout cas, l'évolution est pratiquement achevée au début du XVIIIe siècle. Antoine Blanchard fait encore discrètement allusion à des mauvais traitements en demandant au mari : « Ne l'avez-vous point outragée par des paroles ou par des coups, soit par un motif de jalousie, ou par l'aversion que vous aviez pour elle ? » (n° 65). Mais ces voies de fait, dont on pourrait encore trouver quelques exemples aujourd'hui, ne sont plus justifiables par un devoir de correction qui a disparu.

Parents et enfants

A l'égard des enfants, au contraire, il semble que l'autorité des parents et leur pouvoir de coercition se soient renforcés à partir du XVIe siècle. On attribue généralement cette évolution à l'intérêt que la monarchie absolue avait à soutenir l'autorité des pères de famille et d'autre part à la vogue des principes du droit romain et des idées antiques. On voit par exemple le juriste Pierre Ayrault juger, dans son traité de la puissance paternelle, que « la discipline domestique, où le père est comme dictateur, a voulu que de sa voix dépendit tout ce qui est sous luy » ; le Garde des Sceaux Guillaume du Vair, écrire que « nous devons tenir nos pères comme des Dieux en terre ». Et allant au bout de ces principes, Jean Bodin réclamer pour les pères de famille le rétablissement du droit de vie et de mort, supprimé à la fin de l'Antiquité par les empereurs chrétiens [37].

S'il ne fut pas suivi, les pères avaient néanmoins conservé ou retrouvé, dans la France de cette époque, la plus grande partie des droits que leur avaient accordés les anciennes lois romaines. Leur « puissance paternelle » s'étendait sur la personne et les biens de leurs enfants, petits-enfants et autres descendants. Ces « enfants de famille » étaient incapables de s'obliger par contrats — principalement en matière de prêts et de mariage — et, même avec l'accord de leur père, ils ne pouvaient faire de testaments. C'est que tous leurs biens appartenaient au père. Celui-ci possédait en toute propriété ceux qu'ils tenaient de lui, car il pouvait toujours défaire ce qu'il avait fait ; il était également pleinement propriétaire des profits qu'ils avaient retiré de ces biens ; il possédait en outre l'usufruit de leurs autres biens, d'où qu'ils leur soient venus, à quelques exceptions près ; enfin il était responsable des dots de ses brus.

Cette puissance paternelle était plus ou moins étendue, et surtout plus ou moins durable, selon les régions. Dans les pays de droit écrit elle pesait sur les « enfants » de tout âge, aussi longtemps que le père vivait, à moins qu'il ne les ait émancipés ou qu'ils aient atteint de très hautes fonctions, par exemple celle d'évêque, de président des cours royales, de procureur général ou d'avocat général. Dans les pays de droit coutumier sa durée était fort variable. En Bretagne le fils restait en puissance du père jusqu'à soixante ans, mais le mariage contracté avec le consentement paternel l'émancipait. En

Poitou la puissance paternelle durait indéfiniment sur les enfants célibataires ; mais dès l'âge de vingt-cinq ans ils devenaient propriétaires de leurs acquêts ; et ils pouvaient tester plus tôt encore, les garçons dès vingt ans et les filles dès dix-huit ans. En Berri le mariage pouvait émanciper très jeune, et les célibataires étaient libérés de la puissance paternelle à vingt-cinq ans. Selon d'autres coutumes comme celle de Montargis, les enfants célibataires en étaient libérés dès l'âge de vingt ans [38].

Au Moyen Age, l'Eglise avait affaibli la puissance paternelle en reconnaissant la validité du mariage contracté par les enfants de familles sans le consentement des parents, pour peu que les garçons eussent treize ans et demi et les filles onze ans et demi. Car, depuis le XIIe siècle, elle tenait le mariage pour un sacrement que les conjoints se donnaient à eux-mêmes par l'échange des consentements. Elle considérait, certes, cette désobéissance aux parents comme un péché grave, d'autant que les mariages contractés dans ces conditions étaient généralement clandestins — c'est-à-dire que les jeunes gens échangeaient leurs consentements sans témoins et sans avoir prévenu personne de leur intention — ce qui entraînait souvent des divorces, des parjures et le crime de bigamie. Très conscient de la gravité de ces désordres, le concile de Trente renouvela sa condamnation des mariages clandestins, imposa aux conjoints d'échanger leur consentement en présence d'un prêtre et après publication des bans, sous peine de nullité, mais continua à considérer comme valables les mariages contractés sans autorisation des parents. « La Sainte Eglise de Dieu exècre toujours les mariages clandestins, pour les plus justes raisons, et les a prohibés ; cependant, dit le concile, on ne doit pas douter que lorsqu'ils se font par le libre consentement des contractants ce soient des mariages véritables et accomplis, aussi longtemps que l'Eglise ne les a pas annulés ; et par conséquent qu'à bon droit doivent être condamnés — comme le Saint Synode les condamne en effet avec anathème — ceux qui nient que ces [mariages] soient véritables et accomplis ; et tous ceux qui affirment faussement que les mariages contractés par les fils de famille sans le consentement de leurs parents sont nuls et qu'il dépend des parents qu'ils soient ou ne soient pas accomplis [39]. »

Les protestants — y compris les anglicans — considéraient au contraire le consentement des parents comme aussi essentiel au mariage que le consentement des époux. Ils s'appuyaient non seulement sur une pratique traditionnelle du mariage dans la société occidentale, mais sur un passage de l'Epître aux Corinthiens où Paul, prenant acte de cette tradition, laisse le père libre de marier sa fille ou de la garder vierge (I Cor. 7, 36-38). Pour eux le libéralisme catholique était scandaleux, et beaucoup, parmi les catholiques, partageaient leur point de vue sans oser l'exprimer aussi irrespectueusement. La Cour de France, par exemple, avait fait sur le Concile des pressions considérables pour qu'il révise la doctrine de l'Eglise en ce domaine, et cela ne s'explique pas seulement par le scandale que venait de causer le mariage clandestin de l'héritier des Montmorency avec une demoiselle de petite noblesse. C'est le point de vue de toute la société laïque — ou du moins des pères de famille, seuls habilités à en exprimer l'opinion — que la délégation française avait défendu à Trente. Devant l'échec de ses efforts, le roi refusa d'admettre en France les décrets du Concile et prit une série de mesures propres à renforcer l'autorité paternelle sans s'opposer de front à l'Eglise.

Dès avant le vote du décret de la réformation du mariage, il avait, par l'édit de février 1556 « contre les mariages clandestins », déshérité automatiquement, et quasiment mis hors la loi, tous les enfants de famille qui contracteraient mariage sans l'autorisation de leurs parents. Allant plus loin, en mai 1579, l'ordonnance de Blois, par son article 42, considérait comme des ravisseurs — et en tant que tels punissait de mort « sans espérance de grâce et de pardon » — ceux qui épouseraient sans le consentement des parents, des garçons ou des filles mineurs de vingt-cinq ans : si l'Eglise s'entêtait à ne pas admettre que ces « rapts de séduction » à l'égal des rapts de violence, frappassent de nullité les mariages qui en étaient l'effet, l'exécution du coupable constituait un moyen radical de « libérer » le mineur d'un mariage importun à ses parents.

Si l'on envisage le mariage comme l'aboutissement de l'amour que deux individus éprouvent l'un pour l'autre et comme le moyen d'assurer leur bonheur affectif, on ne manquera pas de trouver odieuses ces lois royales. Mais dans une société où le mariage avait pour fonctions effectives et avouées de perpétuer une maison et de lui assurer des alliances honorables, il était normal que le maître de maison en assume la responsabilité. D'ailleurs chaque mariage impliquait des accords financiers qui concernaient non seulement les deux époux mais tous les membres de leur famille d'origine. Mal marier un fils pouvait rendre impossible le mariage de ses sœurs, soit par le déshonneur que ce premier mariage faisait peser sur la maison, soit parce qu'il n'avait pas apporté les ressources nécessaires pour les doter. Ce n'était donc pas un privilège arbitraire que le droit du père de famille à choisir les conjoints de ses enfants : c'était une lourde mais logique responsabilité. Et la morale comme le droit civil l'obligeaient d'ailleurs à l'assumer avec le plus grand sérieux [40].

Malgré la tension qui exista entre l'Eglise et l'Etat français en cette matière, il ne faut pas minimiser les similitudes de leurs positions. Et l'Eglise et l'Etat, se présentaient comme attachés à la fois à la liberté des mariages et à l'autorité des parents ; et ils conciliaient ces deux impératifs de manière aussi paradoxale à nos yeux. Voyons par exemple comment, au XVIIIe siècle, le juriste Houard justifiait la doctrine royale en cette affaire. « Les lois ont principalement pour but de rendre les engagements des parties *pleinement libres et volontaires* : c'est-à-dire que leur liberté et leur volonté s'exercent sans contrainte, soit de la part des passions, soit du côté des personnes ; qu'en un mot la réflexion en dirige seule tous les mouvements : on ne dira pas qu'agité par la plus impérieuse des passions — on parle de celle qui porte un sexe à s'unir avec l'autre — l'homme veuille librement. La loi donc, prévoyant en combien de circonstances une passion violente éteindroit en l'homme la faculté de réfléchir, a pris toutes les précautions nécessaires pour le lui restituer quand il a le malheur de la perdre. De là le souverain, qui n'agit qu'au nom des père et mère, et qui sait qu'il ne peut être mieux instruit qu'eux des motifs impératifs de l'engagement que leurs enfants désirent contracter, a [...] déterminé jusqu'à quel point la déférence des enfants pour les conseils et les intentions de leur père et mère devait être portée [41]. » Et de fait, lorsque les parents s'entêtaient dans un choix déraisonnable, les enfants pouvaient faire appel aux tribunaux royaux qui — soit après consultation d'un conseil de famille lorsqu'ils étaient mineurs, soit par décision arbitraire du lieutenant civil lorsqu'ils étaient majeurs — leur accordaient souvent gain de cause [42].

Du côté ecclésiastique, la nécessité de la liberté de consentement des époux n'était pas non plus présentée comme contradictoire au droit du père d'imposer à son enfant un conjoint de son choix : « Le père le luy peut commander, écrivait Benedicti, non par menace de battre ou tuer, car il faut que le mariage soit libre » ; mais l'enfant était néanmoins « tenu d'obéyr sous peine de péché mortel [43] », c'est-à-dire sous menace de damnation éternelle. Cette attitude ne se rencontrait pas seulement chez les ecclésiastiques français. L'Espagnol Fernandes de Moure, après s'être demandé si les père et mère pouvaient « contraindre leur fils à un honneste mariage », répondait sans ambiguïté : « Ils le peuvent... et le Concile de Trente ne défend [pas] cela aux pères et mères, mais seulement aux Seigneurs temporels, lesquels avaient de coutume de faire faire ou empescher les mariages par leurs seuls commandements [44]. » Le seul point de divergence entre l'Eglise catholique et les défenseurs de la puissance paternelle tenait en principe au caractère sacramentel de l'échange des consentements dans n'importe quelles conditions : « Le mariage se fait par consentement mutuel, exprimé par paroles de présent, *même si c'est l'amour qui entraîne à cela* », avait écrit Pierre Lombard, au XIIe siècle [45] ; et l'Eglise ne se sentait pas le pouvoir de rejeter cette doctrine traditionnelle ni de séparer ceux que Dieu avait ainsi liés. Mais elle se défendait de rien entreprendre contre les prérogatives des pères, et sa dénonciation des mariages imposés par « les seigneurs temporels ou les magistrats » protégeait la liberté des père et mère de choisir le conjoint de leur enfant autant que la liberté de consentement de ceux-ci [46].

Pourtant le respect que l'Eglise professait pour l'autorité paternelle était aussi ambigu, voire factice, que celui professé par la monarchie française pour la liberté des mariages. Dès l'origine le christianisme avait combattu avec vigueur la puissance paternelle lorsqu'elle s'opposait à la volonté de Dieu : « Qui ayme son père et sa mère plus que moy il n'est pas digne de moy », lit-on dans l'Evangile (Matth. 10, 37) ; ou encore : « N'appelez aucun père sur la terre, car un seul est votre père, c'est celuy qui est es cieux » (Matth. 23, 9). Cette leçon n'est pas oubliée aux XVIe et XVIIe siècles. « Il faut noter, écrivait Benedicti, que le commandement du père peut obliger l'enfant sous peine de péché mortel, aux choses principalement qui ne sont pas contre sa conscience et l'honneur de Dieu. Car autrement l'enfant n'est tenu de luy obéir. Exemple : si le père commande à l'enfant d'aller à la prêche des hérétiques, de desrober, de tuer, de traffiquer aux festes, de bâiller à usure, de sortir de religion, de paillarder, de jurer, de mentir et de porter faux témoignage, etc. il ne doit être obéi. Item si le père ou la mère voulans vendre la pudicité de leur fille luy commandent de s'abandonner pour leur gaigner quelque chose : la fille ne leur doit aucunement obéir, ains plustôst endurer la mort, quelque pauvreté que puissent avoir ses parens [47]. » On trouvait des préceptes analogues chez les anglicans et les puritains [48] : ils dispensent l'enfant d'obéir lorsque les parents lui interdisent de fréquenter le temple, lui ordonnant d'aller à la messe, de prier dans une langue qu'il ne comprend pas — le latin par exemple — de jurer, d'épouser une idolâtre — à commencer par les catholiques — de voler, de mentir, d'employer de faux poids, de porter faux témoignage, etc. A cette liste le puritain William Gouge ajoutait l'interdiction de venger ses parents, même lorsque les parents l'ont fait jurer sur leur lit de mort et même si leurs fantômes viennent hanter la nuit les enfants oublieux.

Protestants et catholiques ne limitaient jamais l'autorité des parents par les droits naturels de l'enfant mais toujours par ce qui est dû à Dieu, et parce que Dieu est notre véritable père, comme le rappellent la plupart des auteurs, citant à ce propos les Evangiles de Matthieu et de Luc. C'est de même pour préserver ce qui est dû à Dieu que l'Eglise catholique avait imposé la « liberté » des mariages : « Les parents pèchent fort grièvement qui marient leurs fils ou filles contre leur gré, comme aussi ceux qui mettent leurs filles en religion contre leur volonté », écrivait Tolet [49] ; et Fernandes de Moure jugeait qu'on se rendait coupable de péché mortel à vouloir « contraindre ses enfants au mariage ou à l'estat de Religion [50] ». Tous les confesseurs et auteurs de catéchisme qui en ces débuts de la réforme catholique évoquaient cette question de la liberté du mariage, évoquaient en même temps la liberté des vocations religieuses, et c'est sur les décrets du Concile de Trente relatifs à cette liberté de vocation [51] qu'ils s'appuyaient. Le choix du conjoint appartenait au père, mais il appartenait à Dieu de vouer les jeunes gens au mariage ou au célibat ecclésiastique. « Pères et mères, prêchait P.-J. Dorléans dans la seconde moitié du XVIIe siècle, Dieu vous a fait participants de sa parenté ; il est juste qu'il en partage les fonctions avec vous. La fonction qu'il vous assigne est de leur donner l'éducation... La fonction qu'il se réserve est de leur assigner un état ; c'est une usurpation injuste si sur cela vous osez troubler les ordres de la Providence... [52]. »

Pourtant, dès le XVIIe siècle, les droits de l'enfant en ce domaine ont commencé à se développer à l'ombre des droits de Dieu. « Père avare, s'écrie Dorléans, vous donnerez cette malheureuse à ce riche !... vous répondrez à Dieu de cette innocente victime, dont vous faites un si cruel sacrifice à votre avarice et à votre ambition. Car enfin, ce n'est pas ainsi qu'il faut traiter les enfants de Dieu. Quoi qu'il en soit plus maître que vous, il n'en dispose pas comme vous, il consulte leurs inclinations, il mesure la vocation à leurs capacités, en un mot il a des égards, et, comme parle l'Ecriture, il en dispose avec respect [53]. » Dans la première moitié du siècle déjà, Richelieu dénonçait non seulement les pères qui entravent la vocation religieuse ou matrimoniale de leurs enfants, mais ceux « qui les marient à des personnes qu'ils ne peuvent aimer [54] », supposant ainsi qu'il entrait dans l'amour conjugal une part nécessaire d'inclination. Ce point de vue, apparemment exceptionnel chez les auteurs catholiques de la première moitié du XVIIe siècle paraît s'être généralisé au XVIIIe. En 1713 Antoine Blanchard demande aux pères : « N'en avez-vous point forcé... à contracter mariage avec une fille pour laquelle il avait de l'aversion, quoique vous eussiez prévu ou dû prévoir qu'ils feraient mauvais ménage ensemble [55] ? » C'est pour protéger les vocations religieuses que l'Eglise médiévale avait imposé la liberté des mariages ; le

Concile de Trente s'était surtout soucié de mettre fin aux vocations forcées, pour faire disparaître les mauvais moines ; les moralistes catholiques du XVIIIe siècle contestent le droit des pères à choisir seuls le conjoint de leurs enfants pour éviter les mauvais mariages. Dans cette voie ils avaient été devancés de plus d'un siècle par les puritains et les anglicans, nous le verrons.

Plus que les droits de l'enfant, cependant, ce sont les devoirs des parents qui se sont développés. Dans la mentalité ancienne, le père avait toute puissance sur ses enfants comme le maître sur ses esclaves, ils lui appartenaient en toute propriété, parce qu'ils les avait faits ; et il ne leur devait rien. Dans notre mentalité contemporaine, au contraire, la création lui donne envers eux plus de devoirs que de droits. C'est là un renversement fondamental des principes de la morale familiale, dont il faut essayer de comprendre les raisons et de préciser la chronologie.

Au niveau de l'histoire des idées ce renversement paraît s'être opéré dès l'apparition du christianisme : l'Epître aux Ephésiens affirme, on l'a vu, la réciprocité des devoirs dans la relation père-enfants comme dans les autres. Les pères chrétiens ne sont plus père que par délégation de pouvoir et doivent considérer leurs enfants « comme des dépôts que Dieu leur met entre les mains ». « Pères chrétiens, leur rappelle Dorléans, si Dieu est le premier père de vos enfants, vous n'en êtes à proprement parler que les nourriciers et les gouverneurs. » C'est en vertu de ce principe que la paternité a donné plus de devoirs que de droits. Et dès l'Antiquité les empereurs chrétiens l'avaient marqué en ôtant aux pères le droit de tuer et de vendre leurs enfants. Mais cette logique ne s'était imposée que lentement dans la mentalité des fidèles[66]. Pendant tout le haut Moyen Age, les infanticides paraissent être restés fréquents, et les théologiens eux-mêmes admettaient si bien que les enfants étaient la chose de leurs parents, qu'ils pensaient que Dieu pouvait punir les parents dans la chair de leurs enfants. Il restait encore, à l'époque moderne, quelques traces de cette ancienne mentalité, entretenue par les leçons de l'Ancien Testament. Jugeons-en par exemple par ce sermon de Claude Joly, évêque d'Agen, prononcé au milieu du XVIIe siècle. « Les enfants sont quelquefois récompensés des vertus de leurs pères et des bons exemples qu'ils ont donné par une vie sainte et édifiante... Salomon, vous le savez, s'abandonna à toutes sortes d'impuretés et d'idolâtrie ; son fils Roboam ne valut pas mieux que lui : cependant, en considération des vertus de David leur père, Dieu maintint Salomon dans son royaume, et de douze tribus, il en conserva deux à Roboam. Mais ces mêmes enfants sont aussi quelquefois punis pour les péchés de leurs pères, et c'est en ce sens que saint Grégoire explique ces paroles de l'Ecriture : *Filius portabit iniquitatem patris,* le fils portera l'iniquité de son père. On se plaint souvent de la désolation des familles et des malheurs qui y arrivent... On dit que ce sont les maladies et les méchantes affaires de cette famille qui ont mis ces pauvres enfants à l'aumône ; mais si l'on avait de meilleurs yeux, on remonterait plus haut, et l'on verrait que ce sont les péchés des pères que ces enfants portent. Votre père a gagné du bien par des voies injustes, il s'est ingéré dans des partis où il a ruiné le peuple pour établir sa maison... Malheureux enfants, vous en porterez la peine ; le Saint-Esprit l'a dit, et nous en voyons tous les jours de nouveaux exemples, un bien injustement acquis ne passera pas jusqu'à une quatrième génération [57]. » Dans une société où les privilèges, l'honneur, la richesse et la pauvreté étaient fondés sur la naissance, nul doute que de telles paroles fussent encore comprises.

On estimait encore au XVIIe siècle, que l'enfant devait tout à son père parce qu'il lui devait la vie. « Si l'un et l'autre se rencontrent en même nécessité, le fils doit plustôt le secours à son père qu'à son fils, jugeait Fernandes de Moure, d'autant qu'il a reçu un plus grand bien de ses parents que de ses enfants [58]. » Qu'un père puisse se sacrifier pour ses enfants était un des paradoxes du christianisme, et le sacrifice du Christ gardait au XVIIe siècle encore ce caractère paradoxal : « Les pères donnent la vie à leurs enfants, et c'est sans doute une grande grâce — s'exclamait le Père Cheminais dans la seconde moitié du siècle — mais on n'a point vu de père qui ait conservé la vie à ses enfants par son propre sang, et qui soit mort pour les faire vivre, comme notre père céleste [59]. »

Conformément à l'ancien principe, le Décalogue prescrivait aux enfants d'honorer leurs parents, mais ne prescrivait rien aux parents à l'égard de leurs enfants. Pendant des siècles ses commentateurs ne se sont pas émus de cette absence de réciprocité : s'ils élargissaient le sens du 4e Commandement c'était pour y trouver une justification des devoirs des inférieurs envers leurs supérieurs, et particulièrement des laïcs envers les prêtres. Mais après le Concile de Trente, leur attitude change brusquement : sur onze manuels de confession étudiés, les quatre écrits entre le milieu du XIVe siècle et le milieu du XVIe ne disaient rien des devoirs des parents ni des supérieurs, tandis que les sept publiés entre 1574 et 1748 évoquent tous plus ou moins longuement ces devoirs. De même, sur dix-huit catéchismes post-tridentins étudiés, les dix qui ne s'adressaient pas exclusivement aux enfants soulignent à propos du 4e Commandement, que les parents ont aussi des obligations envers leur progéniture : « Ce commandement n'oblige pas seulement les enfants envers les pères, mais en outre les pères et mères envers leurs enfants, en tant que l'amour doit être réciproque », écrivait par exemple Richelieu dans son *Instruction du chrestien*. « Ce qui fait que Dieu commandant aux enfants d'aimer et honorer leurs pères, il enjoint *tacitement* aux pères d'aimer leurs enfants, et n'est point besoin qu'il le fasse en termes exprez, attendu que l'amour des pères envers leurs enfants est si naturel que, pour les obliger à le rendre, la loy qu'ils ont escrite dans leurs cœurs est sans aucune autre suffisante [60]. » Il reste cependant qu'aucun auteur ne l'avait souligné avant le Concile de Trente, et que tous s'y sont cru obligés depuis.

Cette transformation est trop brusque pour ne pas avoir obéi à un mot d'ordre venu d'en haut, et elle n'est donc que médiocrement significative d'une transformation des mentalités. Plus intéressantes à cet égard, des évolutions moins brutales et moins conscientes. Parmi les ouvrages dont il vient d'être question, considérons par exemple les sept manuels de confession qui parlent des devoirs des parents et les six catéchismes les plus volumineux, qui commentent le 4ᵉ Commandement en six pages ou plus : dans les deux ouvrages antérieurs à 1580, plus de 80 pour 100 du texte sont consacrés aux devoirs des enfants et moins de 20 pour 100 aux devoirs des parents, alors que l'on consacre 22 pour 100 à 34 pour 100 du texte aux devoirs des parents dans les trois ouvrages publiés entre 1580 et 1638, et 40 à 60 pour 100 dans les huit publiés entre 1640 et 1794. Une fois entendu qu'il fallait parler des devoirs des parents à propos du 4ᵉ Commandement, on a peu à peu pris conscience de l'importance de ces devoirs.

Et ils se sont multipliés. Au XVIᵉ siècle et au début du XVIIᵉ, les moralistes n'insistaient que sur les obligations d'assistance maternelle et d'éducation religieuse et morale. Dans la seconde moitié du XVIIᵉ siècle et au XVIIIᵉ, les auteurs catholiques — en retard de plus d'un siècle sur les puritains anglais [61] — soulignent les devoirs d'éducation professionnelle et d'établissement : « Avez-vous eu soin de leur faire apprendre la profession qui leur convenait selon votre condition ? » demande par exemple Antoine Blanchard. Des sept manuels de confession considérés, seuls les deux derniers — publiés en 1713 et 1748 — évoquent ce devoir ; et des six catéchismes retenus, seuls les quatre derniers font allusion à l'avenir des enfants, en des termes qui ont d'ailleurs évolué aussi : ceux de 1667 et 1765 parlent d'établissement tandis que ceux de 1778 et 1796 parlent d'apprendre un métier.

Cette insistance sur les devoirs des parents s'accompagne parfois de mises en garde, à ceux qui voulaient bien faire, sur les difficultés de leur tâche. Ecoutons par exemple le sermon que Dorléans adressait aux parents cherchant à établir leurs enfants. « Il n'est point de vies humaines assez étendues pour prévoir mille fâcheuses rencontres qui leur arriveront en certains états et qui ne leur arriveront pas en d'autres. Vous destinez cet enfant à la robe, parce qu'il vous paraît modéré ; mais vous n'apercevez pas, au travers de cette modération, un fond de mauvaise facilité qui le fera gouverner par tous ceux qui se voudront rendre maîtres de son esprit... Vous croyez cette fille propre pour le cloître, parce qu'elle vous paraît docile ; mais vous ne voyez pas que cette docilité vient d'une paresse qui lui rendra intolérables les observances de la vie religieuse... Vous vous imaginez que celui-là doit être heureux dans un état où vous ne voyez rien, dites-vous, qui lui puisse donner de la peine ; mais vous ne prévoyez pas mille événements, indépendants du tempérament, du naturel, de la prudence même, qui rempliront sa vie de chagrin. Puisque vous ne les prévoyez pas et que vous ne sauriez les prévoir, laissez faire Dieu qui les prévoit [62]. » Au XVIe siècle on ne connaissait de vocation que religieuse : pour le reste on laissait les parents libres de choisir le métier de leurs enfants. En cette fin du XVIIe siècle tout état devient une « profession » et nécessite une « vocation », qu'on interdit aux parents de contrarier.

Et en même temps on exige d'eux qu'ils aident l'enfant à trouver sa vocation. « N'abandonnez pas, j'y consens, la destinée de vos enfants aux premières saillies d'une jeunesse ardente, qui doit toujours être suspecte. Prenez garde non seulement qu'une passion mal réglée ne leur fasse prendre de ces mauvais partis que la raison désavoue toujours lorsqu'elle revient à elle-même, et qu'elle ne désavoue souvent que lorsqu'il n'est plus de saison ; empêchez même que la légèreté toujours à craindre dans les jeunes gens ne leur fasse prendre les bons partis, parce que la même légèreté, qui les leur a fait prendre par précipitation, les leur fait quitter par dégoût. Mais sous prétexte de précaution contre le caprice et les passions, ne prenez pas la liberté de combattre les vraies vocations ; et quoi qu'il soit de votre devoir d'éprouver les vocations mêmes, ne changez pas, comme font plusieurs, une épreuve utile en une tentation dangereuse [63]. » Il y avait, dans de tels sermons, de quoi angoisser les parents scrupuleux. Les prescriptions contradictoires et sans cesse démenties de psychologues et autres pédagogues auxquelles on attribue cette angoisse, évidente aujourd'hui, n'ont d'importance que dans la mesure où les parents s'estiment responsables du bonheur ou du malheur de leur progéniture. Or cette responsabilité, il semble que ce soit les réformateurs protestants et catholiques des XVIe, XVIIe et XVIIIe siècles qui les en aient d'abord convaincus.

Avant les lois révolutionnaires, ce sont eux aussi qui tentent d'établir entre les enfants une égalité caractéristique des pays d'individualisme. Voyez par exemple ce que Claude Joly, natif de Verdun, prêchait en Agenais où régnait traditionnellement l'esprit de maison. « La seconde chose qu'il demande, c'est l'égalité. Ne témoignez point plus d'amour ni de tendresse à un enfant qu'à un autre... Vous aimez trop aveuglément cet aîné et vous désirez avec trop de passion de l'enrichir, vous rebutez trop durement ce cadet et vous avez trop d'indifférence pour son établissement. Faut-il que vous dépouilliez les uns pour revêtir les autres ? Que vous jetiez ce pauvre cadet dans l'état ecclésiastique auquel il n'est nullement propre, pour faire la fortune de cet aîné ? Que vous maltraitiez si fort cette fille, que vous la contraigniez de se jeter en religion où elle n'est nullement appelée, afin qu'elle abandonne sa légitime à ceux que vous lui préférez ? O pères injustes, ô mères barbares : Savez-vous bien ce que vous faites ? dit saint Ambroise : vous mettez le feu de la discorde dans votre famille, vous y laissez une semence d'inimitiés et de procès... Ce sont tous vos enfants, ils viennent de vous, ne mettez pas entre eux une si cruelle différence ; faites au contraire que ceux qui se partagent également une même nature partagent aussi également les mêmes faveurs [64]. » Des sept manuels de confession que nous avons étudiés, seuls les deux derniers — publiés en 1713 et 1748 — prêchent ainsi l'égalité entre les enfants. Mais dans la série des catéchismes, si le mot « égalité » n'apparaît qu'en 1772, c'est dès 1667 qu'on exhortait les parents à ne pas exciter de jalousie entre leurs enfants.

Maîtres et serviteurs

C'est un anachronisme, répétons-le, de réduire la famille d'autrefois au père, à la mère et aux enfants. Les domestiques en faisaient partie, tous les textes d'époque en témoignent. Les moralistes anglicans et puritains, comme les catholiques, parlent tous des domestiques lorsqu'ils traitent du gouvernement de la famille. Il est question d'eux jusque dans les sermons qui retentissent dans les cathédrales : « Un père, un chef de famille qui a des enfants et des domestiques, ne peut travailler utilement à son salut s'il ne conduit par le même chemin où il marche ceux que la Providence divine a confiés à ses soins », remarque Claude Joly. « Aussi quand l'Ecriture loue ces pères et ces maîtres, elle les regarde presque toujours accompagnés de leurs enfants et de leurs domestiques [65]. »

Cette vision patriarcale, il est vrai, s'était quelque peu perdue au cours du Moyen Age. Pendant longtemps les moralistes catholiques n'ont évoqué le maître qu'en compagnie du Roi, du Pape et des autres Supérieurs, et les domestiques qu'à travers le concept plus vaste de « serviteur » avec les autres inférieurs. C'est encore cette tradition médiévale que l'on trouve chez Benedicti, Tolet et Fernandes de Moure, voire chez Richelieu : dans notre série de manuels de confession, les domestiques n'apparaissent comme tels qu'en 1713, chez Antoine Blanchard, lorsque le commentaire du 4e Commandement se situe tout entier dans le cadre familial. D'autre part, comme les péchés des parents, ceux des maîtres ont attiré une part croissante de l'attention des moralistes : en 1584, Benedicti ne leur consacrait que 2 articles contre 8 aux péchés des serviteurs ; en 1713 Antoine Blanchard leur en consacre 13 contre 14.

Benedicti ne se préoccupait que de la surveillance morale et religieuse des serviteurs, il craignait l'indifférence du maître et lui prêchait la sévérité [66]. « Les maistres qui n'ont cure du salut de leurs serviteurs et servantes, et ne veulent remédier à leurs fautes, leur permettant de jurer, blasphémer, paillarder, desrober, etc., ils participent à leur péchez. Item celuy qui ne s'informe aucunement de la vie de ses serviteurs, se contentant seulement d'en tirer le service du corps : chose ordinaire à plusieurs maistres d'aujourd'huy. Item qui ne se soucient de les faire aller à la Messe, les faire confesser et communier, et leur faire bailler le sacrement d'extrême-unction quand il en est besoin. Item celuy qui les occupe aux festes en œuvres méchaniques, comme dessus a esté dict : tous ceux-là offensent.

« Que si le maistre a des serviteurs incorrigibles, il les doit plustost chasser de sa maison que de les retenir, sinon qu'il y eust danger qu'ils en devinssent pires, ou qu'ils tombassent en quelque inconvénient pour avoir esté expulsez et chastiez. Quelquefois aussi le maistre peut dénier choses nécessaires au serviteur pour un temps, afin de luy donner occasion de corriger ses fautes, lors que la nécessité ouvre l'entendement à l'esprit, dict le Prophète Esaye. Aussi le maistre catholique doit chasser hors de sa maison son serviteur huguenot sinon qu'il le voulust retenir pour bonne intention, c'est-à-dire afin de le réduire à l'Eglise et à la voie du salut. » En agissant autrement les maîtres étaient coupables de péché mortel : « P.M. ».

A cette époque, l'Eglise exigeait donc des maîtres qu'ils mettent en jeu toute leur autorité pour faire le salut de leurs serviteurs, conformément au principe : *cujus regio ejus religio*. Mais, jouant aussi sur l'autre tableau, elle exigeait des serviteurs qu'ils désobéissent aux ordres injustes. « Celuy qui, par crainte de mort ou de perdre son état et biens, obéit contre les commandemens de Dieu... il offense... P.M. Celuy qui obéit à ses maistres et seigneurs contre le commandement de l'Eglise, il offense mortellement, sinon qu'il y fust contraint par une crainte violente, c'est-à-dire de la mort, des tourmens corporels, et de perdre tous ses biens... P.V. ou P.M. » (n°s 45 et 46).

Enfin c'était encore par souci du salut des serviteurs que Benedicti consacrait aux devoirs des maîtres un second article (n° 42). « Ceux qui empeschent leurs serviteurs et servantes de se marier quand il en est temps, et qui voient qu'autrement ils seront en danger de paillarder et faire quelque faux-bond, ils pèchent. P.M. » En cela les maîtres se trouvent donc vis-à-vis de leurs serviteurs dans une situation comparable à celle des pères, également tenus de marier au plus tôt ceux d'entre leurs enfants qui n'avaient pas vocation au célibat. Mais comment pouvaient-ils les en empêcher ? Non pas par un *veto* légal, comme les pères de famille ; mais en ne donnant pas à leur serviteur de quoi s'établir. En cette époque, en effet, où la notion de salaire était floue c'est en assurant l'indépendance matérielle d'un serviteur qu'on le récompensait de ses services. Mais les maîtres étaient sujets à deux tentations : soit de ne jamais marier un bon serviteur pour le garder dans la maison — et alors il le mettait en situation de paillarder ; soit de le récompenser à bon compte en l'imposant pour mari à l'héritière d'un riche vilain — c'est ce que le Concile de Trente avait dénoncé [67].

Antoine Blanchard, au début du XVIIIe siècle, prescrit encore au maître de surveiller la morale et la religion de ses domestiques. « Avez-vous veillé sur la conduite de vos domestiques ? N'avez-vous point souffert leurs désordres ? Avez-vous eu soin que vos domestiques fréquentassent les sacremens de temps en temps ? N'avez-vous point gardé chez vous de domestiques corrompus ? » (n°s 50, 55, 62). Mais d'une part, la lutte contre les mauvaises mœurs l'emporte sur la lutte contre l'hérésie ; d'autre part et surtout, ces devoirs de surveillance tiennent une place beaucoup plus limitée que chez Benedicti.

On insiste beaucoup plus au contraire sur la mauvaise influence que le supérieur pourrait avoir sur l'inférieur ; et uniquement sur le plan moral : « Ne les avez-vous point scandalisés par vos mauvais exemples ? N'avez-vous point proféré en leur présence des paroles sales ? N'avez-vous rien dit devant les servantes à mauvais dessein ? Ne les avez-vous point sollicités au crime [c'est-à-dire au péché de chair] par promesses et par presens ? » (n°s 57, 58, 59, 60).

Surtout on se soucie bien davantage qu'au temps de Benedicti des torts que le maître pouvait faire à ses domestiques en ce monde : « N'avez-vous point traité vos domestiques trop durement ? Avez-vous eu soin d'eux dans leurs maladies ? » (n° 56). « N'avez-vous point maltraité vos domestiques soit en leur disant des injures, ou en les frappant par mauvaise humeur et par emportement ? » (n° 51). Les auteurs du XVIe siècle auraient pu poser de telles questions : s'ils ne l'ont pas fait, c'est qu'ils étaient obsédés par la lutte contre l'hérésie et l'immoralité ; d'ailleurs, en faisant aux maîtres un devoir de corriger leurs serviteurs, ils paraissaient justifier certaines de leurs brutalités. Au contraire, autant que l'attention nouvelle des moralistes aux préjudices matériels, les deux articles suivants soulignent l'importance nouvelle prise par le contrat et le salaire dans les relations du maître avec ses serviteurs : « Ne leur avez-vous point refusé leurs besoins ? N'avez-vous point violé les conventions que vous aviez faites avec eux, soit pour la nourriture, soit pour l'habillement ? Ne leur avez-vous point retenu leurs gages sous les faux prétextes qu'ils vous avaient perdu, pris ou cassé quelque chose ? N'avez-vous point trop différé leur payement après les avoir congédiés ? » (nos 52 et 53). Enfin cet article inimaginable au XVIe siècle : « Lorsqu'on s'est venu informer chez vous de leur conduite, ne leur avez-vous point fait tort par un pur motif de vengeance, les décriant en leur imposant des choses fausses, afin de les empescher d'entrer dans quelque maison ? » (n° 54). Du paternalisme brutal qui régnait au XVIe siècle, on paraît être déjà passé aux mesquineries de la société bourgeoise.

On discerne aussi, dans les questions qu'Antoine Blanchard pose aux maîtres, une méfiance nouvelle envers la traditionnelle promiscuité domestique : « Ne vous êtes-vous point habillé ou déshabillé en leur présence avec immodestie et indécence ? » (n° 61), question à rapprocher de celle faite aux parents sur leur attitude envers les enfants : « Ne les avez-vous point fait coucher dans un lit qui soit trop proche du vôtre ? N'avez-vous point fait coucher quelqu'un de vos enfants ayant l'âge de raison dans votre propre lit ? » (nos 36, 37). Avant même la promiscuité entre parents et enfants et entre maîtres et domestiques, les moralistes de cette époque ont dénoncé celle du domestique et de l'enfant. « Ne l'avez-vous point trop souffert dans la compagnie de quelque domestique avec lequel il pouvait se débaucher par les mauvais discours qu'il tenait ? » (n° 29). Or, aucun des manuels de la fin du XVIe siècle ou du début du XVIIe ne dénonçait ces promiscuités.

D'ailleurs, abandonnant les considérations générales sur ce que les inférieurs doivent à leurs supérieurs, Antoine Blanchard brosse un tableau fort concret du mauvais domestique, tel qu'on se le représentait au début du XVIIIe siècle. Comme le mauvais serviteur du XVIe siècle, il méprise ses maîtres et leur désobéit (nos 36, 37, 45, 47) ; ou, par une mauvaise complaisance envers eux, il enfreint les commandements de Dieu (n° 49). Mais de plus il ne prend pas à cœur leurs intérêts : « Avez-vous eu soin de remplir les devoirs de votre état et de votre condition, veillant sur leurs intérêts et empêchant autant que vous l'auriez dû qu'on ne leur fît aucun dommage ? Ne leur avez-vous point causé quelque préjudice par votre peu de soin ou votre peu d'économie ? Avez-vous eu soin de les avertir quand quelqu'un de la maison ou autre leur faisait quelque tort, surtout lorsqu'on vous avait chargé du soin d'y veiller ? » (n°s 38, 39, 41). Il est paresseux ou incapable : « N'avez-vous point perdu inutilement le temps que vous deviez employer au service de votre maître ? » (n° 48). Il est voleur ou complice de vols : « N'avez-vous rien retenu en achetant ou en vendant pour eux, sous prétexte que vos gages n'étaient point assez considérables ? N'avez-vous point pris du vin, du sel, de la chandelle, du pain ou autre chose pour faire des libéralitez, ou à dessein de vous faire soulager par quelqu'un dans votre travail, pouvant et devant le faire vous-même ? N'avez-vous point prêté votre ministère au fils de votre maître ou maîtresse, pour l'ayder dans les larcins qu'il luy faisait ? » (n°s 40, 42, 43). Enfin il est indiscret : « N'avez-vous point fait des rapports de ce qui se passait dans la maison ? de l'humeur de votre Maître ou Maîtresse, de leurs disputes entre eux, et autres choses qui exigeait de vous le silence et le secret ? » (n° 46).

Les moralistes du début de la réforme catholique manifestent une sorte d'optimisme à l'égard des serviteurs : ils pensaient qu'à condition de les surveiller et de les corriger, on pouvait en faire de bons sujets. Au cours du XVIIe siècle, cet optimisme paraît décliner : plus que de surveillance et de correction, Claude Joly, au milieu du siècle, parle de la nécessité de les choisir avec soin : « L'obligation des maîtres est de choisir de bons serviteurs... Vous êtes obligés à ce choix : 1. pour le repos de votre conscience ; car si vous aimez la vertu, vous devez aimer des domestiques vertueux... 2. Vous êtes obligés à ce choix pour le bien spirituel de votre famille. Un valet vicieux et une servante corrompue peuvent perdre une famille entière... Cette fille est le plus souvent avec cette servante, ce fils est presque toujours avec ce serviteur ; s'il est impudique, il lui apprendra l'impudicité ; s'il est ivrogne il l'accoutumera à faire des excès de vin, s'il est blasphémateur, il le portera au blasphème. » Il évoque encore la correction, mais il la veut douce et ne semble pas en attendre beaucoup : « J'avoue que souvent ils méritent que vous les corrigiez, mais ce doit être plutôt... avec la charité d'un père qu'avec la dureté d'un tyran [68]. » Au XVIIIe siècle, enfin, on n'exige plus des maîtres qu'ils aient des domestiques vertueux, ni qu'ils corrigent ou chassent les vicieux. L'essentiel paraît être d'empêcher que les enfants ne puissent se corrompre à leur contact.

3. La morale et les sentiments

En mettant l'accent sur le respect et l'obéissance que l'épouse, les enfants et les domestiques devaient au chef de famille et sur les devoirs de protection, de surveillance et de correction de celui-ci, il n'est pas sûr que nous ayons suffisamment caractérisé les relations domestiques, puisque la plupart des autres relations sociales étaient également fondées sur le principe d'autorité et sur les devoirs de protection, de surveillance et de correction qui incombaient aux supérieurs. N'attendait-on pas des membres de la famille qu'ils éprouvent les uns pour les autres ces sentiments spécifiques des relations familiales que nous appelons amour conjugal, amour maternel, amour paternel, amour filial, affection fraternelle et qu'à tort ou à raison nous distinguons de ce que le christianisme entend par « amour du prochain » ? Dans quelle mesure la morale des relations familiales faisait-elle allusion à ces sentiments spécifiques et à d'autres ? Et comment les caractérisait-elle ?

Un examen de conscience en 1713

Pour une telle recherche, examinons de près le langage d'un moraliste particulier, Antoine Blanchard, dont nous avons vu combien il était novateur par rapport aux confesseurs de la fin du XVIe siècle et du début du XVIIe. Dans l'ensemble des 153 articles qu'il consacre aux relations domestiques, il évoque 80 fois des sentiments, des passions, des humeurs, en utilisant 37 notions différentes. Le tableau 11 (p. 245) en présente l'inventaire avec l'indication des articles où on les rencontre et, entre parenthèses, celle du personnage qui est sujet à ces sentiments ou ses humeurs.

Dans une première catégorie on a regroupé les sentiments relatifs au caractère hiérarchique des relations domestiques. Le *respect* et les *déférences* sont ce que l'auteur attend des inférieurs, c'est-à-dire, ici, des enfants et des domestiques. Aux enfants, il demande (n° 1) : « N'avez-vous point manqué de respect envers votre père et votre mère ? » Et aux serviteurs (n° 37) : « Avez-vous eu pour [vos maîtres] toutes les déférences qui leur étaient dues ? » Le *mépris* était une autre manière, négative, d'évoquer le respect dû aux supérieurs. Il arrivait que les enfants en aient pour leurs parents « à cause de leur pauvreté ou de quelque défaut de nature » (n° 3) ; quant aux serviteurs soupçonnés d'avoir « eu du mépris » pour leurs maîtres, on leur demande dans le même article : « N'en avez-vous point parlé mal ? »

Inférieure, également, l'épouse est capable d'avoir « méprisé les avis de son mari » et « les remontrances » qu'il lui avait faites. Au contraire on ne demande pas aux parents s'ils ont eu du mépris pour leurs enfants ni aux maîtres, s'ils en ont eu pour leurs serviteurs, parce qu'ils ne leur devaient pas de respect. Ceci étant, il faut remarquer qu'en examinant les péchés du mari envers sa femme on lui demandait : « Ne l'avez-vous point traitée trop durement et avec mépris ?... Ne l'avez-vous point rendue méprisable à vos enfants et à vos domestiques par le mépris que vous avez eu pour elle... N'avez-vous point souffert que cette créature [il s'agit de la maîtresse du mari] l'ait insultée et luy ait parlé avec mépris ? » (n°ˢ 64, 66, 77). C'est que la femme, tout en étant subordonnée au mari, est son égale comme le soulignait Fernandes de Moure un siècle plus tôt ; et qu'elle est, dans la maison, supérieure aux enfants et aux serviteurs, et, bien sûr, à cette créature méprisable qu'est la maîtresse du mari.

On rangera enfin le *scandale* dans les sentiments caractéristiques des relations hiérarchiques, car ce n'est jamais l'inférieur qui scandalise son supérieur mais toujours celui-ci qui scandalise celui-là. C'est en examinant les péchés du maître envers ses serviteurs qu'on demande : « Ne les avez-vous point scandalisez par vos mauvais exemples ? N'avez-vous point proféré en leur présence des paroles sales ? » (n°ˢ 57 et 58). Ou bien c'est l'attachement coupable du mari pour une créature qui risque d'avoir « causé du scandale dans sa famille » (n° 72). En effet lorsque l'inférieur commet un péché, son supérieur sait qu'il doit l'en châtier sous peine de participer lui-même à ce péché. Au contraire l'inférieur n'a pas le pouvoir de corriger son supérieur. Face au péché que celui-ci commet en sa présence l'inférieur ne sait quelle contenance prendre pour n'y pas participer. Il est conscient que tout péché mérite vengeance, voudrait échapper à celle qui ne manquera pas de s'abattre sur son supérieur mais n'y peut rien : il est inquiet, abasourdi, scandalisé. D'ailleurs le supérieur qui scandalise ses inférieurs finit par s'attirer leur mépris.

Les serviteurs en tant que tels ne semblent pas susceptibles d'éprouver d'autres sentiments que la déférence, le mépris et le scandale. On ne leur en suppose pas d'autres et l'on n'en exige pas d'autres. Le confesseur surveille leurs actes — paresse, vol, indiscrétion, etc. — plus que leurs sentiments. Mais voyons ceux du maître à leur égard.

« N'avez-vous point maltraité vos domestiques, soit en leur disant des injures, ou en les frappant par mauvaise humeur et par emportement ? » (n° 51) ; *l'humeur, l'emportement, la colère,* sont les seuls sentiments ou émotions auxquels Antoine Blanchard fasse allusion en examinant la conduite du maître envers ses serviteurs. D'une manière plus générale ces humeurs sont l'apanage exclusif du chef de famille en ses qualités de père ou d'époux ainsi que de maître. Aux parents on demande s'ils n'ont pas battu un de leurs enfants « par excès et sans cause, par mauvaise humeur » (n° 8). Ou encore : « En le châtiant, n'avez-vous point passé les bornes en vous abandonnant à votre humeur et à votre emportement ? » (n° 22). « Ne leur avez-vous point donné des malédictions par colère ? » (n° 42). Et au mari : « N'avez-vous point fait paraître de mauvaise humeur chez vous, jurant, tempêtant, et trouvant à redire à tout ce que votre épouse faisait... ? » (n° 73). Cette mauvaise humeur, cet emportement, le maître de maison ne doit pas s'y abandonner : c'est froidement, raisonnablement, qu'il doit corriger ses serviteurs, ses enfants, voire sa femme.

Mais de leur côté, ses administrés sont coupables lorsqu'ils éveillent la colère du maître. « Ne leur avez-vous point donné occasion de se mettre en colère contre vous et de vous dire des injures ? » s'enquiert-on en examinant les péchés des serviteurs contre leur maître. En examinant ceux des enfants envers leurs parents : « Ne leur avez-vous point donné occasion de se mettre en colère par votre désobéissance et par votre mauvaise conduite ? » (n° 15). A l'épouse on demande : « Ne lui avez-vous point donné occasion de colère et d'emportement par vos hauteurs et vos entêtements ?... Ne luy avez-vous point refusé le devoir conjugal sans cause légitime ? Votre refus n'a-t-il point donné lieu à quelque emportement ou à quelque autre désordre ? » (n°s 3, 7 et 8). Et on lui prêche la *patience*, la *complaisance*, la *charité* : « Avez-vous entretenu l'union avec votre mari, supportant ses défauts avec patience et charité ?... N'avez-vous point manqué de complaisance pour luy ? » (n°s 2 et 4). C'est que l'emportement, la colère, sont les réactions normales du chef de famille aux maladresses ou aux impertinences de ses domestiques, à la désobéissance de ses enfants, à l'entêtement de sa femme, ou, pire, au refus de son corps. Il ne fait en cela que suivre l'exemple de Yaweh dont l'insubordination des Juifs a si souvent allumé la colère. La colère fait partie des représentations de l'autorité. On ne saurait reprocher au maître de maison que de s'être trop laissé prendre au jeu.

La femme, lorsqu'elle est contrariée, réagit autrement : elle a du *dépit* et du *chagrin*. C'est surtout le mari qui lui en cause, par son infidélité et sa méchanceté : « N'avez-vous point attiré cette créature chez vous pour faire dépit à votre épouse ? N'avez-vous point eu pour cette créature des complaisances indiscrètes, qui ayent donné lieu à votre épouse de s'en chagriner ? N'avez-vous point traité mal votre épouse en sa présence, la contrariant en tout pour luy faire dépit et en luy disant continuellement des duretés ? » (nos 74, 75, 76). Le chagrin, plus que le dépit, pouvait avoir des conséquences graves. « Par les mauvais traitements et les chagrins que vous avez causez à votre femme, ne l'avez-vous point rendue malade ? N'avez-vous point été cause, par vos mauvais traitements, qu'elle se soit blessée dans le temps de sa grossesse, « ou que le chagrin luy ait causé un accouchement d'autant plus violent qu'il a été prématuré » ? (nos 78 et 88).

Cependant, la femme n'avait pas le monopole du chagrin. Elle pouvait aussi en causer à son mari : « Ne luy avez-vous point donné du chagrin par votre mauvaise conduite et par votre peu d'application à l'éducation de vos enfants ? » (no 15). De même les enfants pouvaient chagriner leurs parents, leur causer de la *douleur,* de la *tristesse* ou même de la *confusion* : « Ne les avez-vous point repris avec hauteur, les chargeant de confusion, non seulement en particulier mais encore en public ?... Ne les avez-vous point plongez dans la douleur et dans la tristesse, jusqu'à les rendre malades, par votre débauche et par la fréquentation de certaines personnes d'une conduite déréglée, n'ayant tenu aucun compte de leurs défenses ? N'avez-vous point contribué à leur mort par les chagrins extrêmes que vous leur avez causez ? » (nos 5, 17, 18).

Personne d'autres que le mari et sa femme — en tant que tels, ou collectivement, comme parents — ne paraissent susceptibles d'éprouver ces tristes sentiments. Contrairement à ce que nous aurions attendu, ce n'est pas chez les plus modestes des membres de la famille qu'on en supposait l'existence, mais chez les plus honorables, ceux qui, en principe, détenaient le pouvoir domestique : aux chagrins et aux dépits des humbles, le confesseur, en ce temps, ne s'intéressait pas. Remarquons d'autre part que si les enfants et les serviteurs étaient aussi peu intéressants les uns que les autres comme sujets de ces sentiments douloureux, ils étaient dans une situation tout à fait différente quant à leur aptitude à les faire naître chez autrui. Les serviteurs ne pouvaient susciter chez leurs maîtres que mauvaise humeur et emportement ; les enfants, au contraire, étaient capables de provoquer chez leurs parents, outre la colère, de la confusion, de la douleur, de la tristesse et un chagrin parfois mortel : c'est le signe évident de l'empire qu'ils possédaient sur leur cœur.

Plus encore qu'aux sentiments douloureux, c'est aux mauvais sentiments qu'Antoine Blanchard multiplie les allusions : *envie, jalousie, aversion, haine, souhait de mort.* Ces mauvais sentiments sont les plus nombreux — sept notions différentes — les plus fréquemment mentionnés — dix-neuf fois — et les mieux partagés puisqu'ils pouvaient être éprouvés par le mari à l'égard de sa femme et par la femme à l'égard de son mari, par les enfants à l'égard de leurs parents, par les parents à l'égard de leurs enfants et par les enfants entre eux. Seuls les serviteurs auraient été incapables d'éprouver ou de susciter de tels sentiments.

L'envie ne se rencontre qu'entre enfants : elle découle logiquement de l'iniquité des parents et s'accompagne d'une foule d'autres mauvais sentiments. Aussi est-ce aux parents que l'on demande : « N'avez-vous point eu trop d'attache pour quelqu'un de vos enfants au préjudice des autres ; accordant tout à celuy-là, et refusant presque tout aux autres ; pardonnant tout au premier et ne faisant grâce de rien aux autres... ? N'avez-vous point excité, par cette conduite, de l'aversion, de l'envie et de la jalousie entre eux ? Ne se sont-ils point maltraitez et injuriez les uns les autres par ce principe de haine et de jalousie ? » (nos 5, 6, 7).

La jalousie est un peu plus répandue puisque, lorsque le mari injurie ou bat sa femme, ce peut être « par un motif de jalousie » (n° 65). Remarquons que le mot n'apparaît pas lorsqu'on demande à la femme : « N'avez-vous point donné lieu à votre mari de soupçonner votre fidélité par quelque fréquentation qui luy fût suspecte et qu'il vous eût deffendue ? » (n° 12). Est-ce par hasard ? ou parce que la jalousie du mari est un sentiment moins justifiable que sa colère ? Quant à la femme, on a vu que les liaisons de son mari pouvaient provoquer en elle dépit et chagrin, mais jamais de jalousie.

L'aversion est non seulement un sentiment gratuit et irrationnel, mais lui aussi est généralement le fait d'un homme et a pour objet son épouse. Aux parents, par exemple, on demande s'ils n'ont point forcé quelqu'un de leurs enfants « à contracter mariage avec une fille pour laquelle il avoit de l'aversion » (n °16) ; et lorsque le mari outrage sa femme « par des paroles et par des coups » ce peut être, autant que par jalousie, « par l'aversion qu'il a pour elle » (n° 65). Si l'on se souciait plus de l'aversion du mari que de celle de la femme, c'est peut-être qu'elle était plus dangereuse, et par l'autorité qu'on lui reconnaissait dans le gouvernement de la maison, et par le rôle actif qui devait être le sien dans le lit conjugal.

Il est vrai que le confesseur s'inquiétait de la *haine* que la femme pouvait nourrir à l'endroit de son mari (n° 5). Mais il s'en inquiétait moins pour la gravité de ce sentiment ou des actes auxquels il pouvait conduire la femme que parce qu'il craignait que cette haine donne au mari « occasion de s'attacher à quelque femme étrangère », et qu'il ne s'en ensuive « quelque débauche ». Ce n'est que de la part des autres membres de la famille que la haine paraît dangereuse.

Au mari on pose d'abord quelques questions anodines : « N'avez-vous point eu de haine pour votre femme ? » ou « n'avez-vous point fait de reproche injurieux à votre femme par la haine que vous aviez pour elle » (nᵒˢ 63 et 87). Puis on en vient au souhait de mort et aux tentatives de meurtre : « Ne luy avez-vous point souhaité la mort, afin d'en pouvoir épouser une autre ?... Par les mauvais traitements et les chagrins que vous avez causez à votre femme, ne l'avez-vous point rendue malade ? Ne luy avez-vous point refusé ses besoins et les secours nécessaires dans cet état ? Pendant le cours de sa maladie, ne vous êtes-vous point étudié à rendre son mal encore plus considérable, dans le dessein de luy procurer la mort, la chargeant d'imprécations et de malédiction ? » (nᵒˢ 68, 78, 79). Il est vrai que dans aucun de ces trois articles il n'est question de haine : il se peut que, simplement, on en aime une autre comme le suppose l'article 68. Les Français d'avant la Révolution étaient soupçonnés de pratiquer eux aussi le « divorce à l'italienne ».

Les enfants étaient soupçonnés d'intentions aussi noires à l'égard de leurs parents : « N'avez-vous point souhaité leur mort ? Est-ce par haine ou dans la vue d'avoir plus tôt leur succession ? N'avez-vous point conservé de haine contre eux ? Combien de temps a-t-elle duré ? Leur en avez-vous donné des marques extérieures dont ils aient pu s'apercevoir ? » (nᵒˢ 12 et 13). A en croire Freud, bien sûr, ce souhait de mort serait de tous les temps et de tous les pays. Mais les confesseurs d'autrefois ne travaillaient pas sur l'inconscient, et tous, de Gerson à Blanchard ont posé la même question. C'est que dans une société où l'on vivait beaucoup plus qu'aujourd'hui sur un patrimoine ancestral, l'enfant était réellement — et non pas inconsciemment — dépendant, jusqu'à la mort de son père. La possession du patrimoine, autant que les lois et la morale, donnait à celui-ci le pouvoir d'imposer à ses enfants une profession ou un conjoint, et de corriger ses tendances « vicieuses », c'est-à-dire de s'opposer à ce que l'enfant désirait être. Et cette dépendance, à l'égard des parents et du patrimoine donnait plus de force à la haine des enfants mal-aimés envers l'enfant injustement favorisé.

Plus étonnante, à première vue, la haine que les parents pouvaient nourrir à l'égard de certains de leurs enfants. Or cela était envisagé de la part des pères qui favorisaient un de leurs enfants au détriment des autres « par l'indifférence ou la haine » qu'il avait pour eux (nᵒ 5). Doit-on supposer qu'ici le mot « haine » est impropre ? ou qu'il avait à l'époque un sens moins fort qu'aujourd'hui, ce que son association avec « indifférence » en cet article comme dans d'autres, suggère en effet ? Mais les articles suivants témoignent de la force possible de cette haine : « N'avez-vous point battu quelqu'un de vos enfants par excès et sans cause, par mauvaise humeur et parce que vous ne l'aimiez pas ? Ne luy avez-vous point refusé ses besoins ? Ne luy avez-vous point souhaité la mort ? » (n°s 8, 9, 10). Pas de doute : cette haine pouvait aller loin. Pourquoi ? Comment des enfants, si désarmés juridiquement et économiquement face à leurs parents, avaient-ils la puissance de leur inspirer de la haine — et pas seulement de l'aversion ?

Dans les élites sociales de ce temps, nombre de chefs de famille étaient tendus vers l'ascension de leur maison, et une famille trop nombreuse risquait de ruiner cette ambition. Cela paraît surtout vrai des roturiers cherchant à accéder à la noblesse dans les régions où les coutumes n'admettaient pas le droit d'aînesse en roture. Dans ces familles, celui qui portait les espoirs d'ascension sociale du père était chéri. Au contraire lorsqu'une douzaine d'autres enfants venaient empêcher le père d'arrondir sa fortune et voler à l'héritier une partie du patrimoine, mettant ainsi en péril l'ascension de la famille, il est compréhensible qu'il les ait pris en grippe. D'une manière plus générale, l'incapacité à contrôler les naissances multipliait les enfants non désirés. Et l'espoir de s'en libérer par la mort pouvait s'insinuer d'autant plus facilement dans les esprits que la mortalité infantile était, on le sait, considérable, surtout parmi les enfants des villes mis en nourrice à la campagne. Au reste était-ce sans penser à mal que, dans beaucoup de familles bourgeoises, la mère nourrissait l'héritier et qu'on mettait en nourrice les cadets [69] ?

Il pouvait aussi se faire qu'un père n'ait pas trouvé en l'héritier que lui imposait la coutume les qualités qu'il espérait de lui ; qu'il ait vainement essayé de corriger sa nature et que cette vaine tyrannie ait fait naître entre le père et le fils une haine féroce ; d'autant plus vive de la part du père qu'il savait devoir un jour laisser son héritier maître d'agir à sa guise. Voyez dans les familles régnantes, les relations de Charles VII et du futur Louis XI, de François Ier et du futur Henri II, de Frédéric Guillaume de Prusse et du futur Frédéric II et, exemple extrême, l'histoire de Pierre le Grand, juge et exécuteur de son fils. Mais cela pouvait tout aussi bien arriver dans des familles de moindre envergure : l'histoire a conservé la trace des démêlés de Mirabeau « l'ami des hommes » avec Mirabeau l'orateur ; elle en a oublié bien d'autres également caractéristiques d'une société où, plus normalement qu'aujourd'hui, l'héritier portait les espoirs de son père.

Dans cette société, n'importe lequel des enfants pouvait d'ailleurs déshonorer sa famille par ses écarts de conduite et sa personnalité. Le père étant responsable de l'une et de l'autre, on comprend quel chagrin, quelle tristesse, quelle douleur et finalement quelle haine il pouvait éprouver. Beaucoup demandaient au roi, contre leur fils indigne, une lettre de cachet [70].

En définitive, les époux et leurs enfants se distinguaient déjà, au sein de la maisonnée, par le mal qu'ils pouvaient réciproquement se faire ou se vouloir. Si ces mauvais sentiments étaient caractéristiques de la famille telle que nous la concevons aujourd'hui, c'est que ses membres étaient indissolublement liés les uns aux autres par le mariage chrétien, la solidarité de l'honneur, l'autorité légale du père, et la dépendance économique de tous à l'égard du patrimoine commun. Au reste, si ces structures anciennes favorisaient les mauvais sentiments elles ne les suscitaient pas nécessairement. Et il nous reste à chercher si notre confesseur n'attendait pas des membres de la famille qu'ils nourrissent les uns à l'égard des autres de bons sentiments caractéristiques aussi des liens familiaux.

Les notions *d'amour, d'affection, d'attachement* sentimental apparaissent en effet, directement ou par leur contraire, l'*indifférence* et la *froideur*. Et elles ne concernent que les relations familiales au sens d'aujourd'hui, non les relations entre maîtres et serviteurs. Cependant les exigences d'Antoine Blanchard sur ce plan sont encore bien loin de celles des moralistes du XXe siècle.

Le mot « amour » n'apparaît pas et le mot « aimer » n'apparaît qu'une seule fois. Encore est-ce de manière négative, et à propos des relations entre parents et enfants : « N'avez-vous point battu quelqu'un de vos enfants, par excès et sans cause, par mauvaise humeur, et parce que vous ne l'aimiez pas ? » (n° 8). Si la pudeur faisait dire à l'héroïne de Corneille « je ne te hais point » pour « je t'aime », elle paraît avoir fait écrire ici « vous ne l'aimiez pas » pour « vous le haïssiez ».

Quant aux notions d'*affection* et d'*attachement,* lorsqu'elles apparaissent, ce n'est pas comme on l'imaginerait parce que le confesseur se plaint de l'absence ou du peu de force de ces sentiments : il dénonce au contraire leur excès ou l'objet illégitime sur lequel ils se portent. Il craint, nous l'avons vu, que l'indifférence ou la haine de l'épouse pour son mari n'ait donné à celui-ci « occasion de porter son affection ailleurs et de s'attacher à quelque femme étrangère » (n° 6). Il demande d'ailleurs au mari : « N'avez-vous point eu d'attache pour quelque autre que votre épouse ? Cette attachement n'a-t-il point donné occasion à quelque désordre dans votre famille et dans votre ménage ? Quand vous avez eu la fréquentation de cette créature pour laquelle vous avez cet attachement, n'avez-vous point fait paraître de mauvaise humeur chez vous... ? » (nos 69, 70, 73). Et aux parents : « N'avez-vous point eu trop d'attache pour quelqu'un de vos enfants au préjudice des autres... ? (n° 5). Il semblerait donc que, bien loin de souder la famille, l'affection et les attachements sentimentaux fussent supposés provoquer toutes sortes de désordres.

On pourrait évidemment lire entre les lignes que si le mari risque de « porter son affection ailleurs », c'est qu'il devrait la porter sur sa femme ; que s'il n'a « point eu d'attache pour quelque autre que son épouse » on s'attend à ce qu'il en ait eu pour elle ; qu'à l'égard de ses enfants, si « trop d'attache » pour l'un d'eux est dangereuse, une attache modérée et équitablement répartie est souhaitable. Mais rien de cela n'est dit dans le texte et ce qui est dit ne l'implique pas nécessairement. On pourrait en effet aussi bien supposer que le confesseur est favorable aux comportements froids et rationnels et qu'il se méfie de tout élan affectif.

La seule preuve qu'il exige de l'affection entre les époux d'une part, entre parents et enfants d'autre part, c'est qu'il condamne l'*indifférence* de la femme envers son mari ou des parents envers leurs enfants, et la *froideur* des enfants envers leurs parents. Encore faut-il remarquer que lorsqu'on demande à l'épouse si elle n'a pas eu « de l'indifférence ou de la haine » pour son mari, le rapprochement de ces deux notions ne suggère pas une bien vive exigence d'affection ; et qu'au reste on craint moins cette indifférence ou même cette haine pour elles-mêmes que parce qu'elles peuvent « donner occasion » au mari « de porter son affection ailleurs ». Quant au mari, on n'exige de lui d'affection ni positivement ni négativement, sans doute parce que son indifférence n'est pas jugée susceptible de pousser la femme à l'adultère.

De même l'indifférence qu'on reproche aux parents de témoigner à certains de leurs enfants est associée à la haine ; et on leur reproche ces sentiments en tant qu'ils suscitent envie et jalousie entre les enfants. La seule question où l'on dénonce pour lui-même un manque d'affection est celle-ci, posée aux enfants : « N'avez-vous point eu de la froideur et de la dureté pour (vos parents) parce qu'ils étaient à votre charge ? » (n° 20). Encore « froideur » et « dureté » semblent-ils viser davantage un comportement extérieur que l'absence de bons sentiments qu'il manifestait.

Comme les moralistes des XIXe et XXe siècles, Antoine Blanchard demandait aux membres de la maisonnée d'examiner les sentiments qu'ils éprouvaient les uns pour les autres. Comme eux, il s'en souciait surtout dans les relations du mari et de la femme : à leur propos il évoque 25 sentiments différents, mentionnés 40 fois, dans 64 pour 100 des questions qu'il leur pose ; alors qu'il n'en évoque que 22, mentionnées 32 fois dans 23 pour 100 seulement des questions posées aux parents et aux enfants, et 7, mentionnées 8 fois seulement, dans 26 pour 100 de celles qu'il pose aux maîtres et aux domestiques. Mais, au contraire des moralistes d'aujourd'hui, il ne se souciait guère de l'absence ou de la tiédeur des bons sentiments : ce sont les mauvais qui retenaient exclusivement son attention. Cela porte surtout témoignage, il est vrai, sur la morale d'autrefois — et particulièrement celle des confesseurs — qui était une morale du péché plus qu'une morale de l'amour. Mais cela suggère aussi que la force et l'indissolubilité des liens du mariage et de la filiation, la lourde autorité du chef de famille, l'étroite dépendance légale et économique de ceux qui lui étaient soumis, et sa propre dépendance à leur égard pour ce qui concernait son honneur et ses ambitions, tous ces traits plus marqués dans l'ancienne société que dans la nôtre favorisaient la cristallisation des mauvais sentiments. Les domestiques au contraire, parce qu'ils étaient librement choisis et librement renvoyés, et parce qu'ils n'avaient de part ni à l'honneur ni au patrimoine de la maison — ou bien peu — n'étaient pas soupçonnés d'éprouver ou de susciter de telles haines. Il est vrai que d'ailleurs le confesseur se souciait peu de leurs peines, comme de celles des enfants. Au fond il ne s'intéressait aux sentimens des membres de la maisonnée que dans la mesure où ils pouvaient perturber la vie de la maison. Il resterait à savoir dans quelle mesure le témoignage des autres moralistes concorde avec celui d'Antoine Blanchard.

L'attitude des moralistes catholiques : évolutions

Prenons pour terme de comparaisons la *Somme des Péchés* de Benedicti dont la première édition date de 1584. L'attention aux sentiments dans la morale domestique y est déjà grande, qu'on la mesure d'après la richesse du vocabulaire sentimental ou par la fréquence des allusions aux sentiments relativement à la longueur du texte. De ce point de vue, cependant elle était moins grande que dans l'ouvrage d'Antoine Blanchard (tableau 12, p. 246). Surtout ce vocabulaire était manifestement différent et il se répartissait très différemment entre les divers chapitres des relations domestiques.

Du XVIe au XVIIIe siècle, le confesseur semble avoir prêté moins d'attention au contenu sentimental des relations du maître avec ses serviteurs et plus à celui des relations du mari et de sa femme si on en juge d'après le nombre des sentiments évoqués dans ces divers chapitres (tableau 13, A, p. 246) ou d'après la fréquence des allusions aux sentiments (tableau 13, B, p. 246).

Au chapitre des relations entre maîtres et serviteurs, le vocabulaire du respect et du mépris était plus riche, et employé avec une abondance beaucoup plus grande dans l'ouvrage de Benedicti. De plus, comme tous les confesseurs de son temps, Benedicti exigeait que le maître ait *souci* du salut de ses serviteurs, ce que Blanchard n'exige plus. Inversement, Benedicti ne s'inquiétait pas de la *colère* du maître. Est-ce pour cela que, parmi les sentiments du serviteur, il note à plusieurs reprises la *crainte,* que Blanchard ne mentionne plus ? Au demeurant Benedicti ne s'intéresse pas plus que Blanchard à la *douleur,* à la *jalousie,* à la *haine* ni à l'*amour* que maîtres et serviteurs pourraient ressentir, alors qu'il s'y intéresse à propos des relations entre mari et femme ou parents et enfants. En définitive, si les notations sentimentales sont plus riches au chapitre des relations maîtres-serviteurs et moins riches au chapitre des relations conjugales, c'est que Benedicti parle beaucoup plus de respect, de crainte, et des autres sentiments du même registre, et beaucoup moins des sentiments douloureux et agressifs dont Blanchard s'est tant inquiété.

Cependant, ne concluons pas trop vite que la morale catholique se désintéressait des sentiments d'affection entre maîtres et serviteurs. Richelieu exhorte supérieurs et inférieurs à « vivre ensemble avec *amour* et honneur les uns envers les autres » ; et parmi eux il compte « les maîtres et les serviteurs » aussi bien que les pères et les enfants, « les magistrats séculiers et ceux qui leur sont soumis », « les femmes et les maris » et « les tuteurs et les pupilles ». Dans la seconde moitié du XVIIIe siècle, certain catéchisme prescrivait l'amour en s'adressant aux serviteurs de manière beaucoup plus spécifique. « Quels sont les devoirs des serviteurs envers leurs maîtres ? » demande en 1765 le *Catéchisme de Mâcon.* Et il répond : « Il y en a quatre : l'amour, le respect, la fidélité et l'obéissance », précisant d'ailleurs que par « amour » il entendait en l'occurrence « une affection sincère qui les attache aux intérêts de ceux qu'ils servent ». De même le *Catéchisme de Blois* en 1778, à la question encore plus précise : « Quels sont les devoirs des Domestiques envers leurs Maîtres et Maîtresses ? », répond : « Ils doivent *craindre* de leur déplaire et de les fâcher. Les *aimer* et *respecter.* Les servir avec *affection.* Leur obéir promptement. Conserver soigneusement leurs biens, n'en donnant pas même aux pauvres, sans permission. Ne rien dire de ce qui se passe dans la maison de leurs Maîtres et Maîtresses, en se plaignant de leur *mauvaise humeur* et de leurs autres défauts [71]. » En revanche, si le *Catéchisme de Mâcon* parle d'amour lorsqu'il examine, d'une manière générale, les devoirs des supérieurs, il n'en fait plus mention lorsqu'il recense plus précisément les devoirs du maître envers ses domestiques : ses seuls devoirs sont « l'entretien, l'instruction, la correction charitable, l'assistance, le bon exemple et le salaire ». Même absence de l'amour parmi les devoirs que le *Catéchisme de Blois* prescrit au maître. L'une des interprétations possibles de cette dissymétrie est que le christianisme de cette époque s'est soucié davantage d'attacher les serviteurs à leurs maîtres que les maîtres à leurs serviteurs. C'est la moins aventurée, en l'état actuel des recherches, mais ce n'est pas la seule possible.

Sur l'exigence d'amour entre parents et enfants ou mari et femme, tous les moralistes n'étaient pas aussi discrets que Benedicti et Blanchard : sur neuf manuels de confesseurs étudiés pour la période qui s'étend de 1388 à 1713, quatre parlent explicitement d'amour et parfois aussi d'amitié et d'affection ; et sur 18 catéchismes publiés entre 1563 et 1815, 15 emploient les mots « amour » ou « aimer » et un prescrit l'amitié, trouvant trop violent le concept d'amour qu'il emploie pourtant une fois, en mauvaise part.

Peut-on discerner une évolution en ce domaine ? Des cinq ouvrages écrits entre 1388 et 1574, aucun ne parle d'amour ni d'amitié ni d'affection à propos du 4e commandement ; au contraire de 1578 à 1814 on ne trouve qu'un manuel de confesseur — celui de Blanchard — et qu'un catéchisme qui ne prescrivait pas l'amour ou l'amitié. Evolution trop brusque dans les années qui suivent la fin du Concile de Trente, pour être significative d'une évolution des mentalités. Mais on peut en discerner d'autres, moins brusques et plus tardives, vraisemblablement plus significatives.

Entre 1578 et 1687, sur neuf catéchismes prescrivant aux enfants d'aimer leurs parents, quatre en font le premier de leurs devoirs tandis que cinq ne mentionnent l'amour qu'en seconde ou troisième position ; au contraire entre 1688 et 1815, sept catéchismes sur huit font de l'amour le premier des devoirs de l'enfant. D'autre part entre 1578 et 1687, un seul catéchisme sur neuf prescrivait réciproquement aux parents d'aimer leurs enfants, tandis qu'entre 1688 et 1815 on en trouve quatre sur huit. Enfin des douze catéchismes des XVIe et XVIIe siècles un seul se souciait d'expliquer à l'enfant ce qu'il fallait entendre par « aimer ses parents » alors que les cinq catéchismes publiés entre 1765 et 1815 l'expliquent.

Autant ou plus que l'emploi croissant des mots *amour* et *aimer*, paraît significative l'évolution du concept d'amour dans ce contexte de la morale domestique. En 1688, le *Catéchisme de Bourges* l'explicitait en posant la question : « Qui sont ceux qui n'aiment pas leurs parents ? » Et voyez la réponse : « Ceux 1° qui les haïssent ;

2° qui les injurient ; 3° qui les frappent ; 4° qui désirent leur mort ; 5° qui n'ont point compassion de leurs maux et qui ne les consolent pas ; 6° qui ne prient et ne font prier pour eux après leur mort. » En ce temps l'amour se réduisait à l'absence de haine et à l'accomplissement de ce qu'on leur devait. Au contraire les cinq catéchismes publiés de 1765 à 1815 expliquent ce qu'est l'amour filial comme nous pourrions l'expliquer aujourd'hui. Les enfants doivent « aimer leurs père et mère » en « ayant pour eux une affection intérieure, la leur témoignant et leur en donnant des preuves dans les occasions », disait en 1765 le *Catéchisme de Mâcon* ; « pour aimer père et mère », expliquait le *Catéchisme de Lausanne* en 1794, « il faut avoir une tendresse de cœur envers eux, leur vouloir et leur faire tout le bien spirituel et temporel que l'on peut ». Tous ces catéchismes présentent l'amour comme une tendresse intérieurement ressentie ou comme un élan du cœur qui pousse à faire tout ce que l'on peut — et non seulement ce que l'on doit — pour celui qu'on aime.

L'amour serait-il donc, entre enfants et parents, une invention du XVIIIe siècle ? Ne nous pressons pas trop de l'admettre. Benedicti expliquait ce qu'il devait être, en donnant une description toute externe, mais moins dérisoire que le *Catéchisme de Bourges*. « Les enfants lesquels ne montrent jamais signe d'amitié à leurs pères et mères, en ne leur disant jamais une belle parole, mais plutôt les regardent de travers leur parlant rudement, combien qu'ils ne les haïssent pas autrement en leur cœur, ils pèchent. Et pourquoi pèchent-ils puisqu'ils ne les haïssent point ? A raison qu'ils les contristent et aussi qu'ils sont tenus de leur montrer extérieurement, c'est-à-dire de bouche et d'œuvre, l'amour qu'ils leur doivent porter » (n° 2). Tolet tient un discours analogue. Mais ce sont là presque des exceptions à cette époque. D'ailleurs le même Tolet disait aussi : « ... les enfants sont obligez à un amour interne ; de manière que quiconque a en hayne ses père et mère, et leur souhaite de propos délibéré quelque notable perte, soit du corps soit de l'âme, il pèche mortellement ». On pourrait multiplier les citations analogues. Les gens de ce temps — en tout cas les théologiens — semblent ne pas comprendre ce que nous appelons l'amour. Ils ont le cœur sec. Ne connaissent que le devoir : pour eux, aimer, c'est essentiellement ne pas haïr.

Disons plus — et cela ouvre des perspectives tout autres — ils se méfient de l'amour. Un ouvrage anonyme intitulé les *Exercices spirituels qui se font en l'église Saint-Etienne-du-Mont* (1667) prescrivait l'amitié entre parents et enfants, non l'amour. Et lorsque le mot amour vient sous la plume de l'auteur, c'est dans l'inventaire des péchés que peuvent commettre les enfants, pour les mettre en garde contre l'excès de ce sentiment : « Si par un amour immodéré envers son père ou sa mère on ne s'est pas soucié d'offenser Dieu. » Réciproquement c'était un lieu commun de l'époque que de comparer les pères insuffisamment sévères pour leurs enfants « aux singes qui tuent leurs petits, par trop les estraindre et tenir chers » (Benedicti, n° 23). Enfin peut-être ne faut-il pas négliger la remarque de Richelieu « que l'amour des pères envers leurs enfants est si naturel que, pour les obliger à le rendre, la loy qu'ils ont escrite dans leurs cœurs est sans aucune autre suffisante ». Plutôt que d'apprendre aux parents et aux enfants à s'aimer, les moralistes de la fin du XVIIIe siècle les en ont peut-être seulement laissés libres, alors que ceux des XVIe et XVIIe cherchaient à contraindre cette affection suspecte parce que naturelle et profane. Sans doute n'est-ce pas par hasard que les seuls ouvrages importants à ne pas prescrire aux parents et aux enfants de s'aimer sont les jansénisants *Exercices* de Saint-Etienne-du-Mont, et « l'Examen » d'Antoine Blanchard, à l'époque austère où s'achevait le règne de Louis XIV.

Plus encore que de l'amour excessif entre parents et enfants, on se méfiait de l'amour « naturel » entre conjoints. De nos 18 catéchismes, 16 prescrivaient l'amour entre parents et enfants, 2 le prescrivaient entre maîtres et domestiques, un seul entre mari et femme : c'était le *Catéchisme de Blois,* publié en 1778. Il est vrai qu'au XVIIe siècle l'auteur des *Exercices spirituels* de Saint-Etienne-du-Mont demande à l'épouse « si elle a aimé son mari pour Dieu ». Mais c'était moins lui prescrire de l'aimer que la mettre en garde contre un amour « naturel » et excessif : immédiatement après, il lui demande en effet « si elle a eu pour lui des complaisances criminelles ».

L'amour conjugal dans la doctrine de l'Eglise

Les théologiens de l'époque distinguaient plusieurs sortes d'amour dont les uns étaient bons, d'autres mauvais, d'autres encore indifférents. Le chrétien devait aimer son prochain par amour de Dieu et parce qu'il le leur commandait. Cet amour « chrétien » était considéré comme bien supérieur à l'amour « naturel » ou « humain ». En celui-ci même on distinguait « l'amour de concupiscence » qui était mauvais et « l'amour d'amitié » qui était meilleur. « Nous appelons amour de concupiscence — explique un grand théologien du XVIe siècle — celui par lequel nous aimons le prochain principalement pour notre bien, non pour le sien propre ; au contraire l'amour d'amitié est celui par lequel nous l'aimons principalement pour son bien ou son plaisir[72]. » Cet « amour d'amitié », s'il n'était pas en lui-même condamnable, pouvait cependant être dangereux : c'est lui qui poussait souvent les pères à se damner en pratiquant l'usure ou d'autres crimes pour arrondir l'héritage de leurs enfants ; c'est lui aussi qui pouvait pousser certaines épouses à avoir pour leur mari « des complaisances criminelles ».

Quant à l'amour de concupiscence, c'est lui qui était censé pousser les jeunes gens à des mariages désapprouvés par leurs parents, et contre quoi les lois royales prétendaient défendre les droits de la raison ; c'est lui aussi que les conjoints rencontraient presque inévitablement dans le lit conjugal. Depuis l'Antiquité les théologiens les condamnaient avec vigueur. « Adultère est aussi l'amoureux trop ardent de sa femme », avait écrit saint Jérôme. « A l'égard de l'épouse d'autrui, en vérité, tout amour est honteux ; à l'égard de la sienne propre, l'amour excessif. L'homme sage doit aimer sa femme avec jugement, non avec passion. Qu'il maîtrise l'emportement de la volupté et ne se laisse pas emporter avec précipitation à l'accouplement. Rien n'est plus infâme que d'aimer une épouse comme une maîtresse...[73] » Cette attitude inspirée du stoïcisme et plus généralement de la sagesse antique, a été constamment celle des théologiens médiévaux et modernes qui pour la plupart ont repris la première et la dernière phrase de ce texte. « L'homme qui se monstre plustost débordé amoureux envers sa femme que mary, est adultère », écrivait par exemple Benedicti qui condamnait également « la femme qui se porte envers son mary comme une amoureuse » et « le mari qui transporté d'un amour démesuré cognait si ardemment sa femme pour contenter sa volupté qu'ores qu'elle ne fust point sa femme il voudroit avoir affaire avec elle[74] ».

Les théologiens du XXe siècle continuent à condamner, même et surtout en mariage, la recherche d'un plaisir égoïste contradictoire au véritable amour conjugal. Ils interdisent que, dans la rencontre charnelle, on considère l'autre comme un simple objet de plaisir. Car l'autre est une personne qu'il faut aimer pour elle-même. Certains d'entre eux ont cru pouvoir reconnaître cette attitude égoïste à des manières de s'unir, traditionnellement considérée comme « contre nature ». Or, si tous les moralistes anciens consacraient un chapitre à ces accouplements « contre nature en raison de la position », et s'ils les associaient eux aussi à la recherche d'un plaisir qu'ils qualifiaient d'excessif, ce n'est jamais au nom de l'amour qu'ils les ont condamnées[75]. La position *retro* — à ne pas confondre avec la sodomie — était « contre nature » parce que, caractéristique de l'accouplement des animaux, elle ravalait l'homme au rang de la bête.

La position *mulier super virum* l'était parce que contradictoire à la nature de la femme — qui est passive ainsi qu'Aristote l'avait démontré — et à la nature de l'homme qui est active. « Qui ne voit, disaient-ils, que dans cette position la femme agit et l'homme subit. » Plusieurs d'entre eux estimaient même que Sodome et Gomorrhe avaient été détruits parce que leurs habitants y avaient ainsi renversé l'ordre « naturel » des rapports entre l'homme et la femme. Les autres positions « contre nature » l'étaient pour des raisons moins claires ; mais toutes étaient soupçonnées d'être recherchées pour atteindre un « plaisir excessif » et d'être peu favorables à la procréation. L'accouplement n'était vraiment « naturel » et « conjugal » que lorsque la femme était renversée, dos contre terre, l'homme la surmontant, parce que, disaient-ils, elle était la plus favorable à la procréation, et sans doute surtout parce qu'elle est symbolique de la domination virile et du geste fécondant du laboureur.

S'ils dénoncent la recherche d'un plaisir égoïste, les théologiens du XXe siècle, rompant avec les idées reçues des moralistes antiques, ne sont plus attentifs aux notions d'excès et de modération en ce domaine. Et si l'amour conjugal tel qu'ils le définissent, doit nécessairement comprendre de « l'amour d'amitié », il paraît y entrer aussi légitimement de « l'amour de concupiscence ». En tout cas, ils lui reconnaissent une dimension charnelle tout à fait légitime. Ils font de l'union charnelle des époux la manifestation caractéristique de l'amour conjugal et condamnent, en quelque sorte comme sacrilèges, les accouplements auxquels on n'est pas porté par amour [76]. Au contraire les anciens théologiens non seulement n'exigeaient pas que l'union charnelle des époux fût une manifestation d'amour, mais ils ne la considéraient comme légitime que pour d'autres motifs que l'amour et la tenaient pour coupable quand elle était l'expression de ce que nous appelons leur amour, en quoi, prisonniers des concepts antiques, ils ne voulaient voir que recherche du plaisir. Aussi les plus libéraux d'entre eux ont-ils entrepris de légitimer cette recherche du plaisir : c'est le cas de Thomas Sanchez qui, au début du XVIIe siècle ne reconnaissait comme coupable que les accouplements, auxquels les époux se portaient « pour le plaisir seul », c'est-à-dire en excluant non seulement en intention mais en acte la possibilité de procréer.

Prenant à la lettre et en juristes les paroles de saint Paul aux Corinthiens : « Le corps de la femme ne lui appartient pas mais appartient au mari ; de même le corps du mari ne lui appartient pas mais à sa femme » (I Cor. 7, 3-4) — les théologiens faisaient de l'accouplement conjugal non pas un acte d'amour mais l'accomplissement d'un devoir commandé par Dieu et par les hommes. En cette matière ils admettaient l'égalité parfaite de l'homme et de la femme, l'un et l'autre pouvant « exiger la dette conjugale » — *debitum conjugale* — et forcer l'autre à la « rendre ». Depuis le XIIIe siècle, ils avaient même tendance à privilégier la femme que la timidité « naturelle » de son sexe empêchait d'exiger le dû avec autant d'impudeur et de fermeté que son mari, et faisaient à celui-ci un devoir de la comprendre à demi-mot, voire à des gestes ou à de simples attitudes du corps et du visage indicatifs de son désir. Quoi qu'il en fût de la manière dont la dette était exigée, il y avait toujours, à leurs yeux, un débiteur et un créancier, et c'est cette vision peu poétique du couple et de l'accouplement qui était enseignée aux fidèles, essentiellement dans le confessionnal.

Chacun des conjoints devait son corps à l'autre à condition que ce soit pour un emploi « conjugal », et non pas « contre nature », d'où l'importance des débats sur ce qui était ou n'était pas contre nature, le débiteur ne pouvait s'en exempter pour des motifs aussi légers que son indisposition psychologique ou physique, et n'avait pas à savoir pourquoi son conjoint l'exigeait. Celui-ci, cependant, avait des comptes à rendre à Dieu. Les moralistes de l'Antiquité et du Moyen Age ne jugeaient sa demande pleinement légitime que s'il la faisait dans l'intention de procréer. Tout autre motif était coupable. Dans les derniers siècles du Moyen Age, on admit cependant qu'il pouvait ne pécher que véniellement ou même ne pas pécher du tout s'il l'exigeait, pour échapper à une tentation impure, par exemple la tentation de posséder une autre femme — à condition qu'en possédant sa femme pour ce motif il ne s'imaginât pas posséder l'autre, ce qui eût été un adultère — car le mariage a été donné à l'homme, dit saint Paul, « en remède à la fornication ». Bien qu'ils n'aient jamais explicitement formulé ce paradoxe, les théologiens moins libéraux que Sanchez semblent donc avoir admis qu'il était plus coupable de s'unir à sa femme pour le désir que l'on en avait qu'en raison de l'amour qu'on avait pour une autre.

L'attitude traditionnelle des laïcs en France

Cette vision des rapports conjugaux n'était peut-être pas celle du commun des fidèles — comment le savoir ? — mais elle imprégnait certainement la mentalité des dévots et avait aussi cours dans d'autres milieux, tout différents. Relisons par exemple ce que Montaigne écrivait des relations conjugales. « Ces encherimens deshontez que la chaleur première nous suggère en ce jeu [amoureux], sont, non indecemment seulement mais dommageablement employez envers nos femmes. *Qu'elles apprennent l'impudence, au moins, d'une autre main.* Elles sont toujours assez éveillées pour nostre besoing. Je ne m'y suis servy que de l'instruction naturelle et simple. C'est une religieuse liaison, et dévote, que le mariage : voilà pourquoi le plaisir qu'on en tire, ce doit être un plaisir retenu, sérieux et meslé à quelque severité ; ce doit estre une volupté aucunement prudente et conscientieuse. Et, parce que sa principale fin c'est la génération, il y en a qui mettent en doubte si, lorsque nous sommes sans l'espérance de ce fruict — comme quand elles sont hors d'aage, ou enceintes — il est permis d'en rechercher l'embrassement [77]. »

Allant plus loin, il mettait en garde contre l'excès de l'amitié conjugale. « L'amitié que nous portons à nos femmes, elle est très légitime : la théologie ne laisse pas de la brider pourtant et de la restraindre. Il me semble avoir leu autresfois chez sainct Thomas, en un endroit où il condamne les mariages des parans és degres deffandus, cette raison parmy les autres, qu'il y a danger que l'amitié qu'on porte à une telle femme soit immodérée : car si l'affection maritale s'y trouve entière et parfaite, comme il se doit, et qu'on la surcharge encore de celle qu'on doit à la parentelle il n'y a point de doubte que ce surcroist n'emporte un tel mary hors les barrieres de la raison [78]. » Ce texte vient à l'appui de l'idée récemment émise par un ethnologue, que toutes les sociétés — à l'exception de la nôtre où les structures intermédiaires ont disparu, laissant face à face l'Etat et le noyau conjugal — se sont méfiées de l'amour excessif des conjoints l'un pour l'autre parce qu'il risquait de leur faire oublier leurs autres obligations sociales [79].

Il est vrai que le témoignage de Montaigne est vicié du fait qu'il était adepte de ces stoïciens dont l'Eglise tenait sa doctrine du mariage. Voyons donc celui de Brantôme dont ce n'était pas le cas et qu'on ne peut non plus soupçonner d'être excessivement dévot. « Nous trouvons en nostre Sainte Escriture qu'il n'est pas besoin que le mary et la femme s'entrayment si fort : cela se veut entendre par des amours lascifs et paillards ; d'autant que, mettant et occupant du tout leur cœur en ces plaisirs lubriques, [ils] y songent si fort et s'y adonnent si très-tant qu'ils en laissent l'amour qu'ils doivent à Dieu ; ainsi que moy-mesme j'ay vu beaucoup de femmes qui aymaient si très-tant leurs marys, et eux elles, et en brusloyent de telle ardeur, qu'elles et eux en oublioient du tout le service de Dieu ; si que, le temps qu'il y falloit mettre [ils] le mettoyent et consommoyent après leurs paillardises [80]. » La référence à ces époux qui brûlaient d'amour l'un pour l'autre nous rapelle que morale et pratique ne se recouvrent pas toujours, mais elle est vague, discutable et de toute façon moins intéressante que le témoignage porté par ce texte sur la mentalité de son auteur. Ce « bon compagnon », amateur d'histoires gaillardes, avait des relations conjugales une vision analogue à celle de Montaigne et des théologiens : pour lui trop aimer son mari signifie « paillarder » ; et une femme qui trouve trop de plaisir auprès de son mari en cherchera avec d'autres.

Certaines coutumes nuptiales — si l'on en croit ceux qui les ont décrites au début du XIXe siècle — suggèrent l'existence d'attitudes mentales analogues dans le peuple. Par exemple celle-ci qui, vers 1830, existait encore chez les paysans des Côtes-du-Nord : « Avant de laisser partir la mariée, les jeunes filles l'entourent pour lui ravir sa couronne nuptiale, en cet instant les pleurs de la mariée redoublent ; elle se sauve avec ses compagnes, et le mari court après avec ses garçons d'honneur. Il s'ensuit une lutte qui a l'air d'être sérieuse. Les efforts pour conduire la mariée à la maison conjugale sont souvent cause que ses vêtements sont déchirés, ce qui est pour elle un titre d'honneur, car plus une fille, dans cette occasion, fait de résistance plus elle passe pour vertueuse dans le canton, et plus son mari croit avoir droit de compter sur sa fidélité [81]. »

Dénoncé par la morale en tant que motif de l'union charnelle des conjoints, l'amour l'était plus ouvertement encore — du moins à l'époque qui nous intéresse ici — en tant que motif du mariage. Pierre Lombard, qui a fixé pour longtemps la doctrine catholique du mariage, admettait que les époux se donnaient le sacrement conjugal par l'échange des « paroles de présent, même si c'est l'amour qui entraîne à cela ». Mais faisant l'inventaire des raisons qui pouvaient pousser les gens à se marier, il rangeait parmi les moins honnêtes — « *minus honnestis* » — « la beauté de l'homme ou de la femme qui pousse souvent les cœurs enflammés par l'amour à rechercher la possibilité de rassasier leur désir ». Cet amour-là était une folie, la plupart des auteurs ecclésiastiques des XVIe et XVIIe siècles tombent d'accord là-dessus avec les défenseurs des édits royaux. L'amour conjugal que l'Eglise commandait aux époux d'avoir l'un pour l'autre, était un amour chrétien, tout différent : il n'était pas fondé sur la vaine apparence des corps, ni même sur de mystérieuses affinités des âmes — comme celle qui liait par exemple saint François de Sales à sainte Jeanne de Chantal, amitiés qu'il permettait à ses pénitentes d'avoir pour d'autres que leurs maris — mais sur l'amour de Dieu et la grâce qu'il donnait aux époux par le sacrement du mariage. C'est peut-être parce qu'elle croyait à la force du sacrement de mariage pour aider les conjoints dans leur vie commune, que l'Eglise catholique a pu être aussi nettement défavorable aux mariages d'amour.

Ethique et pratique de l'amour conjugal en Angleterre

Il n'en allait pas de même des puritains anglais : « Si les cœurs ne sont pas joints ni les affections unies, ce n'est pas un vrai mariage, mais une apparence de mariage », écrivait Henry Smith dès la seconde moitié du XVIe siècle. L'amour dont ces puritains parlaient ressemblent par bien des côtés à celui que devaient se porter les époux catholiques : il consistait à vouloir le vrai bien d'autrui, ce qui impliquait pour le mari non seulement d'assurer avec prévoyance le bien-être matériel de sa femme, de l'honorer en toutes choses, de ne pas l'humilier ni l'exaspérer par sa paresse, sa prodigalité, ses mauvaises fréquentations ou une jalousie injustifiée, mais aussi de la reprendre avec patience et douceur lorsqu'elle commettait une faute, de la morigéner et de l'éduquer en tant que cohéritière du royaume de Dieu.

Cependant les puritains insistaient déjà plus que les catholiques sur l'amour conjugal en tant que devoir : « En premier lieu — écrivait William Whateley — un homme doit aimer sa femme par-dessus toutes les créatures du monde... il n'y a pas de voisin, pas de parent, pas d'ami, pas de père, de mère ni d'enfant qui doive être aussi proche et aussi cher [82]. » D'autre part, plus encore qu'un devoir, l'amour est une grâce qui permet, et permet seul, d'accomplir ses devoirs conjugaux. Pour Robert Pricke, ce « n'est pas seulement la source et la cause, mais aussi le guide et la substance de tous les devoirs. Là où il manque, ou bien aucun devoir ne s'accomplit, ou bien il ne s'accomplit qu'en apparence, ou par intermittence ». Et Robert Bolton ajoute : « Sans ce bonheur paisible, sans cette satisfaction aimante que l'on trouve dans l'existence de l'autre, je crois que je ne conseillerais à personne de se marier ». Cette « inclination aimante qui pousse à l'action est aussi « une effusion du cœur, aimante et tendre... effusion dans le sein l'un de l'autre dans toutes les occasions [83] ».

Mais il y a aussi dans cet amour une dimension charnelle honorable. On n'a pas à la renier, à s'en épurer comme le suggère l'ancienne morale catholique : bien au contraire, l'instinct sexuel existe, conclut un analyste récent de la pensée puritaine, pour rapprocher l'homme et la femme et pour leur permettre, dans le mariage, d'exprimer, d'entretenir et de fortifier leur amour. C'est déjà la doctrine catholique actuelle.

Cet amour des époux l'un pour l'autre vient de Dieu et ne se commande pas. « Pas plus que la foi, écrit Thomas Gataker, l'amour ne se laisse contraindre. » Et il explique : « La femme à la main de laquelle tu aspires est fille de Dieu... C'est Dieu qui dispose de son cœur... Les parents [qui sont maîtres de l'accorder en mariage] ne peuvent commander aux affections, mais Dieu est capable de les incliner là où il veut. » Il les y incline, auraient pu dire les catholiques, par la grâce du sacrement de mariage. Mais les puritains ne croient pas que le mariage soit un sacrement, et croient à la prédestination : c'est donc de toute éternité que Dieu dispose les futurs conjoints à cet amour pour les amener à s'épouser. L'amour est mystérieux, remarque Daniel Rogers, les païens l'attribuaient aux astres, mais c'est Dieu qui l'a rendu particulièrement fort entre certains hommes et certaines femmes en vue du mariage [84]. C'est par là que la doctrine puritaine s'éloigne le plus de l'ancienne doctrine catholique du mariage, et c'est par là surtout qu'elle paraît être à l'origine de notre actuel « mariage d'amour ».

Plus attachés que les catholiques au consentements des parents, scandalisés que le Concile de Trente ne l'ait pas jugé nécessaire à la validité du mariage, les moralistes protestants étaient en même temps plus respectueux des sentiments des jeunes gens. Cela est vrai des anglicans aussi bien que des puritains. Ecoutons par exemple l'évêque de Norwich, Joseph Hall, dans la première moitié du XVIIe siècle, tancer avec une véhémence dont il n'y a pas d'exemple dans la littérature catholique de ce temps, les parents qui ne tenaient pas compte des inclinations de leurs enfants. « L'on dirait que l'Apôtre a voulu toucher cela lorsqu'il donne au père et à la mère le pouvoir de bailler ou garder leur vierge ; et la triste expérience nous fait voir combien les pères et mères ont de pente à user de cette redoutable autorité, lorsque pour leurs intérêts particuliers de ce monde, ils marient leurs enfans contre leur inclination et leur volonté... Mais surtout, quand les inclinations des jeunes mariés s'estant attachées à quelque autre objet — comme il arrive fréquemment — bon Dieu ! quelles flammes secrettes se nourrissent-ils pas au-dedans ! Quelle aversion n'ont-ils pas pour la personne qui leur a estée donnée en mariage ! De quels artifices n'usent-ils pas aussitost après avoir estés mariés pour se plonger dans l'adultère ! Quelles cruelles défiances ne conçoivent-ils pas l'un de l'autre ! Dans quelle sèche mélancholie ne passent-ils pas leurs jours pour se dévouer l'un l'autre, ou même leurs propres personnes, à la mort avant le temps ! Oui, dans ces rencontres, le père et la mère estans d'un naturel impérieux et avare se font un sanglant tort à eux-mêmes [85]. »

Ce texte ne cache pas la tendance des parents anglais à marier leurs enfants selon des considérations d'intérêt, plus sordides peut-être qu'en France, parce que, dans l'Angleterre de cette époque, l'argent paraît avoir eu plus d'importance et la naissance en avoir eu moins. C'est particulièrement vrai au XVIIIe siècle, où l'on voit les réunions mondaines se transformer en véritables bourses aux dots et aux maris, et des mariages se faire par petites annonces indiquant la dot de la jeune fille [86]. Jusqu'à la fin du XIXe siècle une multitude d'auteurs anglais, moralistes et romanciers, ont dénoncé ces mariages mercenaires. Mais leur indignation, sensible dès la fin du XVIe siècle, est sans doute un fait historique plus digne d'attention que les tristes histoires qu'ils rapportent. On en prendra conscience en remarquant que les auteurs français de la même époque s'indignaient plutôt de la folie des enfants de famille épousant par amour des filles de condition inférieure.

D'ailleurs, lorsqu'un aristocrate français séjourne en Angleterre, ce qui le frappe, à la fin du XVIIIe siècle, c'est la bonne entente des couples anglais et la liberté que les pères laissaient aux jeunes filles de manifester leur inclination, jusque dans les milieux les plus huppés. « Le mari et la femme sont toujours ensemble, ils n'ont que la même société », écrivait en 1784 François de La Rochefoucauld. « C'est la chose la plus rare que de les voir l'un sans l'autre. Les gens les plus riches n'ont que quatre ou six chevaux de carrosse, ils n'ont pas besoin de plus, car ils font toutes leurs visites ensemble. Il serait plus ridicule en Angleterre de faire autrement, qu'il ne le serait à Paris d'aller toujours avec sa femme. Ils ont l'air de la concordité la plus parfaite...

« Je ne sais si c'est une conclusion de l'obligation de vivre toujours avec sa femme que de se marier fort tard ; je serais tenté de le croire. Avoir une femme qui vous déplaît doit faire, en Angleterre, le malheur de vos jours. On cherche donc plus à la connaître auparavant de l'épouser ; elle a le même sentiment, et je crois que c'est par cette raison qu'il est rare de se marier avant vingt-cinq ou vingt-huit ans. Cela vient peut-être aussi de ce que c'est l'usage de tenir maison aussitôt que l'on est marié. Jamais on ne reste chez ses parents, et il faut être assez raisonnable pour ne pas faire de folies, soit en dépenses, soit en conduite. Je trouve cet usage de se marier tard beaucoup meilleur, il est plus dans la nature.

« L'on a beaucoup plus aussi de facilité à se connaître avant de se marier, car les jeunes gens sont dans le monde dès l'enfance, toujours ils accompagnent leurs parents. Les jeunes demoiselles font partie de la compagnie et parlent et se divertissent avec autant de liberté que si elles étaient mariées. Les trois quarts des mariages sont d'inclination, et l'on voit par expérience que la plupart réussissent parfaitement [87]. »

Il est vrai qu'on rencontrait dans le peuple des exemples d'une barbarie qui scandalisait les autres nations. Le vicomte de Vaudreuil, au début du XIXe siècle, fait une allusion rapide — comme parlant d'une chose bien connue des Français — à ces maris anglais qui menaient leurs femmes à la foire « pour les y vendre la corde au cou » comme du bétail. Est-ce légende anglophobe ? Il ne semble pas, puisqu'on peut lire en note du célèbre commentaire sur les lois anglaises de Blackstone : « Il est surprenant qu'il n'y ait pas de poursuites établies contre ceux qui vendent leurs femmes publiquement et contre ceux qui les achètent. Une telle pratique est en elle-même une turpitude, un scandale, et elle encourage à d'autres actes criminels et pervers. Elle est aujourd'hui assez commune pour qu'il fût d'un salutaire exemple de punir par l'exposition au pilori ceux que l'on convaincrait de cette offense [88]. »

La philosophie des Lumières et le droit à l'amour

Laisser aux jeunes filles la liberté de fréquenter des garçons paraissait aux Français moins barbare mais aussi rustique : « En Basse-Bretagne comme en Angleterre, les jeunes filles jouissent d'une grande liberté », écrivait-on vers 1830. « Elles courent le jour et la nuit avec les jeunes gens sans qu'il en ait longtemps résulté aucun désordre apparent [89]. » Ce que l'anglomanie a mis à la mode dans les élites françaises au XVIIIe siècle, c'est l'amour conjugal. On n'en trouve, certes, que six mentions, dans les 31 716 titres enregistrés par l'administration de la Librairie entre 1723 et 1789. Mais il est significatif que sur ces six titres, cinq soient postérieurs à 1770, et que le premier de ces cinq, en 1772, soit *Sophie ou l'amour conjugal, drame en cinq actes imités de l'anglois* [90].

Pour rester aussi près que possible des documents ecclésiastiques que nous avons analysés précédemment, prenons sur l'attitude « éclairée » envers l'amour, le témoignage du philosophique et anonyme *Catéchisme de la morale... à l'usage de la jeunesse,* édité à Bruxelles en 1785. C'est à l'Amour qu'il consacre tout son premier chapitre. « Le terme d'Amour signifie en général toute affection qui a son principe dans la nature ; et qui entraîne, pour ainsi dire malgré soi, vers l'objet aimé. » Rien à voir, donc, avec la froide définition du *Catéchisme de Bourges* en 1688. Pourtant la méfiance inculquée pendant des siècles subsiste : « Nous ne dirons rien ici, du penchant que la nature donne à un sexe pour l'autre ; sentiment doux et terrible, qu'on peut se demander si l'Etre Suprême a imprimé aux homme dans sa faveur ou dans sa colère, qui fait le bonheur de tous les êtres et le malheur de l'homme (...) qui, s'il adoucit quelquefois les âmes féroces, dégrade encore plus sûrement les âmes faibles ; plaisir le plus séduisant de tous, mais dont la nature elle-même qui nous le présente, semble avoir voulu nous éloigner, par les écueils dont elle l'a environné, et auquel le sage renonce pour éviter les maux innombrables qu'il traîne à sa suite. »

Traitant de l'amour conjugal, l'auteur ne le présente plus comme une passion terrible, mais comme un devoir. « Celui qui a d'abord et qui doit conserver l'empire le plus absolu sur le cœur. Le nœud sacré du mariage fait à deux époux un devoir strict de s'aimer. Quel enfer que la vie de deux époux désunis ! Pour vivre heureux sous le joug de l'hymen, ne vous y engagez pas sans être aimé. Donnez du corps à cet amour en le fondant sur la vertu. S'il n'avait d'autre objet que la beauté, les grâces et la jeunesse... il passeroit bientôt comme eux, mais s'il est attaché aux qualités du cœur et de l'esprit, il est à l'épreuve du temps. » Dans un langage « XVIIIe siècle », c'est une morale qui reste marquée de christianisme, d'un christianisme plus puritain, cependant, que catholique.

La suite rompt plus délibérément avec les principes de l'ancienne morale. « Le vil intérêt a proscrit l'amour des mariages, et l'a relégué dans les romans, au point que si quelqu'un ressent véritablement de l'amour, il doit au moins, crainte de scandale, ne faire tout au plus à son épouse en public, que des politesses froides, sous peine d'encourir le blâme et les brocards du beau monde. Ce nom sacré d'époux et d'épouse est banni par l'étiquette, il est relégué avec la tendresse et les devoirs, parmi le bas peuple. Cependant c'est une espèce de rapt qu'un mariage contracté sans tendresse ; la personne n'appartient, suivant l'instinct naturel, qu'à celui qui en possède le cœur. On ne devrait recevoir les dons de l'Hymen que des mains de l'Amour : les acquérir autrement, c'est proprement les usurper. Nœud sacré, tu es la proie de la force et de l'intérêt ; ainsi que l'or et les sceptres ! »

Il y a, dans le sentimentalisme de cette fin du XVIIIe siècle, une impudeur qui gêne parfois notre sensibilité actuelle. Bernardin de Saint-Pierre, Greuze, voire Rousseau, provoquent chez beaucoup d'entre nous une sorte de répulsion. Mais s'y abandonner, réduire leur impudeur à une superficialité des sentiments, serait refuser de voir, de comprendre, une grande transformation historique. Leur impudeur est une forme d'agressivité. Elle combat un ancien ordre des choses qui n'était plus acceptable et avec lequel nous n'avons pas renoué, quelque admiration que nous puissions professer pour la civilisation de l'Europe classique. Depuis des siècles l'amour existait. Dans les élites sociales — et particulièrement, sans doute, pour les femmes —

il constituait une valeur essentielle, l'une des principales raisons de vivre. Mais on ne pouvait en parler que dans la littérature profane — depuis le XIIe siècle, elle ne s'occupe guère que de lui — et on ne pouvait le vivre qu'en dehors du mariage sous peine de bouleverser l'ordre social. Encore les amours illégitimes avaient-elles été sérieusement pourchassées et par les pouvoirs publics et par l'Eglise. Depuis le XIIe siècle celle-ci ne libéralisait un peu sa doctrine du mariage — et on pourrait en dire autant des protestants — que pour mettre fin à l'adultère, au concubinage et à la prostitution. Plus ou moins convaincues de l'immoralité de ces amours, les élites sociales, dans la seconde moitié du XVIIIe siècle, ont refusé de réprimer plus longtemps leurs sentiments et leurs désirs. Elles ont prétendu leur donner satisfaction ouvertement, légitimement, dans le mariage. C'est une première révolte contre l'ancienne morale avant celle du XXe siècle qui commence à mettre en doute les vertus du mariage d'amour et à se demander si ce n'est pas une nouvelle forme — la forme puritaine — de répression.

Derrière les affrontements de façade, les évolutions profondes étaient lentes, inaperçues. La série des catéchismes et celle des manuels de confession nous en ont révélé quelques-unes. D'autres peuvent être mises en évidence à travers les procès en ruptures de fiançailles. En 1527 un nommé Gabriel Songis vient se plaindre à l'officialité de Troyes que sa fiancée refuse de célébrer leur mariage. La jeune fille, une orpheline, répond qu'elle a été forcée à ce « prétendu mariage » par ses tuteurs et qu'elle était incapable de contracter valablement, n'ayant que « dix ou douze ans ». Les demandeurs contestent cette voie de défense en affirmant qu'elle en a treize ou quatorze. Par sentence du 18 janvier 1528, l'accusée est « adjugée à Gabriel Songis en épouse de futur » et condamnée aux dépens [91]. Pour rompre des promesses de mariage, à cette époque, il fallait fournir des raisons plus sérieuses. Dans la seconde moitié du XVIIe siècle, il n'en va plus de même. En 1665 Jeanne Pluot dit qu'elle n'a jamais eu l'intention d'exécuter des promesses faites à un nommé Lasnier « contre son gré et par le respect qu'elle portoit à ses père et mère qui l'ont viollantée » ; qu'elle « n'a jamais aymé et n'ayme encore ledit Lasnier, et choisiroit plustot la mort que de l'épouser ». Le tribunal la délie de ses promesses. D'autres obtiennent la même libération sans adopter ce ton tragique : en 1666, Elizabeth Bernard dit simplement qu'elle « n'a jamais eu, non plus qu'à présent, aulcune amittié pour ledit Grosos » son fiancé.

Odart Courtois, peintre vitrier qui s'était fiancé avec une veuve relativement riche à l'instigation de ses parents, dit qu'on ne lui a pas donné « le temps de la connaître » et que, la connaissant maintenant, il n'a pour elle « aucune amitié » ; en 1673 Nicole Mussot veut rompre parce que son fiancé « ne luy a [pas] rendu les devoirs qu'un promis doit à sa promise, ce qui a refroidy l'amitié qu'elle avoit pour luy ». Bref, tous ceux qui refusent de se marier malgré leurs promesses, ont gain de cause [92]. Il est vrai qu'entre le début du XVIe siècle et le milieu du XVIIe le fait essentiel est le changement d'attitude de l'Eglise non pas envers l'amour mais envers la sacralité des « promesses de futur ». Mais qu'importe la cause, l'effet est clair : garçons et filles peuvent se libérer de leurs promesses de mariage en donnant pour seule raison qu'ils n'aiment pas leur futur ou qu'ils ne l'aiment plus.

Progressivité de l'évolution, et par ailleurs inachèvement. En 1785, l'auteur du *Catéchisme de Bruxelles* ne va pas encore jusqu'au bout de la logique du mariage d'amour. « Il est juste cependant, écrit-il, qu'un enfant qui n'est point capable de discernement ne soit pas libre de se lier, sans l'autorité de ses parents, par un nœud indissoluble. Ce seroit, de la part de ceux-ci, une inhumanité révoltante, que de l'abandonner à l'inconsidération et à la témérité, trop ordinaire à son âge ; lorsqu'il s'agit de décider, par un mariage, du bonheur ou du malheur de sa vie. Ses tuteurs naturels peuvent, sans qu'il puisse s'en plaindre, empêcher qu'il ne s'y engage, ou reculer son engagement, s'ils le jugent indigne de lui ou précipité. Bien entendu qu'ils doivent y donner les mains lorsqu'il se présente *sortable*. » Alors que dans le texte précédent l'auteur fondait le mariage sur l'amour et l'amour sur la vertu, ce n'est plus à l'absence de vertu qui renvoie le mot « sortable » : c'est à la disparité sociale. Au fond l'auteur s'est contenté d'habiller d'une argumentation nouvelle — fondée sur la notion d'immaturité des jeunes gens, et la recherche de leur bonheur personnel — la position traditionnelle défendue par Houard qui assimilait l'amour à une folie viciant le consentement. Pour cet auteur « éclairé » comme pour les moralistes catholiques ou puritains, les mariages doivent lier des individus de même condition sociale avec l'accord de leurs parents. Les élites éclairées du XVIIIe siècle ont rêvé d'instituer le mariage d'amour, mais elles en étaient incapables aussi longtemps que leur puissance sociale restait fondée sur un patrimoine matériel. Le mariage d'amour ne cessera d'être un rêve, dans ce milieu social, que lorsque l'essentiel du capital hérité sera culturel, c'est-à-dire au XXe siècle. Les aspirations nouvelles se sont exprimées longtemps avant que les transformations économiques rendent possible leur réalisation. Pourtant la révolution du système conjugal ne se fera qu'après celle du système économique : car, alors seulement, le mariage d'amour pourra se réaliser sans mettre en question ce qui reste des structures hiérarchiques de la société.

CHAPITRE IV

LA FONCTION REPRODUCTRICE DE LA FAMILLE ET LA VIE SEXUELLE

1. Famille et reproduction dans l'idéologie chrétienne

Il faut s'étonner que la cellule constitutive de nos sociétés soit la famille conjugale : il y en avait quantité d'autres possibles — les anthropologues en témoignent — et il y a eu, de fait, en France même, toutes sortes d'autres types de ménages, nous l'avons vu. Pourtant, lorsque les moralistes français ou anglais parlaient de la famille, ils n'en connaissaient qu'un type : la famille conjugale avec domestiques. Tout le reste était considéré comme accessoire, contingent. C'est par hasard que, dans une famille, il pouvait ne pas y avoir de domestiques ou d'enfants ; ne plus y avoir de père ou de mère ; ou que l'homme ou la femme n'était pas le père ou la mère de tous les enfants : comme les historiens du groupe de Cambridge, les théologiens y voyaient néanmoins une famille conjugale avec quelques éléments en moins ou en plus. De même ils semblent avoir considéré qu'élargir la famille à des parents divers ou même à d'autres couples ne changeait pas son être profond. C'est la famille conjugale que Dieu avait institué, et les théologiens réussissaient à la retrouver dans toutes les sociétés. Ils y voyaient une institution « naturelle ». Pourtant « ce n'est pas une chose que les hommes ont pu trouver par hasard », notaient les puritains Dod et Cleaver. « Au contraire, cette sagesse n'est pas naturelle, mais tirée de la source de toute sagesse, Dieu lui-même, qui par sa parole nous a donné sa pure lumière pour nous guider... jusque dans le secret de nos demeures [1]. »

Si les liens du mariage et de la filiation sont au cœur de l'institution familiale, c'est que sa fonction essentielle est la reproduction. Pour un homme, les catholiques ne voyaient, en ce monde, que deux états dans lesquels il puisse normalement faire son salut : l'état conjugal et l'état ecclésiastique. On accédait à l'un par le sacrement de mariage, à l'autre par le sacrement de l'ordre. L'un avait pour fonction la reproduction de l'espèce, sa multiplication biologique, l'autre la multiplication des chrétiens par la prédication, l'instruction religieuse.

Cette répartition des rôles sur quoi ont insisté les Pères de l'Eglise, n'explique pourtant pas qu'en plus de la procréation les conjoints aient été chargés de nourrir et d'éduquer leurs enfants — les deux choses étant à ce point liées que « nourrir », autrefois, signifiait aussi « éduquer ». Saint Augustin distinguait trois biens dans le mariage : *proles, fides* et *sacramentum*, c'est-à-dire la progéniture, la fidélité et l'indissolubilité. Or il soulignait déjà que *proles* n'impliquait pas seulement la procréation mais aussi la prise en charge matérielle des enfants et leur éducation. Saint Thomas notait que, dans certaines espèces animales, la femelle ne peut pas élever l'enfant toute seule. « Dans l'espèce humaine tout particulièrement, le mâle est nécessaire à l'éducation de l'enfant qui consiste non seulement à nourrir le corps, mais encore davantage à nourrir l'âme [2]. » Cette tâche de « nourrir » les enfants paraît si fondamentale de la condition conjugale qu'il s'y référait pour expliquer l'interdiction de toute activité sexuelle hors du mariage. Etant entendu que la sexualité n'a été donnée par Dieu que pour la procréation et que c'est toujours un grave péché que de s'en servir pour le plaisir seul, pourquoi n'importe quel homme ne peut-il procréer avec n'importe quelle femme ? C'est que seuls les époux sont en mesure d'élever et d'éduquer convenablement les enfants qu'ils mettent au monde. Ce disant, saint Thomas ne pensait sans doute pas seulement aux grâces surnaturelles que donne le mariage, mais à la stabilité du lien conjugal, à la dignité sociale de la famille légitime et à ses possibilités économiques. Seul le mariage crée des liens de parenté qui permettront à l'enfant de s'intégrer dans la société, au lieu que les enfants nés de la fornication, de l'adultère ou du concubinage ne sont que des bâtards, sans parents, honnis de tous. La famille légitime est en outre une association disposant des moyens économiques de nourrir et d'éduquer ses enfants, et d'une répartition des rôles individuels spécifique de cette tâche. Enfin et surtout cette association est stable en vertu de la « fidélité » et du « sacrement ».

Est-ce au christianisme qu'il faut attribuer cette association de la fonction procréatrice et de la fonction éducative ? Ou l'a-t-il trouvée dans les sociétés où il est né ? Dans les sociétés juive, grecque et romaine, il semble que cette association ait découlé de la propriété que le père avait sur ceux qu'il procréait. C'est cette propriété qui faisait que le Dieu de l'Ancien Testament pouvait venger sur le fils les injures commises par le père. En Grèce, la cité ne prenait en charge la nourriture et l'éducation des enfants que dans la mesure où elle revendiquait un droit de propriété sur eux. Par exemple, si l'Etat spartiate s'occupait des enfants à partir de sept ans, c'est qu'il revendiquait tout pouvoir sur eux : il le manifestait dès leur naissance en jugeant souverainement s'ils étaient appelés à vivre ou devaient être jetés dans le ravin du Taygète. Les autres cités laissaient au père plus de pouvoir sur leur progéniture, mais veillaient néanmoins à l'éducation des jeunes gens en tant que futurs citoyens.

Le christianisme paraît avoir fait disparaître les pouvoirs de l'Etat sur l'enfant et renforcé d'autant la responsabilité des parents quant à leur entretien et leur éducation. Cette responsabilité, en même temps, a été partagée entre le père et la mère. Au XIe siècle, par exemple, Burchard de Worms demandait à la mère : « As-tu placé ton enfant près d'une cheminée et une autre personne est-elle venue renverser sur le feu un chaudron d'eau bouillante, de sorte que ton enfant, échaudé, est mort ? *Toi qui devais veiller soigneusement durant sept ans sur ton enfant*, tu jeûneras pendant trois ans... [3] » Et à la fin du XVIe siècle, Benedicti écrivait : « Les mères qui n'ont cure de nourrir leurs enfants ou à tout le moins de leur pourvoir de bonnes nourrices, jusques à l'âge de trois ans — après lesquels les pères sont tenus par droit naturel de les avancer et leur bailler ce qui est nécessaire — pèchent [4]. » On peut y voir un progrès des responsabilités juridiques de la femme.

Mais pour l'homme comme pour la femme, cette responsabilité est devenue une servitude plus qu'un droit. Selon la doctrine chrétienne, en effet, le vrai père des enfants est Dieu : « N'appelez aucun père sur la terre, car un seul est votre père, c'est celuy qui est es cieux [5]. » Ce n'est plus parce qu'ils sont propriétaires de leurs enfants que les parents ont la charge de leur nourriture et de leur éducation, c'est parce que Dieu le leur a commandé. Et plus on insiste sur la paternité de Dieu, plus on insiste aussi sur le devoir des parents de prendre soin de leurs enfants et de les éduquer.

« Pères chrétiens, si Dieu est le premier père de vos enfants, vous n'en êtes à proprement parler que les nourriciers et les gouverneurs, ce ministère regarde leur éducation et c'est ce que Dieu exige de vos soins », leur rappelait Dorléans. « L'application qu'ils sont obligés d'apporter à l'éducation de leurs enfants ne doit pas être un soin médiocre, puisqu'il doit être non seulement tel que leur inspire la nature, non seulement tel que le demandent les bonnes qualités de leurs enfants, mais tel que l'exige le respect qu'ils sont obligés d'avoir pour Dieu même qui leur a confié ces dépôts... Si les parents considéraient leurs enfants comme des dépôts que Dieur leur met entre les mains...

non seulement ils ne les abandonneraient pas, non seulement ils n'auraient pas pour les uns une prédilection si nuisible aux autres, mais ils ne confieraient pas même le soin de leur éducation si absolument à autrui, qu'ils ne s'en réservassent la principale direction [6]. »

Pour faire admettre la nécessaire association des fonctions de reproduction biologique et d'éducation, les Pères de l'Eglise avaient trouvé des images dont se servaient encore les prédicateurs aux XVIIe et XVIIIe siècles. « Saint Ambroise dit que les hommes naissent à peu près comme les ours, brutes, informes, imparfaits ; et que de même que les ours achèvent de donner à leurs petits la figure qu'ils doivent avoir en les polissant avec la langue ; ainsi les pères et mères doivent achever, pour ainsi dire, de former leurs enfants, que la nature n'a fait qu'ébaucher dans le sein maternel, avec la parole et par leurs préceptes. Car tout de même que c'est dans la langue de l'ourse, ou plutôt dans son cœur et dans ses affections, que la nature a mis cette qualité propre à achever ses petits, et qu'un autre animal n'y réussirait pas ; ainsi c'est dans la langue ou plutôt dans le cœur d'un père et d'une mère que la nature a mis la vertu de perfectionner leurs enfants. S'ils n'en prennent le soin, ceux de l'étranger le plus habile sont sans succès (...) mais quand d'autres y pourraient réussir, serait-ce assez correspondre à l'honneur que Dieu leur a fait, en leur confiant ces dépôts, que de s'en reposer sur autrui [7] ? »

Même s'il y a dans un tel sermon, beaucoup de rhétorique, on peut supposer que, ne serait-ce que par souci rhétorique, son argumentation était recevable par ceux qui l'entendaient : les parents pouvaient aimer leurs enfants et s'occuper d'eux par une « inclination naturelle » ou pour l'honneur de leur maison ; mais ils n'étaient alors bons parents que pour certains d'entre eux. Pour qu'ils le soient envers tous, il fallait leur rappeler que ces enfants étaient envoyés par Dieu. « Si les parents considéraient leurs enfants comme des dépôts que Dieu leur met entre les mains (...) on ne verrait pas (...) ces trop grandes inégalités qui sont d'ordinaire dans les familles des semences de division si funestes, et qui causent souvent aux pères des déplaisirs d'autant plus cuisants qu'ordinairement il arrive que ceux de leurs enfants pour lesquels ils ont négligé tous les autres sont ceux dont, par un redoutable mais juste jugement de Dieu, ils ont moins de satisfaction. Ainsi ce père et cette mère n'épuiseraient pas tous leurs soins à l'éducation d'un aîné, parce qu'il est mieux fait que les autres ou parce qu'il est plus fait pour le monde, négligeant les autres [8]. » Leurs devoirs à l'égard de leurs enfants ne naissaient pas de leur paternité mais de ce qu'ils devaient à Dieu.

Il arrivait, il est vrai, à d'autres prédicateurs, d'employer des arguments plus conformes à notre vision des choses. « C'est un principe généralement admis parmi les philosophes et les théologiens que ce qui donne l'être donne en même temps les suites de l'être ; principe si véritable que saint Thomas, qui avoue que Dieu ne doit rien à sa créature, dit néanmoins que l'ayant créée, c'est à lui à la conserver (...) aussi, comme les pères et mères ont mis leurs enfants au monde, ils sont obligés, par un principe même de justice, de leur donner une bonne éducation [9]. » Mais cette argumentation était rare, elle ne supprimait jamais la précédente, elle se présentait comme philosophique — c'est-à-dire comme étrangère aux esprits vulgaires — et était donc vraisemblablement peu conforme à la mentalité de la masse des fidèles de ce milieu du XVIIe siècle.

D'ailleurs, insister sur la responsabilité que les parents prenaient en procréant des enfants aurait pu les détourner de leurs devoirs conjugaux, essentiels du point de vue qui intéressait l'Eglise, à savoir du point de vue de la chasteté. Elle s'employait donc à calmer les inquiétudes des fidèles qui auraient craint de ne pouvoir nourrir et éduquer convenablement les enfants qu'ils mettaient au monde. « L'homme de bien ne doit jamais craindre d'avoir trop d'enfants — écrivait Benedicti — ains doit penser que c'est une benediction de Dieu et croire à ce que dit David : " J'ai, dit-il, esté jeune et maintenant je suis vieil, mais jamais je n'ay veu le juste délaissé ne ses enfans chercher en extrême nécessité leur pain ", *car puisque Dieu les a donnez, il luy donnera par conséquent le moyen de les nourrir,* puisque c'est luy qui repaist les oiseaux du ciel ; autrement il ne luy en bailleroit pas [10]. » Ce type d'exhortation se retrouve jusqu'à la fin du XVIIIe siècle, et encore en 1930 dans l'encyclique *Casti connubii.*

Dans la formulation de Benedicti, il faut remarquer les expressions « l'homme de bien » et « le juste ». D'une part elles impliquent la conviction, héritée de l'Ancien Testament et de la mentalité du haut Moyen Age, que Dieu fait vivre ou mourir les enfants selon les mérites de leurs parents ; d'autre part elles pourraient aussi se référer à la doctrine augustinienne des élus et des damnés. Quoi qu'il en soit, l'optimisme apparent de Benedicti ne vaut pas pour tous les hommes, ce qui lui évite d'être trop cruellement démenti par l'expérience que ses auditeurs pouvaient avoir de la mortalité infantile de ce temps, et de la nécessité où se trouvaient beaucoup de pauvres d'abandonner leurs enfants parce qu'ils n'avaient pas les moyens de les nourrir. Il ne vaut que pour le juste, l'homme de bien, ce que tout le monde n'est pas mais que chacun pourrait être, selon la théorie catholique du libre arbitre.

Cet intérêt exclusif de l'Eglise d'autrefois pour les problèmes individuels, son indifférence profonde pour les problèmes sociaux, apparaît lorsqu'on réfléchit en sociologue à la cohérence de sa doctrine de la reproduction. Elle n'a jamais imposé aux sociétés chrétiennes de redistribuer périodiquement les terres pour adapter les ressources aux besoins de chaque famille, comme l'ont pratiqué par exemple les anciens Scandinaves ou les Incas. Prenant son parti de l'inégalité des ressources — mal corrigée par la charité individuelle — elle n'a cependant jamais accepté les moyens permettant d'y adapter les charges familiales : ni les fornications stériles des pauvres, ni la polygamie des riches, à la manière des Hébreux ou des musulmans ; ni l'interdiction aux pauvres de se marier, par quoi l'Etat bavarois, au XIXᵉ siècle, a tenté de mettre un terme à l'accroissement des abandons d'enfants ; ni le droit, pour les époux, de limiter leur descendance par l'infanticide à la naissance, l'avortement ou la contraception, droit que les Grecs et les Romains accordaient généralement aux pères de famille. Dans le système chrétien, l'adaptation de la démographie à des structures sociales inégalitaires ne pouvait logiquement se faire que par la mort en bas âge des enfants pauvres et l'asservissement rapide des survivants aux possesseurs du sol.

Don de Dieu, l'enfant était repris par Dieu lorsqu'il le lui plaisait, et les parents devaient accepter l'une et l'autre chose avec la même piété. « Dieu l'a donné, Dieu l'a repris », tel était le commentaire ordinaire des parents pieux devant la mort de leurs enfants. D'ailleurs l'état des connaissances biologiques les laissait aussi désarmés devant les mystères de la fécondité que devant ceux de la mort. La société occidentale savait, certes, depuis des millénaires, que la procréation est une conséquence de l'union sexuelle. Mais parce que l'on ne connaissait pas les détails, ni même les organes fondamentaux du processus de la génération, et parce que l'on constatait que les relations sexuelles ne sont pas toujours fécondes, on pouvait croire que la conception dépendait immédiatement de la volonté de Dieu. En s'unissant les parents donnaient la matière de l'enfant futur, mais c'est Dieu lui-même qui décidait de faire ou de ne pas faire un enfant de cette matière séminale, et qui, de toute façon, infusait l'âme à un certain moment de la gestation. De cela, d'ailleurs, les époux qui espéraient pendant des années une conception qui n'arrivait jamais, ne pouvaient pas douter ; non plus que ceux qui, menant une vie sexuelle normale, étaient plus que d'autres, surchargés d'enfants. Dieu envoyait des enfants à qui il voulait, en aussi grand nombre qu'il voulait, et les conjoints n'imaginaient généralement pas qu'il dépendît d'eux d'augmenter ou de diminuer leur fécondité. La plupart des auteurs s'accordaient même à reconnaître que la fécondité était en raison inverse de la fréquence des rapports conjugaux. « Et de là vient que les femmes publicques conçoivent fort rarement », écrivait Guillaume Bouchet [11]. Ce transfert de responsabilité explique sans doute l'importance de la fécondité comme l'importance de la mortalité infantile, dans l'ancienne société chrétienne.

Mais après avoir analysé l'idéologie chrétienne du système de la reproduction, voyons ce qu'il fut en réalité entre la fin du Moyen Age et la fin du XVIIIe siècle.

2. LE SYSTÈME DE LA REPRODUCTION BIOLOGIQUE DANS LES FAITS

Dans la pratique le système chrétien n'a jamais été intégralement appliqué. Son irréalisme et sa dureté étaient corrigés par le concubinage des riches, le célibat prolongé ou définitif des pauvres et son corollaire, la vie sexuelle « dissolue » des célibataires. Il est vrai que si, selon l'expression du démographe Moheau, « la débauche ne peuple point », certaines de ses formes faisaient cependant naître un trop grand nombre d'enfants voués à l'abandon et à une mort rapide. D'ailleurs le système était encore aggravé par la coutume qu'avaient les gens des villes de mettre leurs enfants en nourrice à la campagne.

Du concubinage à l'abandon d'enfant

Le concubinage est comme le mariage une union relativement durable, qui permettait d'élever les enfants procréés. Ils naissaient, certes, bâtards, et avaient en tant que tels plus de difficultés à s'intégrer dans la société que les enfants issus d'un légitime mariage : l'état ecclésiastique leur était interdit ; l'héraldique frappait symboliquement leurs armes d'une « barre de bâtardise » ; on prélevait même parfois sur eux un impôt spécial — par exemple en Normandie — ce qui permet d'ailleurs aux historiens de connaître leur nombre. Or leur nombre était grand au Moyen Age, et les ressources qu'ils procuraient non négligeables. Au reste l'histoire médiévale est pleine de leurs faits, preuve qu'ils parvenaient souvent à jouer un rôle important. Tout le monde connaît Guillaume le Bâtard, qui devint roi d'Angleterre sous le nom de Guillaume le Conquérant, ou le valeureux Dunois, bâtard d'Orléans, compagnon de Jeanne d'Arc. Cette présence des bâtards dans l'histoire médiévale, rapprochée de leur absence quasi totale de l'histoire antique, suggère qu'ils ont dû leur survie à la morale chrétienne. Et en effet les moralistes du Moyen Age faisaient aux hommes un devoir d'élever et d'éduquer leurs bâtards autant sinon aussi bien que leurs enfants légitimes.

Par rapport au mariage, qui était une institution sociale par quoi s'alliaient des familles de même condition pour se perpétuer, le concubinage était une union personnelle, une affaire d'amour, du moins de la part de l'homme. Il pouvait s'établir à tous les niveaux sociaux. Au Moyen Age comme au XVIIIe siècle, on trouve des misérables qui vivaient en concubinage parce qu'ils n'étaient pas assez riches pour se marier. Pour ceux-là, il est rare que les archives portent trace de leurs enfants. D'autres concubinages ne pouvaient se transformer en mariage parce que l'un des concubins était déjà marié. Au Moyen Age, le concubinage était courant chez des curés ou autres bénéficiaires ecclésiastiques, que leurs vœux solennels empêchaient de prendre femme légitimement, mais qui avaient cependant les moyens d'en entretenir une et d'élever ses enfants. Un autre cas classique était celui du riche, marié ou non, vivant avec une fille de condition inférieure qu'il aurait été plus scandaleux d'épouser que de tenir en concubinage. Saint Augustin, déjà, s'il s'est repenti d'avoir vécu ainsi dans le péché avec une honnête fille de condition inférieure, n'a jamais envisagé de l'épouser, bien qu'il en eût un fils.

Chez les riches, généralement, le concubinage était une forme de polygamie : non seulement chez les rois et autres grands seigneurs, mais chez de bons bourgeois mariés qui, ayant séduit une fille de condition inférieure, avaient d'elle plusieurs enfants qu'ils élevaient souvent chez eux avec leurs enfants légitimes. On a vu que le sire de Gouberville vivait entouré d'un demi-frère et de deux demi-sœurs bâtards de son père, pour lesquels il éprouvait une très vive affection. Lui-même n'eut que des filles bâtardes, qu'il réussit d'ailleurs à marier avec des gentilshommes des environs. On ne sait pourquoi il resta toujours célibataire, ni s'il eut plusieurs concubines. Jean Bottigny, seigneur de Morembert, explique pour sa part « que depuis sa jeunesse il a toujours suivi les gens d'ordonnance du roi et aussi les guerres, et qu'ayant vu dans ces guerres plusieurs gentilshommes qui se lamentaient sur le sort de leurs femmes et de leurs enfants, il ne lui est jamais venu envie de se marier ». Incapable pourtant de rester continent, « il a toujours mené depuis sa jeunesse une vie deshonnête et dissolue, et a entretenu dans le péché de la chair plusieurs femmes et filles tant à Vendeuvre qu'à Morembert, savoir : à Vendeuvre une nommée Jeanne Brethaigne, dont il a eu plusieurs enfants ; ensuite une nommée Colonne, et présentement une autre veuve, appelée Jeanne, dont il a eu aussi des enfants » et qui « demeure encore maintenant chez lui » ainsi qu'il l'avoue [12]. Le fait important pour notre analyse, c'est qu'il a entretenu ces femmes et leurs enfants : le concubinage était adapté aux structures inégalitaires de la société et permettait aux bâtards de survivre.

Dès le XVIe siècle, l'Eglise a entrepris de le faire disparaître. Au début du siècle, déjà, l'époque des concubinages tranquilles était bien passée pour les curés : des cinquante cités devant l'officialité de Troyes, entre 1515 et 1531, pour avoir manqué à la chasteté, cinq seulement vivaient en concubinage. Les autres, encore incapables de sublimer leurs pulsions sexuelles, n'en étaient que plus dangereux pour la vertu de leurs paroissiennes et pour la vie des enfants qu'ils leur faisaient. Dans le meilleur des cas ils donnaient aux filles qu'ils avaient déflorées une dot qui leur permettait de fonder un ménage [13]. Les concubinages laïcs, eux aussi, étaient déjà menacés : en 1529 le seigneur de Morembert est sommé, sous peine d'excommunication, de chasser de chez lui la veuve qu'il entretenait. Le tribunal ne paraît pas s'être inquiété de ce que cela impliquait pour les enfants qu'il avait eus d'elle.

Un peu partout les concubins sont dénoncés en chaire et excommuniés. Au XVIIe siècle ils ont pratiquement disparu : seuls les rois et les très grands seigneurs élèvent encore publiquement leurs bâtards. Louis XIV lui-même, avant la fin du siècle, s'est résolu à épouser secrètement la dernière de ses concubines, Mme de Maintenon, alors que le brave Henri IV n'avait jamais osé épouser celles qu'il aimait, qui étaient pourtant d'une condition bien supérieure. Quant aux bourgeois et aux bons paysans qui engrossaient une servante, au lieu d'élever ses enfants comme autrefois, ils la mettaient à la porte, par crainte du scandale plus encore que par avarice.

La statistique démographique confirme cette transformation des mœurs. A Nantes et dans les villages voisins, au XVIe siècle, 50 pour 100 des naissances illégitimes étaient encore le produit d'un concubinage [14]. Dans la même ville de Nantes, ce taux s'est abaissé à 5,5 pour 100 entre 1735 et 1750 et à 2,5 pour 100 entre 1751 et 1787 [15]. Au reste, dans tous les villages français, il est devenu extrêmement rare qu'une fille ait plus d'un enfant illégitime dans la même paroisse : à Isbergues, en Artois, alors que le taux d'illégitimité des naissances était de 2,5 pour 100 avant 1650, on ne trouve que deux filles mères entre 1598 et 1803 qui aient eu plus d'un enfant illégitime [16].

Cette proscription des concubinages explique en partie pourquoi le nombre des naissances illégitimes a considérablement décru du XVIe siè-

Figure 4

Evolution du taux d'illégitimité des naissances dans les campagnes.

A. Un échantillon de 24 paroisses anglaises.

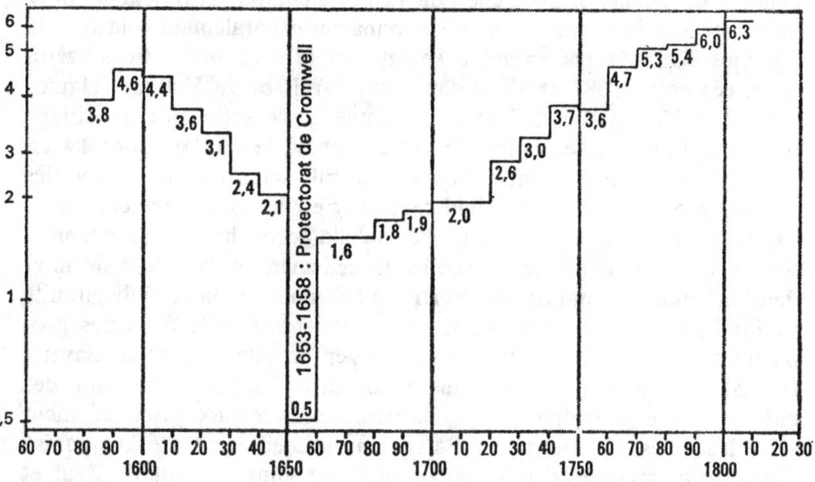

D'après P. LASLETT : « Long term trends in Bastardy », in *Population Studies*, juil. 1973.

B. Quatre villages français.

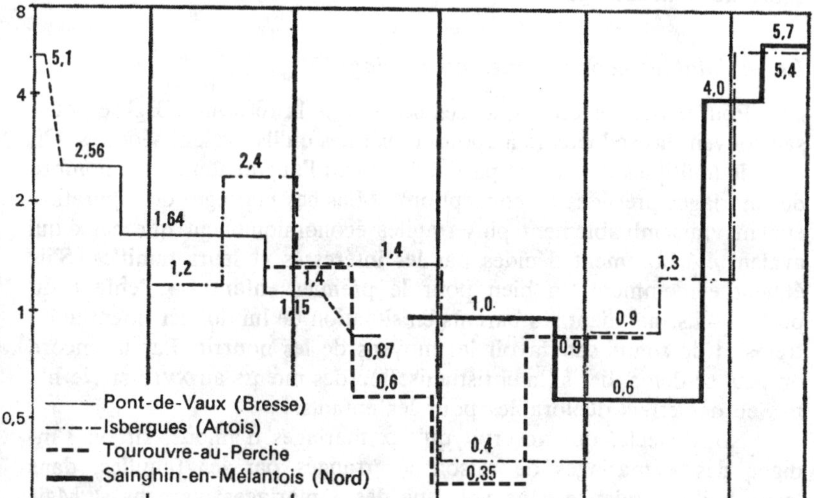

cle au milieu du XVIIIe (fig. 4). Mais pour les enfants qui naissaient malgré tout hors mariage, les chances de survie étaient bien moindres que dans le passé. Les filles mères, répudiées par leurs séducteurs et souvent chassées de leurs villages, étaient sans ressources pour élever l'enfant du péché. Lorsqu'elles ne l'étouffaient pas secrètement pour préserver leur honneur, elles l'abandonnaient généralement à la charité publique. On sait par exemple ce que fut le sort de 39 filles mères recensées entre 1681 et 1790 dans cinq paroisses du Vallage (Haute-Marne) : 12 ont réussi à se marier, une seule est restée au village dans son état de fille, et les 26 autres ont dû le quitter, dont 14 en y abandonnant leur enfant [17]. Souvent, la fille séduite était chassée dès que sa grossesse devenait évidente, et c'est dans l'isolement, à la campagne ou dans une grande ville, qu'elle accouchait et abandonnait son enfant. Cela explique, au moins partiellement, qu'au XVIIe siècle et dans la première moitié du XVIIIe, alors que les taux d'illégitimité s'effondraient à la campagne, ils augmentaient en ville dans des proportions très sensibles. On peut en juger par l'exemple de Bayeux (fig. 5). Cela explique aussi, sans doute, la croissance du nombre des enfants trouvés en pleine époque de réforme des mœurs, principalement dans les villes où, comme à Paris, leur accueil avait été réorganisé (fig. 6). Or, malgré l'œuvre remarquable de saint Vincent de Paul et de ses émules en ce domaine, la mortalité des « enfants trouvés » est restée bien supérieure à celle des enfants élevés par leurs parents, y compris sans doute ceux qui l'avaient été au XVIe siècle dans le cadre du concubinage.

Les préalables économiques du mariage

Pour éviter ces conséquences nocives de la réforme, l'Eglise poussait souvent les séducteurs à épouser les filles qu'ils avaient séduites. On en a de multiples indices, et particulièrement l'augmentation du nombre des mariages précédés de conception [18]. Mais ces mariages de réparation étaient vraisemblablement plus fragiles économiquement que ceux qui avaient été librement décidés par les intéressés et leurs familles. S'ils étaient évidemment un bien pour le premier enfant — l'enfant du péché — ils mettaient ses parents en situation de lui donner quantité de frères et de sœurs sans avoir les moyens de les nourrir. Par là encore on peut se demander si la christianisation des mœurs au XVIIe siècle n'a pas eu des effets déplorables pour les enfants.

Notre siècle, qui ne croit qu'aux mariages d'amour, rit ou s'indigne des « mariages de raison » arrangés par les familles, dans lesquels il a tendance à ne voir que des « mariages d'argent ». Mais dans une société où l'immense majorité des familles tiraient leur subsis-

Figure 5

Evolution du taux d'illégitimité des naissances dans quelques villes françaises.

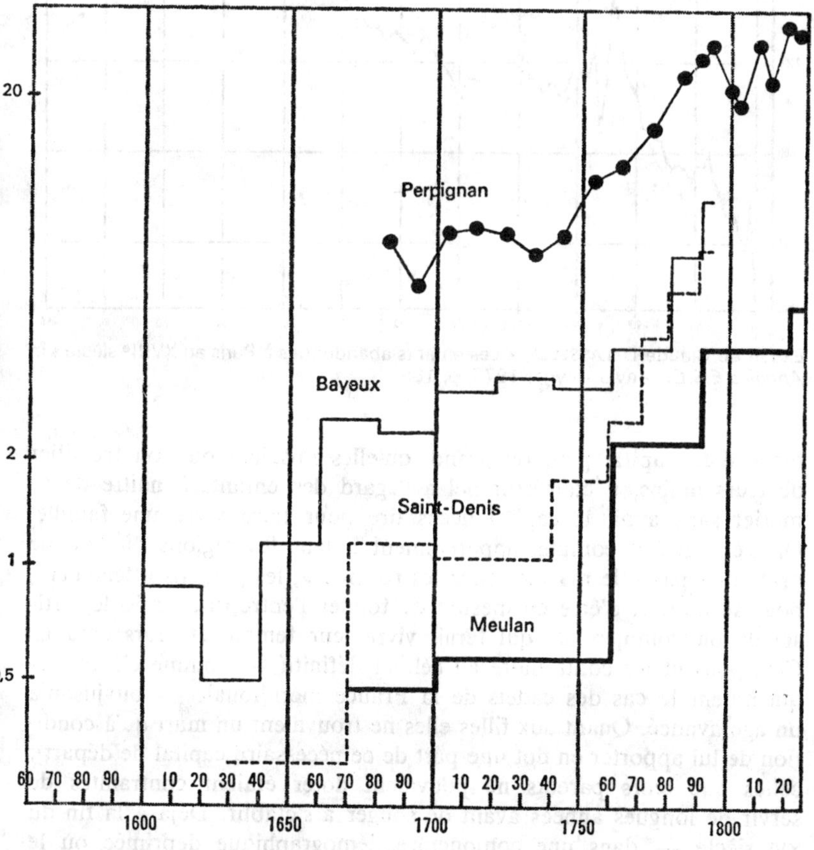

Sources : J. GUIBEAUD, « Les naissances hors mariage à Perpignan de 1684 à 1894 », *in Société Agri. Sciences et Litt. des Pyrénées Orientales*, t. XXXVI, 1895, p. 431-446.
M. EL KORDI : *Bayeux aux XVIIe et XVIIIe siècles*, Mouton, 1969.
J. BEAUD et G. BOUCHART : *La population de Saint-Denis en France*, microfiche AUDIR, n° 73.944.73.
M. LACHIVER : *La population de Meulan du XVIIe au XIXe siècle*, SEVPEN, 1969, p. 67.

Figure 6

L'accroissement du nombre des enfants trouvés admis à la couche de Paris 1670-1790.

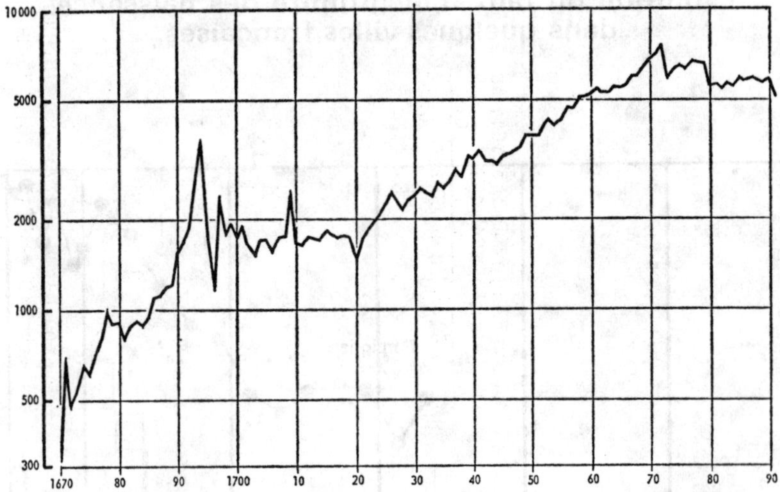

Extrait de Claude DELASSELLE, « Les enfants abandonnés à Paris au XVIIIe siècle » in *Annales E.S.C.*, janvier-février 1975, p. 189.

tance d'un capital petit ou grand, qu'elles faisaient ou non fructifier de leurs mains, il était criminel à l'égard des enfants à naître de se marier sans avoir le capital nécessaire pour faire vivre une famille. On s'en rendait compte, apparemment : dans les régions où l'on ne pratiquait pas « le mariage chez les parents », les garçons attendaient, pour se marier, d'être en mesure de fonder l'entreprise agricole, artisanale ou commerciale qui ferait vivre leur femme et leurs enfants. Cela pouvait les contraindre au célibat définitif — comme c'était fréquemment le cas des cadets de la France méridionale — ou jusqu'à un âge avancé. Quant aux filles elles ne trouvaient un mari qu'à condition de lui apporter en dot une part de ce nécessaire capital de départ : celles que leurs parents ne pouvaient doter étaient contraintes de servir de longues années avant de songer à s'établir. Déjà à la fin du XVe siècle — dans une conjoncture démographique déprimée où le travail était donc bien rémunéré — l'âge moyen au premier mariage était de vingt-cinq ans pour les garçons et de vingt et un ou vingt-deux ans pour les filles soit, pour les uns comme pour les autres, une dizaine d'années de plus que l'âge minimum légal [19]. Par la suite cet âge moyen au premier mariage paraît s'être continuellement accru,

Figure 7

Elévation de l'âge au mariage du XVIe au XVIIIe siècle (1er mariage des filles).

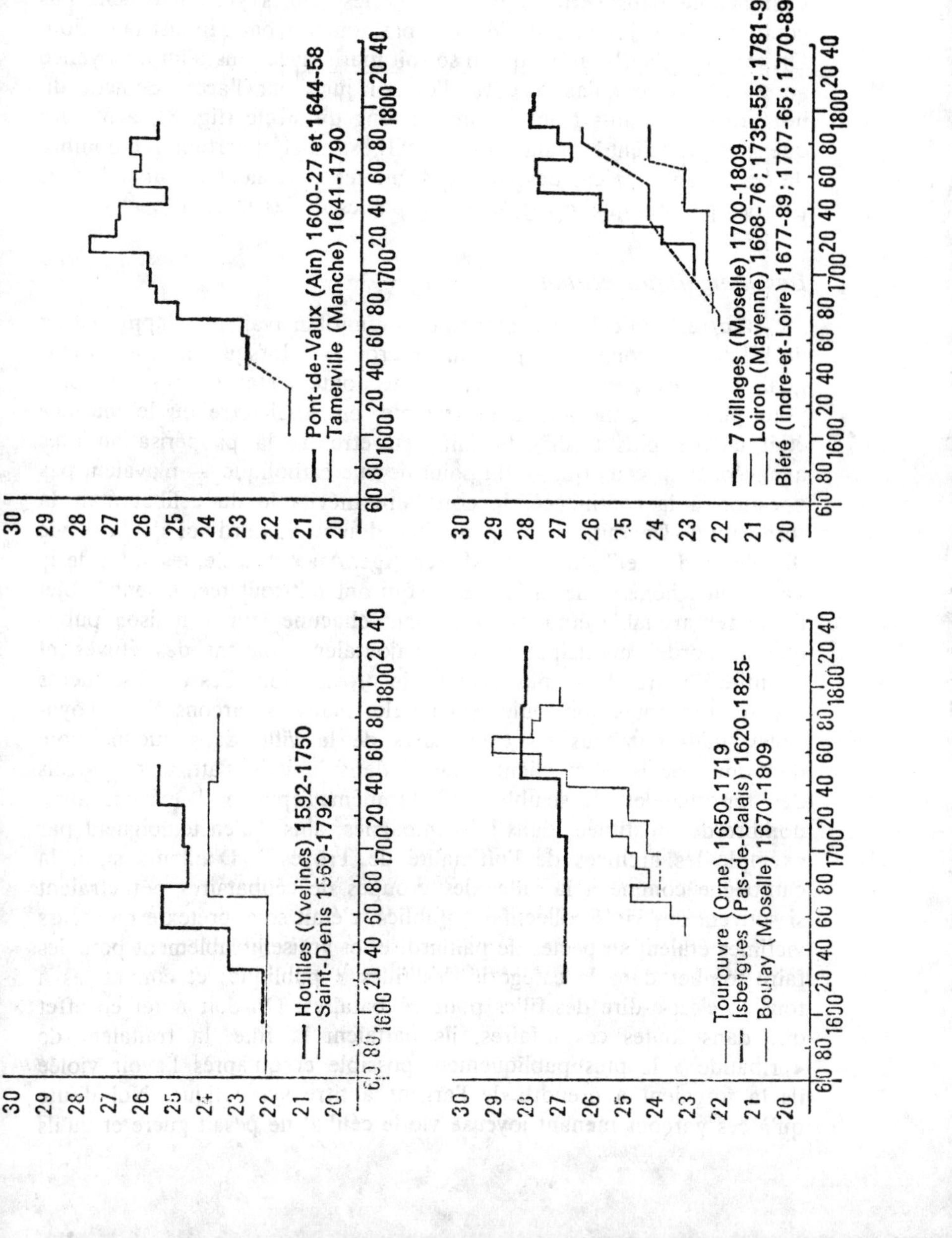

dans toute la France (fig. 7), en raison sans doute de l'essor démographique qui entraînait une dégradation des salaires, mais aussi de la lente conquête des « héritages » paysans par les nobles et les bourgeois. Pour les mêmes raisons, la proportion des célibataires définitifs s'est accrue dans certains villages où les jeunes gens n'avaient pas coutume d'émigrer et qui n'étaient pas touchés par l'industrialisation. Or, malgré cela, il semble qu'on se soit marié avec plus d'imprévoyance au XVIIIe siècle qu'au XVIe, si l'on en juge par l'accroissement du nombre des enfants trouvés tout au long du siècle (fig. 8), à mesure que se dégradaient les salaires réels [20]. Il est en effet certain que nombre de ces enfants étaient des enfants légitimes et avaient été abandonnés par des parents qui se jugeaient incapables de les nourrir [21].

Les dangers du célibat

Au reste le célibat prolongé ou définitif n'avait pas l'approbation de l'Eglise — comme on pourrait le croire — lorsqu'il ne s'accompagnait pas des vœux de chasteté. Sans doute n'était-ce pas non plus pour plaire aux moralistes protestants, en Angleterre où le mariage était encore plus tardif, du fait peut-être de la paupérisation plus avancée. Pour ceux qui — du point de vue catholique — n'avaient pas vocation à la continence, le corollaire inévitable du célibat était la fornication. De fait, on ne peut plus douter aujourd'hui de la « vie dissolue » des célibataires du Moyen Age. Au XVe siècle, les villes de la vallée du Rhône et de la Saône — qui ont fait tout récemment l'objet d'une remarquable étude [22] — avaient chacune leur « maison publique », bordel municipal auquel s'ajoutaient souvent des étuves et quantité d'autres lieux plus secrets de prostitution. Ces établissements étaient fréquentés non seulement par les mauvais garçons et les voyageurs, mais par tous les célibataires de la ville, sans aucune note d'infamie. Seuls leurs clients mariés dans la ville s'attiraient parfois des réprimandes. Il semble qu'à la même époque il existait aussi nombre de prostituées dans les campagnes, ainsi qu'en témoignent par exemple les archives de l'officialité de Troyes [23]. D'ailleurs si, à la campagne comme à la ville, des groupes de célibataires perpétraient si souvent des viols collectifs et publics, c'était sous prétexte que leurs victimes étaient suspectes de paillardise, et vraisemblablement pour les faire tomber dans la catégorie des filles « publiques et communes à tous », c'est-à-dire des filles pour célibataires. On doit noter en effet que dans toutes ces affaires, ils battaient la fille, la traitaient de « ribaude » le plus publiquement possible et qu'après l'avoir violée ils la forçaient à prendre de l'argent à titre symbolique. Nul doute qu'à ces garçons menant joyeuse vie le célibat ne pesait guère et qu'ils pouvaient attendre pour se marier d'avoir les moyens de s'établir. Il leur fallait aussi, pour cela, avoir de quoi régaler leurs compagnons de célibat, sous peine de charivari.

Figure 8

Abandons et vie chère à Paris au XVIIIe siècle.

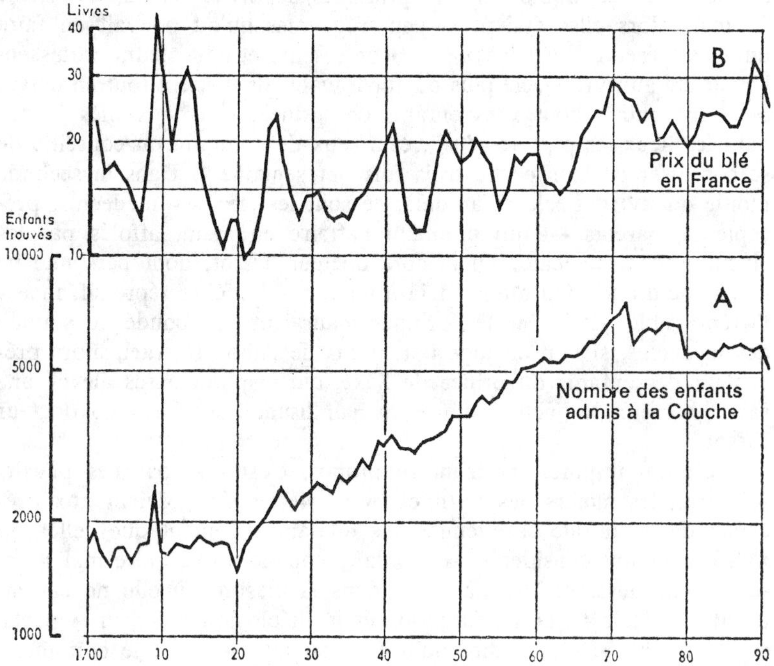

Extrait de Claude DELASSELLE, *op. cit.* p. 207.

Dès la première moitié du XVIe siècle, cependant, avant même le Concile de Trente, les pouvoirs publics ont réagi. Tolérant encore comme un moindre mal les divertissements burlesques des abbayes de jeunesse, ils ont commencé à sévir durement contre les viols, à fermer les bordels, à soumettre les prostituées à des rafles, à les flageller publiquement sous prétexte de maquerellage et à les chasser de la ville sous les peines les plus graves. La prostitution, certes, n'a pas disparu, non plus que les viols. Mais comme eux, elle est devenue clandestine et coupable. Comme, au même moment, les naissances illégitimes se sont beaucoup raréfiées, les autorités civiles — et de nos jours les amateurs de statistiques — ont pu se satisfaire de cette apparence de chasteté.

Mais l'Eglise de l'époque n'en était pas dupe. Les *Instructions pour les Confesseurs du Diocèse de Chalon-sur-Saône,* par exemple, à la question : « Quels sont à présent les habitudes de péché mortel les plus ordinaires ? », répondaient : « Pour les jeunes gens ce sont les pensées deshonnestes, les péchez de molesse et d'impureté [24] », c'est-à-dire, en langage d'aujourd'hui, les rêveries érotiques et la masturbation solitaire. Inquiets de ces pratiques depuis la fin du XIVe siècle — mais alors elles étaient si peu fréquentes qu'on pouvait en faire un « cas réservé » à l'évêque —, confesseurs et éducateurs paraissent l'avoir été au XVIIe siècle plus qu'auparavant. Ils mettent tout en œuvre pour en venir à bout : les enfants des princes sont surveillés jusque dans les lieux les plus secrets [25], et à ceux du commun on conseille de se confesser de leur péché trois fois par semaine [26]. Dans la seconde moitié du XVIIIe siècle et au-delà, ce sont les laïcs — médecins, précepteurs, parents — qui prennent l'affaire en main, affolés par les élucubrations médicales du célèbre docteur Tissot, dont personne ne s'avise de douter. On atteint déjà à un véritable délire répressif, face à l'irrépressible. Et les ecclésiastiques n'auraient pas boudé ce soutien des médecins, si l'on en juge par le cas de l'abbé Barruel, alors précepteur des enfants du prince de Saxe, qui inspirait à ses élèves une sainte horreur de l'acte solitaire en leur lisant les œuvres du docteur Tissot [27].

Ce qui importe, pour notre propos, c'est que par ces plaisirs solitaires, les mœurs des XVIIe et XVIIIe siècles s'opposaient aux préceptes de la morale chrétienne plus fondamentalement que celles du XVe. Longtemps considérée par les laïcs comme un moindre mal — et sans doute aussi par les pasteurs, dans la mesure où elle ne causait pas de scandale — la masturbation était, théologiquement, un « péché contre nature », c'est-à-dire qu'il était compté — avec le coït interrompu, la sodomie et la bestialité — parmi les plus graves des péchés sexuels. D'un point de vue pastoral, il était trop répandu pour qu'on le traite avec autant de rigueur que ces deux derniers. Mais il inquiétait surtout comme péché susceptible de passer en habitude ; lorsque, jusqu'à un âge avancé, les jeunes gens ne connaissaient pas d'autres plaisirs sexuels, ils risquaient de se fixer sur celui-là et ensuite de ne plus vouloir se marier. « Il s'en trouvera de si addonné à l'ordure de ce péché, comme est le plus souvent la jeunesse de l'un et l'autre sexe — écrivait Benedicti — que les hommes ne se voudront marier, ne les femmes prendre maris, lorsque par ce moyen ils assouvissent leurs appetits impudiques y continuant leurs ans, voire, hélas, jusques au tombeau.[28]... » Ou bien, s'ils se mariaient, ils risquaient de s'adonner encore à leur péché dans le mariage. C'est cette crainte qui explique l'intransigeance des moralistes sur le chapitre du devoir conjugal :

en toutes circonstances, même lorsque cela présentait un risque grave pour sa santé ou celle de l'enfant, la femme était obligée de « rendre le dû » au mari qui l'exigeait, de peur que celui-ci ne « se corrompe » volontairement, ou comme ils disent plus explicitement encore, qu'il ne soit porté « à contenter soi-même sa passion ».

Pour éviter ces impuretés dans lesquelles l'homme était appelé à tomber en raison de sa nature pécheresse, Dieu lui avait donné un remède : le mariage. C'est parce qu'il ne l'utilisait pas qu'il commettait toutes sortes de fornications. Au début du XVe siècle, exhortant les confesseurs à interroger jeunes gens et jeunes filles sur les péchés de la chair, Gerson soulignait qu'il « n'en est guières, depuis qu'ils sont en eage, qui ne facent de villains et abhominables péchiez *s'ils ne sont mariez jeunes* » ; Benedicti, à la fin du XVIe, interdit aux maîtres d'empêcher leurs serviteurs de se marier « quand il en est temps et qu'ils voient qu'autrement ils seront en danger de paillarder » ; Antoine Blanchard, en 1713, demande aux pères : « N'avez-vous point négligé l'établissement de vos enfans, étant en état de le faire ? N'avez-vous point été cause, par ce défaut d'établissement, que vos enfans se soient abandonnez à la débauche ? » Il est vraisemblable que la logique de l'évolution économique aurait retardé les mariages et accru le célibat plus encore qu'ils ne l'ont été, si l'Eglise n'avait combattu cette évolution, soit directement par ses exhortations aux pères et aux maîtres, et par ses pressions en faveur des mariages de réparation, soit indirectement par la suppression des libertés médiévales. Cela expliquerait qu'un nombre croissant de couples légitimes aient été incapables de nourrir tous les enfants qu'ils procréaient.

Pourtant ces exhortations sont moins nombreuses qu'on eût pu l'attendre, elles sont discrètes et remarquablement imprécises sur l'âge auquel les jeunes gens devaient être mariés lorsqu'on les compare aux préceptes des conciles du haut Moyen Age : « Il faut que les fils, quand ils arrivent aux années de la puberté, soient contraints à prendre femme ou à embrasser la continence ecclésiastique [à leur gré] ; quant aux filles du même âge, c'est par la volonté paternelle qu'elles doivent être vouées à la chasteté ou aux noces [29]. » Du XVIe au XVIIIe siècle, aucun moraliste ne prescrit plus le mariage pubertaire qui était dans la logique de la doctrine de saint Paul, alors même que tous sont conscients des péchés d'impureté des adolescents, et il ne semble pas qu'il en soit davantage question chez les moralistes anglais, pourtant plus persuadés encore de la nécessité du mariage. On peut donc se demander si les uns et les autres n'étaient pas sensibles, plus qu'ils n'ont voulu l'avouer, à la nécessité d'avoir de quoi s'établir avant de se marier. Leur silence sur le mariage pubertaire, leur lutte pour imposer la continence à des jeunes gens qui n'y avaient pas vocation, ne sont-ils pas la première ébauche d'un véritable malthusianisme avant Malthus ?

La fécondité des ménages

Il faut enfin chercher si l'accroissement du nombre des enfants trouvés aux XVIIe et XVIIIe siècles ne serait pas dû à un accroissement de la fécondité conjugale. Cette idée paraît inimaginable aux démographes français, persuadés que la fécondité a été « naturelle » jusqu'au milieu du XVIIIe siècle — exception faite de quelques groupes sociaux sans importance numérique — et que c'est au contraire dans la seconde moitié du siècle, au moment où la courbe des abandons s'envole littéralement, qu'on a commencé à pratiquer la contraception. Et sans doute ont-ils raison, pour l'essentiel. Il est évident que l'un des deux grands faits de la démographie française est le passage de la fécondité très forte et apparemment incontrôlée qui caractérisait le XVIIe siècle et la première moitié du XVIIIe à une fécondité de plus en plus faible et de mieux en mieux contrôlée par les couples, caractéristique des XIXe et XXe siècles. La démonstration a été faite récemment, de manière irréfutable, que cette baisse progressive de la fécondité a commencé dès la seconde moitié du XVIIIe siècle, non seulement dans la population urbaine, mais chez les paysans, du moins dans un nombre considérable de villages du Bassin parisien [30]. Mais comme en cette affaire on ne s'est jamais soucié que de confirmer par des statistiques surabondantes et souvent peu convaincantes des idées *a priori* héritées des démographes et des moralistes du XVIIIe siècle, comme on n'a jamais cherché *si* la fécondité ancienne était tout à fait « naturelle » mais *quand* elle est devenue artificielle, essayons de pousser cette hypothèse paradoxale, ne serait-ce que pour nous assurer de ce qui est incontestablement démontré.

On a récemment mis en évidence un accroissement de la fécondité des jeunes femmes, après 1750, dans la plupart des pays d'Occident, et même dans les villages français où la fécondité des femmes plus âgées diminuait par suite de manœuvres contraceptives. Cet accroissement pourrait être dû à une fréquence plus grande des rapports prénuptiaux ; ou à une maturation sexuelle plus rapide, pour des raisons économiques, sanitaires ou climatiques [31]. A Colyton, seul village anglais où on ait pu étudier la fécondité des couples [32], c'est dans tous les groupes d'âge qu'elle a augmenté au XVIIIe siècle après avoir diminué au XVIIe (tableau 14, p. 246).

Dans ce village, l'âge au mariage était déjà très élevé entre 1560 et 1646. Entre 1647 et 1719, il s'est élevé encore de trois ans chez les femmes et d'un an chez les hommes. Les démographes anglais voient dans cette élévation une riposte à une conjoncture difficile que révèle la très sensible réduction de l'espérance de vie. Mais, comme si cette riposte ne suffisait pas à régler les difficultés des ménages, ils en auraient utilisé une autre : la limitation de leur fécondité. De fait la fécondité a fléchi de manière très nette, puis elle s'est relevée au XVIIIe siècle, en même temps que s'abaissait l'âge au mariage et que l'espérance de vie progressait : sans doute parce que la « révolution industrielle » leur a apporté un complément de ressources. Cette thèse, apparemment cohérente, est étayée par une série de tests statistiques en principe révélateurs d'une fécondité contrôlée : la fécondité des femmes de trente à quarante-cinq ans, par exemple, a diminué beaucoup plus chez celles qui s'étaient mariées jeunes que chez les autres ; celles qui s'étaient mariées avant trente ans ont eu leur dernier enfant deux ans plus tôt, en moyenne entre 1647 et 1719, qu'au cours de la période 1560-1646. Enfin 18 pour 100 seulement de celles qui ont vécu avec leur mari jusqu'à l'âge normal de la ménopause ont eu six enfants ou plus, tandis qu'on en avait compté 55 pour 100 à l'époque précédente.

On peut, cependant, douter que les paysans de Colyton aient volontairement limité leur fécondité, et plus encore — en l'absence de tout témoignage explicite — qu'ils l'aient limitée par le coït interrompu. En effet d'autres tests classiques des comportements contraceptifs se sont révélés négatifs. Et la plupart des faits mis en valeur par les démographes anglais pourraient s'expliquer de manière « naturelle » par le mauvais état sanitaire qui a caractérisé cette époque : surcroît de décès d'enfants avant baptême, le baptême ayant d'ordinaire lieu, en Angleterre, à dix ou quinze jours ; stérilité temporaire due à une alimentation insuffisante ; stérilité définitive contractée à la suite d'un accouchement mal conduit, avec d'autant plus de probabilité, à l'âge X, que la femme, mariée plus jeune, a déjà eu plus d'enfants ; avortements spontanés, que les démographes anglais ne sont pas seuls à négliger, sans doute à tort [33]. Enfin la réversibilité du processus est, au fond, ce qui est le plus choquant pour les historiens français habitués à considérer le contrôle de la fécondité comme une acquisition irréversible dans nos sociétés modernes. Malgré tout, le « cas Colyton » reste troublant et met en demeure les démographes français de considérer d'un œil aussi critique leurs propres méthodes et leurs propres conclusions.

Les tests statistiques patiemment élaborés par Louis Henry pour mettre en évidence le caractère naturel ou malthusien d'une fécondité [34], ne sont en somme fondés que sur le bon sens et la psychologie des couples malthusiens d'aujourd'hui. Confrontés à des comportements anciens dont on connaît très mal la logique, ils n'ont pas toujours donné des résultats probants. On vient de voir, sur l'exemple de Colyton, qu'ils pouvaient être ambigus. Et l'on a montré il y a quelques années que certains d'entre eux pouvaient se révéler positifs dans une population où la contraception était certainement inexistante ou exceptionnelle, et négatifs dans une population certainement contraceptive [35].

D'une manière plus générale, la notion même de « fécondité naturelle », héritée de la théologie chrétienne, est ambiguë. D'abord parce que la contraception ou l'avortement ne sont pas les seules manières de limiter volontairement la fécondité : il y en a d'autres, comme l'abstinence sexuelle, le refus prolongé ou définitif d'un des époux d'accomplir son « devoir conjugal », avec ou sans compensations « illégitimes ». Au XVIe siècle, Benedicti dénonçait les époux qui par crainte d'avoir trop d'enfants, « se contentent seulement de se rassasier en leur mariage par attouchemens et impudicitez illicites ». Ensuite, en l'absence même de limitation volontaire, la fécondité a toujours été largement tributaire de la culture de chaque groupe humain : par exemple des interdits sexuels ou des coutumes d'allaitement. Il est donc impossible de donner une définition chiffrée de la « fécondité naturelle » et de prouver de manière purement statistique qu'une fécondité est naturelle ou ne l'est pas. S'il est bien établi qu'en France même, les paysans du Sud-Ouest ont eu traditionnellement une fécondité moindre que les paysans du Nord, du Bassin parisien ou de la Bretagne (tableau 16, p. 248), était-elle moins « naturelle » ? On ne peut actuellement le dire.

La contraception était-elle inconnue ?

On pensait, il y a quelque vingt ans, que la contraception avait été inconnue, voire même inimaginable, dans l'Occident médiéval [36]. Si cela reste soutenable pour ce qui concerne la masse des fidèles — nous avons développé cette idée ci-dessus — il est aujourd'hui certain, en revanche, que les moralistes chrétiens l'ont dénoncée à toutes les époques, parce que, vraisemblablement, il existait des procédés contraceptifs utilisés au moins par quelques pécheurs endurcis. Ces dénonciations, il est vrai, auraient pu être inadaptées aux mœurs de l'époque et constituer un simple héritage de l'Antiquité ; héritage recueilli par les clercs et non par les fidèles [37]. Mais cette hypothèse est difficilement conciliable avec le changement, au fil des siècles, des procédés dénoncés et avec les précisions données sur les utilisateurs de ces procédés [38]. On pourrait enfin contester leur efficacité. De fait, beaucoup des pratiques dénoncées nous paraissent symboliques, magiques, sans puissances réelles. Mais d'autres — comme les « poisons de stérilité » dénoncés par les pénitentiels du haut Moyen Age — ont pu avoir des vertus abortives, sinon contraceptives. D'ailleurs certains procédés contraceptifs étaient nécessairement efficaces, par exemple ceux qu'utilisaient les prostituées — peut-être des tampons vaginaux —, et le coït interrompu dont les historiens s'accordent à faire l'arme contraceptive de la « révolution malthusienne » en France.

L'étude attentive des ouvrages de théologie morale et des manuels de confession révèle en outre que dès le XIVe siècle les moralistes se sont particulièrement préoccupés de ce « péché d'Onan », et que du XVIe au XVIIIe siècle il les a de plus en plus obsédés. C'est vraisemblablement l'indice d'une diffusion de cette pratique, au moins dans les élites sociales. De fait Brantôme affirme qu'au XVIe siècle les grandes dames adultères l'imposaient à leurs amants et il s'indigne qu'on ait pu se comporter de même en mariage[39]. Certains, dès cette époque, en jugeaient sans doute autrement, puisqu'au début du XVIIe siècle saint François de Sales dénonçait « quelques hérétiques de nostre aage » qui faisaient l'apologie de l'acte d'Onan, prétendant que Dieu n'avait pas puni l'acte lui-même mais « la perverse intention de ce meschant[40] ». Et les démographes voient une preuve de la diffusion de ce procédé parmi les élites, dans le fait que dès le début du XVIIIe siècle la fécondité légitime des ducs et pairs de France ou celle des bourgeois de Genève a baissé très sensiblement[41]. Nous reviendrons sur ces débuts de la « révolution malthusienne ». Mais est-il sûr que la lutte du clergé post-tridentin contre les pratiques inféconde en mariage ait été inefficace ? N'aurait-elle pas eu pour effet non seulement de retarder la diffusion des pratiques « malthusiennes », mais de rendre plus féconde la vie conjugale ?

Dans une même région — par exemple le Bassin parisien — les taux de fécondité que nous pouvons connaître sont sensiblement plus bas au XVIIe siècle que dans la première moitié du XVIIIe, époque où la réforme catholique atteint pleinement les campagnes (tableau 15, p. 247). Et lorsque, dans une même localité on peut connaître l'évolution de la fécondité, on constate qu'une phase de hausse précède généralement la phase de baisse — qui commence vers 1750 dans le Bassin parisien mais après la Révolution dans d'autres régions, ou même après le milieu du XIXe siècle, comme en Bretagne — (tableau 17, p. 250). Il est vrai que cette hausse s'explique en partie par un meilleur enregistrement des nouveau-nés morts sans baptême. Mais n'est-elle qu'apparence ? Il est vrai aussi que les famines de la fin du règne de Louis XIV peuvent avoir diminué la fertilité physiologique des femmes et la conjoncture meilleure du règne de Louis XV l'avoir augmentée [42]. Mais est-ce assez pour prouver que cette hausse ne doit rien à la réforme des mœurs ?

Lorsque les démographes cherchent à expliquer l'essor des taux d'illégitimité à la fin du XVIIIe siècle, ils n'évoquent que la déchristianisation, et jamais l'essor démographique, la « prolétarisation » des paysans, leur déracinement, l'élévation de l'âge au mariage ni l'accroissement du nombre des célibataires. De même ils ne parlent que de morale et de religion pour rendre compte de la multiplication des enfants trouvés ou de la baisse de fécondité — rarement évidente hors du Bassin parisien. Mais en présence d'une hausse sensible, quoique légère, de la fécondité, ils ne pensent qu'à l'enregistrement et à la situation économique, et ne formulent même pas l'hypothèse — ne serait-ce que pour en montrer la vanité — qu'elle pourrait résulter d'une « christianisation » de la vie conjugale. Et pourtant la réforme des mœurs est un phénomène majeur de l'histoire des XVIIe et XVIIIe siècles. Elle est rendue statistiquement évidente, nous l'avons vu, par l'effondrement des taux d'illégitimité des naissances dans les campagnes françaises et la quasi-disparition du concubinage. Curieuse incohérence.

Il fallait formuler cette hypothèse, puisque c'est des conduites traditionnelles et non de la « révolution malthusienne » que nous parlons pour l'instant. Mais, quoi qu'il en soit de sa pertinence, il reste que globalement, même au début du XVIIe siècle et même dans la France du Sud-Ouest, la fécondité des ménages était fondamentalement différente de ce qu'elle est devenue aux XIXe et XXe siècles. Voyons donc quels en étaient les effets.

Fécondité et mortalité infantile

Au Canada et dans les colonies anglaises d'Amérique, une fécondité analogue à celle des couples de France et d'Angleterre provoquait un essor démographique qui n'a jamais eu d'équivalent en Europe occidentale. Les « pays pleins » d'Europe occidentale ne pouvaient supporter les mêmes rythmes d'accroissement démographique que ces pays « neufs », encore vides en regard des densités que permettaient les techniques agricoles européennes. Mais il ne semble pas que l'immigration ait eu, à cette époque, un rôle décisif dans l'accroissement de la population américaine : c'est vraisemblable pour les colonies anglaises et c'est prouvé pour le Canada. L'explication la plus sûre de cet essor démographique est donc celle donnée par Malthus : l'âge au mariage nettement plus bas qu'en Europe, du moins pour les filles. Est-ce suffisant ? Dans certaines colonies anglaises les registres paroissiaux font apparaître des taux de mortalité infantile incroyablement bas — sans doute par suite d'un mauvais enregistrement des enfants morts avant baptême [43]. Pour le Canada, en effet, on donne des taux qui s'apparentent aux plus forts des taux français [44].

En France, un examen un peu attentif révèle des corrélations géographiques et chronologiques entre l'importance des taux de fécondité et celle des taux de mortalité infantile ou juvénile. Corrélation géographique : là où la fécondité des femmes de vingt-cinq à vingt-neuf ans dépassait 500 pour 1 000 — par exemple dans le Nord de la France, en Beauvaisis, en Bretagne et dans les petites villes — les taux de mortalité infantile étaient généralement compris entre 200 et 300 pour 1 000, et parfois même ont dépassé 300 pour 1 000 ; au contraire dans le Sud-Ouest où les femmes de vingt-cinq à vingt-neuf ans avaient une fécondité inférieure à 400 pour 1 000, les taux de mortalité infantile étaient généralement inférieurs à 200 pour 1 000 (tableau 18, p. 252). Corrélation chronologique : lorsqu'après 1750 la fécondité légitime a baissé, sans doute par la volonté des époux, dans le Nord et le Bassin parisien, la mortalité infantile et juvénile a baissé également ; au contraire, dans les rares régions comme la Bretagne où l'on trouve des taux de fécondité en augmentation, on trouve aussi une augmentation de la mortalité infantile ou juvénile (tableau 19, p. 253). Est-ce l'effet du hasard ?

La baisse de la mortalité infantile a souvent été attribuée à des progrès de la médecine et de l'hygiène. En ce domaine, cependant, on ne connaît pour l'instant avec quelque précision que l'effort entrepris sous l'impulsion de Mme du Coudray pour améliorer les techniques d'accouchement des sages-femmes de la campagne [45]. Mais cette amélioration des conditions d'accouchement ne pouvait — par définition — faire reculer que la mortalité endogène, celle qui était due à l'hérédité, aux conditions de la gestation et de l'accouchement. Or, si l'on peut se fonder sur les chiffres que les démographes calculent selon un procédé graphique simple et approximatif [46], c'est surtout la mortalité exogène qui se serait effondrée, dans le Nord et le Bassin parisien (tableau 20, B, p. 254). C'est elle, d'ailleurs, qui était responsable des taux excessivement élevés de la mortalité infantile dans les régions à forte fécondité, et des bas taux du Sud-Ouest, tandis que la mortalité endogène, sauf exception, variait peu d'une région à une autre (tableau 20, A, p. 254).

Reste à savoir dans quel sens s'établissait la relation de cause à effet entre l'importance des taux de fécondité et celle des taux de mortalité infantile. Est-ce que la mortalité était si forte, dans la France septentrionale, parce que la fécondité était trop importante ? A l'appui de cette hypothèse, le fait que la limitation des naissances, à partir du milieu du XVIIIe siècle, paraît avoir fait décroître la mortalité infantile — décroît qu'on est pour l'instant incapable d'expliquer autrement — alors que dans les villages bretons où la fécondité a augmenté, la mortalité infantile ou juvénile a augmenté aussi.

Mais on sait d'autre part que la mort d'un enfant en bas âge raccourcit le « temps mort » de sa mère, c'est-à-dire la période stérile qui suit toujours un accouchement. En l'absence de contraception, en effet, la femme qui n'allaite pas son enfant conçoit à nouveau beaucoup plus rapidement que celle qui allaite. « L'effet de nourrice », certes, ne se rencontre pas chez toutes les femmes et il ne dure généralement pas aussi longtemps que l'allaitement, surtout lorsque celui-ci se prolongeait pendant deux ans ou plus, comme c'était *en principe* la règle dans les sociétés médiévale et pré-industrielle. Aussi beaucoup de médecins d'aujourd'hui ont-ils tendance à ne pas croire à l'influence physiologique de l'allaitement sur la fertilité, d'autant que, dans notre société où peu de femmes allaitent, où peu ne pratiquent aucune forme de contraception, il est difficile d'appréhender le phénomène statistiquement. Mais les auteurs d'autrefois le connaissaient bien, et la démographie historique a confirmé leurs affirmations : cette influence est statistiquement évidente. On la fait apparaître en opposant la fécondité des femmes qui allaitaient leurs enfants à la fécondité de celles qui les mettaient en nourrice (tableau 21, p. 255) ; ou — pour éliminer l'effet parasite des manœuvres contraceptives chez celles-ci — en montrant que chez les mêmes mères, la mort d'un enfant après sa naissance raccourcissait sensiblement l'intervalle intergénésique suivant (tableau 22, p. 255). Encore cette méthode minimise-t-elle aussi les choses, car souvent, autrefois, la mère d'un enfant mort en bas âge prenait un nourrisson étranger.

On pourrait donc supposer que le rythme plus précipité des naissances dans la France septentrionale s'explique par la mort plus fréquente des enfants en bas âge. C'est l'importance de la mortalité qui serait alors la cause biologique de la surfécondité. Mais comment expliquer la différence des taux de mortalité ? Par des facteurs purement physiques comme le climat ? Sans doute vaut-il mieux s'arrêter, pour rendre compte des oppositions de fécondité et de mortalité infantile entre Sud-Ouest et France septentrionale, à une hypothèse mixte. La moindre mortalité des enfants, dans le Sud-Ouest, ne serait pas imputable à la douceur particulière du climat, mais au fait que l'on s'occupait mieux d'eux. Peut-être parce que la famille étendue leur offrait une meilleure protection que la famille conjugale où — nous le verrons plus loin — les fonctions économiques de la mère l'empêchaient d'accomplir normalement ses obligations maternelles. Peut-être parce qu'elle pouvait de ce fait l'allaiter plus longtemps et que cela diminuait à la fois les risques de conception pour la mère et les risques de mort pour l'enfant.

La mise en nourrice

Il est sûr en tout cas que ce sont les coutumes d'allaitement qui expliquent la surfécondité des couples urbains et la surmortalité de leurs enfants. Mettant leurs enfants en nourrice à la campagne, les mères de la ville concevaient souvent au rythme d'un enfant tous les ans, aussi bien chez les pauvres ouvriers en soie, par exemple, que chez les riches bourgeois [47]. Les femmes de la campagne, au contraire, qui prenaient un enfant en nourrice lorsqu'elles avaient perdu le leur ou fini de l'allaiter, accouchaient à intervalles beaucoup plus lents. Rares étaient à la campagne les femmes qui avaient un enfant tous les ans, parce que seules les femmes de gros laboureurs mettaient les leurs en nourrice.

L'influence de la mise en nourrice sur la mortalité infantile n'est pas douteuse non plus. A Lyon — sans doute plus qu'à Paris où un « bureau des nourrices » exerçait une certaine surveillance — les bébés étaient victimes de l'avidité des nourrices autant que de l'ignorance et de la négligence de leurs parents. On voit par exemple, dans un village où il n'y avait eu en 1759 que 16 naissances, 21 familles se charger de 26 nourrissons. Et le nombre des nourrissons augmentait encore en temps de crise — jusqu'à 39 en 1767 — alors que les nourrices, moins bien alimentées ces années-là, avaient vraisemblablement moins de lait qu'à l'ordinaire [48]. Certaines nourrices pouvaient, certes, s'attacher aux bébés étrangers qu'elles allaitaient : on en a des preuves touchantes, du moins pour le XIXe siècle [49]. Mais il semble qu'en général, du moins au XVIIIe siècle, elles les voyaient mourir sans grand émoi et les considéraient essentiellement comme une source de revenus : on connaît par exemple une nourrice qui, en vingt ans de métier, a eu douze nourrissons et n'en a jamais rendu un seul vivant. Elle ne les laissait par mourir exprès, puisque leur mort lui faisait sans doute perdre de l'argent ; mais la poursuite de son activité pendant vingt ans est révélatrice de son peu de scrupules, de l'ignorance ou de la négligence des parents qui lui confiaient leurs enfants, et de l'indifférence des autorités et de la société.

On commence à disposer de quelques chiffres permettant d'évaluer statistiquement la nocivité de l'allaitement mercenaire. On sait par exemple que la mortalité des enfants mis en nourrice par l'Hôtel-Dieu de Lyon a augmenté continuellement au cours du XVIIIe siècle, à mesure que leur nombre s'accroissait : vers 1771-1773, au terme de cette évolution, il en mourait de 62,5 pour 100 à 75 pour 100 selon les provinces d'accueil [50]. Il est vrai que les enfants de famille avaient plus de chance de survie que ces enfants trouvés : à Rouen, où 90 pour 100 de ceux-ci mouraient en nourrice avant un an, les enfants pauvres « assistés » par la ville sans avoir été abandonnés par leurs parents ne mouraient en nourrice « que » dans la proportion de 38,1 pour 100. Mais des enfants de Rouen nourris par leurs mères, il mourait moins encore : 18,7 pour 100 [51]. On peut donc admettre, en l'état actuel des recherches, que la mise en nourrice doublait la mortalité infantile dans les familles urbaines. C'est elle, sans aucun doute, qui explique la surmortalité des enfants des villes comme la surfécondité des couples urbains ne pratiquant pas la contraception.

Ces méfaits de l'allaitement mercenaire n'étaient pas ignorés : « Il naît [à Lyon] 6 000 enfants toutes les années. Il en périt plus de 4 000 en nourrice », écrivait Prost de Royer, non sans exagération. Déjà au XVIe siècle les médecins conseillaient l'allaitement maternel, et au XVIIIe siècle l'opinion éclairée a mené une vigoureuse campagne en sa faveur. Mais la mise en nourrice était dans les mœurs, et l'on s'accommodait de ses inconvénients avec philosophie, pour ne pas dire insensibilité. Montaigne, au XVIe siècle, ne se souvenait même plus du nombre exact des enfants qu'il avait perdu en nourrice ; et les artisans, boutiquiers, ouvriers lyonnais qui au cours de leur vie conjugale procréaient une douzaine ou une vingtaine d'enfants dont ils perdaient la plupart de leur vivant, n'étaient sans doute pas plus sensibles, au siècle des Lumières. La mortalité de leurs enfants comme la fécondité de leurs femmes étaient apparemment pour eux dans l'ordre des choses. Elles dépendaient de Dieu dès lors qu'ils avaient pour leur part accompli *normalement* leurs devoirs d'époux et de parents en faisant l'effort financier — considérable pour des ouvriers — de payer la nourrice. « Elles se croient justifiées par l'exemple et l'usage », écrivait Moheau des mères qui prenaient le risque d'envoyer leurs enfants en nourrice. Et il ajoutait : « Elles se trompent, elles trahissent à la fois les devoirs de citoyenne, d'épouse et de mère. Livrer un enfant à une étrangère est un acte cruel et dénaturé, qui, s'il était unique, seroit considéré comme une atrocité ; et la multitude des fautes n'en diminue pas la perversité ! La Nature trompée se venge et punit ; et le lait qui devroit être l'aliment des enfans devient pour les mères qui les en privent une cause de maladie et de mort [52]. » Cette argumentation suggère que ces mères agissaient en fonction d'une morale coutumière — que la morale chrétienne admettait sans doute puisqu'il faut les menacer d'une vengeance de la

Nature — plus qu'en fonction de « sentiments naturels ». On peut d'ailleurs supposer que la séparation qui s'opérait dès la naissance de l'enfant empêchait la cristallisation de l'amour maternel. Quoi qu'il en soit, il est clair que, pour ces parents qui prenaient le risque de mettre leurs enfants en nourrice, il y avait des choses plus importantes que la vie de leur progéniture.

« Les femmes d'ouvrier, elles sont tout aussi sensibles que nous — écrivait un auteur de la fin du siècle — mais en pleurant elles portent leurs enfants à nourrir à d'autres, parce qu'il faut bien commencer à se nourrir soi-même ». Chez les bouchers, les charcutiers, les boulangers et tous les métiers de l'alimentation, on avait besoin de la femme pour tenir la boutique ; quant aux femmes des ouvriers en soie, elles devaient aider leurs maris au métier à tisser. D'une manière générale, les femmes du peuple avaient toutes, autrefois, un rôle important à jouer dans l'économie du ménage ; si elles ne pouvaient l'assumer, c'est toute l'entreprise familiale qui risquait de capoter. Ne cherchons pas plus loin pourquoi, dans la paroisse Saint-Georges de Lyon, par exemple, 80 pour 100 des veufs se remariaient dans les six mois. La fonction économique des ménages qui gênait le développement de la fonction affective — on l'a vu à propos de l'amour entre époux — ne pouvait non plus s'effacer, fût-ce temporairement, pour les besoins de la fonction reproductrice. Sauf peut-être dans les familles multi-nucléaires de la France méridionale : à Bilhères d'Ossau, 6,6 pour 100 seulement des veufs se remariaient dans les six mois.

Dans les élites sociales les femmes ont peut-être pu se consacrer davantage à se faire aimer de leur mari, à faire des enfants et à s'en occuper. Mais elles aussi, généralement, après avoir souvent allaité leur fils aîné [53], se déchargeaient sur des nourrices mercenaires de l'allaitement des plus jeunes parce qu'elles avaient mieux à faire : ne serait-ce que diriger la maison et éduquer les enfants sortis de nourrice. Le nombre même des enfants — lorsqu'on ne limitait pas la fécondité — empêchait d'ailleurs les mères de s'en occuper d'aussi près que dans les familles « malthusiennes » des XIXe et XXe siècles. Et dès qu'on montait dans l'échelle sociale, les femmes avaient des obligations mondaines impératives qui concurrençaient ou supplantaient leurs obligations familiales. C'est à ces femmes surtout, peut-on penser, que les moralistes catholiques puis les philosophes ont adressé leurs exhortations en faveur de la vie de famille et de l'allaitement maternel ; mais il est difficile de savoir quelle proportion d'entre elles a été touchée par leurs sermons au point d'allaiter tous leurs enfants. A l'époque où l'allaitement maternel et la vie de famille sont devenus à la mode, après 1750, il semble bien que, dans ces milieux, les couples aient été déjà franchement malthusiens.

Allaitement maternel et devoir conjugal

Si les partisans de l'allaitement maternel ne se sont attaqués qu'à la « frivolité » de la vie mondaine, ce peut être par politique ou par pudeur ; car les obligations conjugales, elles aussi, poussaient les parents à se séparer de leurs enfants nouveau-nés. Comme dans beaucoup d'autres sociétés, on pensait autrefois que les relations sexuelles pouvaient « corrompre » le lait de la nourrice, le rendre moins abondant, et le faire même disparaître complètement lorsqu'elle avait le malheur de concevoir à nouveau. Ce risque de conception prématurée n'était d'ailleurs pas imaginaire, l'infertilité des nourrices ne durant généralement pas aussi longtemps que l'allaitement : des recherches en cours attestent que la conception, chez la nourrice, pouvait survenir dès le sixième mois, alors que l'allaitement, selon les normes de l'époque, devait durer environ deux ans, et qu'il était rare que survive un enfant sevré avant un an. Chaque société a eu sa solution particulière à cette incompatibilité des fonctions d'épouse et de nourrice : certaines ont obligé l'homme à pratiquer le coït interrompu ou d'autres méthodes contraceptives pendant toute la durée de l'allaitement [54] ; beaucoup ont interdit à l'homme tout rapport avec sa femme jusqu'au sevrage, mais autorisaient — ou même organisaient — ses rapports charnels avec d'autres femmes. L'Eglise, pour des raisons doctrinales, ne pouvait accepter ni l'une ni l'autre de ces solutions. Et convaincue par ailleurs qu'un homme marié était incapable de se contenir plus de quelques jours, elle a trouvé dans la mise en nourrice une solution commode. Voyez comment, au XVIIIe siècle encore, Fromageau pose le problème dans son *Dictionnaire des cas de conscience* [55] : « Jeanne ayant eu *un premier enfant* de son mari, a voulu le nourrir elle-même ; mais comme son mari veut exiger d'elle le devoir conjugal, elle demande si elle est obligée de le lui rendre pendant tout le temps qu'elle allaite son enfant, ou si elle peut sans péché le lui refuser ? » Après avoir argumenté, il conclut : « La femme *doit, si elle peut, mettre son enfant en nourrice,* afin de pourvoir à l'infirmité de son mari en lui rendant le devoir, de peur qu'il ne tombe en quelque péché contraire à la pureté conjugale. »

Les théologiens, depuis des siècles, donnaient à ce problème la même solution. Cela ne signifie pas qu'ils aient été inconscients des risques que la mise en nourrice faisait courir à l'enfant et qu'ils en aient aisément pris leur parti : en d'autres chapitres, ils morigènent les mères qui ne nourrissent pas leurs enfants. « Pourquoy, demandait Benedicti, est-ce que nature leur a baillé deux mammelles comme deux petites bouteilles sinon pour cet effect, mais cruelles marastres qu'elles sont, ce leur est assez d'avoir tiré leurs enfans hors de leurs entrailles et mis sur terre, et puis les envoyer aux tristes villages, pour les faire nourrir par femmes estrangères, mal saines et mal complexionnées : chose si contagieuse aux pauvres petits enfans, qu'il leur seroit meilleur d'estre nourris de quelque beste brute, comme un Cyrus et Romulus, que d'estre commis à la misericorde de telles nourrices. Car non seulement les corps en demeurent interessez et gastez... ains aussi qui est bien pis, il demeure quelque impression et charactère du vice des nourrices aux esprits des enfans... En somme, d'où procede une infinité de maladie, comme vérolle, lepre, teigne et autres corruptions, tant du corps que de l'esprit, sinon de la mauvaise complexion et du lait corrompu des nourrices, au grand dommage des enfans, et éternelle infamie des mères ? Il seroit donc bien meilleur et plus seant, à ces jeunes dames, tant poupines, de tenir un enfant entre les bras, fruit de leur mariage, que non pas un petit chien camus... Les Dames Chrestiennes prendront ceste petite digression en bonne part, tant pour le profit de leurs enfans, que pour éviter le péché, sinon mortel, à tout le moins véniel [56]. »

Les incohérences de leurs prescriptions révèlent l'insolubilité des contradictions entre devoir conjugal et devoir maternel. Il est d'ailleurs clair que la plupart des parents ne pouvaient mettre leurs enfants en nourrice. A ceux-là, les théologiens médiévaux avaient commandé de faire passer le devoir conjugal avant les scrupules maternels, et du XVIe au XVIIIe siècle, beaucoup encore adoptaient cette opinion. Sanchez, par exemple, écrivait : « Je ne condamnerai pas l'homme qui exige [le dû conjugal], parce que c'est une juste raison de mettre en péril son enfant que de n'être pas forcé de s'abstenir si longtemps, avec tant de difficulté, ou plutôt une impossibilité morale [57]. » D'autres, comme Fromageau, jugeaient plus impératifs les devoirs envers l'enfant. Nous reviendrons sur l'évolution de leurs prescriptions entre la fin du Moyen Age et la fin du XVIIIe siècle. L'important, ici, est de souligner leurs incertitudes. Pour se tranquilliser et tranquilliser leurs pénitents, ils minimisent le risque qu'une conception prématurée ferait courir à l'enfant : « Quand les parents sont pauvres, l'expérience enseigne qu'ils n'observent aucun délai, pendant lequel ils s'abstiendraient de s'unir, et qu'ils ne mettent pas non plus l'enfant en nourrice. Malgré cela, nous ne percevons pas de dommage notable pour l'enfant [58]. »

C'est aussi l'opinion des démographes d'aujourd'hui, qui savent pourtant à quels chiffres incroyables s'élevait la mortalité infantile dans les campagnes de l'ancienne France. Ils jugent d'une part que l'allaitement rend extrêmement rare le risque de conception, du moins avant un an, et d'autre part qu'au-delà d'un an, l'allaitement est plus nocif que favorable à la santé de l'enfant. N'est-ce pas trancher un peu vite, lorsqu'on sait qu'un grand nombre de sociétés ont jugé dangereux les rapports conjugaux pendant l'allaitement ?

Normalement — c'est-à-dire lorsqu'on en avait les moyens — on allaitait les enfants jusqu'à deux ans et plus [59]. Et, quoi qu'en pensent les hygiénistes et pédiatres d'aujourd'hui, c'était sans doute raisonnable dans une société où tant d'enfants mouraient de diarrhées parce qu'on savait mal les nourrir « artificiellement » et que les eaux étaient polluées. D'autre part — encore qu'il soit difficile de savoir quelles femmes allaitaient elles-mêmes leurs enfants — de premières recherches paraissent confirmer le risque de conception pendant l'allaitement et l'influence que cela pouvait avoir sur la mortalité infantile [60]. Examinons par exemple la répartition par âge des enfants morts à Cuise-la-Motte (Oise) entre le milieu du XVIIe siècle et 1819 (fig. 9) : la fréquence des décès diminue très rapidement de 0 à 6-7 mois, puis augmente jusqu'à 12-13 mois et reste forte jusqu'à 20 mois. Ce regain de mortalité est connu des démographes : ils l'attribuent aux difficultés du sevrage. Mais pourquoi tant de sevrages entre 8 et 14 mois alors que la norme était de les sevrer vers deux ans, 18 mois au minimum ? En partie sans doute parce que les mères avaient hâte de se libérer de l'allaitement pour être disponibles à d'autres fonctions. Mais aussi parce qu'elles avaient perdu leur lait après une nouvelle conception. Le graphique montre en effet que le nombre des enfants morts après que leurs mères ont conçu à nouveau, augmente régulièrement entre 8 et 14 mois — au même rythme que l'augmentation totale des décès — et qu'il reste fort jusqu'à 20 mois. Or cela ne se retrouve pas dans toutes les régions. A Germont, dans les Deux-Sèvres, la répartition par âge des décès d'enfant est analogue à celle de Cuise-la-Motte, mais il n'y a plus de corrélation avec la grossesse de la mère (fig. 10). Jusqu'en 1740 on ne trouve qu'un enfant mort avant 18 mois pendant la grossesse de sa mère ; encore était-il presque sûrement allaité par une nourrice mercenaire. Il semblerait que — du moins avant le milieu du XVIIIe siècle — les femmes du Sud-Ouest se soient arrangées pour ne pas concevoir pendant qu'elles allaitaient leurs enfants.

Cohérences et contradictions

Malgré le foisonnement des études démographiques depuis une vingtaine d'années, il reste fort à faire pour connaître les mœurs des

Figure 9

Mortalité infantile et conceptions prématurées à Cuise-la-Motte (Oise).

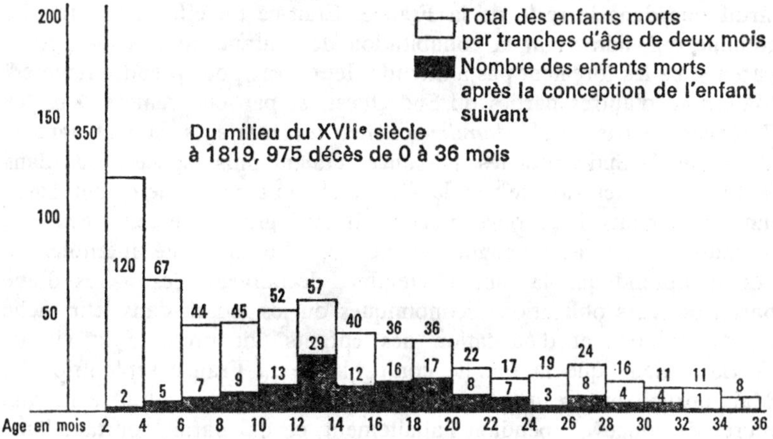

Recherche faite sur les fiches de famille établies par l'I.N.E.D.

Figure 10

Mortalité infantile et conceptions prématurées à Germont (Deux-Sèvres).

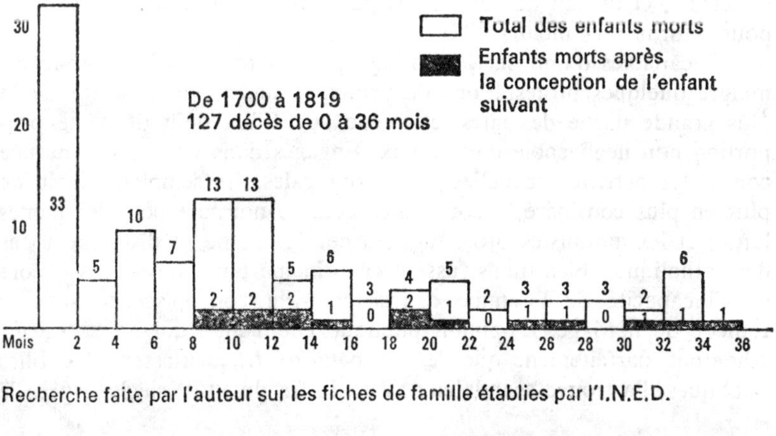

Recherche faite par l'auteur sur les fiches de famille établies par l'I.N.E.D.

diverses régions de France et comprendre leurs rapports avec la structure des familles. On s'est aperçu récemment [61] que dans une partie du Sud-Ouest, correspondant aux départements actuels de Charente-Maritime, Dordogne, Haute-Vienne, le mariage était beaucoup moins tardif que dans le reste de la France. Etait-ce un effet de la famille étendue qui, admettant la cohabitation des enfants mariés avec leurs parents, ne les forçaient pas à attendre leur mort pour prendre femme ? Mais dans d'autres parties du Sud-Ouest, et particulièrement dans les Pyrénées, patrie de la *famille-souche,* les mariages étaient tardifs. Dans tout le Sud-Ouest les naissances étaient plus espacées que dans la France septentrionale ; et la fécondité était particulièrement basse dans les régions de mariage précoce. Il est logique que cette fécondité moindre se soit accompagnée d'une moindre mortalité infantile. Et l'on comprend que la famille étendue, déchargeant les mères d'une partie de leurs obligations économiques ou les aidant dans leur tâche de surveillance et d'éducation des enfants, ait préservé la vie de l'enfant mieux que la famille conjugale de la France septentrionale. Mais on voit encore mal comment la famille étendue aurait évité aux mères de concevoir pendant l'allaitement, ce qui paraît pourtant l'une des raisons de la moindre mortalité des enfants en bas âge.

On voit assez bien, en revanche, particulièrement dans la France septentrionale, les difficultés que la plupart des gens avaient à mener une vie sexuelle normale et à faire vivre les enfants qu'ils procréaient. Ces problèmes étaient dus d'une part à la densité du peuplement et aux structures économiques et sociales, d'autre part à la rigueur de la doctrine chrétienne, ou plutôt aux contradictions existant entre ces structures et cette doctrine. Entre la fin du Moyen Age et la fin du XVIIe siècle, la tension s'est accrue, et du fait de l'essor démographique dont les conséquences étaient renforcées par l'évolution économique et sociale, et du fait de l'effort des pasteurs catholiques et protestants pour réformer les mœurs.

Incapables d'imposer le mariage pubertaire, ils se sont résignés, malgré quelques protestations de principe, au célibat prolongé de la plus grande partie des laïcs, et même au célibat définitif d'une proportion non négligeable d'entre eux. Engagés dans une lutte acharnée contre les activités sexuelles extra-conjugales, ils semblent avoir de plus en plus considéré la continence comme normale pour les jeunes laïcs ; et les moralistes protestants, à cet égard, ne se distinguent pas des catholiques, bien qu'ils fussent en principe plus convaincus encore de l'incapacité de l'homme à résister à la concupiscence sans le remède de mariage. L'opinion publique elle-même, qui au XVe siècle admettait parfaitement que les célibataires fréquentassent les filles publiques, l'a trouvé scandaleux avant la fin du XVIIe siècle. Après le milieu du XVIIIe siècle, elle prend en main le combat contre les pratiques solitaires, qui paraissent s'être développées à mesure que les autres conduites sexuelles étaient réprimées. Tout le monde admet, au XVIIIe siècle, que la continence est nécessaire non seulement aux ecclésiastiques mais aux « enfants », au sens juridique du terme, c'est-à-dire à tous ceux qui ne sont pas « pères de famille ». « L'enfant » se définit alors comme un être fait pour la continence autant que pour l'éducation. Et si l'institution familiale s'est développée au détriment des anciennes sociétés de jeunes, avec l'appui évident de l'Eglise et de l'Etat, c'est pour « infantiliser » les célibataires. Cette entreprise de répression sexuelle, triomphante jusqu'au milieu du XVIIIe siècle, trouve alors sa limite, peut-être en raison d'un accroissement du nombre des célibataires dans la société.

Vis-à-vis des mariés, l'Eglise avait au contraire assoupli sa doctrine, du XIIe siècle à la fin du XVIe, ce qu'il faut comprendre comme une autre manière de lutter contre les débordements extra-conjugaux. Mais cette libéralisation avait fait naître des contradictions entre les droits conjugaux et les devoirs envers l'enfant ; contradictions qui n'existaient pas à l'origine, lorsque l'union conjugale n'était justifiée que par le bien de la descendance [62]. Divergence d'opinion entre théologiens, incohérence des préceptes formulés par un même auteur d'un chapitre à l'autre d'un même ouvrage — par exemple au sujet de la mise en nourrice — en sont des signes évidents. Dans les faits, non seulement la pauvreté pouvait empêcher les parents de nourrir tous les enfants qu'ils procréaient, mais elle détournait très généralement les mères de leur fonction maternelle ; la fréquence des conceptions, chez certaines de celles qui allaitaient, pouvait entraîner la mort en bas âge des enfants par un sevrage prématuré ; et lorsqu'ils survivaient, leur nombre même empêchait que l'on s'occupât de chacun d'eux autant qu'il eût été souhaitable : on s'en débarrassait le plus tôt possible en les mettant en service dès l'adolescence. Bref, la vie de famille que l'Eglise catholique s'est efforcée de développer autant que les protestants, était entravée de toutes manières par l'abondance de la fécondité.

Après les grands théologiens de la fin du XVIe siècle — Pierre Ledesma et Thomas Sanchez — nul n'ose trop souligner ces contradictions et leur chercher des solutions théologiquement neuves. D'obscurs confesseurs, parfois, ont plus d'audace : Pierre Milhard, par exemple, écrit généreusement, au début du XVIIe siècle, que « la femme est quitte » du devoir conjugal lorsqu'elle et son mari « sont surchargés d'enfans et courts de moyens pour les nourrir [63] ». Mais son ouvrage est condamné. Le développement de la charité publique, considérable, se révèle chaque jour plus insuffisant, dans la seconde moitié du XVIIIe siècle : on a vu l'effrayante mortalité des enfants trouvés et son aggravation à cette époque. La situation était-elle meilleure en Angleterre ? Ceux du Foundling Hospital, à Londres, dont le taux de mortalité infantile était de 70 pour 100 au milieu du siècle, auraient survécu au-delà d'un an dans la proportion de 85 pour 100 à la fin du siècle. Mais les autres hospices semblent avoir été des mouroirs comme en France.

C'est dans cette conjoncture qu'une critique du système démographique a été faite, par Condorcet en France et par Malthus en Angleterre. Contrairement à ce que croient souvent ceux qui ne l'ont pas lu, ce n'est pas dans l'avenir que Malthus situait le moment où le niveau de population dépasserait le niveau des subsistances, mais dans le passé. « On peut affirmer, écrivait-il, que l'époque en question est arrivée depuis longtemps, que l'oscillation inévitable qui doit produire des retours périodiques de misère a eu lieu depuis les premiers temps de l'histoire, et qu'elle continue à se faire sentir au moment même où nous parlons [64]. » Et il opposait avec raison la remarquable expansion démographique des pays neufs, encore « vides » d'hommes, à la démographie de l'Europe, bloquée depuis des siècles par divers régulateurs. Poussant à l'extrême l'idée de continence dont nous avons souligné les progrès, il proposait comme régulateur le plus acceptable, une prolongation systématique du célibat.

En France, cependant, dès la seconde moitié du XVIIIe siècle, un nombre croissant d'époux avaient, sans phrases, trouvé un autre moyen d'échapper au cycle infernal de la surfécondité et de la surmortalité infantile : la contraception. Essayons de comprendre comment et pourquoi.

3. L'apparition du contrôle des naissances et ses significations

Deux visions de la « révolution malthusienne »

« Qu'on consulte ces hommes que la Religion a constitué dépositaires du secret des cœurs et des foiblesses de l'humanité, ou ceux qu'un goût pour des recherches physiques importantes pour le bien de l'Etat a rendu observateurs exacts des mœurs des gens de campagne et des pauvres ; ils vous diront que les femmes riches, pour qui le plaisir est le plus grand intérêt et l'unique occupation, ne sont

Figure 11

Contraception et intervalles intergénésiques moyens dans le Bassin parisien.

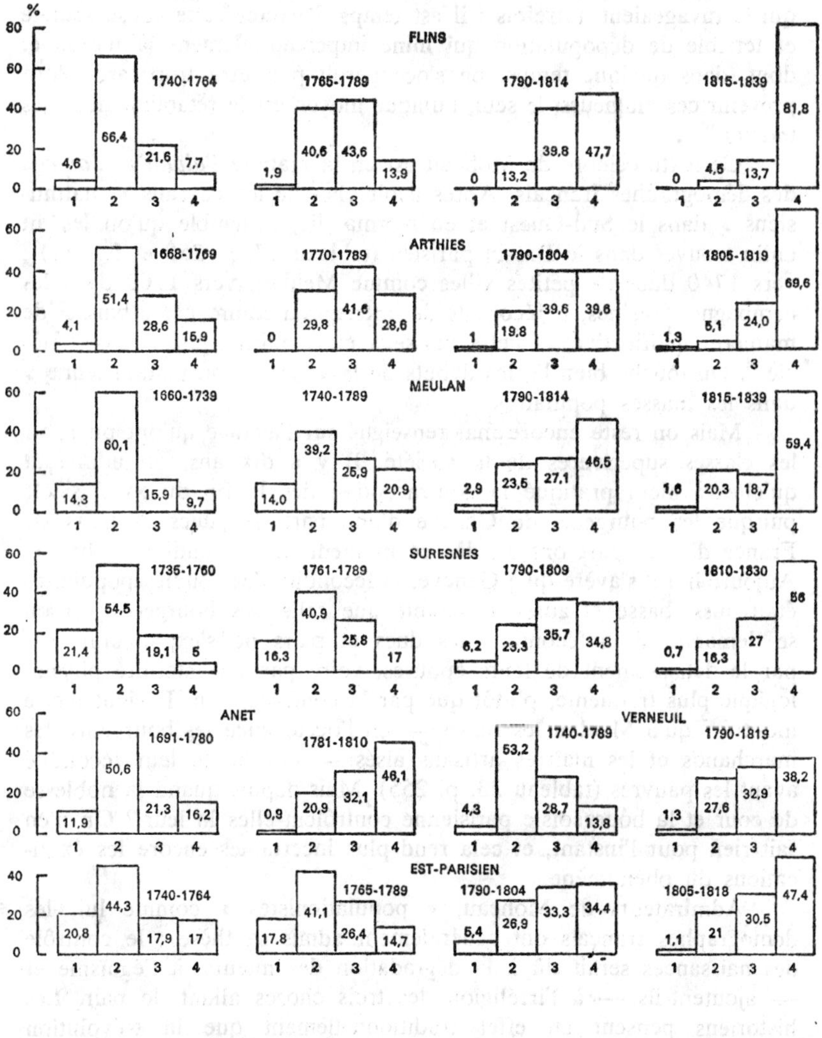

D'après Marcel LACHIVER, « Fécondité légitime et contraception dans la région parisienne », in *Hommage à Marcel Reinhard*, p. 396.

pas les seules qui regardent la propagation de l'espèce comme une duperie du vieux temps : déjà ces funestes secrets, inconnus à tout animal autre que l'homme, ces secrets ont pénétré dans les campagnes : on trompe la nature jusque dans les villages.

« Si ces usages licencieux, si ces goûts homicides se répandent davantage, ils ne seront pas moins funestes à l'Etat que les pestes qui le ravageaient autrefois : il est temps d'arrêter cette cause secrète et terrible de dépopulation qui mine imperceptiblement la nation et dont, dans quelque temps, on s'occuperoit peut-être trop tard. Pour prévenir ces malheurs, le seul, l'unique moyen est le rétablissement des mœurs [65]. »

Ce texte célèbre de Moheau est en la matière l'*alpha* et l'*omega* des démographes français. Après avoir cherché les paysans « malthusiens » dans le Sud-Ouest et en Normandie, il semble qu'on les ait enfin trouvés dans le Bassin parisien (tableau 17, p. 250 et fig. 11) : vers 1740 dans de petites villes comme Meulan, vers 1760 dans les campagnes voisines, la fécondité des ménages a commencé à baisser de manière significative, et cette baisse a été continue jusqu'au XXe siècle [66]. On touche bien là, les débuts de la « révolution malthusienne » dans les masses populaires.

Mais on reste encore mal renseigné sur l'avance qu'ont pu avoir les classes supérieures de la société. Il y a dix ans, on admettait qu'elles avaient pratiqué la contraception dès la fin du XVIIe siècle puisque les bourgeois de Genève d'une part, les ducs et pairs de France d'autre part ont eu dès ce moment une fécondité en baisse. Aujourd'hui il s'avère qu'à Genève, la fécondité des couples populaires était aussi basse et aussi déclinante que celle des bourgeois ; et on se demande si l'infécondité des ducs et pairs ne s'expliquerait pas par le délaissement de leurs épouses, voire par une stérilité physiologique plus fréquente, plutôt que par la contraception. Il vient d'être montré [67] qu'à Meulan les riches — en l'occurrence les bourgeois, les marchands et les maîtres artisans aisés — ont limité leur fécondité avant les pauvres (tableau 23, p. 255). Mais depuis quand la noblesse de cour et la bourgeoisie parisienne contrôlent-elles la leur ? On n'en sait rien pour l'instant, et cela rend plus incertaines encore les explications du phénomène.

Admirateurs de Moheau, « populationistes » comme lui, les démographes français ont généralement admis sa thèse : le contrôle des naissances serait dû à la dégradation des mœurs, à l'égoïsme et — ajoutent-ils — à l'irréligion, les trois choses allant de pair. Les historiens pensent en effet traditionnellement que la Révolution française a été préparée par une déchristianisation, particulièrement sensible dans les élites mais qu'on pourrait aussi mesurer dans le peuple à travers ces révélateurs d'immoralité que sont la croissance des naissances illégitimes et les abandons d'enfants.

Cependant nous avons vu que ces deux phénomènes pouvaient avoir d'autres causes que l'irréligion et l'immoralité : par exemple l'essor démographique, la prolétarisation et la paupérisation des salariés. D'ailleurs voyez leur chronologie, maintenant bien connue : la croissance des abandons d'enfants et celle des conceptions prénuptiales ont commencé dès le XVIIe siècle et doivent sans doute beaucoup à la christianisation des campagnes ; l'essor du taux d'illégitimité, au contraire, ne devient évident, dans les campagnes, que plus ou moins tard dans la seconde moitié du XVIIIe siècle et s'explique sans doute par les difficultés plus grandes du mariage dues à l'essor démographique et à la hausse des prix, comme la seconde vague d'abandons. Enfin comment ne pas remarquer que l'illégitimité et le contrôle des naissances se sont développés dans des milieux sociaux différents : les ouvriers qui ont eu un taux d'illégitimité particulièrement élevé, vont rester féconds tout au long du XIXe siècle, et la mortalité infantile, chez eux, restera très forte ; au contraire les milieux dont la fécondité a été le plus touchée — bourgeois, paysans possédants — paraissent avoir eu — sinon fait — beaucoup moins d'enfants illégitimes.

Surtout, est-il sérieux d'admettre le concept de « révolution démographique », à propos du contrôle des naissances, et de refuser à cette « révolution » tout support idéologique, disons même plus précisément : moral ? Ou bien l'on pense que la contraception est une conduite égoïste, contraire à la morale familiale et à l'intérêt de la société — et alors on considère qu'elle est le fait d'individus « immoraux », « a-sociaux » incapables de fonder un nouvel ordre des choses ; ou bien on admet qu'elle est caractéristique des mœurs d'une société, la nôtre, où cependant l'altruisme, l'humanitarisme, le patriotisme, l'esprit de famille ne sont pas moins honorés et moins pratiqués que dans l'ancienne société — bien au contraire — et alors elle est supportée par la morale de cette société. Les moralistes chrétiens et les démographes à courte vue du XVIIIe siècle pouvaient adopter la première interprétation, à une époque où la contraception n'était encore le fait que d'une minorité des Français. Mais deux siècles plus tard, sachant qu'elle s'est généralisée dans toutes les sociétés occidentales sans que celles-ci entrent en décadence et qu'elle est donc socialement viable, nous ne le pouvons plus. Il est aujourd'hui dérisoire d'expliquer les débuts de ce qui s'est révélé être une révolution démographique, par la « dépravation des mœurs », à la manière de ceux qui, au XVIIIe siècle et par la suite, se sont si visiblement trompés sur la nature profonde et les conséquences de ce qui se produisait sous leurs yeux. On doit au contraire chercher à l'expliquer par l'édification d'une nouvelle morale familiale.

En effet il paraît clair qu'entre le XVIe siècle et la fin du XVIIIe la famille a changé de nature et qu'une nouvelle morale familiale s'est ébauchée. Nous avons soutenu, dans les deux premiers chapitres de ce livre, que les solidarités du voisinage se sont progressivement effacées au profit des solidarités familiales ; que le sens du lignage et « l'esprit de maison » ont été atteints par la législation de la Révolution et de l'Empire et sans doute déjà, avant 1789, par la montée des valeurs nouvelles qui expliquent cette législation ; que le groupe père-mère-enfants a peu à peu pris ses distances à l'égard des autres parents et des domestiques que comprenaient toujours les « familles » d'autrefois, dans les milieux aisés ; et qu'il a acquis plus de solidité puisque la mise en nourrice et l'expulsion des adolescents ne se rencontrent plus dans les familles d'aujourd'hui alors qu'elles étaient courantes autrefois. Dans le chapitre III, nous avons fait apparaître que la morale domestique était devenue plus sentimentale à la fin du XVIIIe siècle qu'elle ne l'était à la fin du XVIe ; qu'elle a progressivement exigé du mari une attitude moins brutale, plus courtoise, envers sa femme, et que cette courtoisie constituait pour les bourgeois, au début du XIXe siècle, un test fondamental de la civilisation des mœurs ; que cette morale a de plus en plus insisté sur les devoirs des parents envers leurs enfants, ce qui a pu développer chez les parents et le sens des responsabilités qu'ils prenaient en procréant, et le désir d'y échapper en ne procréant pas. Dans ce chapitre-ci, enfin, nous venons de montrer que le système démographique ancien, à fécondité incontrôlée, était meurtrier pour les enfants, dans un « pays plein » comme la France — malgré le correctif, certes important, du mariage tardif ; que la mortalité infantile a diminué en même temps que les taux de fécondité ; que le système était aggravé par la mise en nourrice ; que l'opinion éclairée avait conscience de sa nocivité ; et que cette nocivité s'aggravait en même temps que les villes se développaient. C'est par ces transformations de la société et de la morale qu'il faut chercher à expliquer le passage au système démographique d'aujourd'hui.

Le refus de la dette conjugale par l'épouse

A qui la limitation des naissances profitait-elle ? D'abord aux femmes. On peut discuter du besoin physiologique et psychologique des femmes d'être mères. Mais il est indiscutable que les grossesses perpétuelles sont lassantes : « Toujours coucher, toujours grosse, toujours accoucher », soupirait la pieuse et féconde Marie Leczinska. Les accouchements étaient toujours douloureux, et si Montaigne a raison de dire qu'ils le sont d'autant plus qu'on les tient pour tels [68], ils l'étaient davantage autrefois qu'aujourd'hui. Surtout, ils étaient fréquemment mortels. Un exemple entre beaucoup d'autres, les cinq femmes de Guillaume Versoris : la première nous est inconnue ; la seconde, Jeanne Houdon, accouche le 9 avril 1523 et meurt un mois après, le 10 mai ; la troisième, Loïse Barjelonne, épousée le 13 juillet 1523, accouche le 8 juin 1524 et meurt le 17 ; la quatrième, Ysabeau Gallope, épousée le 17 juin 1526, meurt dix mois plus tard, le 21 mars 1527, sans doute en cours d'accouchement. Lorsque le journal s'achève, en 1530, il y a trois ans que Guillaume a épousé sa cinquième femme, et elle vit encore ; mais elle n'a pas eu d'enfant.

Les rares démographes qui ont cherché à évaluer ce risque suggèrent que 10 pour 100 des mères mouraient des suites de leurs couches : un peu moins dans le peuple, un peu plus dans la bourgeoisie. Quoi qu'il en fût toutes les femmes appréhendaient l'épreuve. Pour les rassurer, il y avait quantité de pierres magiques, il y avait les pèlerinages spécialisés, les ceintures bénies, les invocations à la Vierge et à sainte Anne, les prières des accouchées, aussi nombreuses en pays protestant qu'en pays catholique. Mais ni les « superstitions », ni la foi la plus pure ne supprimaient l'angoisse. Au foyer éclairé et mystique des Josselin, chaque naissance se déroulait dans un climat de panique, malgré l'aide des voisins et des parents, témoins attentifs de cet événement quasi public de la vie domestique [69].

Aussi la « dette conjugale », en principe aussi contraignante pour le mari que pour la femme, l'était-elle en fait bien plus pour celle-ci qui craignait les suites de l'accouplement. Répercutant vraisemblablement les doléances de leurs pénitentes, certains confesseurs remontraient aux maris leur égoïsme, leur manque d'amour, lorsqu'ils l'exigeaient d'une épouse qui avait des raisons particulières de craindre grossesse et accouchement. On ne peut « en bonne conscience rendre tel droict, lors que cela... préjudicieroit beaucoup à la santé, ou que la vie en dépendît », écrivait Pierre Milhard, en 1611. Ainsi des « femmes qui ne peuvent s'accoucher sans un probable danger de leur vie » ou de celles qui « en leur grossesse endurent des douleurs et maladies extrêmes, par-dessus l'ordinaire des femmes grosses. Auquel cas Dieu n'a jamais entendu obliger les femmes, avec tel préjudice de leur santé, ou probable hazard de leur vie ; car de vray ce seroit bien une subjection, obédience et loy la plus sévère et insupportable qui se puisse voir parmi les chrestiens ; ce seroit non pas la loy d'amour, et conforme à la nature d'une telle société maritale, mais bien une loi tyrannique et du tout inhumaine, une obédience — dis-je — qui apporteroit plus d'obligation que celle des enfans envers leurs Pères ; des Religieux envers leurs Supérieurs ; même elle surpasseroit l'obédience que tous les Chrestiens ont envers l'Eglise ; auxquelles obédiences Dieu n'a jamais astraint personne, quand il s'y agiroit du hazard de la vie, ou notable préjudice de la santé voire ny le mesme Dieu n'a point obligé d'obeyr en tels cas que cela, en nulle de ses loix purement positives... Cela est donc bien esloigné de la fantaisie ou frénésie des sensuels qui veulent que sans exception ny réplique, leurs femmes soient obligées d'acquiescer et obeyr à leurs passions. Non. c'est une erreur, une impiété et abus tyrannique, détruisant une telle société et sacrement d'amour ou charité réciproque : lequel amour ne doit pas estre fondé sur la chair et sa concupiscence, ains faut que ce soit un amour sainct, et qui regarde le bien de l'âme et du corps. Cecy n'est pas de moy, mais bien de l'Apostre, quand il dict " Vous maris, aymés vos femmes " — et comment, ou en quelle façon ? — " Comme Jésus Christ a aymé son Eglise ", respond l'Apostre. Voilà donc la règle et niveau de l'amour maritale : qui commande et aprend de jamais n'exposer la vie de sa partie à la mort, ou à un préjudice notable de sa santé ; à quoy les loix divines ny humaines ne les obligent point, quelles tentations ou fragilitez qui puissent s'y retrouver [70]. » Est-ce pour ces propos, rares au début du XVIIe siècle, que l'ouvrage a été condamné par la Sorbonne ? Ils nous montrent en tout cas l'opposition des points de vue de l'homme et de la femme sur la dette conjugale, et les problèmes moraux que cela posait.

Si l'on ne connaît pas, directement, les plaintes des femmes à leurs maris, on connaît les mises en garde d'une mère aimante et inquiète, Mme de Sévigné. A sa fille qui vient d'accoucher, elle prêche l'abstinence sexuelle. Ainsi le 23 décembre 1671 : « Je vous prie, ma bonne, ne vous fiez point aux deux lits ; c'est un sujet de tentation : faites coucher quelqu'un dans votre chambre. Sérieusement, ayez pitié de vous, de votre santé et de la mienne. » Et le 8 janvier 1672 : « Je veux vous avertir d'une chose que je soutiendrai au milieu de votre mari et de vous. C'est que si, après être purgée [c'est-à-dire purifiée de l'accouchement] vous avez seulement la pensée — c'est bien peu — de coucher avec M. de Grignan, comptez que vous êtes grosse ; et si quelqu'une de vos matrones dit le contraire, elle sera corrompue par votre époux. » Il est clair que Mme de Grignan — qui ne veut plus être grosse — espère jouer sur la période de stérilité qui suit toujours l'accouchement, même lorsque la mère n'allaite pas ; et que sa mère ne se fie qu'à la continence. Elle ne se gêne d'ailleurs pas, dans sa lettre du 23 décembre, pour apostropher directement son gendre, le sommant de laisser sa femme en repos. Il faut une profonde ignorance de ce qu'étaient les risques anciens de l'accouchement et l'angoisse qu'il provoquait chez les femmes d'autrefois pour réduire ces interventions d'une mère à la jalousie qu'elle aurait éprouvée pour son gendre, aussi excessif qu'ait pu être, aux yeux de son confesseur, son amour pour sa fille.

Doit-on en déduire que ce sont les femmes qui, sans consulter leurs maris, ont pratiqué la contraception ? Fromageau, par exemple, évoque le cas de Céline qui, « après avoir payé la dette conjugale, expulse tout ou partie de la semence virile ». Et Sanchez évoquait déjà, au début du XVIIe siècle, « la femme qui aussitôt après le coït, urine, ou se redresse ou fait autre chose par quoi elle expulse la semence [71] ». Lui-même, cependant, ne paraît pas croire à l'efficacité de ces manœuvres « parce qu'il est très rare que la semence s'écoule... pour la raison que, la semence une fois reçue, l'orifice de la matrice de la femme se referme de sorte qu'elle ne laisse pas même passer la pointe d'une aiguille ». Restait la solution de l'empêcher d'atteindre la matrice au moyen d'un tampon vaginal. C'est sans doute le procédé qu'ont utilisé les prostituées. Car il faut bien que les ribaudes patentées — par exemple celles des bordels du XVe siècle — aient connu des moyens de ne pas concevoir n'exigeant pas l'aide active de leurs clients. Il est justement question de ces tampons au beau temps de la prostitution, par exemple dans un conte de Chaucer ; en revanche les confesseurs des XVIIe et XVIIIe siècles n'y faisaient aucune allusion lorsqu'ils interrogeaient les femmes mariées.

Si ce sont les femmes elles-mêmes qui ont limité leur fécondité, c'est plus vraisemblablement par le refus du devoir conjugal, ainsi que Mme de Sévigné le conseillait à sa fille. D'ailleurs, du XVIe au XVIIIe siècle, les théologiens ont multiplié les cas dans lesquels une femme pouvait échapper aux embrassements de son mari. Sanchez en comptait trente. En voici quelques-uns, extraits du *Dictionnaire des cas de conscience* de Fromageau. Nous avons déjà vu celui de Jeanne, qui allaitait son enfant : « Si, à cause de sa pauvreté, elle ne peut pas le faire nourrir par une autre femme, elle peut refuser absolument le devoir à son mari. » Il y a aussi Louise, « récemment accouchée » à qui son mari Gervais « demande le devoir avec empressement » ; « Il est constant que Louise étant en cet état n'est pas obligée en conscience à accorder à son mari ce qu'il lui demande, quelque instance qu'il lui fasse. » Eléonor, pour sa part, « s'étant trouvée dans un danger trés évident de mort dans ses accouchements précédens, et les Mèdecins et Chirurgiens lui ayant déclaré qu'elle ne pourroit plus avoir d'enfans sans mourir », elle « n'est point obligée de rendre le devoir à son mari avec si grand danger ». Junia est peut-être la plus intéressante.

Elle « a un mari qui est naturellement fort lubrique et qui veut quelquefois l'obliger à lui rendre le devoir, quoiqu'elle soit notablement malade » ; Fromageau estime que « dans cette hypothèse Junia n'est tenue ni par justice ni par charité de rendre le devoir à son mari ; l'intérêt de sa santé étant préférable aux raisons qu'a son mari de l'exiger ». D'où peut-être l'épidémie de migraine qui pendant pulsieurs siècles s'est abattue sur les femmes mariées. Enfin citons encore le cas de Basin, qui « a coutume de demander le devoir à Louise sa femme quand il est yvre » ; « si Basin est tellement yvre qu'il ait perdu l'usage de la raison, Louise n'est pas obligée de lui rendre le devoir [72] ».

Fromageau n'a pas inventé ces cas de refus du devoir conjugal : ils étaient déjà tous cités par Sanchez. Mais au Moyen Age et encore au XVIe siècle la plupart d'entre eux étaient discutés, et beaucoup recevaient une solution opposée à celle présentée au XVIIIe. La plupart des moralistes, d'ailleurs, ne s'ingéniaient pas à trouver des cas où la dette conjugale pouvait être refusée mais au contraire multipliaient ceux où, aussi paradoxal que cela nous paraisse, la dette devait être payée. Encore en 1590, Pierre Alagona écrivait par exemple : « La furie ou la folie du demandeur n'excuse pas de la reddition du deu si sans peril de dommage notable de la personne par laquelle il est demandé il se peut rendre [73]. » On devait de même accepter l'embrassement du conjoint lépreux.

En même temps que les possibilités morales du refus se multipliaient, la femme est devenue beaucoup plus qu'auparavant maîtresse de sa conduite, puisque le mari a perdu le droit de la battre pour la maintenir dans son devoir. Surtout dans la noblesse et la bourgeoisie — milieux auxquels appartenaient environ les trois quarts des femmes qui demandaient le divorce pour mauvais traitements à l'officialité de Cambrai — le refus du devoir conjugal a pu être un moyen non négligeable de limitation des naissances. D'ailleurs cette transformation du rapport des forces dans le ménage était également favorable à la diffusion du coït interrompu.

Coït interrompu et transformation du rapport conjugal

Ce moyen contraceptif, qu'historiens et démographes considèrent généralement comme celui par lequel s'est faite la « révolution malthusienne » en France, est toujours présenté comme le fait de l'homme. Non seulement parce qu'il dépend de l'homme de le pratiquer ou non, mais parce que les théologiens ont maintes fois présenté l'homme libertin imposant à sa femme croyante cette « pratique contre nature ».

Cela ne date pas du XIXe siècle : à la conférence ecclésiastique de Bricquebec, par exemple, en 1706, « on a demandé si une femme péchoit lorsqu'elle refusoit son mari qui lui demandoit le devoir d'une manière indécente et contre l'ordre de la nature, sachant bien pour l'avoir éprouvé plusieurs fois, qu'il tomberoit en pollution. Le mari n'en usant de la sorte que pour n'être point accablé d'enfants dont il estoit déjà chargé... On a supposé ce même mari si violent et si colère que la femme estoit comme assurée qu'elle seroit dangereusement maltraittée si elle n'obéissoit, l'ayant déjà éprouvé plusieurs fois [74] ».

Cette question de la complicité dans « l'acte contre nature » devant être posée, on ne pouvait évidemment envisager que la complicité de la femme au crime de l'homme, étant donné la technique employée. Au début du XXe siècle, au contraire, lorsque l'industrie aura lancé les diaphragmes vaginaux et autres contraceptifs féminins, les théologiens envisageront le cas inverse [75]. Mais est-ce suffisant pour croire qu'en pratiquant le coït interrompu l'homme imposait sa volonté à la femme ?

La problématique ecclésiastique se référait sans doute moins à la réalité observable au XVIIIe siècle qu'à une tradition millénaire. Dans la Genèse, Onan avait refusé de faire des enfants à sa belle-sœur Sarah, qui en désirait à tel point qu'elle s'en fit faire par son beau-père Juda [76]. Il portait donc seul la responsabilité de l'acte, et c'est lui que Dieu punit. Cela aurait suffit à fonder la vision ecclésiastique des responsabilités dans le coït interrompu. En outre les confesseurs en parlaient, depuis le haut Moyen Age en même temps et de la même manière que de ces autres « actes contre nature » qui non seulement sont inféconds mais sont censés ne donner de plaisir qu'à l'homme. La question de la complicité de la femme était traditionnelle depuis l'Antiquité à propos de la sodomie ou du rapport oral, et c'est à la lumière de ce qu'en avaient dit les théologiens antiques qu'on a jugé, aux XVIIe et XVIIIe siècles de sa complicité dans le coït interrompu. Devait-on lui prescrire le même refus absolu, même lorsqu'elle était menacée de mort ? Certains, comme Thomas Sanchez, faisaient valoir que le cas était différent en ce que, jusqu'au moment du retrait, l'accouplement était « conjugal » et que la femme ne devait ni ne pouvait donc s'y soustraire. Mais devait-elle prévoir qu'il serait finalement contre nature lorsque le mari était coutumier du fait ? Cette problématique traditionnelle détournait les théologiens des conditions psychologiques réelles de la pratique du coït interrompu. Et même lorsque le débat était mené dans une conférence ecclésiastique, par des praticiens de la confession, il reprenait les hypothèses d'école. Il en sera ainsi jusqu'à l'intervention de Mgr Bouvier, en 1842, qui fit l'effet d'un pavé dans la mare [77].

Le mari, certes, pouvait avoir ses raisons de limiter les dimensions de la progéniture commune, nous y viendrons ; mais on voit mal pourquoi son épouse n'y aurait pas applaudi, surtout à une époque où les divergences d'opinions religieuses entre homme et femme étaient moins ordinaires qu'au XIXe siècle. D'ailleurs ce sont les femmes et non les hommes que le démographe Moheau et bien d'autres témoins laïcs du XVIIIe siècle mettaient en cause : « Les femmes riches pour qui le plaisir est le plus grand intérêt et l'unique préoccupation, ne sont pas les seules qui regardent la propagation de l'espèce comme une duperie du vieux temps. »

Son témoignage suggère aussi qu'avant de se répandre dans les ménages, la contraception n'était le fait que des femmes riches avides de plaisir. Et il avait précisé auparavant que, normalement, la contraception ne se rencontrait que dans les relations illégitimes, parce qu'alors la femme ne pouvait concevoir sans perdre son honneur. « Qu'on ne croit pas que des conjonctions frauduleuses puissent dédommager l'Etat : elles ne sont jamais productives comme ces unions approuvées par la loi et dont les fruits peuvent paroître sans deshonorer l'auteur. Nous avons vu qu'en France les naissances sont au mariage dans une proportion plus forte que celle de 4 à 1... Mais quelle est la fille ou la veuve libertine dont le rapport soit le même pour l'Etat ? Les personnes livrées à la prostitution ne font point d'enfans, elles les évitent comme un obstacle à leur métier ; des filles ou veuves séduites, ayant renoncé à la chasteté, n'ont pas toujours renoncé à la pudeur : elles craignent la fécondité comme une preuve de leur deshonneur, et sur deux mille filles ou veuves qui se permettent des liaisons, il n'en est pas une qui donne deux enfans [78]. »

Il faut donc expliquer ce paradoxe : en mariage comme hors mariage ce sont les femmes qui voulaient limiter leur fécondité, et, hors des milieux de la prostitution, il semble qu'il n'y ait eu qu'un procédé contraceptif efficace, le coït interrompu, qui ne peut être pratiqué que par l'homme. A cet apparent paradoxe, il n'y a qu'une solution : le coït interrompu a été pratiqué lorsque les femmes ont été en mesure de convaincre les hommes de le pratiquer ; et elles paraissent y être parvenues plus tôt dans les relations illégitimes qu'en mariage.

Au XVIe siècle, selon Brantôme, ce sont les grandes dames qui y avaient recours, non pas en mariage — sauf exceptions scandaleuses — mais en adultère. Avec leurs amants, elles ne se privaient pas de « mettre dedans et s'esbaudir leur saoul, mais qu'elles ne reçoivent point de leur semence ». Et il précise « qu'elles *ne veulent permettre* qu'on leur lasche rien dedans [79] », ce qui signifie clairement qu'elles avaient assez d'autorité sur leurs amants pour leur imposer ce contrôle de soi et cette restriction de leur plaisir.

Or, cette situation était depuis longtemps celle des amants courtois. Qu'on en juge par exemple par le 12e Précepte d'Amour d'André Le Chapelain (fin XIIe ou début XIIIe siècle) : « En t'adonnant aux plaisirs de l'amour, n'outrepasse pas le désir de ton amante. » Lorsqu'il avait fait la preuve de sa parfaite soumission et de sa capacité à surmonter ses pulsions élémentaires, le chevalier pouvait obtenir de sa dame des faveurs charnelles — cela paraît indubitable — mais mesurées et inféconds. Le coït interrompu est vraisemblablement une des pratiques caractéristiques du rapport courtois, où la femme est « maîtresse » — libre d'accorder ou non ses faveurs — et l'homme « serviteur ».

En mariage le rapport de l'homme et de la femme était totalement différent, comme en témoigne bien le jugement de la comtesse de Champagne, rapporté par André Le Chapelain. « Nous disons et affirmons par la teneur des présentes, que l'amour ne peut pas étendre ses droits entre époux. Les amants, en effet, s'accordent mutuellement tout et gratuitement, sans y être forcés par aucune obligation. Les époux au contraire sont tenus par devoir de subir réciproquement leurs volontés et de ne jamais rien se refuser l'un à l'autre. En outre, si les époux s'octroient des caresses à la manière des amants, aucun des deux n'en saurait valoir davantage, et ils ne paraissent rien posséder de plus que ce qu'ils possédaient de droit auparavant [80]. »

La femme devait traditionnellement à son mari le service de son corps et ne pouvait — sauf cas exceptionnels beaucoup moins nombreux au Moyen Age qu'aux XVIIe et XVIIIe siècles — ni se refuser à ses étreintes, ni l'obliger à les rendre stériles, même lorsqu'elle craignait d'en mourir. D'ailleurs le canon *Si conditiones,* forgé de toutes pièces moins d'un siècle après l'apparition de l'amour courtois en Occident, y avait mis bon ordre : « Si des conditions sont mises qui vont à l'encontre de la substance du mariage — par exemple si l'un dit à l'autre “ je contracte avec toi si tu évites les enfants... ” — le contrat matrimonial est sans effet... » Les filles étaient, en principe, libres de ne pas se marier, et les plus « sages » choisissaient volontairement le célibat pour échapper aux contraintes du mariage ; mais une fois mariée, la femme devait assumer les contraintes et les risques inhérents à sa condition d'épouse : le devoir conjugal et la mort en couches.

En droit, rien de cela n'a changé, jusqu'au XXe siècle. Cependant la réduction des moyens de coercition du mari et la multiplication des cas où la morale reconnaissait à la femme le droit de refuser « la dette » ont sensiblement transformé les relations des époux. Surtout, il semble que le rapport courtois se soit introduit en mariage à partir du XVIIe siècle. Lorsque, dans la première moitié du siècle, les Précieuses ont prétendu imposer aux maris de se conduire en amants, elles ont paru ridicules à la plupart des bourgeois et des nobles. Pourtant, au moment où Molière les prenait à parti, leur influence était déjà profonde sur les mœurs comme sur le langage de la bonne société. Pour le poli des manières et du discours, il y a un fossé entre « le siècle de Louis XIV » et les gauloiseries du temps de Louis XIII. De même, peut-être, au niveau du commerce conjugal : M. de Grignan fait encore trop d'enfants à sa femme, mais sa belle-mère s'en indigne ouvertement ; et les ducs et pairs, dès le début du XVIIIe siècle, en font déjà beaucoup moins que dans le passé. On pourrait évidemment supposer que leur infécondité était due surtout à ce qu'après quelques années de mariage ils délaissaient leurs femmes au profit de leurs maîtresses. Mais n'avaient-ils pas des maîtresses sous Henri IV autant ou plus qu'à la fin du règne de Louis XIV ? Et l'étude démographique qu'on leur a consacrée ne nous dit pas si ceux qui avaient une vie conjugale exemplaire étaient plus féconds que les autres. Saint-Simon, par exemple, qui a chéri son épouse jusqu'à sa mort, paraît n'avoir eu qu'une fille et deux fils, à une époque où dans ce milieu on comptait en moyenne 2,79 enfants par couple. La présomption de contraception est donc forte, dès le début du XVIIIe siècle. Or, étant en mesure de pourvoir leurs cadets de hautes fonctions dans l'Eglise et aux armées, et ayant intérêt à avoir des familles nombreuses pour assurer leur puissance politique, ils n'ont pu limiter volontairement leur fécondité que par égard pour leurs femmes.

En 1782, le Père Féline, confesseur bas-normand, analysant dans son *Catéchisme des gens mariés,* les motifs de ceux de ses pénitents qui commettaient le « crime d'Onan », écrivait : « Le premier vient de la trop grande complaisance des maris pour leurs femmes. Ils se rendent trop sensibles aux plaintes qu'elles leur adressent de tout ce qui leur en a coûté pour mettre des enfans au monde. Ils ménagent leur excessive délicatesse, ils consentent à leur épargner cette peine sans cependant renoncer au droit qu'ils croient avoir [81]. » Un galant homme, au XVIIIe siècle, ne réclamait plus la « dette conjugale » à son épouse : il lui faisait l'amour quand elle y consentait et de manière aussi mesurée qu'elle l'exigeait. Déjà, au début du siècle, Antoine Blanchard, s'il parlait encore de « devoir conjugal », le faisait brièvement et n'insistait plus, comme Benedicti, sur le fait que le « corps de la femme est au mari ». Il s'inquiétait, en revanche de ses « hauteurs », de son « manque de complaisance » et de son « indifférence » qui pourraient donner au mari « occasion de porter son affection ailleurs ».

Au début du XIXe siècle enfin, les bourgeois sont apparemment convertis aux mœurs précieuses : leur langage châtié et le respect qu'ils professent à l'égard du « sexe faible » en témoignent. Sans doute cela n'est-il pas sans rapport avec la baisse de leur fécondité dans la plupart des régions de France.

Ne les laissez plus mourir

Le contrôle des naissances par le coït interrompu n'est devenu possible que par une transformation du rapport conjugal en rapport courtois. Mais la crainte que les femmes avaient des grossesses et des accouchements n'est pas la seule raison qui y poussait les époux.

Souvent lucide, Moheau paraît sur ce point aveuglé par ses préjugés : tout son discours démarque celui d'une longue suite d'orateurs chrétiens. Comme eux il fait de cette pratique ascétique qu'est le coït interrompu une perversion hédoniste à l'égal des autres « actes contre nature ». Comme Lactance qui appelait « parricides » les gaspilleurs de leur semence, il assimile la non-procréation à un meurtre. Cette influence de la tradition chrétienne se marque jusque dans son style : ainsi, lorsqu'il écrit « si ces usages licencieux, si ces goûts homicides », cela rappelle par le balancement oratoire et l'association des idées, la célèbre formule de saint Augustin, « *haec libidinosa crudelitas vel libido crudelis* [82] ». Comme ces orateurs et moralistes, c'est en combattant plus qu'en analyste que Moheau aborde donc la question.

Pourtant c'est à une fin étrangère au christianisme, le « populationisme », qu'il fait servir cette tradition chrétienne. En fait, comme un Colbert, et comme tous les anciens démographes français, c'est du point de vue de l'Etat qu'il raisonne. Avoir beaucoup d'enfants n'est jamais conforme à l'intérêt des particuliers : il le démontre au début du chapitre. Mais l'intérêt des particuliers ne l'intéresse pas. Voyez au contraire avec quelle fréquence il se réfère aux intérêts de l'Etat : « Sans mœurs il n'est pas d'*Empire* bien constitué » ; l'homme qui a des mœurs est « nécessaire pour assurer la population d'un *Etat* » ; les « conjonctions frauduleuses » ne peuvent pas « dédommager *l'Etat* » ; « chaque femme mariée donne à *l'Etat* plus que quatre individus... quelle est la fille ou la veuve libertine dont le rapport soit le même pour *l'Etat ?* » La contraception est « funeste à *l'Etat* » et c'est du « bien de *l'Etat* » que se préoccupent les démographes qui l'étudient. Quant aux mères qui mettent en nourrice leurs enfants, « elles trahissent leurs devoirs de *citoyennes* ». En revanche il ne parle pas une fois de Dieu ni des vertus spécifiquement chrétiennes.

Au vrai, Moheau n'a recueilli qu'une part de la tradition chrétienne : la plus superficielle. Il en est une autre, millénaire, qui prêche la continence même aux époux, lorsqu'ils ont une postérité suffisante : « Même les jeunes gens — s'écriait saint Ambroise — lorsque la crainte de Dieu calme et modère leur cœur, renoncent souvent aux œuvres de la jeunesse dés qu'ils ont une postérité [83]. »

Cette tradition-là, c'est chez Malthus qu'on la retrouve. Pour ce protestant, la continence n'est pas un bien en soi, elle n'est pas méritoire dans l'absolu, mais elle s'impose lorsqu'elle est la condition d'un bien pour le prochain. Or il est criminel de procréer des enfants sans avoir le moyen de les nourrir et de les éduquer convenablement ; et c'est un sophisme abominable, sacrilège, que de rendre Dieu responsable des conséquences nécessaires de notre incontinence. « Les Ecritures nous enseignent avec clarté et précision que c'est notre devoir de contenir nos passions dans des limites raisonnables. Or c'est une désobéissance formelle à cette loi que de donner libre cours à nos penchants lorsque la raison nous avertit qu'il en résultera du malheur. Un chrétien ne peut arguer de la difficulté de la contrainte morale pour essayer de s'en dispenser. D'ailleurs, à chaque page des saintes Ecritures, l'homme nous est représenté comme entouré de tentations auxquelles il lui est très difficile de résister. Et bien que tous les devoirs qui lui sont imposés tendent à le rendre heureux sur la terre en même temps qu'ils assurent son bonheur éternel, ces devoirs n'ont jamais été présenté comme constituant une tâche facile... [84]. »

Rien de plus étranger au protestantisme anglais que l'insouciance, le fatalisme, que nous avons cru discerner chez les catholiques français. D'ailleurs, n'associant pas la continence au ministère pastoral, les protestants n'étaient pas tentés, comme les moralistes catholiques, de rendre insolubles les dilemmes de l'état conjugal, pour mieux vanter le confort de l'état ecclésiastique ou pour démontrer sa nécessité sociale.

Dans un dialogue de Gerson sur le célibat, par exemple, Sagesse disait à Nature : « Ton Aristote, établissant les principes de la politique, a noté que la multitude des enfants doit être limitée... ; il faut entendre qu'une partie des hommes, voués à des choses plus hautes, n'est pas destinée à engendrer. » Ce jeu malsain, caractéristique du christianisme antique et médiéval, n'explique-t-il pas encore les contradictions — parfois même l'espèce d'irresponsabilité — que nous avons relevées dans la morale post-tridentine, pourtant beaucoup plus favorable à la famille ?

Qu'on en juge par ce sermon de La Tour sur la possibilité de la continence. « Jeunes gens que le feu de la passion agite ou que le joug de la dépendance embarasse, vous attendez avec impatience, comme l'enfant prodigue, le moment où, maîtres de vos biens et de vous-mêmes, vous exercerez sur un autre l'autorité que vous redoutez pour vous. Hélas ! cette vaine ombre de liberté qui vous séduit ne servira qu'à vous asservir davantage par les devoirs qu'elle vous impose. Dupes de quelques légères douceurs répandues dans tous les états pour en adoucir le poids, vous n'en serez que plus à plaindre. Vous vous félicitez de renaître dans le fruit de vos entrailles. Cette consolation vous coûtera cher : les plus vives douleurs les mettront au monde, les embarras, les frais de l'éducation troubleront votre repos, le vice les rendra peut-être indignes de vous ; les maladies, la mort, les enlèveront ; vous en serez rassasiés : *saturati sunt filiis* (Psal. XVI, 14) [85]. » En présence d'une telle argumentation, d'une telle présentation du mariage, on imagine ses auditeurs se mettant en quête d'un moyen pour cueillir la rose sans s'y piquer. Et il n'est pas impossible qu'il y ait de cela dans l'infécondité qui s'est développée en France à partir du milieu du XVIIIe siècle, alors qu'en pays protestant les époux auraient limité leur fécondité dans les conjonctures défavorables à la survie des enfants et seraient redevenus féconds en conjoncture favorable. C'est ce que l'on a soutenu récemment en se fondant sur la baisse de fécondité à Colyton et à Genève au XVIIe siècle [86].

Fondamentalement, cependant, le « malthusianisme » français, comme celui qui s'est développé un siècle plus tard dans les autres pays d'Europe occidentale, visait sans doute au bien des enfants. Entre beaucoup d'autres, Sébastien Mercier en témoigne au XVIIIe siècle : « Il en est d'autres qui voudraient borner la fécondité. Faux calculateurs des biens de la providence dont ils se méfient, ils osent craindre de mettre au monde un être qui selon eux ne trouverait ni assez de place sur la terre, ni cette terre assez abondante pour les nourrir [87]. » Il existait déjà de ces parents craintifs au XVIe siècle — c'est à eux que Benedicti rappelait les paroles de David — et déjà même au début du XIVe, avant la peste noire, si l'on en croit Pierre de la Palud [88]. La principale différence, au XVIIIe siècle, serait que leur inquiétude n'est plus seulement personnelle mais qu'elle est devenue théorie philosophique, hérésie.

Plutôt que de rester fasciné par les analyses de ses adversaires, donnons enfin la parole à l'un des rares philosophes qui ait osé faire l'apologie du contrôle des naissances : Condorcet. « Dans tous les genres d'animaux que nous avons pu observer, l'acte volontaire qui sert à perpétuer l'espèce est accompagné de plaisir. Cette loi naturelle générale, non seulement assure la conservation de l'espèce, mais conduit même à un accroissement des individus qui n'a de terme que l'impossibilité de subsister, et pour quelques espèces la destruction à laquelle elles sont exposées, soit de la part de quelques autres, soit par l'intempérie des saisons. Il ne s'établit... d'équilibre plus ou moins régulier dans l'étendue de chacune d'elles, que par le résultat de ces deux forces opposées, dont l'une produit une multiplication trop grande, et l'autre en compense l'excès par une destruction prématurée. C'est donc par les *douleurs* qui accompagnent cette destruction que se balance les effets d'une abondance superflue, dont l'attrait du *plaisir* avait été la cause. » Dès cette introduction, Condorcet rompt avec la tradition stoïco-chrétienne qui, parlant des animaux, négligeait le plaisir qu'ils cherchaient dans la procréation autant que leur douleur dans la mort, et ne soulignait donc jamais la cruauté des mécanismes régulateurs de la nature. Par là, il annonce l'*Essai* de Malthus. Mais ce n'est pas la continence et le célibat prolongé qu'il propose comme solution.

« ... Cette loi de la nature est-elle imposée à l'homme ? Lui seul, entre tous les animaux, a su séparer, dans l'acte qui doit perpétuer l'espèce, le plaisir attaché à cet acte et la production qui, dans les autres espèces, en est la cause involontaire. Non seulement des motifs d'un intérêt plus éloigné, plus durable, lui donnent *la force de résister à cet attrait* ; mais il peut y céder, et en prévenir les suites. Ainsi la volonté peut *sans même qu'il lui en coûte de grands sacrifices,* établir d'une manière plus douce pour son espèce cet équilibre qui ne peut subsister dans les autres que par des secousses violentes et des destructions cruelles [89]. » Ce que les couples « malthusiens » ont reproché aux lois de la natures, ce n'est pas de restreindre leur plaisir — comme le soutenaient Moheau et les moralistes chrétiens — c'est d'établir l'équilibre démographique par la mort des enfants en surnombre. Et c'est le refus de la mortalité infantile qui leur a donné « la force de résister » à l'instinct sexuel. Parce qu'il a compris leur motivation fondamentale, Condorcet n'est pas réduit à nier que le contrôle des naissances réclame une part d'ascétisme, une diminution du plaisir, qu'il s'opère par le moyen de la continence — « résister à cet attrait » —, par le coït interrompu, ou par tout autre procédé contraceptif. S'il souligne qu'il ne leur en coûte pas nécessairement « de grands sacrifices », c'est pour encourager les époux à contrôler leur fécondité, et parce que, contrairement à Malthus, il admet la légitimité de la contraception.

Il évoque sans doute le coït interrompu lorsqu'il écrit : « L'habitude rend, en général, le succès de ce moyen presque certain pour les individus bien constitués ; elle rend presque insensible le sacrifice qu'il exige, et fallût-il y ajouter pour l'assurer encore des ressources nouvelles, moins généralement connues, la diminution de jouissance qui peut en résulter n'est pas grande pour contre-balancer des intérêts importants ou durables. » Quant à ces « ressources nouvelles, moins généralement connues », ce sont apparemment les préservatifs masculins, auxquels il consacre plus loin un long discours. « Maintenant il existe un moyen de se préserver à la fois, et d'une maladie destructrice de l'espèce humaine, comme d'une fécondité involontaire. Personne n'ignore que cette maladie abrège la vie, empoisonne la vieillesse, détruit les talents et les forces de ceux qu'elle ne tue pas, qu'elle étend son influence d'une génération à l'autre, qu'elle nuit surtout à la reproduction ; et l'on a pris grand soin d'empêcher ce moyen de se répandre, et par là d'être rendu d'un usage plus sûr, plus facile, moins dispendieux. Un physicien qui aurait un mémoire sur la nature des substances qui doivent être employées, sur les qualités physiques ou chimiques qu'elles doivent [avoir], sur les précautions nécessaires dans la construction, soit pour la solidité, soit pour toutes les autres indications qu'il faut remplir, ce physicien eût été chassé de nos académies... Aussi ce moyen a été jusqu'ici absolument inutile à l'espèce humaine parce qu'il reste peu connu, que très peu d'hommes se trouvent à portée d'en faire usage, parce que même le prix augmenté par le préjugé, la difficulté de l'exécution pour les ouvriers malhabiles qui consentaient à se charger de ce travail, ont même fait adopter l'emploi de substances qui le rendent beaucoup moins sûr, et que, par une fatalité attachée à tout ce qui porte le voile du mystère, ce petit art qui eût été d'une utilité si grande a été abandonné à la charlatanerie. Comment donc a-t-on pu attacher de la honte à ce qui n'a d'autre objet que de conserver des hommes et d'empêcher de naître des individus voués à un malheur qui attend presque infailliblement celui dont on craindra la naissance ? »

Se demandant depuis quelle époque l'humanité a découvert le moyen de séparer le plaisir de la procréation, Condorcet se fabrique une réponse avec ce qu'il peut savoir de la contraception dans la société pré-industrielle. « Les récits des voyageurs ne nous instruisent pas de l'époque de civilisation où ce moyen se trouva généralement connu. Il paraît qu'elle a dû être trés voisine de celle où la fécondité des filles est devenue pour elles un opprobre, et la naissance d'un enfant sans père reconnu un malheur pour une famille. La cause de cet opprobre, de ce malheur, déjà punie par les reproches et par la douleur de celle qu'il aimait, se trouvait exposée à la vengeance. »

Sur ce point, donc, il partage la vision de Moheau et confirme l'analyse que nous avons faite plus haut sur la première diffusion du coït interrompu. Premier menacé dans son existence parce que menaçant l'honneur de sa mère, c'est l'enfant illégitime qu'on a d'abord empêché de naître.

Sauver la vie des nourrissons

Puis Condorcet imagine une seconde raison du recours à la contraception, qui pourrait expliquer la seconde étape de sa diffusion, à savoir son introduction dans les relations conjugales. « Comme dans l'espèce humaine, même au plus faible degré de civilisation où elle ait été observée, il n'y a pour aucun des deux sexes de temps exclusifs, ni pour les désirs, ni pour la possibilité de les satisfaire, on a dû chercher également et trouver le moyen de n'être point privé de la femme pendant la durée de l'allaitement, sans qu'une nouvelle grossesse nuisît au premier enfant. » Parce qu'ils n'acceptaient ni la contraception ni l'infidélité conjugale, les théologiens catholiques avaient trouvé dans la mise en nourrice la solution à l'incompatibilité des fonctions de nourrice et d'épouse ; l'opinion éclairée du XVIIIe siècle, parce qu'elle n'admet ni l'infidélité ni la mise en nourrice, ne voit comme solution — avant les progrès de l'allaitement artificiel — que la contraception.

Les adversaires les plus farouches de la contraception confirment cette analyse : le Père Féline, par exemple, compte parmi les motifs qu'avaient ses pénitents de commettre le « crime d'Onan », « la crainte qu'ont les femmes de se retrouver trop tôt enceintes après leurs couches », ne voulant pas « faire tort aux enfants qu'elles allaitent ». Et il précise que « c'est ce cas dans lequel se trouve un grand nombre [90] ».

Rebelles à cette vision des débuts de la contraception, les démographes n'ont pas cherché à confirmer ces témoignages. Pourtant ils éclairent nombre de données démographiques existantes. N'est-ce pas à des précautions de cette sorte que les couples du Sud-Ouest doivent leur faible fécondité ? Une étude récente [91] conclut qu'ils ne pratiquaient sans doute pas de contraception parce que, de 1720 à 1819, on ne décèle pas chez eux la tendance — caractéristique du « malthusianisme » d'aujourd'hui — à grouper toutes les naissances en début de vie conjugale. Mais pourquoi ne pas admettre que l'on usait autrefois de la contraception pour des raisons différentes de celles d'aujourd'hui ? A une époque où l'on ne savait pas nourrir « artificiellement » les bébés, c'est pendant l'allaitement qu'il était impératif de ne pas concevoir. Or les femmes du Sud-Ouest, au lieu d'avoir des intervalles intergénésiques *moyens* de deux ans, comme celles de la France septentrionale, en avaient de deux ans et demi à trois ans. Est-ce seulement parce qu'elles auraient allaité plus souvent leurs enfants elles-mêmes ? Ou parce qu'elles les allaitaient plus longtemps ? Mais nous avons vu que, dans la France du Nord, la stérilité physiologique de la nourrice ne durait pas aussi longtemps que l'allaitement ; et il serait étonnant que la physiologie des femmes du Sud-Ouest fût différente. Si elles ne concevaient presque jamais pendant l'allaitement et si leurs nourrissons ne mourraient presque jamais pour cela (fig. 10, p. 201), c'est parce qu'elles y veillaient mieux que les mères du Bassin parisien.

On peut imaginer que la cohabitation des jeunes époux avec leurs parents est pour quelque chose dans cette différence de comportement. Par exemple que le mari — bien que son autorité fût en principe plus forte dans la France méridionale — était soumis à une pression conjuguée de sa mère et de sa femme qui obtenaient de lui les sacrifices nécessaires. Rien ne prouve, d'ailleurs, que ce soit par l'usage du coït interrompu que les époux du Sud-Ouest évitaient de concevoir en période d'allaitement. Ce pouvait être aussi bien par un refus du coït, adouci par des caresses réciproques, comme au temps des fiançailles [92]. En effet, le coït interrompu n'exigeant pas de « grands sacrifices », et étant efficace dès qu'on en a pris l'habitude, les époux qui l'auraient pratiqué pendant l'allaitement y auraient sans doute eu recours aussi en d'autres périodes, pour régler d'autres problèmes ; et leur fécondité eût alors été beaucoup plus faible.

Cependant, dans le Sud-Ouest comme dans la plupart des autres régions de France — et de manière encore plus régulière qu'ailleurs — le nombre d'enfants par *familles complètes* a lentement mais sûrement baissé au cours du XVIIIe siècle : cette baisse, qui s'est accélérée au XIXe siècle et a pris alors les caractères du « malthusianisme » contemporain, est sans doute imputable à la pratique du coït interrompu par un nombre croissant de couples. En définitive, si l'on considère le coït interrompu comme l'un des sacrifices que pouvaient s'imposer les époux pour le bien de leurs enfants — comme le moins dur de ces sacrifices, dès lors qu'on en a pris l'habitude — il apparaît que le comportement d'abstinence plus ou moins stricte pendant les périodes d'allaitement a préparé les époux du Sud-Ouest à s'imposer systématiquement ce petit sacrifice lorsque les lois révolutionnaires exigeant le partage entre les enfants auront rendu nécessaire une limitation draconienne de la descendance pour sauver l'unité du patrimoine. De fait, ce n'est qu'après la Révolution que les époux du Sud-Ouest ont cessé d'avoir des enfants au-delà d'un certain nombre ou d'une certaine durée de vie conjugale ; et ils ont adopté ce comportement plus systématiquement que les couples des autres régions de France. Sur ce point encore, l'analyse de Le Play paraît justifiée, pour ce qui les concerne.

Mais que s'est-il passé dans la France septentrionale, où les conduites contraceptives se seraient diffusées dans les ménages à partir du milieu du XVIIIe siècle ? Dans le Bassin parisien, en particulier, où l'allaitement mercenaire était extrêmement développé, peut-on supposer que la volonté de préserver la vie des nourrissons ait été à l'origine de cette diffusion ?

Pour interpréter la baisse de fécondité dans cette région, on est gêné par l'insuffisance des données statistiques sur l'allaitement mercenaire. On admet généralement qu'il s'est développé tout au long du siècle, malgré la campagne « rousseauiste » en faveur de l'allaitement maternel. Mais s'est-il développé au-delà de ce qu'impliquait la croissance des villes et celle des abandons ? Ou en deçà ? Il reste en effet vraisemblable que — malgré cet éventuel progrès d'ensemble — il a régressé dans les milieux où on y avait le plus traditionnellement recours, à savoir les élites urbaines. Des témoignages précis ont en effet été rassemblés sur le développement de l'allaitement maternel à la fin du XVIIIe siècle[93]. A Nemours par exemple, dès 1785, « les femmes aisées y allaitent leurs enfants » tandis que « celles du peuple les mettent en nourrice, afin de pouvoir travailler sans embarras ». Dans les villes du département de la Meurthe, on écrit en 1805 qu'il « est aussi rare de voire une mère ne pas allaiter, qu'il était extraordinaire d'en trouver il y a vingt ans qui prissent ce soin : les recensements faits à la fin de l'an IV justifient que les 59/60 des enfants à la mamelle étoient nourris par leurs mères ». Et le témoin — certes partial — ajoute : « Il est bien constant que cette soumission au vœu de la nature est une des causes qui ont diminué sensiblement les proportions de la mortalité. » On pourrait citer des témoignages analogues sur Paris en 1786, Saint-Malo en 1790, sur le département du Mont-Blanc en 1807.

Or les jeunes mères converties à l'allaitement maternel étaient généralement mises en garde contre ses inconvénients par un entourage de parents et de beaux-parents qui lui étaient, par tradition, hostiles. On les prévenait des fatigues excessives qui les attendaient, du ridicule qu'elles allaient se donner de pouponner, et des risques qu'une conception prématurée ferait peser sur la vie de leurs enfants. Elles ne pouvaient venir à bout de ces arguments et de cette opposition qu'avec l'appui de leurs maris. Pour cela la transformation du rapport conjugal en rapport courtois et la pression de l'opinion éclairée ont été nécessaires.

Il semble que la baisse de fécondité ait été un peu plus précoce dans les villes que dans les campagnes (tableau 17, p. 250 et figure 11, p. 205) et dans les élites sociales que dans le peuple (tableau 23, p. 255). Cela s'accorde avec ce qu'on peut supposer de la diffusion des idées « rousseauistes » du haut vers le bas de la société. Mais on ignore encore si, dans ces élites sociales, les femmes qui se sont converties à l'allaitement maternel ont limité plus tôt leur fécondité, et de quelle manière elles l'auraient limitée. De futures études démographiques révéleront peut-être que c'est au contraire chez les couples qui ont continué à mettre leurs enfants en nourrice que la contraception s'est d'abord diffusé [94]. Nous examinerons plus loin cette éventualité.

La baisse de fécondité dans les campagnes du Bassin parisien, attestée dès 1760 (figure 11, p. 205), ne pourrait-elle s'expliquer par le seul développement de la mise en nourrice qui, par un mécanisme purement naturel, aurait prolongé la période stérile des femmes ? Là encore il faut rappeler que la stérilité des nourrices ne dure pas aussi longtemps que l'allaitement et que les cas de mort d'un nourrisson alors que sa nourrice était enceinte sont nombreux dans cette région. Or malgré le développement de l'allaitement mercenaire qui aurait dû entraîner un développement de la mortalité infantile, les taux de mortalité infantile ont nettement baissé dans la seconde moitié du XVIIIe siècle, sauf chez les enfants trouvés. Il est donc raisonnable de supposer que les nourrices mercenaires résidant avec leur mari à la campagne, ont de plus en plus pris leurs précautions pour ne pas concevoir. Au XVIe siècle, les mères de la ville qui s'inquiétaient de la survie de leurs enfants faisaient venir la nourrice chez elles, lorsqu'elles en avaient les moyens, et l'empêchaient d'avoir des rapports sexuels avec son mari [95]. Au XVIIIe siècle, sachant comment ne pas concevoir sans priver un mari de toutes satisfactions sexuelles, ne l'auraient-elles pas expliqué aux nourrices de la campagne ? Surtout, n'auraient-elles pas exercé sur le couple nourricier une pression financière voire judiciaire [96], qui l'aurait contraint à transformer son comportement conjugal ?

On n'a pas démontré — faute de l'avoir cherché — que les nourrices qui perdaient le moins d'enfants avaient des intervalles intergénésiques plus longs que les autres. Mais il existe déjà, pour la ville comme pour la campagne, des données démographiques suggérant que la contraception s'est installée dans les relations conjugales pour préserver la vie des nourrissons. A Meulan et dans les campagnes voisines, ce n'est qu'après la Révolution que le contrôle de la fécondité se signale par le groupement des naissances en début de vie conjugale, comme aujourd'hui. Entre 1740 et 1789 il n'est prouvé que par la multiplication des familles à intervalles intergénésiques moyens, longs et très longs (tableau 23, p. 255 et figure 11, p. 205) [97], comme si l'on avait moins cherché à empêcher les charges familiales de croître au-delà d'un certain chiffre — variable d'une famille à une autre — qu'à espacer les naissances. Comment l'expliquer autrement que par le souci d'éviter qu'une conception prématurée nuise à la vie de l'enfant allaité ? Par une maîtrise encore insuffisante de la technique du coït interrompu ? Il faudrait alors supposer que cette technique est d'un emploi si difficile qu'au bout de plusieurs années de pratique, et alors même que l'âge amoindrit la force des pulsions sexuelles, les couples ne parvenaient pas à la maîtriser ! Que leur apprentissage a duré un demi-siècle dans le Bassin parisien et plus d'un siècle dans le Sud-Ouest de la France ! Ces suppositions, en l'état actuel des recherches, ne sont certainement pas les plus raisonnables. Tout porte à croire au contraire que pendant une période plus ou moins longue selon les régions, les couples mariés ont eu recours à la contraception surtout pour préserver la vie des nourrissons. Ce n'est qu'après la Révolution qu'elle paraît avoir été utilisée massivement à d'autres fins.

La contraception comme résultat de la réforme catholique en France

Il est pourtant vraisemblable que les parents qui continuaient à mettre leurs enfants en nourrice ont eux aussi entrepris de limiter leur fécondité, en raison même de cette coutume, traditionnelle dans leur milieu : dès avant 1789 la contraception est trop nette dans le Bassin parisien, et l'allaitement mercenaire y reste trop systématique pour qu'il puisse en avoir été autrement [98].

Est-ce parce que la surfécondité qu'entraînait physiologiquement la mise en nourrice rendait insupportable leurs charges familiales ? Cette première explication se heurte à plusieurs difficultés. D'abord le fait que ce sont les plus riches et non pas les plus pauvres qui sont les premiers devenus « malthusiens ». Cela implique nécessairement que les contraintes économiques ne sont pas seules en cause : l'important est l'attitude mentale avec laquelle elles ont été appréhendées. D'ailleurs il faudrait expliquer pourquoi cette charge serait devenue insupportable à partir de 1740 — alors que la conjoncture devenait particulièrement favorable aux riches — et pourquoi elle ne l'était pas auparavant. Serait-ce que les frais d'éducation ont augmenté ? Mais avec cette hypothèse on quitte déjà le domaine économique pour l'histoire de l'éducation. Sauf pour les familles les plus pauvres — qui paraissent avoir été les dernières touchées par la baisse de fécondité — il est impossible d'expliquer les transformations du comportement conjugal par des raisons purement économiques. Il faut nécessairement chercher l'explication du côté d'une transformation des mentalités.

Nous avons souligné qu'un peu partout dans la France septentrionale, la grande baisse de fécondité avait été précédée d'une hausse, plus ou moins courte, qui ne peut s'expliquer seulement par un meilleur enregistrement des naissances. Cette hausse est sans doute due en partie à une amélioration du niveau de vie et à un recul de la morbidité, mais elle peut aussi avoir eu pour origine une application plus stricte du système « traditionnel », sous l'influence de la réforme catholique. N'y aurait-il pas une liaison dialectique entre cette hausse et la baisse qui la suit ? Le refus de l'ancien système ne procéderait-il pas d'une application plus stricte qui en aurait exacerbé les contradictions ? Et d'abord dans les milieux où ces contradictions pouvaient être le plus fortement ressenties, à savoir dans les élites qui d'une part mettaient systématiquement leurs enfants en nourrice, d'autre part ont été plus vite sensibilisées par les moralistes chrétiens et les « Philosophes » à leurs responsabilités dans la mortalité infantile ?

Traditionnellement la mort des enfants en bas âge était imputée à la volonté mystérieuse de Dieu, comme leur naissance. La mise en nourrice évitait d'ailleurs aux parents d'en être trop émus, parce que la séparation dès la naissance empêchait l'amour maternel et paternel de cristalliser ; et parce que père et mère n'assistaient pas à l'agonie de l'enfant, ne luttaient pas eux-mêmes contre sa mort.

Mais les parents qui envoyaient leurs enfants en nourrice — et plus précisément les mères — ont été les premiers considérés comme responsables de leur mort ou de leurs maladies. Au XVIe siècle déjà, les médecins recommandaient l'allaitement maternel, et ils trouvaient dans la littérature antique des traits fort durs pour les mères qui ne nourrissaient pas [99]. Quant aux moralistes chrétiens, voyez Benedicti. Ils n'interdisaient pas véritablement la mise en nourrice et la recommandaient même comme solution à l'incompatibilité des fonctions nourricière et conjugale ; mais ils culpabilisaient les mères qui y avaient recours. Savoir qu'on est responsable de la vie ou de la mort de son enfant par le choix bon ou mauvais que l'on a fait de sa nourrice, est un premier pas, sans doute fondamental, vers une prise de conscience plus générale des responsabilités parentales. On peut supposer que, de la fin du XVIe siècle au milieu du XVIIIe, les progrès de l'emprise du clergé sur l'esprit des fidèles ont entraîné une culpabilisation croissante des mères à cet égard.

D'autre part, l'enseignement des moralistes s'est insensiblement transformé : ils ont de plus en plus sacralisé la vie de l'enfant. Lorsqu'une mère était trop pauvre pour mettre le sien en nourrice, les théologiens médiévaux jugeaient qu'elle restait néanmoins contrainte à la dette conjugale, même si elle avait des raisons positives de craindre que son enfant en mourût. Pierre de Ledesma, à la fin du XVIe siècle, paraît être le premier à en avoir jugé autrement. Mais son opinion était trop nouvelle pour s'imposer. Thomas Sanchez lui-même reste en retrait : il estime, certes, « qu'est dispensée de l'obligation de rendre le dû, la mère... qui aurait fait l'expérience que ses seins se déssèchent lorsqu'elle conçoit ou que son lait devient très pernicieux pour l'enfant » ; mais ce n'était que par condescendance pour la douleur d'une mère aimante, non parce qu'il sacralisait la vie de l'enfant : « La mère, dit-il, n'est pas tenue de s'exposer à une telle douleur, de souffrir un tel préjudice [100]. » Et l'on a vu qu'en effet il se montrait aussi libéral envers le père, l'autorisant à exiger la dette conjugale même lorsque cela mettait en péril la vie de l'enfant. Au XVIIIe siècle, au contraire, un auteur conformiste comme Fromageau juge que la femme peut refuser le devoir à son mari, « parce qu'il n'a pas le droit de l'exiger en ce cas, aux dépens de la vie de son enfant ».

Au même moment, l'opinion éclairée rejette sans ambiguïté la mise en nourrice : « Livrer un enfant à une étrangère est un acte cruel et dénaturé, qui s'il était unique serait considéré comme une atrocité », écrit par exemple Moheau. Beaucoup de mères, dans les élites, ont été touchées par cette progagande en faveur de l'allaitement maternel. Mais toutes n'ont pas trouvé dans leur entourage ni auprès de leurs maris l'appui nécessaire pour passer des intentions aux actes. On devine, dans beaucoup de ménages de ce temps, une crise à propos de l'allaitement des enfants : voyez, à cette époque, la floraison des tableaux représentant un nourrisson défendant contre son père le sein maternel. Le refus de concevoir n'aurait-il pas été, de la part d'un certain nombre de femmes, une réponse à cette incompréhension du mari et des parents ? Et le coït interrompu un moyen d'apaiser ces conflits, plus commode pour tous que l'allaitement maternel et l'abstinence sexuelle.

Plus généralement, on pourrait supposer que beaucoup de couples ont limité leur fécondité parce que les moralistes de la réforme catholique leur avaient fait comprendre l'immensité de leurs devoirs envers leurs enfants — éducation morale, intellectuelle et professionnelle — sans leur avoir donné suffisamment de raisons d'accepter ce servage. Les perpétuelles tirades sur l'égoïsme des célibataires et des couples malthusiens ne sont pas forcément sans fondements : à une époque et dans des milieux où l'on était conscient de ces devoirs, ce sont peut-être les plus égoïstes, les plus avides de plaisirs qui ont eu le moins d'enfants. Mais la transformation des mentalités qui explique l'apparition historique des conduites « malthusiennes », ce n'est pas le développement de l'hédonisme, c'est la prise de conscience des devoirs qu'implique la procréation. Tout manifeste qu'au XVIIIe siècle on en a plus conscience qu'au XVIe ; on s'apitoie plus systématiquement sur l'enfance ; on sacralise son innocence et l'on supporte d'autant plus mal l'injustice de sa mort ; les joies simples de la vie de famille sont devenues à la mode dans les élites sociales. Si l'hédonisme a été alors un motif de stérilité c'est que la paternité, qui auparavant était surtout source de puissance, s'est de plus en plus révélée source d'asservissement. Et cette évolution, à qui la devrait-on, sinon aux moralistes de la réforme catholique ?

Pourquoi la France ?

Mais pourquoi le contrôle des naissances s'est-il diffusé en France un siècle plus tôt qu'en Angleterre et que dans les autres pays — catholiques ou protestants — d'Europe occidentale ?

On y a longtemps vu un effet de la Révolution, déchristianisatrice et égalitaire. La Révolution a sans doute, en effet, accéléré le processus : en libérant une partie des Français de l'interdit que l'Eglise avait lancé contre la contraception ; et parce que les lois révolutionnaires sur l'héritage, bouleversant le système de la reproduction dans la France méridionale, ont obligé les couples à limiter leur descendance de manière draconienne. Mais l'explication ne vaut rien pour la France du Nord.

Plus récemment, on en a cherché une du côté du jansénisme, cet autre phénomène bien français [101]. Mais selon quel processus le jansénisme aurait-il fait le lit du malthusianisme ? Est-ce en tant qu'école d'ascèse sexuelle, en développant chez les fidèles la haine de l'œuvre de chair et par suite la continence conjugale ? Il faudrait alors prouver que cette condamnation des œuvres charnelles était caractéristique de la prédication janséniste ; et admettre que le déclin de la fécondité en France — au moins dans un premier temps — est imputable au développement de la continence conjugale plutôt qu'au péché d'Onan. On en est loin pour l'instant. Dira-t-on plutôt que l'ascèse janséniste a apppris aux fidèles à contrôler leur corps, les rendant ainsi capables de pratiquer le coït interrompu ? Cette idée, intéressante, ne s'appuie pour l'instant sur aucun témoignage et n'en trouvera vraisemblablement jamais. Quant à supposer que le coït interrompu a pu être pratiqué pour atténuer le péché de chair qu'on se serait figuré commettre en légitime mariage, c'est faire entre le jansénisme et le catharisme du XIIe siècle un amalgame que rien ne justifie.

Mais le jansénisme pourrait avoir agi autrement : en donnant aux fidèles l'habitude de suivre la voix de leur conscience contre les prescriptions de clercs soupçonnés de laxisme — en l'occurrence ceux qui encourageaient les époux à procréer sans se soucier de la possibilité de nourrir et d'éduquer leurs enfants ni des risques qu'une conception nouvelle faisait courir au nourrisson allaité par l'épouse. Cette explication rejoindrait et conforterait les thèses soutenues dans ce livre. Pourtant ne cachons pas qu'une telle indépendance morale pouvait aussi bien être le signe de l'irréligion qu'ont fait naître en France deux siècles de combats entre catholiques et protestants puis entre molinistes et jansénistes. La France a été plus que les autres pays d'Europe le terrain de ces combats, et il est de plus en plus clair aujourd'hui que l'incroyance et la haine du fanatisme qui caractérisent la pensée des Français « éclairés » en sont les résultats. Malheureusement, cette indépendance morale des conjoints existait aussi en Angleterre, et par suite des violents conflits religieux des XVIe et XVIIe siècles, et parce que les pasteurs protestants intervenaient beaucoup moins que les confesseurs catholiques dans la vie sexuelle des époux.

Retournons complètement nos batteries : il n'est pas impossible que ce soit ces interventions indiscrètes — et particulièrement celles des confesseurs les plus rigoristes, suspects pour cela de jansénisme — qui aient éloigné les époux du confessionnal et les aient rendus plus radicalement indépendants de la morale chrétienne que les époux protestants en Angleterre. Des pasteurs comme Mgr Bouvier ont bien décrit ce danger, au XIXe siècle, et l'on a de multiples indices de son existence dès le XVIIIe : les consignes de discrétion données aux confesseurs, l'élaboration de la théorie de la bonne foi, ou encore la condamnation des ouvrages prônant la recherche systématique du péché d'Onan comme celui du Père Féline. Laissés plus libres, les époux protestants auraient pu limiter leur fécondité aux époques difficiles et lâcher les freins aux périodes d'essor économique, tandis que les catholiques — principalement dans les zones tenues par les jansénistes — auraient radicalement abandonné les « duperies du vieux temps ». Finalement si une corrélation peut être établie entre la présence d'un clergé janséniste et la diffusion des comportements « malthusiens », cela peut s'expliquer de manières diverses, et même contradictoires, et ne nous apprend pas grand-chose sur les raisons de l'apparition du « malthusianisme » en France dès le XVIIIe siècle.

D'ailleurs l'abandon de la morale chrétienne impliquait-il nécessairement le recours à l'acte d'Onan ? Ainsi que le remarque Condorcet, « rarement les Philosophes ont porté un regard assuré sur ces objets placés entre le dégoût et le ridicule, où il fallait à la fois éviter l'hypocrisie et le scandale ». Et il s'en étonne : « Pourquoi... les Philosophes, qui ont bravé la ligue des tyrans et des prêtres, craindraient-ils celle des mauvais plaisants et des hypocrites de morale ? Leur courage aurait-il pour terme la crainte du ridicule et des anathèmes d'une fausse délicatesse ou d'une austérité factice [102] ? » C'est vraisemblable. Il leur était plus facile de dénoncer le célibat des prêtres au nom du « populationisme » — les protestants, Colbert, Louis XIV et bien d'autres les ayant précédés dans cette voie — que de s'opposer à l'Eglise sur le point où sa morale se rapprochait le plus du naturalisme de la leur.

Pourtant lequel de ces philosophes a-t-il été père d'une famille nombreuse ? Lequel n'a pas, d'une manière ou d'une autre, quotidiennement péché « contre nature » ? Et l'on peut supposer que les gens « éclairés » de la seconde moitié du XVIIIe siècle, libérés des interdits de l'Eglise, se sont conduits dans l'intimité comme les philosophes, même si comme eux ils affectaient en public d'être « populationistes » et respectueux des lois de la nature. Le génie de Condorcet, en ce domaine comme en d'autres, fut sans doute de faire la théorie de leur pratique. Et l'on peut finalement compter la déchristianisation comme l'un des facteurs qui expliquent la diffusion de la contraception en France un siècle plus tôt que dans les autres pays.

Pourtant, du XVIIIe au XXe siècle, le contrôle des naissances en mariage a été le fait de chrétiens aussi bien que d'infidèles. D'ailleurs ceux qui font du taux d'illégitimité des naissances un indicateur du refus de la morale chrétienne devraient remarquer qu'il était, au XVIIIe siècle, plus fort en Angleterre qu'en France. La France est peut-être le pays où la liberté des mœurs a été le plus fortement réprimée au XVIIe siècle et dans la première moitié du XVIIIe : les pays méditerranéens étaient traditionnellement plus intraitables sur la virginité des filles à marier ; les autres pays d'Europe paraissent être restés plus tolérants sur les privautés prénuptiales. En France, rares sont les villages où les taux d'illégitimité, dans la première moitié du XVIIIe siècle, approchent des taux anglais (figure 4, p. 179). Cette répression plus forte était un facteur favorable au développement des pratiques contraceptives hors du mariage.

Quant au contrôle des naissances en mariage, nous avons soutenu qu'il s'expliquait essentiellement par la transformation du rapport conjugal et par un sens plus grand des responsabilités envers les enfants. Faut-il alors supposer que ces transformations sont apparues en Angleterre et dans les autres pays d'Europe plus tard qu'en France ? La question ne peut être éludée ; mais l'on ne saurait malheureusement y répondre avec sérieux, faute d'études vraiment comparatives sur les attitudes familiales en France et en Angleterre. Tentons malgré tout de raisonner à partir du peu que nous savons.

L'évolution du rapport conjugal n'est évidemment pas particulière à la France. A certains égards elle aurait même été plus nette et plus précoce en Angleterre : l'amélioration du statut juridique de la femme entre le XVe et le XIXe siècle y aurait été moins ambiguë [103]. Dès le XVIe siècle, d'autre part, les moralistes puritains ont fait, dans une certaine mesure, l'apologie du mariage d'amour ; enfin nombre de voyageurs des XVIIe et XVIIIe siècles ont vanté la liberté de choix des filles anglaises et la familiarité des époux anglais. Mais ces relations confiantes impliquaient-elles que les femmes pussent autant qu'en France en imposer à leurs maris dans le lit conjugal ? C'est par la galanterie que la situation de l'épouse française s'est transformée, et ces relations galantes impliquent une distance, une sorte de combat entre les sexes, qui n'étaient peut-être pas dans la tradition anglaise. « Je trouverais plus à mon goût d'avoir une femme anglaise », écrivait François de La Rochefoucauld, après avoir remarqué qu'en Angleterre « la femme... a l'air d'une complaisance qui me fait toujours plaisir ». Il conclut d'ailleurs que dans ce pays « l'union des maris et des femmes a... un avantage politique » : « Les familles sont beaucoup plus nombreuses en Angleterre qu'en France, presque tous les pères et mères ont huit, dix, douze enfants. »

Dans le domaine des relations entre parents et enfants, l'avance anglaise est beaucoup plus contestable. Les moralistes puritains ou anglicans ont, certes, informé les parents de leurs devoirs [104]. Mais y ont-ils insisté autant que les catholiques ? Cela reste à prouver par une étude systématiquement comparative. Il semble, en tout cas, que les commentateurs protestants du 4e commandement — comme les catholiques d'avant le Concile de Trente — n'y aient fait aucune allusion. Au plan des mœurs, tous les voyageurs étrangers, du XVIe au XVIIIe siècle, ont été frappés de la brutalité des Anglais envers les adolescents. L'éducation aristocratique, jusqu'au XXe siècle, a été marquée par le modèle spartiate beaucoup plus que dans les autres pays d'Europe. Quant aux enfants du peuple, ils étaient expulsés de la maison paternelle dès le début de l'adolescence, et condamnés aux travaux forcés dans la maison d'autrui. La loi de 1563 sur l'apprentissage a généralisé ce système et rendu cette servitude obligatoire à la campagne comme en ville. Or, l'expulsion des adolescents réglait certainement des problèmes que les paysans français du XIXe siècle ont réglés par la contraception.

Moins sensibilisés à leurs devoirs de parents et plus habitués que les Français à perdre leurs enfants dès l'adolescence, les Anglais des XVIIIe et XIXe siècles ont dû avoir moins de scrupules à procréer une descendance qu'ils ne pouvaient faire vivre sur le patrimoine ancestral. D'ailleurs bien d'autres caractères de cette société anglaise jouaient dans le même sens. La règle du droit d'aînesse accoutumait les parents de toutes les classes sociales à voir leurs cadets ne subsister que de leur travail. Le salariat était dominant en Angleterre dès le XVIIIe siècle, alors qu'en France, au XIXe encore, les petits paysans propriétaires formaient la majorité de la population. Or le salarié — et en tout cas l'ouvrier — paraît avoir été moins fréquemment malthusien que le petit propriétaire : voyez, dans la France du XIXe siècle, les taux élevés de fécondité dans les départements industrialisés : Nord et Pas-de-Calais, Seine-Inférieure, Moselle, Haut- et Bas-Rhin, Loire, Bouches-du-Rhône, etc. ; voyez surtout la remontée des taux nationaux de reproduction et de mortalité infantile sous le Second Empire, époque d'intense industrialisation. Aussi paradoxal que cela puisse paraître à première vue, la prolétarisation précoce de la société anglaise et l'industrialisation précoce ont retardé de deux siècles la « révolution malthusienne », comme elles paraissent avoir par ailleurs gêné le développement de l'alphabétisation.

Dernier paradoxe : en tant que refus de la mort des nouveau-nés, la contraception s'est d'abord diffusée en France parce que du fait de la mise en nourrice, la mortalité infantile y était sans doute plus forte qu'en aucun autre pays d'Europe. C'est le caractère de plus en plus meurtrier de cette pratique qui a fait prendre conscience aux parents comme aux nourrices de leurs responsabilités dans la mort des enfants et les a conduits à refuser cette mort en refusant la vie. Si, dans les autres pays d'Europe, les parents ont perçu plus tard leurs responsabilités, c'est que leur culpabilité était moins forte ou moins visible, et en tout cas moins facile à dénoncer.

TABLEAUX STATISTIQUES

TABLEAU 1 - *Taille moyenne des ménages dans diverses localités d'Europe*

Pays	Localité et région	Date	Nombre de ménages	Nombre moyen de personnes par ménage
Ecosse	Aross-in-Mull (Western Isles)	1779	211	5,25
U.S.A.	Bristol (Rhode Island)	1689	72	5,85
Allemagne	Loffingen (Wurtemberg)	1687	121	5,77
Pologne	Lesnica (Silésie)	1720	311	5,4
France	Longuenesse (Pas-de-Calais)	1778	66	5,05
Italie	Colorno (duché de Parme)	1782	66	4,16
Serbie	Belgrade	1733-34	273	4,95

Source : P. LASLETT : *Household and Family in Past Time*, Cambridge University Press, 1972.

Tableau 2 - *Taille et composition des ménages à Goodnestone-next-Wingham (Kent) en 1676*

Catégories sociales	Gentilshommes	Laboureurs	Gens de métier	Manouvriers	Pauvres	Total
Nombre d'individus	28	151	35	38	25	277
Nombre de ménages	3	26	9	12	12	62
Individus par ménage	9,3	5,8	3,9	3,2	2,1	4,47
Nombre de domestiques	16	34	2	0	0	52
% des individus	57,1 %	22,5 %	5,7 %	0	0	19 %
Nombre par ménage	5,3	1,3	0,2	0	0	0,8
Nombre d'enfants	7	64	16	15	11	113
% des individus (domestiques exclus)	58,3 %	54,7 %	48,5 %	39,4 %	44 %	50 %
Nombre par ménage	2,3	2,5	1,8	1,2	0,9	1,8

Source : P. Laslett, *Un monde que nous avons perdu,* Flammarion, 1969, p. 74.

TABLEAU 3 - *Typologie des ménages adoptée par le groupe de Cambridge*

Catégories	Sous-Catégories	avec domestiques	sans domestiques
1. *Solitaires*	*a*) Veufs *b*) Célibataires ou de statut conjugal indéterminé		
2. *Ménages sans noyau conjugal*	*a*) Frères et sœurs germains *b*) Autres parents corésidents *c*) Corésidents sans liens de parenté connus		
3. *Ménages à noyau conjugal simple*	*a*) Couple marié sans enfant *b*) Couple marié avec enfant(s) *c*) Veuf avec enfant(s) *d*) Veuve avec enfant(s)		
4. *Familles élargies*	*a*) Elargie à des ascendants *b*) Elargie à des descendants [1] *c*) Elargie à des collatéraux *d*) Elargie à des ascendants et à des collatéraux		
5. *Ménages à noyaux conjugaux multiples*	*a*) A noyau secondaire ascendant [2] *b*) A noyau secondaire descendant *c*) A noyaux collatéraux *d*) « Frérèche » *e*) Autres types à noyaux multiples		
6. *Ménages à structure indéterminée comportant certains éléments de parenté connus*			

TABLEAU 3 - *(suite)*

Catégories	Sous-Catégories	Avec domestiques	Sans domestiques
Familles-souches [3]	*5b* *5b* + *5a* *5b* + *5a* + *4a*		
Frérèches [3]	*5d* *5d* + *5c* *5d* + *5c* + *4c* *5d* + *5c* + *4c* + *2a*		

D'après *Household and Family in Past Time*, p. 31.

Remarques :

1. Les descendants dont il s'agit dans le type *4b* ne peuvent être que des petits-enfants ou des arrière-petits-enfants.
2. La distinction est généralement arbitraire entre les types *5a* et *5b*.
3. Refusant ces définitions, beaucoup de chercheurs appellent *famille-souche* des ménages de type *5a* ou *4a* ; et *frérèche* des ménages de types *5c* ou *4c* ou même *2a*.

TABLEAU 4 - *Structure des ménages en Angleterre*

Types de ménages	Ealing 1599	Clayworth 1676	Clayworth 1688	Chilvers Coton 1684	Bilston 1695	Puddletown 1724-1725	CorfeCastle 1790
1	12 %	8 %	7 %	6 %	4 %	7 %	12 %
2	2 %	0	1 %	4 %	7 %	4 %	4 %
3	78 %	83 %	85 %	81 %	69 %	79 %	76 %
4	6 %	9 %	7 %	8 %	11 %	8 %	8 %
5	2 %	0	1 %	1 %	1 %	1 %	1 %
6	0	0	0	0	7 %	0	0
Nombre de ménages	85	98	91	177	192	154	272
Taille moyenne	4,75	4,09	4,49	4,41	5,19	3,97	4,84
4 + 5	8 %	9 %	8 %	9 %	12 %	9 %	9 %

Source : P. LASLETT, *Annales E.S.C.*, juillet-octobre 1972, pp. 866-867.

TABLEAU 5 - *Structure des ménages dans la France septentrionale*

Types de ménages	Longuenesse (P.-de-Calais) 1778	Villages autour de Valenciennes (Nord), 1693	Valenciennes (Nord) 1693	Rouen : quart. St-Nicaise 1793	Brueil-en-Vexin 1625	Triel/Seine (Yvelines) 1817
1	1 %	1,5 %	12,9 %	39 %	7,3 %	17,9 %
2	6 %	1,8 %	3,1 %	3,8 %	1,5 %	1,1 %
3	76 %	85,8 %	75,7 %	54,9 %	83,8 %	76,9 %
4	14 %	10,6 %	8,1 %	2,4 %	7,3 %	4,1 %
5	3 %	0,3 %	0,2 %	0	0	0
Nombre de ménages	75	330	2 139	1 201	68	541
4 + 5	17 %	10,9 %	8,3 %	2,4 %	7,3 %	4,1 %

Sources : Longuenesse : P. LASLETT, *Household and Family in Past Time.* Valenciennes et villages voisins : Recherche inédite du Laboratoire de Démographie historique de l'Ecole des Hautes Etudes.
Rouen : Recherche inédite de J.-P. BARDET.
Brueil-en-Vexin : P. LIONS et M. LACHIVER, in *Annales de Démographie Historique,* 1967, pp. 511-520.
Triel-sur-Seine : Recherche inédite de M. LACHIVER.

TABLEAU 6 - *Structure des ménages en Corse (1769-1771)*

Types de ménages	Secteur de Nebbio	Secteur de Bastia	Secteur d'Ajaccio
1	2 %	2,5 %	2,1 %
2	3,4 %	3 %	2,2 %
3	68,4 %	67,4 %	74,7 %
4	7,9 %	7,3 %	5,5 %
5	17,5 %	18,5 %	13,5 %
Avec domestiques	0,9 %	1,4 %	1,9 %
Taille moyenne	4,2	4,4	4,3
4 + 5	25,4 %	25,8 %	19 %
Frérèches	10,9 %	11,3 %	7,5 %

Source : J. DUPAQUIER et L. JADIN dans *Household and Family in Past Time,* p. 290-291.

TABLEAU 7 - *Structure des ménages dans la France méridionale*

Types de ménages	PÉRIGORD	ROUERGUE		PROVENCE	COMTÉ DE NICE		Htes PYRÉNÉES
	Montplaisant 1644	Mostuéjouls 1690	Laguiole 1691	Mirabeau 1745	St Martin de Vésubie	Péone 1787	Bulan 1793
1	11 %	3,2 %	7 %	6,7 %	11,2 %	?	3,7 %
2	1,6 %	2,1 %	3,3 %	0,8 %			
3	50,8 %	51 %	56 %	50,8 %	47,4 %	?	54,7 %
4	15,9 %	42,6 %	32,2 %	19,2 %	41,4 %	41,7 %	32 %
5	20,6 %			22,5 %			9,4 %
Nombre de ménages	63	94	214	120	152	259	53
4 + 5	36,5 %	42,6 %	32,2 %	41,7 %	41,4 %	41,7 %	41,4 %

Sources : Sur Montplaisant : J. N. BIRABEN, in *Annales de Démographie Historique*, 1970, pp. 441-462.
Sur Mostuejouls : R. NOEL, in *Hommage à Marcel Reinhard,* 1973, pp. 505-522.
Sur Laguiole : R. NOEL, in *Annales de Démographie Historique,* 1967, pp. 197-223.
Sur Mirabeau, Saint-Martin-de-Vésubie, et Péone : A. COLLOMP, in *Annales E.S.C.*, mai-juin 1974, pp. 777-786.
Sur Bulan : recherche inédite de Mlle Antoinette CHAMOUX.

TABLEAU 8 - *Fortune et cohabitation avec les parents, à Saint-André-les-Alpes*

Montant de la dot	Contrats prévoyant la cohabitation	Contrats ne prévoyant pas la cohabitation	Nombre de contrats
moins de 100 l.	0 = 0 %	2 = 100 %	2
100 à 199 livres	13 = 28 %	33 = 72 %	46
200 à 299 livres	17 = 35 %	31 = 65 %	48
300 à 699 livres	44 = 65 %	24 = 35 %	68
700 à 1 000 l.	5 = 100 %	0 = 0 %	5

Source : A. COLLOMP, in *Annales E.S.C.*, juillet-octobre 1972, p. 972.

TABLEAU 9 - *Structure des ménages et conditions sociales dans la France septentrionale*

Types de ménages	1 %	2 %	3 %	4 %	5 %	4 + 5 %	Nombre de ménages
ROUEN, quartier St-Nicaise							
Bourgeois et Maîtres artisans	25	15,2	52,4	7,5	0	7,5	956
Journaliers et ouvriers	39,4	2,1	56,6	1,7	0	1,7	172
Villages autour de Valenciennes							
Laboureurs et censiers	1,9	3,8	81,1	12,3	0	13,2	106
Artisans ruraux	2,9	1	85,4	10,7	0	10,7	121
Manouvriers	0	0,8	90,1	9,1	0	9,1	103
Ville de VALENCIENNES							
Nobles et « sieurs »	25	7,4	58,3	9,3	0	9,3	108
Officiers, etc.	12,8	5,1	61,5	17,9	2,6	20,5	39
Marchands	4,5	1,8	77,3	15,5	0,9	16,4	110
Petits officiers	4,4	1,1	85,9	8,7	0	8,7	92
Métiers de l'alimentation	3,6	3,6	82,1	9,8	0,9	10,7	224
Artisans du textile	3	2,5	87,4	7	0	7	398
Autres artisans	3,4	0,3	87,3	9,1	0	9,1	298
Manouvriers et transports	2,5	0,8	88,5	8,2	0	8,2	122
Divers (surtout veuves)	28	4,7	60,7	6,5	0	6,5	695
Mendiants	18,2	0	81,8	0	0	0	33

D'après des recherches inédites de J.-P. BARDET pour Rouen ; de J. DUPAQUIER, Mme HAMON et J.-P. BARDET, du laboratoire de Démographie Historique, pour Valenciennes et les villages voisins.

TABLEAU 10 - *Croissance de l'intérêt pour les relations domestiques dans quelques manuels de confesseurs catholiques* (XVe-XVIIIe siècle.)

Auteurs	Ouvrage	Date	Part des relations domestiques dans le chapitre sur le 4e commandement	
Gerson	*Instruction pour les curez*	début XVe s.	3 lignes/52	6 %
Masurier	*Instruction à bien se confesser*	vers 1550		33 %
Perronnet	*Instruction des curez*	1574	14 lignes/28	50 %
Benedicti	*La somme des pechez*	1584	40 articles/50	80 %
Toledo (trad. par Goffar)	*Instruction des prêtres*	1599 (tr. 1628)	9 articles/11	82 %
Fernandes de Moure	*Examen de la théologie morale*	1616 (tr. 1638)	8 articles/9	89 %
Antoine Blanchard	*Examen général sur tous les commandements*	1713	154 articles/154	100 %

Dans les six premiers manuels, seules les relations entre parents et enfants sont comptées dans les relations domestiques parce que les serviteurs domestiques n'y sont pas distingués des autres « inférieurs ». Le dernier manuel consacre aux relations des serviteurs domestiques avec les maîtres de maison 27 articles soit 17 pour 100 du chapitre.

Source du tableau 11 : A BLANCHARD, *Examen général sur tous les commandements et sur les péchés de plusieurs états*, Paris 1713, 2 vol, in-12°, t. 2, pp. 189-202, B.N. D. 20717.

Tableau 11 - ***Inventaire des sentiments et humeurs mentionnés par Antoine Blanchard dans son chapitre sur le 4ᵉ commandement***

Notions relatives à des sentiments, des humeurs, des attitudes, etc.	Péchés des Serviteurs	Péchés des Maîtres	Péchés des Enfants	Péchés des Parents	Péchés des Maris	Péchés des femmes
Respect			1 (E)			
Déférences	37 (S)					
Hauteur(s)			5 (E)			3 (F)
Mépris, mépriser	45 (S)		3, 9, 35 (E)		64, 66, 66, 77 (M)	14 (F)
Scandaliser		57 (S)			72 (E, S, F)	
Dureté (faire, dire), durement		56 (M)	2, 20 (E)		76 (M)	
Rudesse					64 (M)	
Emportement		51 (M)		22 (P)		3,8 (M)
Colère	44 (M)		15 (P)	42 (P)		3 (M)
Mauvaise humeur		51 (M)		8 (P)	73 (M)	
Humeur	46 (M, M)			22 (P)		
Entêtement						3 (F)
Complaisance						4 (F)
Patience						2 (F)
Charité						2 (F)
Entretenir l'union						2 (F)
Confusion			5 (P)			
Contrariété					76 (F)	
Dépit					74, 76 (F)	
Répugnance				13 (E)		
Chagrin			18 (P)		73, 75, 78, 88 (F)	15 (M)
Tristesse			17 (P)			
Douleur			17 (P)			
Envie				6 (E)		
Jalousie				6, 7 (E)	65 (M)	
Soupçonner la fidélité						12 (M)
Aversion				6, 16 (E)	65 (M)	
Haine			12, 13 (E)	5 (P), 7 (E)	63, 87 (M)	5 (F)
Souhaiter la mort			12 (E)	10 (P)	68 (M)	
Dessein de procurer la mort					79 (M)	
Aimer (ne pas)				8 (P)		
Affection (porter ailleurs son)						6 (M)
Attachement, attache (trop)				5 (P)	69, 70, 73 (M)	6 (M)
Indifférence				5 (P)		5 (F)
Froideur			5 (E)			
Nombre de notions	4	4	12	13	14	15
Nombre d'emplois	4	4	16	16	24	16
Par rapport au nombre d'articles	4/14	4/13	16/35	16/49	24/26	16/16
	8/27 = 30 %		32/84 = 38 %		40/42 = 95 %	

(S) = Serviteurs : 3 sentiments ; 3 mentions (M) = Maître(sse) : 5 sentiments ; 5 mentions	}	8 sentiments ; 8 mentions
(E) = Enfants : 12 sentiments ; 18 mentions (P) = Parents : 14 sentiments ; 14 mentions	}	26 sentiments ; 32 mentions
(M) = Mari : 16 sentiments ; 23 mentions (F) = Femme : 13 sentiments ; 17 mentions	}	29 sentiments ; 40 mentions

Le chef de famille (M + P + M) éprouve 21 sentiments différents, mentionnés 42 fois

TABLEAU 12 - *L'attention aux sentiments dans la morale domestique : son évolution de Benedicti à A. Blanchard*

	Benedicti (1584)	Blanchard (1713)
Nombre des sentiments évoqués	37	37
Nombre des allusions aux sentiments	82	80
Longueur du texte (en signes)	43 610	17 840
Fréquence des allusions aux sentiments	19/10 000	45/10 000

TABLEAU 13 - *Evolution de l'attention aux sentiments dans les différentes catégories de relations domestiques*

	Benedicti (1584)	Blanchard (1713)
A - D'APRÈS LE NOMBRE DES SENTIMENTS ÉVOQUÉS		
Maîtres-serviteurs	13	8
Parents-enfants	23	22
Mari-femme	10	25
B - D'APRÈS LA FRÉQUENCE DES ALLUSIONS AUX SENTIMENTS		
Maîtres-serviteurs	37/12 320 = 30/10 000	8/3 240 = 24/10 000
Parents-enfants	34/24 500 = 14/10 000	32/9 280 = 34/10 000
Mari-femme	11/ 6 790 = 16/10 000	40/5 320 = 75/10 000

TABLEAU 14 - *Evolution de la fécondité légitime à Colyton (Devon)*

Périodes	15-19 ans	20-24 ans	25-29 ans	30-34 ans	35-39 ans	40-44 ans	45-49 ans
1560-1629	0,412	0,467	0,403	0,369	0,302	0,174	0,018
1630-1646	0,500	0,378	0,382	0,298	0,234	0,128	0,000
1647-1719	0,500	0,346	0,395	0,272	0,182	0,104	0,020
1720-1769	0,462	0,362	0,342	0,292	0,227	0,160	0,000
1770-1837	0,500	0,441	0,361	0,347	0,270	0,152	0,022

D'après E. A. WRIGLEY : « Family Limitation in pre-industrial England », in *Economic History Review,* 2e série, t. 19, n° 1, 1966, p. 89.

TABLEAU 15 - *Fécondités du XVIIe siècle et fécondités du XVIIIe dans le Bassin parisien*

		15-19 ans	20-24 ans	25-29 ans	30-34 ans	35-39 ans	40-44 ans	45-49 ans	« Descendance complète » 20-44 ans
Fin XVIe-XVIIe *siècle*									
Argenteuil	1625-1669	0,258	0,410	0,396	0,413	0,325	0,267	0,065	8,91
Villepreux	1590-1680	0,250	0,386	0,425	0,287	0,228	0,198	0,075	7,62
Marly-le-Roi	1596-1695	0,411	0,483	0,431	0,380	0,354	0,191	0,030	9,20
Aubervilliers	1634-1699	0,250	0,404	0,460	0,436	0,399	0,173	0,011	9,36
Fin XVIIe - *début* XVIIIe *siècle*									
Saint-Denis	1670-1709	0,545	0,566	0,502	0,463	0,369	0,223	0,016	10,62
Coulommiers (fiches type I)	1670-1715	0,364	0,573	0,500	0,429	0,302	0,127	0,000	9,66
XVIIIe *siècle*									
Rumont	1720-1790	—	0,496	0,504	0,444	0,370	0,186	—	10,00
Argenteuil	1740-1770	0,460	0,554	0,521	0,478	0,360	0,147	—	10,30
Trois Villages	1740-1779	—	0,527	0,515	0,448	0,368	0,144	0,021	10,01

D'après des recherches partiellement inédites de Marcel LACHIVER et de ses élèves.

Régions et localités	Epoque	15-19 ans	20-24 ans	25-29 ans
SUD-OUEST				
Sérignan (Hérault)	1650-1792	0,339	0,423	0,392
Thézels et S. Sernin (Bas-Quercy) (Lot)	1700-1792	0,208	0,385	0,355
Lévignac-sur-Save	1750-1790	—	0,396	0,424
13 paroisses du quart Sud-Ouest de la France (f. mariées 20-24 ans)	1720-1769	—	0,449	0,356
NORD				
Sainghin-en-Mélantois	1690-1739	—	0,512	0,521
	1740-1769	—	0,592	0,519
BASSIN PARISIEN				
Trois villages (Oise)	1740-1779	—	0,527	0,515
Coulommiers (S. et M.)	1670-1715	0,330	0,522	0,482
Rumont (S. et M.)	1720-1790	—	0,496	0,504
Meulan (Yvelines)	1660-1709	0,541	0,486	0 465
	1710-1739	0,643	0,555	0,547
BRETAGNE				
Saint-Méen (Ille et V.)	1720-1792	0,484	0,582	0,548
Saint-Aubin (I. et V.)	1749-1789	—	0,582	0,520
La Guerche (I. et V.)	1740-1789	0,382	0,507	0,487

Nous appelons « descendance complète de 20 à 44 ans » le nom d'enfants qu'aurait eu une femme mariée à 20 ans, dont la féc dité jusqu'à 44 ans aurait été conforme aux taux moyens prése dans le tableau. On ne calcule cette « descendance complète »

30-34 ans	35-39 ans	40-44 ans	45-49 ans	« Descendance complète » 20-44 ans
0,363	0,284	0,143	0,010	8,02
0,290	0,242	0,067	0,000	6,59
0,308	0,253	0,096	0,000	7,38
0,288	0,215	0,129	0,014	7,18
0,419	0,402	0,220	0,031	10,37
0,472	0,412	0,213	0,015	11,04
0,448	0,368	0,144	0,021	9,86
0,439	0,305	0,128	0,059	9,38
0,444	0,370	0,186	—	9,95
0,498	0,410	0,159	0,014	10,09
0,508	0,357	0,155	0,013	10,61
0,476	0,385	0,202	0,032	10,96
0,489	0,358	—	—	—
0,458	0,270	0,145	—	9,33

ır faciliter les comparaisons, et il ne faut pas la confondre avec nombre d'enfants qu'ont réellement eu les femmes mariées à ans et fécondes jusqu'à 44 ans.

TABLEAU 17 - *Phase de hausse et phase de bais*

		15-19 ans	20-24 ans	25-29 ans
BASSIN PARISIEN				
Meulan	1660-1709	0,541	0,486	0,465
	1710-1739	0,643	0,555	0,547
	1740-1764	0533	0,467	0,490
	1765-1789	0,480	0,515	0,465
	1790-1814	0,476	0,433	0,331
	1815-1839	0,359	0,363	0,273
Pays d'Arthies	1668-1719	0,432	0,419	0,425
	1720-1744	0,222	0,422	0,452
	1745-1769	0,555	0,497	0,426
	1770-1789	0,364	0,431	0,354
	1790-1804	0,500	0,430	0,333
	1805-1819	0,235	0,318	0,246
Cormeilles- en-Parisis	1610-1667		0,464	0,442
	1668-1699	0,338	0,515	0,512
BRETAGNE				
Saint-Méen	1720-1755	0,487	0,560	0,527
	1756-1792	0,473	0,632	0,591
NORD				
Sainghin	1690-1739	—	0,512	0,521
	1740-1769	—	0,592	0,519
	1770-1789	—	0,417	0,466
Isbergues	1620-1745	0,489	0,428	0,442
	1746-1789	0,400	0,559	0,463
	1790-1825		0,514	0,446

la fécondité en France septentrionale

30-34 ans	35-29 ans	40-44 ans	45-49 ans	« Descendance complète » 20-44 ans
0,498	0,410	0,159	0,014	10,09
0,508	0,357	0,155	0,013	10,61
0,420	0,306	0,107	0,017	8,95
0,385	0,283	0,115	0,013	8,81
0,253	0,159	0,053	0,006	6,09
0,203	0,127	0,063	0,005	5,14
0,362	0,283	0,129	0,010	8,09
0,411	0,314	0,135	0,019	8,67
0,373	0,258	0,145	0,023	8,49
0,284	0,212	0,088	0,009	6,84
0,227	0,172	0,058	0,000	6,10
0,175	0,115	0,039	0,001	4,46
0,395	0,394	0,177	0,022	9,36
0,435	0,423	0,226	0,017	10,55
0,464	0,379	0,185	0,036	10,57
0,502	0,400	0,262	0,016	11,93
0,419	0,402	0,220	0,031	10,37
0,472	0,412	0,213	0,015	11,04
0,428	0,289	0,158	0,008	8,79
0,404	0,390	0,328	—	9,96
0,457	0,411	0,200	—	10,45
0,406	0,381	0,200	—	9,73

TABLEAU 18 - *Mortalité infantile et fécondité : corrélation géographique*

Régions et localités		Evaluation de la fécondité			mortalité infantile pour 1 000 naissances
		Taux à 25-29 ans	« Descendance » de 20 à 44 ans	Nombre moyen d'enfants par familles complètes	
RÉGIONS A FORTE FÉCONDITÉ DE LA FRANCE SEPTENTRIONALE					
Bretagne-Anjou					
21 paroisses,	1740-1789		?		249
Saint-Méen,	1720-1792	0,548	10,96		env. 235
Saint-Aubin,	1740-1789	0,520			243
Nord et Bassin Parisien					
Sainghin	1740-1789	0,519	11,04		env. 267
Auneuil	1656-1735			7 à 8	288
3 villages	1720-1792	0,515	10,01		env. 212
41 paroisses	1750-1789				230
Petites villes					
Coulommiers	1670-1715	0,500	9,66	7,2	269
Meulan	1660-1739	0,507	10,33		244
Argenteuil	1640-1770	0,554	10,30		256
Thoissey	1740-1789	0,546	10,38		env. 259
RÉGIONS A FAIBLE FÉCONDITÉ DU SUD-OUEST					
Soudeilles	1740-1779	0,397	8,00		154
Thezels	1747-1792	0,335	6,52		191
Duraval	1770-1800				199
Pontvourville	1756-1798				env. 194
Azereix	1732-1772			4,7	188
Bilhères d'Ossau	1740-1779	0,400	8,26		182

TABLEAU 19 - *Mortalité infantile et fécondité : corrélation chronologique*

Localités	Dates	« Descendance » 20-44 ans	Mortalité infantile
Meulan	1660-1739	10,33	244/1 000
	1740-1789	8,89	226/1 000
	1790-1839	5,69	155/1 000
Soudeilles	1740-1779	8,00	154/1 000
	1780-1819	7,01	124/1 000
	1820-1859	6,59	116/1 000
Bilhères d'O.	1740-1779	8,26	182/1 000
	1780-1819	6,07	151/1 000
	1820-1859	5,58	117/1 000
Sainghin	1740-1769	11,04	267/1 000
	1770-1789	8,79	145/1 000
	1790-1809	9,16	175/1 000

TABLEAU 20 - *La mortalité infantile : causes endogènes et causes exogènes*

		Mortalité infantile	Endogène	Exogène
A - ORIGINE EXOGÈNE DE LA SURMORTALITÉ DES ENFANTS DANS LA FRANCE SEPTENTRIONALE				
SUD-OUEST				
Thezels et St-Sernin	1747-1790	191/1 000	102	89
Bilhères d'Ossau	1740-1779	182/1 000	98	84
FRANCE SEPTENTRIONALE				
21 paroisses Bretagne-Anjou	1740-1829	228/1 000	85	143
41 paroisses autour de Paris	1750-1789	230/1 000	96	134
Sotteville-lès-Rouen	1760-1789	245/1 000	85	160
Meulan	1668-1739	244/1 000	61	183
Argenteuil	1740-1790	256/1 000	64	192
Sainghin	1740-1749	259/1 000	120	139
FRANCE ACTUELLE				
	1953-1955	36/1 000	13	23
B - CAUSES EXOGÈNES DE LA BAISSE DE LA MORTALITÉ INFANTILE EN FRANCE SEPTENTRIONALE				
Meulan	1668-1739	244/1 000	61	183
	1740-1789	226/1 000	85	141
	1790-1839	155/1 000	74	81
Sainghin	1740-1749	259/1 000	120	139
	1780-1789	148/1 000	107	41
	1820-1829	132/1 000	90	42
C - CAUSES ENDOGÈNES DE LA BAISSE DE MORTALITÉ INFANTILE DANS LE SUD-OUEST				
Soudeilles	1610-1699	210/1 000	142	68
	1700-1779	154/1 000	94	60
	1780-1819	124/1 000	68	56
	1820-1859	116/1 000	57	59
Bilhères-d'Ossau	1740-1779	182/1 000	98	84
	1780-1819	151/1 000	65	86
	1820-1859	117/1 000	34	83

Tableau 21 - *Fécondité des femmes selon qu'elles mettent ou non leurs enfants en nourrice*

Groupes d'âge	15-19 ans	20-24 ans	25-29 ans	30-34 ans	35-39 ans	40-44 ans	45-49 ans
Femmes ne mettant pas en nourrice	0,429	0,530	0,490	0,421	0,300	0,132	0,016
Femmes mettant en nourrice	0,545	0,589	0,603	0,501	0,417	0,116	0,023

D'après M. Lachiver et Dupaquier in *Annales E.S.C.*, n° 6, 1969, p. 1399.

Tableau 22 - *Intervalles intergénésiques après décès en bas âge, à Bléré*

Intervalles en mois	1e-2e	2e-3e	3e-4e	4e-5e	5e-6e	6e-7e
Normaux	18,3	22,7	23,3	24,9	23,4	24,2
Après décès	15,7	17,6	19,1	17,7	19,3	22,5

D'après M. Lachiver, in *Annales de Démographie Historique*, 1969, p. 224.

Tableau 23 - *Evolution de la fécondité chez les pauvres et chez les riches, à Meulan*

Familles à intervalle intergénésique moyen de		moins de 18 mois	19 à 30 mois	31 à 48 mois	49 mois et plus	moins de 30 mois	31 mois et plus
		%	%	%	%	%	%
1660-1739	Pauvres	9,1	54,6	22,7	13,6	63,7	36,3
	Riches	21,6	55,8	10,0	12,6	77,4	22,6
1740-1764	Pauvres	17,4	43,5	34,8	4,3	60,9	39,1
	Riches	16,7	44,4	18,5	20,4	61,1	38,9
1765-1789	Pauvres	4,2	58,3	20,8	16,7	62,5	37,5
	Riches	15,0	35,0	20,0	30,0	50,0	50,0
1790-1814	Pauvres	0	28,6	25,7	45,7	28,6	71,4
	Riches	0	13,5	37,8	48,7	13,5	86,5
1815-1839	Pauvres	0	33,3	23,8	42,9	33,3	66,7
	Riches	3,5	17,2	17,2	62,1	20,7	79,3

Recherche inédite de Marcel Lachiver.

NOTES

LE CONCEPT DE FAMILLE

1. *The Diary of Samuel Pepys,* année 1660.

CHAPITRE I : LES LIENS DE LA PARENTÉ

1. MONTAIGNE : *Essais,* Bibliothèque de la Pléiade, Gallimard, 1950, livre I, ch. XLVII, p. 313.
2. *Ibid.,* p. 314.
3. BRANTÔME : *Nombre et rolle de mes nepveux, petitz-nepveux, ou arrière-petitz-nepveux à la mode de Bretagne, que moy Brantôme je puis avoir, et que j'ay faict aujourd'hui 5 novembre M.DC.II,* (dans *Œuvres,* éd. Lalanne, t. 10, pp. 88-106, pp. 91-92).
4. *Ibid.,* p. 90.
5. Pierre de LANCRE : *Tableau de l'inconstance des mauvais anges* (1612) ; cité par Jean-François SOULET : *La Vie quotidienne dans les Pyrénées sous l'ancien régime du XVIe au XVIIIe siècle,* Hachette, 1974, p. 221.
6. J.-F. SOULET : *op. cit.,* p. 221.
7. Claude LIBERMAN : *Démographie d'une paroisse basque sous l'Ancien Régime : Urrugne,* mémoire de maîtrise dactylographié, Université de Paris-VIII-Vincennes, 1976.
8. BRANTÔME : *op. cit.,* pp. 94-95.
9. Mgr. ABELLY : *La vie du vénérable serviteur de Dieu Vincent de Paul,* Paris, 1664, livre II, ch. I, section V : « Des missions faites en l'Isle de Corse », pp. 73-74.
10. Louis FALETTI : *Le Retrait lignager en droit coutumier français,* Paris, P.U.F., 1923, passim.

11. *Ibid.*, pp. 153 et 162-163.
12. *Ibid.*, pp. 178-179.
13. *Ibid.*, pp. 176-177.
14. *Ibid.*, chap. III, p. 252 et suiv.
15. RÉTIF de la BRETONNE : *La vie de mon père*, édition de G. ROUGER, Garnier, 1970, p. 27.
16. *Encyclopédie ou dictionnaire raisonné des sciences, des arts et métiers*, t. XI (1765), p. 937, col. 1.
17. Voir par exemple Orest RANUM : *Les Créatures de Richelieu*, Paris, Pédone, 1966, passim.
18. SAINT-SIMON : *Mémoires*, Bibliothèque de la Pléiade, année 1694, chap. VIII, t. I, p. 114 et suivantes.
19. *Ibid.*
20. L. FALETTI : *op. cit.*, pp. 253-255.
21. *Encyclopédie*, t. XI, p. 937, col. 2.
22. Les testaments utilisés ici ont été publiés par C. ABOUCAYA : *Les testaments lyonnais de la fin du XVe siècle au milieu du XVIIIe*, Sirey, 1961, pp. 182-216.
23. L. FALETTI : *op. cit.*, p. 253.
24. Ch. LALORE : *Ancienne discipline du Diocèse de Troyes*, Troyes, 1882, t. II, pp. 72-74.
25. « Deux bourgeois de Vitré ; Journal inédit ; 1490-1583 », publié par Emile CLOUARD, *Revue de Bretagne*, t. 51, 1914, pp. 70-91, 133-142, 197-237.
26. Nicolas VERSORIS : *Journal d'un bourgeois de Paris sous François Ier*, texte choisi et présenté par Philippe JOUTARD, Paris, 1963, collection 10/18, n° 69.
27. Alan MAC FARLANE : *The Family life of Ralph Josselin, a seventeenth-century Clergyman : An Essay in Historical Anthropology*, Cambridge, 1970, p. 105 et suivantes.
28. A.L. ROWSE : *Simon Forman, sex and society in Shakespeare's Age*, London, passim.
29. *The Diary of Samuel Pepys*, introduction (t. I) et index (t. IX).
30. G. ARBELLOT : *Cinq paroisses du Vallage, XVIIe-XVIIIe siècles*, Microfiche AUDIR, n° 73.944.1.
31. Par exemple Claude KARNOOUH : « L'étranger ou le faux inconnu », *Ethnologie Française*, II, 1-2, pp. 107-122.
32. Maurice GARDEN : *Lyon et les Lyonnais au XVIIIe siècle*, Paris, Belles-Lettres, 1970, 3e partie, pp. 405-408.
33. J.-F. SOULET : *op. cit.*, p. 244.
34. *Ibid.*, p. 240.
35. RÉTIF de la BRETONNE : *Monsieur Nicolas*, (édition de 1883 en 14 volumes) t. II, pp. 417-418 ; cité par G. ROUGER à la suite de *La vie de mon père*, pp. 193-194.
36. *Monsieur Nicolas*, t. I, p. 108.
37. *Ibid.*, t. I, p. 122.
38. *Ibid.*, t. I, pp. 93-94.

39. *La vie de mon père,* p. 117.
40. *Monsieur Nicolas,* t. I, p. 194.
41. *Ibid.*, t. I, p. 198 et suivantes.
42. *Ibid.*, t. I, pp. 195-196.
43. *Ibid.*, t. I, p. 197.
44. *Ibid.*, t. I, pp. 20-21.
45. SAINT-SIMON : *Mémoires,* t. I, pp. 228-230.
46. *La vie de mon père,* pp. 110-111.
47. *Archives départementales de l'Aube,* Inventaire série G, t. III, p. 4.
48. HOUARD : *Dictionnaire... de la coutume de Normandie,* t. III, pp. 235-240 ; cité par J.-M. GOUESSE dans *Documents de l'Histoire de la Normandie,* p. 311.
49. *A.D. Aube,* Inventaire série G. t. III, p. 3.
50. *Monsieur Nicolas,* t. I, pp. 117-119 ; cité par G. ROUGER, pp. 218-220.
51. *Les cahiers du capitaine Coignet,* Hachette, 1968, pp. 3-10.
52. *La vie de mon père,* p. 108.
53. *Ibid.*, p. 117.
54. *Ibid.*, p. 116.
55. *Ibid.*, p. 118.
56. *A.D. Seine-et-Marne,* 22.G.41, interrogatoire du 9 mai 1738.
57. *Ibid.*, 22.G.40, dispense du 13 janvier 1737.
58. *A.D. Seine-et-Marne,* série B, Bailliage de Provins, déclaration de grossesse du 27 janvier 1748.
59. *La vie de mon père,* p. 28.
60. Affaire étudiée dans J.-L. FLANDRIN : *Les Amours paysannes,* pp. 71-72.
61. *La vie de mon père,* p. 70.
62. « Qui n'a que des filles pour des gendres sera à toutes heures en grand esclandre » : LE ROUX DE LINCY, t. I, p. 234 ; « Mieux vaut fils courroucé que gendre apaisé » : Marie MAURON : *Dicton d'Oc.*, p. 92 ; « Ten toun gendre luan et toun fourmouras proche » : CHAMPSAUR et GAPENÇAIS, etc.
63. *Les cahiers du capitaine Coignet,* pp. 6-8, et 14.
64. *La vie de mon père,* pp. 26-27.
65. *A.D. Seine-et-Marne,* 22.G.43, dispense du 4 février 1751.
66. J.-L. FLANDRIN : *Les Amours paysannes,* pp. 141-146.

CHAPITRE II : LE MÉNAGE : TAILLE, STRUCTURE ET VIE MATÉRIELLE

1. Frédéric LE PLAY : *La Réforme sociale.*
2. Pierre BOURDIEU : « Célibat et condition paysanne » in *Etudes*

rurales, avril-septembre 1962 ; et « Les stratégies matrimoniales dans le système de reproduction » in *Annales E.S.C.,* juillet-octobre 1972.

3. Peter LASLETT : *Household and Family in Past time,* Cambridge University Press, 1972, 623 p.

4. Pierre GOUBERT : *Beauvais et le Beauvaisis,* SEVPEN, 1960, pp. 30-45 et 61-62 ; Michel FLEURY et Louis HENRY : *Nouveau manuel de dépouillement et d'exploitation de l'état civil ancien,* Paris, 1965.

5. Par exemple dans *Annales de Démographie historique,* 1967, les articles de R. NOEL sur « La population de la paroisse de Laguiole d'après un recensement de 1691 », pp. 197-223 ; et de P. LIONS et M. LACHIVER : « Dénombrement de la population de Brueil-en-Vexin en 1625 », pp. 521-537.

6. P. LASLETT, dans *Household and Family,* pp. 130-131, 133, 138.

7. P. LASLETT : *Un monde que nous avons perdu,* Flammarion, 1969, pp. 74-80.

8. Louis MERLE : *La métairie et l'évolution agraire de la Gâtine poitevine, de la fin du Moyen Age à la Révolution,* SEVPEN, 1958, 252 p.

9. Gérard BOUCHARD : *Le village immobile, Sennely-en-Sologne au XVIIIe siècle,* Plon, 1972.

10. Voir par exemple Lawrence STONE : *The Crisis of Aristocracy,* Oxford, 1965, p. 569 ; ou Elizabeth BOURCIER : « La famille anglaise dans la première moitié du XVIIe siècle à travers les journaux privés du temps », *RANAM,* n° VIII, 1975, p. 39.

11. P. LASLETT : *Un monde que nous avons perdu,* p. 102.

12. *Ibid.,* pp. 102-103.

13. *Ibid.,* p. 189 ; voir aussi L. STONE, *loc. cit.* ; et E. BOURCIER, *loc. cit.*

14. P. LASLETT : *Un monde...,* pp. 106-107.

15. Jacques DUPÂQUIER et Louis JADIN, « Structure of household and family in Corsica, 1769-1771 », chapitre 11 de *Household and Family in Past Time.*

16. On se réfère ici aux travaux inédits présentés à l'Ecole des Hautes Etudes en Science Sociales, au séminaire de J. DUPAQUIER et J.-P. BARDET, le 25 novembre 1974, par Jean-Claude PEYRONNET et Mme Nicole LEMAITRE, sur le Limousin ; par Mlle Antoinette CHAMOUX sur les Baronnies pyrénéennes ; et par Alain COLLOMP sur la Haute-Provence.

17. J.-C. PEYRONNET, « Famille élargie ou famille nucléaire ? En Limousin au début du XIXe siècle », in *Revue d'Histoire moderne et contemporaine,* oct.-déc. 1975, pp. 568-582.

18. Enquête interdisciplinaire d'ethno-histoire du Centre de Recherche historique sur les Baronnies des Hautes-Pyrénées (à paraître).

19. Nouvelles recherches inédites d'Alain COLLOMP sur les contrats de mariage du canton de Saint-André-les-Alpes. Son article publié dans *Annales E.S.C.,* juillet-octobre 1972, pp. 969-975, ne portait que sur 183 contrats, mais aboutissait à des conclusions analogues.

20. Jean YVER : *Egalité entre héritiers et exclusion des enfants dotés,* Sirey, 1966. Voir aussi Emmanuel LE ROY LADURIE : « Structures familiales

et coutumes d'héritage », *Annales E.S.C.*, juillet-octobre 1972, pp. 825-846, qui ramasse l'essentiel de l'ouvrage de Jean YVER.

21. Article I de la coutume de Barèges, cité par J.-F. SOULET, *op. cit.*, pp. 222-223.

22. Pierre BOURDIEU, *articles cités.*

23. Témoignage publié par Abel HUGO : *La France pittoresque,* Paris, 1835, 3 vol., t. I, p. 266.

24. Document publié par Jean-Noël BIRABEN dans *Annales de Démographie Historique,* 1970, pp. 441-462 ; et sous une forme plus élaborée dans *Household and Family in Past Time,* chap. 8.

25. J. YVER : *op. cit.*, pp. 158-159.

26. *Ibid.*, p. 159.

27. Quelques indications chiffrées, cependant, sur les villages d'Escoutoux et de Messeix, dans Abel POITRINEAU : *La vie rurale dans la Basse-Auvergne au XVIIIe siècle,* P.U.F., 1965, 2 vol., t. I, pp. 595-599.

28. J. YVER, *op. cit.*, pp. 211-221 (pour Valenciennes) et 203-210 (pour Longuenesse).

29. A. COLLOMP, « Famille nucléaire et famille élargie en Provence au XVIIIe siècle », *Annales E.S.C.*, juillet-octobre 1972, p. 971.

30. J. YVER, *op. cit.*, pp. 108-109 et 297-298 (sur l'imposition d'en haut) et pp. 279-289 (sur le droit scandinave).

31. Cité par J. YVER, *op. cit.*, p. 41, note 65c.

32. Pierre de SAINT-JACOB : *Les Paysans de la Bourgogne du Nord au dernier siècle de l'Ancien Régime,* Paris, Belles-Lettres, 1960, pp. 38-39.

33. *Ibid.*, p. 423.

34. G. CHEVRIER : « L'originalité du droit franc-comtois » (*Tijdschrift voor Rechtsgeschiedenis,* n° XXVII, 1959 ; et Simone GALLIOT : *Le Régime matrimonial en droict Franc-comtois de 1459 à la Révolution,* thèse, 1953, en particulier pp. 32-35, d'où sont tirés tous les exemples suivants.

35. G. CHEVRIER : *op. cit.*, pp. 183-184 ; et Jean GAUDEMET : *Les communautés familiales,* Marcel Rivière, 1963, p. 122, n. 108.

36. Emmanuel LE ROY LADURIE : *Les Paysans de Languedoc,* SEVPEN, 1966, 2 vol., t. I, pp. 162-165 ; et pour plus de précisions Jean HILAIRE : *Le régime des biens entre époux dans la région de Montpellier,* Paris, 1957, passim.

37. Yves CASTAN : *Honnêteté et relations sociales en Languedoc, 1715-1780,* Paris, Plon, 1974, pp. 229-235.

38. E. LE ROY LADURIE : *op. cit.*, pp. 165-168 ; d'après J. HILAIRE, *op. cit.*, ; R. AUBENAS, « Le contrat d'affrairamentum dans le droit provençal du Moyen Age » in *Revue d'Histoire du Droit,* 1933 ; Ch. de RIBBE : *La société provençale à la fin du Moyen Age,* Paris, 1898 ; A. DUMAS : *La condition des gens dans la famille périgourdine, XVe-XVIe siècles,* Paris, 1908 ; M. JUILLARD : « La vie populaire à la fin du Moyen Age en Auvergne, XVe siècle » in *Auvergne,* n° 28, 1951, p. 61.

39. J. GAUDEMET : *op. cit.*, pp. 117-118.

40. *Ibid.*, pp. 89 et 97.

41. Guy Coquille : *Coutume du Nivernais,* pp. 304-314 de l'éd. de 1864.

42. E. Le Roy Ladurie, *op. cit.*, 1966, p. 167.

43. On a beaucoup discuté de l'importance historique du phénomène. Quoi qu'il en soit, son existence n'est pas contestable : il a été dénoncé dès le début du XVIe siècle par Thomas More : *L'Utopie,* pp. 81-82 de la traduction de V. Stouvenel, Editions Sociales, 1966.

44. A. Poitrineau, *loc. cit.*

45. Cahier de Vouzon, publié par C. Bloch : *Cahiers de doléances du bailliage d'Orléans,* Orléans, 1906, t. I, p. 441 ; cité par G. Bouchard, *op. cit.*, pp. 230-231, note 51.

46. E. Le Roy Ladurie : *op. cit.*, p. 167.

47. A. Poitrineau, *loc. cit.*

48. J. Gaudemet, *op. cit.*, pp. 97-100.

49. A. Collomp, dans *Annales E.S.C.*, juillet-octobre 1972, p. 972.

50. Recherches personnelles de Jean-Pierre Bardet sur Rouen ; recherches du laboratoire de démographie historique de l'Ecole des Hautes Etudes en Sciences Sociales sur Valenciennes et les villages voisins ; présentation des résultats par J.-P. Bardet, au séminaire du 3 février 1975.

51. Philippe Ariès : *L'Enfant et la vie familiale sous l'Ancien Régime,* Plon, 1960, ou Seuil, 1973, pp. 441-461 ; et, pour l'iconographie de la vie familiale, pp. 377-407.

52. *Les Caquets de l'Accouchée,* éd. Marpon et Flammarion, 1890. par exemple pp. 14-15.

53. Longchamp et Wagnière : *Mémoires sur Voltaire,* t. II, p. 119 sq. ; cité par Franklin : *La vie privée d'autrefois,* édition abrégée, Librairie Académique Perrin, 1973. p. 234.

54. Norbert Elias : *La Société de cour,* Calmann-Lévy, 1974, p. 25, note 1.

55. Françoise Janin : *Crimes et délits sexuels dans l'ancien droit français, XVIe-XVIIIe siècles,* mémoire de maîtrise, dactylographié, 155 pages, Université de Paris I, 1973, par exemple pp. 53-57.

56. Mme de Campan : *Mémoires,* chap. IV, t. I, p. 104 ; cité par Franklin, *op. cit.*, p. 234.

57. Cette idée a déjà été exprimée par Ph. Ariès, *op. cit.*, pp. 443 et 457-458 ; et par G. Bouchard, *op. cit.*, p. 236.

58. M. Garden : *op. cit.*, pp. 405-422, et particulièrement p. 408.

59. Richard Lick, « Les intérieurs domestiques dans la seconde moitié du XVIIIe siècle, d'après les inventaires après décès de Coutances » in *Annales de Normandie,* 20e année, n° 4, déc. 1970, pp. 291-316.

60. J. Carrière : *La Population d'Aix-en-Provence à la fin du XVIIe siècle,* Annales de la Faculté des Lettres d'Aix-en-Provence, 1958.

61. Félix Tavernier : *La vie quotidienne à Marseille, de Louis XIV à Louis-Philippe,* Hachette, 1973, pp. 109-111.

62. Noël Du Fail : *Les Baliverneries d'Eutrapel,* éd. de 1894, pp. 45-48 ; cité par J.-L. Flandrin : *Nouvelle Histoire de France,* t. XI, pp. 1298-1299.

63. Richard CAREW : *Survey of Cornwall,* 1602, p. 66 ; Robert REYCE : *Suffolk in the XVIe century : the Breviary of Suffolk,* 1618, éd. par Lord Francis HENRY, 1902, p. 51 ; cités dans Joan THIRSK : *The Agrarian History of England and Wales,* t. IV, pp. 443-446.

64. *Agrarian History of England and Wales,* t. IV ; les pages 442-454, dues à Alan EVERITT, sont consacrées à la vie domestique des « farm labourers », équivalents de nos journaliers français.

65. D'après Suzanne TARDIEU : *La vie domestique dans le Mâconnais rural pré-industriel,* Paris, 1964, pp. 47-55.

66. A. HUGO : *La France pittoresque,* t. I, p. 154.

67. *Ibid.*, t. II, p. 154.

68. *Archives départementales de l'Aube,* Inventaire série G, t. II, pp. 438-439.

69. *Ibid.*, p. 387.

70. *Ibid.*, pp. 385-386.

71. Noël DU FAIL : *Discours d'aucuns propos rustiques,* fin du chap. V et début du chap. VI.

72. « La toile, vêtement de beaucoup de paysans, ne les protège pas suffisamment... mais depuis quelques années... il est un bien plus grand nombre de paysans qui portent des vêtements de laine », écrit un auteur du XVIIIe siècle, cité par Fernand BRAUDEL dans *Civilisation matérielle et capitalisme,* A. Colin, 1967, p. 236. On peut voir ces vêtements de grosse toile au Musée des Arts et Traditions Populaires. Sur ce sujet, consulter aussi Robert MANDROU : *Introduction à la France moderne,* Albin Michel, 1960, pp. 35-43, et particulièrement p. 42.

73. G. BOUCHARD : *op. cit.*, p. 94.

74. *Ibid.*, p. 98.

75. Ph. ARIÈS : *op. cit.*, p. 445.

76. Les paysans de Gascogne, « assis autour du feu, ont l'habitude de manger sans table et de boire tous au même gobelet », écrit un auteur du XVIe siècle cité par F. BRAUDEL, *op. cit.*, p. 212.

77. Charles KUNSTLER : *La vie quotidienne sous Louis XV,* Hachette, 1953, pp. 337-338.

78. Ph. ARIÈS, *op. cit.*, pp. 401-404.

79. *La vie de mon père,* p. 131.

80. *Ibid.*, p. 191 et 192.

81. *Ibid.*, p. 191.

82. *Ibid.*, p. 191.

83. « Les femmes mangent une fois les hommes servis », écrit au XXe siècle Gaetan BERNOUVILLE, dans *Le pays des Basques,* Paris, 1930. Et l'on trouve au XVIIIe siècle des témoignages analogues sur d'autres régions pyrénéennes, par exemple dans le carnet de notes du géographe alpiniste RAMOND.

84. *La vie de mon père,* p. 130.

85. *Ibid.*

86. *Ibid.*, pp. 130-131.

87. *Ibid.*, pp. 131-133.

88. Noël Du Fail : *Les contes et discours d'Eutrapel*, Rennes, 1603, ff. 52v°-53v° ; cité dans J.-L. Flandrin, *Les Amours paysannes*, pp. 121-122.

89. *Journal du sire de Gouberville* (1553-1564), in Mémoire Soc. Antiq. Normandie, t. xxxi, Caen, 1892.

90. J.-L. Flandrin : *Les Amours paysannes*, pp. 119-122.

91. A. Hugo : *op. cit.*, t. i, pp. 237-238.

92. Etienne Tabourot : *Les Escraignes dijonnaises*, Paris, 1614, prologue ; cité par J.-L. Flandrin : *Les Amours paysannes*, pp. 120-121.

93. Grosley, « Dissertation sur les écreignes lue dans l'académie de Troyes le 15 novembre 1743 », *Mémoires de l'Académie de Troyes*, 1743.

94. Ch. Lalore : *Ancienne discipline du diocèse de Troyes*, t. iii, pp. 257-258.

95. Yves Castan, *op. cit.*, pp. 174 et 236-237.

96. J.-F. Soulet, *op. cit.*, pp. 281-282.

97. Yves Castan, « Pères et fils en Languedoc à l'époque classique » dans *XVII*e *siècle*, n° 102-103, pp. 31-43 en particulier pp. 40-41.

98. Norbert Elias : *La société de cour*, chap. i.

CHAPITRE III : LA MORALE DES RELATIONS DOMESTIQUES

1. A. Hugo : *La France pittoresque*, t. i, p. 202.

2. *Ibid.*, t. ii, p. 154.

3. *Ibid.*, t. i.

4. Cité par J.-M. Gouesse dans *Documents de l'Histoire de la Normandie*, Privat, 1972, p. 313.

5. A. Hugo, *op. cit.*, t. i, p. 266.

6. *Ibid.*, t. ii, p. 203.

7. *Ibid.*, t. i.

8. *Ibid.*, t. i, pp. 237-238.

9. *Ibid.*, t. ii, p. 234.

10. *Ibid.*, t. i, p. 299.

11. *Ibid.*, t. i, p. 291.

12. *Ibid.*, t. i, p. 202.

13. *Ibid.*, t. i, p. 234.

14. Sébastien Locatelli : *Voyage en France, 1664-1665*, éd. A. Vautier, Paris, 1905.

15. Recensement publié et commenté par P. Lions et M. Lachiver dans *Annales de Démographie historique*, 1967, pp. 521-537.

16. A. Brette : *Recueil des documents relatifs à la convocation des Etats Généraux* de 1789, t. i, Paris, 1894, pp. 75, 76-77 (art. 20 et 25).

17. J.-F. Soulet : *La vie quotidienne dans les Pyrénées*, pp. 226-227.

18. BENEDICTI : *La Somme des Péchez,* livre II, chap. IV, n° 47, p. 110.

19. Les protestants n'admettaient généralement la nécessité des hiérarchies sociales qu'en raison de la corruption de l'homme par le péché originel.

20. Jean GERSON : *Instruction pour les curés,* éd. de 1602, chap. 8.

21. Cité par Jean-Claude DHOTEL : *Les origines du catéchisme moderne,* Aubier, 1967, p. 423.

22. Tous les proverbes antérieurs au XIXe siècle dont il est question ici se trouvent dans le recueil de LE ROUX DE LINCY : *Le livre des proverbes français,* 2e éd., 1859, t. I, pp. 219-232, (157 proverbes sur la Femme).

23. M. QUITARD : *Proverbes sur les Femmes, l'amitié, l'amour et le mariage,* Paris, 1861.

24. Le petit dossier juridique qui suit a été constitué par Pierre CUZACQ et publié dans *La naissance, le mariage et le décès... dans le Sud-Ouest de la France,* Paris, 1902, pp. 114-117.

25. *Ibid.,* pp. 117-119.

26. Jean GAUFRETEAU : *Chronique bordelaise,* t. I, p. 58.

27. Roger VAULTIER : *Le Folklore pendant la guerre de Cent Ans d'après les Lettres de Rémission du Trésor des Chartes,* Guénégaud, 1965.

28. Henri LALOU : « Des charivaris et de leur répression dans le Midi de la France » dans *Revue des Pyrénées,* XVI, 1904, pp. 498-499.

29. Par exemple Roland MOUSNIER : *Les institutions de la France sous la monarchie absolue,* P.U.F., 1974, t. I, pp. 74-75.

30. Pierre PETOT et André VANDENBOSSCHE, « Le statut de la femme dans les pays coutumiers français du XIIIe au XVIIIe siècle », dans *Recueils de la Société Jean Bodin,* t. 12, 1962, pp. 243-254.

31. Jean BENEDICTI, prédicateur lyonnais, fut aussi professeur en théologie et Père Provincial de la Province de Touraine Pictavienne de l'Ordre des Frères Mineurs de l'Observance. Sa *Somme des Péchez,* qui parut pour la première fois à Lyon en 1584, eut de nombreuses éditions augmentées, expurgées ou abrégées. On se réfère ici à la grosse édition parisienne de 1601 (827 p., in-4), conservée à la Bibliothèque Nationale sous la cote D.6502. Livre II, chapitres I à IV.

32. Le cardinal espagnol Francisco TOLEDO, mort en 1596, a laissé une grosse somme de théologie morale publiée pour la première fois en 1599, à Lyon, sous le titre : *De instructione sacerdotum.* Elle a eu au cours du XVIIe siècle une centaine d'éditions complètes ou abrégées, en latin ou en différentes langues vulgaires. Sous le nom de TOLET, nous nous référerons à la grosse traduction française intitulée *L'Instruction des Prêtres* composée en latin par François Tolet, et mise en français par M.A. Goffard (1002 pp., in-4), parue à Lyon en 1628 et conservée à la Bibliothèque nationale sous la cote D.10281, livre V, chap. I et II.

33. *L'Examen de théologie morale* du portugais Antonio FERNANDES DE MOURE, a eu, depuis 1616 et peut-être avant, plusieurs éditions en latin et en langue vulgaire. L'édition parue à Rouen en 1638, à laquelle nous nous référons ici, n'est sans doute pas la première en français, puisque le traducteur de Tolet écrivait en 1628, dans sa préface, que « la Somme

de Benedicti et la Théologie morale de Fernandes de Moure... courent [déjà] par la France, habillées à la vulgaire ».

34. Antoine BLANCHARD, prieur de Saint-Mars-les-Vendôme : *Essay d'exhortation pour les états différents des malades... On y a joint un examen général sur tous les commandements et sur les péchés de plusieurs estats...* (Paris, 1713, 2 vol., in-12). On se référera à l'édition de Paris 1736, conservée à la Biliothèque Nationale sous la cote D.26150.

35. *Instruction du Chrestien,* par Mgr l'éminentissime cardinal duc de RICHELIEU, revue, corrigée, augmentée et remise en meilleur ordre par S(on) E(minence). XXVIe édition, du commandement de Mgr l'Evesque de Meaux, pour servir aux Curez de son diocèse, Paris, 1640, p. 199.

36. Alain LOTTIN : « Vie et mort du couple ; difficultés conjugales et divorces dans le Nord de la France aux XVIIe et XVIIIe siècles dans *XVIIe siècle,* n° 102-103, 1974, pp. 68-71.

37. Cités par R. MOUSNIER, *op. cit.,* pp. 76-77.

38. *Encyclopédie,* article « Puissance paternelle », t. XIII, pp. 560-563.

39. Concile de Trente, session XXIV, *De Reformatione Matrimonii,* chap. I, décret *Tametsi.*

40. J.-L. FLANDRIN : *Les Amours paysannes,* pp. 36-75.

41. Cité par J.-M. GOUESSE : *Documents de l'Histoire de la Normandie,* pp. 310-311.

42. J.-L. FLANDRIN : *Les Amours paysannes,* pp. 46-47.

43. *Ibid.,* p. 40.

44. FERNANDES DE MOURE, *op. cit.,* p. 665.

45. Cité et commenté dans *Les Amours paysannes,* pp. 25-27.

46. *De Reformatione Matrimonii,* cap. IX.

47. BENEDICTI : *op. cit.,* livre I, chap. I, n° 3.

48. Lucien CARRIVE, « La vision de la famille chez les moralistes puritains », *RANAM,* n° VIII, 1975, p. 65.

49. TOLET, *op. cit.,* p. 541, n° 12.

50. FERNANDES DE MOURE, *op. cit.,* pp. 708-709, n° 5.

51. Session XXV, *De regularibus et Monialibus,* cap. 17 et 18.

52. Publié dans MIGNE : *Orateurs sacrés,* t. XIII, col. 967.

53. *Ibid.,* col. 977-978.

54. RICHELIEU, *op. cit.,* p. 196.

55. A. BLANCHARD, *op. cit.,* p. 200, n° 16.

56. J.-L. FLANDRIN, « L'attitude à l'égard du petit enfant et les conduites sexuelles dans la civilisation occidentale » dans *Annales de Démographie historique,* 1973, pp. 143-205.

57. MIGNE : *Orateurs sacrés,* t. XXXII, col. 1322.

58. FERNANDES DE MOURE, *op. cit.,* p. 20, n° 2.

59. MIGNE : *Orateurs sacrés,* t. XII, col. 842.

60. RICHELIEU, *op. cit.,* pp. 189-190.

61. L. CARRIVE, *op. cit.,* pp. 62-63.

62. MIGNE : *Orateurs sacrés,* t. XIII, col. 978.

63. *Ibid.*

64. MIGNE : *Orateurs sacrés*, t. XXXII, col. 1319-1320.

65. MIGNE : *Orateurs sacrés*, t. XXXII, col. 1315.

66. BENEDICTI : *op. cit.*, livre II, chap. II, n° 41.

67. Session XXIV, *De Reformatione Matrimonii*, cap. 9.

68. MIGNE : *Orateurs sacrés*, t. XXXII, col. 1324-1326 et 1328.

69. Y. CASTAN : *Honnêteté et relations sociales*, pp. 211 et 223.

70. Deux études récentes sur les lettres de cachet : François-Xavier EMMANUELLI, « Ordre du Roi et lettres de cachet en Provence à la fin de l'Ancien Régime » dans *Revue Historique*, octobre-décembre 1974, pp. 357-392 ; et Jean-Claude PERROT : *Caen au XVIIIe siècle*, Mouton, 1975, t. II, pp. 836-838.

71. Les catéchismes auxquels il sera fait allusion ont été étudiés à l'université de Vincennes, au printemps 1973, en collaboration avec Jackie DUCATEZ, Suzanne MORIN-ROZENFELD et Irène MUSIAL-OPTOLOWICZ. Tous les textes cités sont extraits du chapitre qu'ils consacrent au IVe commandement de Dieu.

72. Luis LOPEZ : *Instructorium conscientiae*, Salamanque, 1585, 1re partie, col. 385.

73. Saint JÉROME (v. 331-420) : *Contre Jovinien*, I, 49.

74. BENEDICTI, *op. cit.*, livre II, chap. IX, n° 59.

75. J.-L. FLANDRIN, « Contraception, mariage et relations amoureuses dans l'Occident chrétien », dans *Annales E.S.C.*, nov.-décembre 1969, pp. 1380-1384.

76. John T. NOONAN, *Contraception et mariage*, Paris, Cerf, 1969, pp. 626-638 et 660-662.

77. MONTAIGNE : *Essais*, l. I, chap. XXX, pp. 235-236.

78. *Ibid.*, p. 235.

79. Luc THORÉ, « Langage et sexualité », dans *Sexualité humaine*, Aubier-Montaigne, 1970, pp. 65-96.

80. BRANTÔME : *Les Dames galantes*, premier discours, éd. Maurice Rat, pp. 25-26.

81. A. HUGO, *op. cit.*, t. II, p. 82.

82. Cité par A. Mac FARLANE, *op. cit.*, p. 107.

83. Lucien CARRIVE, « La vision de la famille chez les moralistes puritains », dans *RANAM*, n° VIII, 1975, pp. 67 et 57.

84. *Ibid.*, p. 68.

85. Joseph HALL, *Résolution de divers cas de conscience...*, nouvellement traduit de l'anglais, Genève, 1664, pp. 345-347.

86. Suzanne HALIMI, « Le mariage en Angleterre au XVIIIe siècle », dans *RANAM*, n° VIII, 1975, pp. 75-80.

87. François de LA ROCHEFOUCAULD : *La vie en Angleterre au XVIIIe siècle*, 1784, éd. J. Marchand, Paris, 1945, pp. 79-80.

88. Cte P. de VAUDREUIL : *Promenade de Bagnères-de-Luchon à Paris*, 2 vol., Paris, 1820-1821, t. II, p. 41 ; et W. BLACKSTONE : *Commentaire sur les lois anglaises*, traduit de l'anglais sur la 15e édition, Paris, 1821-1823, t. V, p. 300, note.

89. A. HUGO : *La France pittoresque*, t. I, p. 291.

90. Enquête sur le vocabulaire des titres des ouvrages ayant demandé un privilège ou une permission tacite de 1723 à 1789, entreprise au Centre de Recherches historiques de la VIe section de l'Ecole pratique des Hautes Etudes, sous la direction de François Furet.

91. *A.D. Aube*, Inventaire de la série G, t. II, p. 406.

92. *Ibid.*, t. III, pp. 2-10.

CHAPITRE IV : LA FONCTION REPRODUCTRICE DE LA FAMILLE

1. John Dod et Robert Clever : *A Goodly Form of Household Government* (ed. 1614), cité par L. Carrive, dans *RANAM*, n° VIII, p. 58.

2. St Thomas d'Aquin : *Commentaire sur saint Paul*, cité par Noonan, *op. cit.*, p. 359.

3. Burchard de Worms : *Decretum*, livre XIX, art. 174.

4. Benedicti, *op. cit.*, livre II, chp. II, n° 20.

5. *Ibid.*, livre II, ch. I, n° 3.

6. Pierre-Joseph Dorleans, « Instruction chrétienne aux personnes engagées dans le mariage sur l'éducation de leurs enfants », édité par Migne, *Orateurs Sacrés*, t. XIII, col. 967-969.

7. *Ibid.*, col. 970.

8. *Ibid.*, col. 968.

9. Claude Joly, « Sur les devoirs des chefs de famille », dans Migne, *Orateurs sacrés*, t. XXXII, col. 1516-1517.

10. Benedicti, *op. cit.*, livre II, ch. IX, n° 63.

11. Guillaume Bouchet : *Les Sérées*, éd. de 1873, t. III, ch. 22, p. 290 et t. IV, chap. 23, p. 10.

12. *A.D. Aube*, Inventaire série G. t. II, pp. 413-414.

13. J.-L. Flandrin : *Les Amours paysannes*, pp. 207 et 210-215.

14. Alain Croix : *Nantes et le pays nantais au XVIe siècle, étude démographique*, SEVPEN, 1974, p. 96.

15. Jacques Depauw, « Amour illégitime et société à Nantes au XVIIIe siècle », dans *Annales E.S.C.*, juillet-octobre 1972, pp. 1175-1176.

16. C. Pouyez : *Une communauté d'Artois, Isbergues, 1598-1826*, Microfiche AUDIR, n° 73.944.37.

17. G. Arbellot : *Cinq paroisses du Vallage*, Microfiche AUDIR, n° 73.944.1.

18. *Les Amours paysannes*, pp. 223-229.

19. Jacques Rossiaud : « Prostitution, jeunesse et société dans les villes du Sud-Est au XVe siècle », dans *Annales E.S.C.*, mars-avril 1976, p. 289-325 (p. 294-295).

20. Fernand Braudel et Ernest Labrousse : *Histoire économique et sociale de la France*, t. 2, pp. 487-497.

21. Pour une bonne mise au point récente, voir Claude Delaselle, « Les enfants abandonnés à Paris au XVIIIe siècle », dans *Annales E.S.C.*, janvier-février 1975.

22. Jacques ROSSIAUD, *op. cit.*

23. *A.D. Aube,* Inventaire série G, t. II, passim.

24. *Instructions pour les confesseurs du diocèse de Chalon-sur-Saône,* Lyon, 1682, p. 10.

25. Lettre de Lancelot à M. de Sacy, cité par G. SNYDERS, *La pédagogie en France aux XVIIe et XVIIIe siècles,* P.U.F., 1965, p. 45.

26. TOLET, *op. cit.*, livre V, chap. XIII, n° 11.

27. Rapporté par Dominique JULIA, dans *Annales de Démographie Historique,* 1973, p. 299.

28. BENEDICTI, *op. cit.*, livre II, chap. VIII.

29. WASSERCHLEBEN : *Die Irische Kanonensamlungen,* livre LXVI, n° 16, p. 239.

30. Marcel LACHIVER, « Fécondité légitime et contraception dans la région parisienne », dans *Hommage à Marcel Reinhard,* pp. 383-401.

31. Edward SHORTER a mis en évidence le fait et proposé la première de ces hypothèses dans « Female emancipation, Birth Control and Fertility in European History », dans *The American Historical Review,* juin 1973, pp. 605-640. J'ai suggéré la seconde dans *Les Amours paysannes,* pp. 149 et 243-244.

32. E.A. WRIGLEY, « Family limitation in pre-industrial England », dans *Economic History Review,* n° 1, 1966, pp. 82-109.

33. Ils seraient de l'ordre de 237 pour 1 000 conceptions et deviendraient particulièrement fréquents à partir de 30-35 ans : cf. Henri LERIDON, *Aspects biométriques de la fécondité humaine,* INED, Travaux et Documents, n° 65, P.U.F., 1973, pp. 47-80.

34. Voir en particulier L. HENRY, *Anciennes familles genevoises,* INED, Travaux et Documents, n° 26, P.U.F., 1956 ; et *La Population de Crulai, paroisse normande,* n° 33, P.U.F., 1958.

35. Jacques DUPAQUIER et Marcel LACHIVER, « Les débuts de la contraception en France ou les deux malthusianismes », dans *Annales E.S.C.*, nov.-déc. 1969, pp. 1391-1406.

36. Voir par exemple Philippe ARIÈS, « Attitudes devant la vie et devant la mort du XVIIe au XIXe siècle », dans *Population,* juillet-septembre 1949, pp. 463-470 ; et « Sur les origines de la contraception en France », dans *Population,* juillet-septembre, 1953, pp. 465-472.

37. C'est en somme la thèse présentée par Ph. ARIÈS en 1935 en réponse à un article du R.P. RIQUET.

38. Cf. NOONAN, *op. cit.*, en particulier pp. 257-295 ; ou J.-L. FLANDRIN : *L'Eglise et le contrôle des naissances,* en particulier pp. 53-55.

39. BRANTÔME : *Les Dames galantes,* éd. Rat, pp. 38-39 ; cité et commenté par J.-L. FLANDRIN dans *Annales E.S.C.*, nov.-déc. 1969, pp. 1383-1386.

40. St François de SALES : *Introduction à la vie dévote,* livre III, chap. 39.

41. Claude LEVY et Louis HENRY, « Ducs et pairs sous l'Ancien Régime : caractéristiques démographiques d'une caste », dans *Population,* nov.-déc. 1960 : et L. HENRY : *Anciennes familles genevoises.*

42. Cf. M. LACHIVER, dans *Hommage à Marcel Reinhard.*

43. J. POTTER, « The growth of population in America, 1700-1860 », dans *Population in History,* London, 1965, pp. 631-688.

44. J. HENRIPIN : *La population canadienne au début du XVIIIe siècle,* dans INED, Travaux et Documents, n° 22, P.U.F., 1954.

45. Jacques GÉLIS : « Sages-femmes et accoucheurs : l'obstétrique populaire aux XVIIe et XVIIIe siècles », dans *Annales E.S.C.,* sept.-octobre 1977, p. 927-957.

46. Méthode de J. BOURGEOIS-PICHAT. On en trouvera un exposé dans Roland PRESSAT : *L'analyse démographique,* pp. 134-138.

47. Voir par exemple Maurice GARDEN : *Lyon et les Lyonnais au XVIIIe siècle,* Paris, Belles-Lettres, 1970, pp. 95-107 ; ou l'édition abrégée, Flammarion, 1975, pp. 46-54.

48. M. GARDEN, *op. cit.,* 1970, p. 131.

49. E. SHORTER en a récemment trouvé des preuves précises pour les années 1837-1838 ; cf. *The Making of the Modern family,* Basic Books, 1975, pp. 185-188.

50. M. GARDEN, *op. cit.,* 1970, p. 128.

51. Jean-Pierre BARDET, « Enfants abandonnés et enfants assistés à Rouen dans la seconde moitié du XVIIIe siècle », dans *Hommage à Marcel Reinhard,* pp. 28-29.

52. MOHEAU : *Recherches et considérations sur la population de la France,* Paris, 1778, 2e partie, chap. VI, pp. 102-103.

53. Yves CASTAN : *Honnêteté et relations sociales...,* pp. 211-214.

54. Par exemple chez les Juifs des premiers siècles de l'ère chrétienne, selon NOONAN, *op. cit.,* pp. 69-70.

55. Col. 1198.

56. BENEDICTI, *op. cit.,* livre II, chap. II, n° 20.

57. Thomas SANCHEZ, *op. cit.,* livre IX, dist. XXII, n° 15.

58. *Ibid.,* n° 14.

59. J.-L. FLANDRIN, dans *Annales de Démographie Historique,* 1973, p. 179.

60. Les recherches ne concernent encore que Meulan (de 1660 à 1764), Cuise-la-Motte (de 1670 à 1819) et Germont de 1700 à 1819. Je remercie MM. M. LACHIVER et L. HENRY qui ont bien voulu me communiquer leurs fiches de famille.

61. L. HENRY, « La fécondité des mariages dans le quart Sud-Ouest de la France, de 1720 à 1819 », dans *Annales E.S.C.,* juillet-octobre 1972, p. 987.

62. J.-L. FLANDRIN dans *Annales de Démographie Historique,* 1973, pp. 187-196.

63. Pierre MILHARD : *Inventaire des cas de conscience,* 1611, chap. « Droit de Mariage », n° 6.

64. MALTHUS : *Essai sur le principe de population,* livre III, chap. I, Seghers, 1963, p. 268.

65. MOHEAU, *op. cit.,* pp. 101-102.

66. M. LACHIVER, dans *Hommage à Marcel Reinhard,* pp. 383-401.

67. Recherche inédite de Marcel LACHIVER, présentée au séminaire de Jacques Dupâquier le 17 février 1975.
68. MONTAIGNE : *Essais*, livre I, chap. XIV, pp. 79-80.
69. A. MC FARLANE, *op. cit.*
70. P. MILHARD, *loc. cit.*, n° 8.
71. FROMAGEAU, *Dictionnaire des cas de conscience* (Paris, 1733) col. 1220 ; Th. SANCHEZ, *op. cit.*, livre IX, dist. XX, n° 3.
72. FROMAGEAU, *op. cit.*, col. 1197-1199 et 1201.
73. *Abrégé du manuel du... Dr. Martin Azpilcueta Navarrois...* traduit de latin en françois par M. Robert SEGARD, Douai, 1601, chap. XVI, n° 27. Ce petit manuel avait été édité pour la première fois en latin à Rome en 1590, et il connut ensuite de nombreuses autres éditions et traductions.
74. Cité par Jean-Marie GOUESSE, « Le refus de l'enfant au tribunal de la pénitence », dans *Annales de Démographie historique*, 1973, p. 238.
75. NOONAN, *op. cit.*, pp. 549-550.
76. *Genèse*, 38.
77. NOONAN, *op. cit.*, pp. 506-512 ; voir aussi Hélène BERGUES, *La prévention des naissances dans la famille*, I.N.E.D., Travaux et Documents, n° 35, P.U.F., 1960, pp. 229-231.
78. MOHEAU, *op. cit.*, pp. 99-100.
79. BRANTOME : *Dames galantes*, pp. 38-39.
80. NOONAN, *op. cit.*, p. 230 ; J.-L. FLANDRIN : *L'Eglise et le contrôle des naissances*, p. 116.
81. Hélène BERGUES, *op. cit.*, p. 227.
82. J.-L. FLANDRIN : *L'Eglise et le contrôle des naissances*, p. 115, canon « Aliquando ».
83. *Ibid.*, pp. 33 et 117 ; NOONAN, *op. cit.*, pp. 108 et 113.
84. MALTHUS, *op. cit.*, livre IV, chap. II, pp. 318-319.
85. DE LA TOUR, « Discours sur la Foi et la pureté », dans MIGNE, *Orateurs sacrés*, t. LX, col. 372.
86. Alfred PERRENOUD, « Malthusianisme et protestantisme... », dans *Annales E.S.C.*, juillet-août 1974, pp. 975-988.
87. Louis-Sébastien MERCIER : *Mon bonnet de nuit*, Neuchâtel, 1784, pp. 142-143 ; cité par H. BERGUES, pp. 292-293.
88. NOONAN, *op. cit.*, pp. 282-283 et 381-382 ; et J.-L. FLANDRIN, dans *Annales de Démographie historique*, 1973, pp. 145-147.
89. L. CAHEN, « Condorcet inédit. Notes pour le tableau des progrès de l'esprit humain », dans « La Révolution française », *Revue d'Histoire moderne et contemporaine*, 1922, t. 75, pp. 193-212. Merci à Ernest Coumet de m'avoir signalé ce texte.
90. Cité par H. BERGUES, p. 228.
91. L. HENRY, dans *Annales E.S.C.*, juillet-octobre 1972, p. 1001.
92. J.L. FLANDRIN : *Les Amours paysannes*, pp. 191-200 et 241-242.
93. Ces témoignages ont été rassemblés par Edward SHORTER, dans *The Making of the modern family*, pp. 182-184.

94. M. LACHIVER, à qui je dois l'idée développée dans le paragraphe suivant, en est déjà convaincu.

95. C'est ce que dit par exemple le médecin Laurent JOUBERT, cité dans *Annales de Démographie historique*, 1973, pp. 208-210.

96. Nombreux sont les procès contre les nourrices qui, devenant enceintes, ont donné à l'enfant un mauvais lait ou l'ont sevré prématurément. Voir par exemple M. GARDEN, *op. cit.*, pp. 121 et 123, note 87.

97. J. DUPAQUIER et M. LACHIVER, dans *Annales E.S.C.*, nov.-déc. 1969. Voir aussi les courbes de fécondité par âge présentées par M. LACHIVER dans *Hommage à Marcel Reinhard*, p. 391 : elles ne deviennent concaves qu'après 1789.

98. Faute de données précises sur l'allaitement mercenaire, je m'en rapporte à l'opinion de Marcel LACHIVER qui est actuellement le meilleur connaisseur de cette région parisienne.

99. Voir par exemple Laurent JOUBERT : *Erreurs populaires*, 1re partie, livre V, chap. I, pp. 176-190.

100. Th. SANCHEZ, *op. cit.*, livre IX, dist. XXII, n° 15.

101. C'est la thèse soutenue par Pierre CHAUNU dans plusieurs publications. Voir exemple *La civilisation de l'Europe des Lumières*, Arthaud, 1971, pp. 133-142 ; et « Malthusianisme démographique et malthusianisme économique », dans *Annales E.S.C.*, janvier-février, 1971, pp. 1-19, en particulier pp. 16-19.

102. L. CAHEN, *op. cit.*, p. 200.

103. Par exemple F. JOUON des LONGRAIS, « Le statut de la femme en Angleterre dans le droit commun médiéval », dans *Recueils de la Société Jean Bodin*, t. 12, pp. 235-241.

104. L. CARRIVE, *op. cit.*, pp. 59-67.

BIBLIOGRAPHIE

(Cette bibliographie a été revue fin décembre 1975 pour intégrer quelques livres parus après la rédaction de l'ouvrage.)

1 - LA VIE FAMILIALE, L'ENFANT, LA SEXUALITÉ

Revues spécialisées et numéros spéciaux

— *History of Childhood Quarterly : The Journal of Psychohistory* (The Psychohistory Press, 2315 Broadway, New York). Revue récente, dirigée par Lloyd de Mause, tout entière consacrée à l'histoire de l'enfance.

— *Annales E.S.C.*

Histoire biologique et société (nov.-déc. 1969, 360 p.). Partiellement réédité en anglais par R. Foster et O. Ranum, sous le titre suivant : *Biology of man in History* (The John Hopkins University Press, Baltimore and London, 1975, 205 p.).

Famille et société (juillet-octobre 1972, 436 pp. ; et suite dans le numéro de nov.-déc. 1972, pp. 1329-1388).

Histoire et sexualité (juillet-août 1974, pp. 973-1057).

— *Annales de Démographie historique*, 1973 : *Enfant et sociétés* (Mouton, Paris et La Haye, 1973, 488 p.).

XVIIe siècle, 1974, n° 102-103 : *Le XVIIe siècle et la famille*, 102 p. (distribué par la Librairie d'Argences, 38, rue St-Sulpice, Paris 6e).

RANAM (Recherches Anglaises et Américaines), 1975, n° VIII : *La Famille dans l'Angleterre pré-industrielle. La Famille dans le monde anglo-saxon au XIXe siècle* (RANAM, 22, rue Descartes, 67000 Strasbourg).

Ouvrages et articles récents

Ph. Ariès : *L'Enfant et la vie familiale sous l'Ancien Régime*. 1re édition, 1960 ; 2e édition française aux Editions du Seuil, 1973, XX-503 p. ;

édition abrégée, Seuil, 1975 ; plusieurs éditions en anglais sous le titre : *Centuries of Childhood.* Ouvrage pionnier, dont certaines thèses sont à nuancer à la lumière des études récentes, mais qui reste irremplaçable.

Ph. ARIÈS : *Essais sur l'histoire de la mort en Occident, du Moyen Age à nos jours* (Paris, Seuil, 1975, 225 p.). La mort comme révélateur des sentiments dans la famille : pp. 46-60, 132-156, 198-209.

S. ARMENS : *Archetypes of the Family in literature* (Seattle, 1969).

A. BURGUIÈRE : « L'Ancien Régime démographique : un modèle ? une stratégie ? » (in *Mélanges Braudel,* 1973).

H. BERGUES, etc. : *La Prévention des naissances dans la Famille* (Paris, P.U.F., « Travaux et Documents » de l'I.N.E.D., n° 35). Reste utile par l'abondance des documents rassemblés.

R. CHARTIER, M.-M. COMPÈRE et D. JULIA : *L'éducation en France du XVIe au XVIIIe siècle* (Paris, SEDES, 1975). Le manuel de base sur l'éducation (scolaire surtout) en France.

P. CHAUNU : *Histoire Science sociale,* (Paris, SEDES, 1974, 437 p.). Pour la 3e partie : « L'Homme ».

Ph. CUNNINGTON et A. BLOCH : *Children's Costume in England : from the Fourteenth to the End of the Nineteenth Century,* (New York, 1965).

N.Z. DAVIS : *Society and Culture in Early Modern France,* (Stanford University Press, 1975, 362 p.). Huit essais dont plusieurs relatifs aux sociétés de jeunes et aux femmes dans l'ancienne société. Parmi eux l'inédit et déjà célèbre « Woman on top ».

C. DELASSELLE : « Les enfants abandonnés à Paris au XVIIIe siècle ». (*Annales E.S.C.,* janv.-févr. 1975). La mise au point la plus récente sur la question.

Lloyd de MAUSE, etc.; *The History of Childhood* (New York, 1974, The Psychohistory Press, 450 p.). Découvrant le passé de l'enfance avec les yeux d'un homme d'aujourd'hui imprégné d'idéologie freudienne et satisfait de « l'american way of life », Llyod de Mause n'y voit qu'un long calvaire. Il ne cherche pas quelles contraintes matérielles ni quelles structures idéologiques peuvent expliquer les attitudes anciennes envers l'enfant, mais il fait au contraire de ces attitudes la raison fondamentale de la longue stagnation économique et culturelle du monde occidental, et de leur récente et miraculeuse transformation, le moteur du « progrès ». Utile bibliographie, surtout anglo-saxonne. Les neuf autres contributions à cette histoire de l'enfance sont plus classiques par leur cadre géographique et chronologique limité, leur faible contenu idéologique et la précision des renseignements qu'elles apportent.

J. DEMOS : *A little Commonwealth : Family Life in Plymouth Colony,* (New York, 1970).

L. DESPERT : *The Emotionally Disturbed Child : Then and Now,* (New York, 1967).

J. EMELINA : *Les valets et les servantes dans le théâtre comique en France de 1610 à 1700,* (Grenoble, P.U.G. 1975, 532 p.). Thèse de littérature, à ne pas négliger.

J.-L. FLANDRIN; « Enfance et société », (*Annales E.S.C.*, mars-avril 1964, pp. 322-329). Note critique sur l'ouvrage de Ph. Ariès.

J.-L. FLANDRIN : « Sentiments et civilisation : sondage au niveau des titres d'ouvrages » (*Annales E.S.C.*, sept.-oct. 1965, pp. 939-966). Recherche sur la transformation des sentiments entre le XVIe siècle et le milieu du XXe.

J.-L. FLANDRIN : *L'Eglise et le contrôle des naissances,* (Flammarion, 1970, 140 p., collection « Questions d'Histoire », n° 23). Se lit plus facilement que le gros ouvrage de Noonan, cité ci-dessous, dont il reprend les principales idées.

J.-L. FLANDRIN : « Mariage tardif et vie sexuelle. Discussion et hypothèses de recherche », (*Annales E.S.C.*, nov.-déc. 1972, pp. 1351-1378).

J.-L. FLANDRIN : *Les Amours paysannes* (Collection « Archives » n° 57, Gallimard, Paris, 1975, 256 p.).

J. HEERS : *Le clan familial au Moyen Age,* (Paris, P.U.F., 1974, 272 p.).

M. HEWITT et I. PINCHBECK : *Children in English Society.* t. I : *From Tudor Times to the Eighteenth Century,* (London, Routledge & Kegan Paul, 1969 et 1972, 346 p.). Approche historique classique.

D. HUNT : *Parents and Children in History,* (New York, 1970). Approche psychologique, sur la base du journal d'Héroard, médecin de Louis XIII enfant.

F. LEBRUN : *La vie conjugale sous l'Ancien Régime,* (A. Colin, collection « U prisme » n° 51, Paris, 1975, 180 p.). Très utile petite synthèse, embrassant un sujet plus vaste que ne l'annonce le titre.

A. LOTTIN : « Naissances illégitimes et filles mères à Lille au XVIIIe siècle », (*Revue d'Histoire moderne et contemporaine,* avril-juin 1970, pp. 278-322).

A. LOTTIN, etc. : *La désunion du couple sous l'Ancien Régime,* (Publication de Lille III, D.U.L.J.V.A., SP 18, 59650. Villeneuve d'Ascq), 1975, 225 p. Les drames de la vie conjugale d'après les archives de l'officialité de Cambrai.

A. Mc FARLANE : *The Family of Ralph Josselin, a seventeenth century Clergyman : An essay in Historical Antropology,* (Cambridge University Press, 1971, 296 p.). Intéressant.

R. MERCIER : *L'Enfant dans la société du XVIIIe siècle avant l'Emile,* (Dakar, 1951). Littéraire, vieilli.

E.S. MORGAN : *The Puritan Family : Religion and Domestic Relations in Seventeenth-Century New England,* (New York, 1966).

R. NELLI : « L'amour courtois » in *Sexualité humaine,* (Paris, 1970, Aubier-Montaigne, 303 p.).

J.-T. NOONAN : *Contraception et mariage ; évolution ou contradiction dans la pensée chrétienne ?,* (traduction française, Ed. du Cerf, Paris 1969, 722 p.). L'ouvrage fondamental sur l'évolution de la doctrine de l'Eglise en matière de sexualité.

J.-H. PLUMB : « The new world of children in eighteenth century England », (*Past and Present*, n° 67, mai 1975, pp. 64-95). Progrès de l'intérêt pour l'enfant ? ou de l'économie de marché ?

Th. K. RABB et J. ROTBERG : *The Family in History, Interdisciplinary Essays,* (Harper Torchbooks, New York, 1971, 235 p.).

J. ROSSIAUD : « Prostitution, jeunesse et société dans les villes du Sud-Est au XVe siècle », (*Annales E.S.C.*, mars-avril 1976, p. 289-325). Du même auteur, « Fraternité de jeunesse et niveaux de culture dans les villes du Sud-Est à la fin du Moyen Age », (*Cahiers d'Histoire,* n° 1-2, 1976, p. 67-102). Ces deux articles sont fondamentaux.

A.L. ROWSE : *Simon Forman, Sex and Society in Shakespeare's Age,* (Londres, 1971). Tirés du journal d'un astrologue londonien, des renseignements d'une précision inouïe sur la menstruation, la fréquence des rapports sexuels, les attitudes envers le conjoint et la grossesse, les rapports d'un astrologue et de ses clientes.

L.L. SCHUCKING : *The Puritan Family,* (London, 1969, 216 p.).

M. SEGALEN : *Nuptialité et alliance. Le choix du conjoint dans une commune de l'Eure aux XVIIIe et XIXe siècles,* (Maisonneuve & Larose, Paris, 1972, 152 p.). Une ethnographe qui ne recule pas devant la recherche statistique.

M. SEGALEN : *Mari et Femme dans la France rurale traditionnelle,* (Éditions des Musées nationaux, Paris, 1973, 78 p., illustré). Catalogue d'une exposition au musée des Arts et Traditions Populaires.

E. SHORTER; *The Making of the Modern Family,* Basic Books, New York, 1975. Livre attachant mais discutable pour la période antérieure à 1750. Documentation riche et originale.

S.R. SMITH; « The London Aprentices as seventeenth-century Adolescents », (*Past and Present,* n° 61, pp. 149-161).

J. SOLÉ; *L'Amour en Occident à l'époque moderne,* Albin-Michel, Paris, 1976.

R. THOMPSON : *Women in Stuart England and America : A Comparative Study,* (Routledge & Kegan Paul, London, 1974, 276 p.).

J.H. Van den BERG : *Métabletica ou la psychologie historique,* (Buchet-Chastel, Paris, 1962). La multiplication des névroses dans la société contemporaine serait-elle due à la transformation des rapports familiaux, à l'infantilisation et à la ségrégation des enfants ?

E. et F. Van de WALLE; « Allaitement, stérilité et contraception : les opinions jusqu'au XIXe siècle », (*Population,* juill.-oct. 1972, pp. 685-702).

2 - VIE MATÉRIELLE ET RELATIONS SOCIALES

M. AGULHON : *Pénitents et francs-maçons de l'ancienne Provence. Essai sur la sociabilité méridionale,* (Paris, 1958, 452 p.).

R.J. BERNARD : « L'Alimentation paysanne en Gévaudan au XVIIIe siècle », (*Annales E.S.C.*, novembre-décembre 1969, pp. 1449-1463). D'après les pensions alimentaires mentionnées dans les testaments et les contrats de mariage.

F. BRAUDEL : *Civilisation matérielle et capitalisme,* XVe-XVIIIe *siècles,* (Armand Colin, 1967, 463 p., collection « Destins du monde »).

M. St Clare BYRNE : *Elisabethan Life in Town and Country,* (London, 1961).

Y. CASTAN : *Honnêteté et relations sociales en Languedoc, 1715-1780,* (Paris, Plon, 1974, 699 p.). Une société reconstituée à partir des sacs de procès. Lire en particulier les chapitres III et IV, consacrés à la famille.

N. ELIAS : *La Civilisation des mœurs* (Calmann-Lévy, 1974, Paris). Traduction française de la première partie du grand ouvrage de sociologie historique parue en allemand en 1939. Important pour comprendre les mécanismes de l'évolution des mœurs et sa signification.

FRANKLIN : *La vie privée autrefois,* (Paris, Perrin, 1973). Edition abrégée par Arlette Farge de l'œuvre immense de Franklin, dont on trouvera un inventaire précis au début du livre.

D. GEORGE : *London Life in the Eighteenth Century* (London, Penguin Books, 1965). Beaucoup de choses sur le sort des enfants et sur les apprentis.

J.J. HECHT : *The Domestic servant Class in Eighteenth Century,* (London, Routledge & Kegan Paul).

How They Lived, t. II (1485-1700), par M. HARRISON et O.M. ROYSON ; t. III (1700-1815), par Asa BRIGGS, (Oxford, Basil Blackwell, 1963 et 1969). Un recueil de textes sur les divers aspects de la vie quotidienne en Angleterre, en particulier sur la naissance, la mort, l'éducation dans la famille.

Mervyn JAMES : *Family, Lineage and Civil Society, a study of Society, Politics and Mentality in Durham Region,* (Clarendon Press, Oxford, 1974).

P. LASLETT : *Un monde que nous avons perdu : les structures sociales pré-industrielles,* (Flammarion, 1969, « Nouvelle bibliothèque scientifique », 297 p.). Fondamental.

E. LE ROY LADURIE, « Ethnographie rurale du XVIIIe siècle : Rétif de la Bretonne », (*Ethnologie française,* II, 3-4, pp. 215-252). Tout ce qu'un historien peut tirer d'une source unique.

E. LE ROY LADURIE : *Montaillou, village occitan, de 1294 à 1324,* Gallimard, 1975, 642 p.). On y trouvera une analyse plus poussée que la nôtre du système de la maison pyrénéenne et des relations entre individus qu'elle engendre.

R.LICK : « Les intérieurs domestiques dans la seconde moitié du XVIIIe siècle, d'après les inventaires après décès de Coutances », (*Annales de Normandie,* 20e année, n° 4, déc. 1970, pp. 291-316).

R. MANDROU : *Introduction à la France moderne, 1500-1640. Essai de psychologie historique,* (collection « Evolution de l'Humanité », Albin-Michel, Paris, 1961, 400 p.).

A. PARREAUX : *La vie quotidienne en Angleterre au temps de George III* (1760-1810), (Hachette, 1966, 287 p.). Utile et attrayant.

Samuel PEPYS : *Journal* (collection 10/18, n° 682, Paris, 1972). Le plus célèbre et le plus fascinant des journaux intimes anglais, enfin mis à la portée de tous les Français. Extraits substantiels fournissant beaucoup d'indications sur la vie matérielle, les relations de parenté, la vie du ménage, la sexualité. Restent pourtant expurgées des allusions à la masturbation.

RÉTIF de la BRETONNE : *La vie de mon père,* rééditée par G. ROUGER et suivie de morceaux choisis des œuvres de RÉTIF relatifs à la vie paysanne au XVIIIe siècle (Garnier, Paris, 1970, 312 p.).

J.F. SOULET : *La vie quotidienne dans les Pyrénées sous l'Ancien Régime, du XVIe au XVIIIe siècle* (Hachette, 1974, 319 p.). Lire en particulier le chapitre intitulé « Famille et voisinage ».

M. SPUFFORD : *Contrasting communities : English Villagers in the Sixteenth and Seventeenth Centuries,* (Cambridge University Press, 397 p.).

S. TARDIEU : *La vie domestique dans le Mâconnais rural pré-industriel,* (Paris, Institut d'Ethnologie, 1964).

J. THIRSK : *The Agrarian History of England and Wales,* t. IV : *1500-1640,* (Cambridge University Press, 1967). Voir en particulier dans le chapitre VIII, consacré aux « Farm-labourers », ce qui concerne la vie domestique (pp. 442-454).

3 - MONOGRAPHIES D'HISTOIRE SOCIALE

G. BOUCHARD : *Le village immobile, Sennely-en-Sologne au XVIIIe siècle,* (Paris, 1972, Plon, 386 p.).

P. DEYON : *Amiens capitale provinciale. Etude sur la société urbaine au XVIIe siècle,* (Paris, Mouton, 1967, 606 p.).

L. FEBVRE : *Philippe II et la Franche-Comté,* (1re édition, 1912 ; réédition dans la collection « Science de l'Histoire », Flammarion, Paris, 1970). En particulier les chapitres X (la vie bourgeoise) et XI (la vie noble).

M. GARDEN : *Lyon et les Lyonnais au XVIIIe siècle,* (Paris, Belles-Lettres, 1970, 772 p. ; édition abrégée « Science»Flammarion », 1975, 374 p.). Fondamental.

P. GOUBERT : *Beauvais et le Beauvaisis de 1600 à 1730,* (SEVPEN, 1960, 2 vol., 653 et 119 p. édition abrégée sous le titre *100.000 provinciaux au XVIIe siècle,* 350 p., collection « Science » Flammarion). Ouvrage pionnier, surtout pour la partie démographique.

F. LEBRUN : *Les Hommes et la mort en Anjou aux XVIIe et XVIIIe siècles,* (Paris, Mouton, 1971, 562 p.). Peu de chose sur la vie familiale.

E. LE ROY LADURIE : *Les Paysans du Languedoc,* (SEVPEN, 1966, 2 vol., 1035 pp. ; édition abrégée, « Science » Flammarion). En particulier, ce qui concerne « le remembrement du lignage », pp. 160-168 de la grosse édition.

J. MEYER : *La noblesse bretonne au XVIIIe siècle,* (SEVPEN, 1966, 2 vol., 1292 p.). Voir, au t. 2, les deux derniers chapitres.

J.C. PERROT : *Genèse d'une ville moderne. Caen au XVIIIe siècle,* (Paris, Mouton, 1975, 2 vol.). En particulier le chapitre 15 (t. II), sur les aspects urbains du comportement démographique.

A. POITRINEAU : *La vie rurale dans la Basse-Auvergne au XVIIIe siècle* (P.U.F., Paris, 1965, 2 vol.).

J.R. RAVENSDALE : *Liable to Floods : Village Landscape on the Edge of the Fens, A.D. 450-1850,* (Cambridge University Press, 217 p.).

4 - OUVRAGES JURIDIQUES

C. ABOUCAYA : *Le testament lyonnais de la fin du XVe siècle au milieu du XVIIIe siècle* (Sirey, Paris, 1961). Surtout pour les textes publiés en annexe.

W. BLACKSTONE : *Commentaire sur les lois anglaises,* traduit de l'anglais sur la 15e édition (Paris, 1821-1823, 6 vol.).

H. DUSSOURD : *Au même pot et au même feu. Etude sur les communautés familiales du centre de la France* (Moulins, 1962, 157 p).

L. FALLETTI : *Le retrait lignager en droit coutumier français...,* (Paris, P.U.F., 1923, 527 p.).

S. GALLIOT : *Le Régime matrimonial en droit Franc-Comtois de 1459 à la Révolution* (Thèse, Besançon, 1953).

J. GAUDEMET : *Les communautés familiales,* (Marcel Rivière, Paris, 1963).

J.L. GAY : *Les effets pécuniaires du mariage en Nivernais du XIVe au XVIe siècle* (thèse droit, Dijon, 1953). Grand nombre de contrats de communion publiés en annexe.

J. HILAIRE : *Le régime des biens entre époux dans la région de Montpellier,* (Paris, 1957).

J. LAFON : *Régimes matrimoniaux et mutations sociales : les époux bordelais, 1450-1550,* (SEVPEN, 1972, 345 p.).

R. MOUSNIER : *Les institutions de la France sous la monarchie absolue,* t. I, (Paris, P.U.F., 1974). Voir les chapitres II et III. Le concept de lignage y est employé dans un sens vague, comme synonyme de maison et de race.

E. LE ROY LADURIE : « Structures familiales et coutumes d'héritage », (*Annales E.S.C.*, juill.-oct. 1972, pp. 825-846). Brillant résumé du livre de Jean Yver.

J. YVER : *Egalité entre héritiers et exclusion des enfants dotés,* (Sirey, Paris, 1966). Ne concerne en principe que les pays coutumiers de la France septentrionale. Ne pas négliger sa carte.

5 - ÉTUDES STATISTIQUES

Revues démographiques

— *Annales de Démographie historique* (un numéro par an, depuis 1965. Revue de la Société de Démographie historique, publiée actuellement chez Mouton).

La société de démographie historique publie aussi pour ses membres un *Bulletin d'Information de la Société de Démographie historique,* qui résume souvent des études inédites.

Elle a publié en outre en 1973 : *Hommage à Marcel Reinhard,* gros recueil d'études démographiques sur les XVIIIe et XIXe siècles.

— *Population :* Revue de l'Institut national d'Etudes démographiques. Six numéros par an, publiés aux P.U.F. Ne s'occupe que de temps à autre de démographie historique. Vient de faire paraître en novembre 1975 un numéro spécial consacré à la *Démographie historique* : il présente les résultats d'ensemble de l'enquête entreprise il y a une quinzaine d'années sur la démographie française d'avant la Révolution. Quelque intéressants que soient ces résultats, ils n'enlèvent rien de leur intérêt aux monographies publiées jusqu'à présent, en raison surtout de la diversité des comportements régionaux dans la France d'Ancien Régime.

— *Population Studies* : c'est la grande revue démographique de langue anglaise.

Ouvrages

G. ARBELLOT : *Cinq paroisses du Vallage, XVIIe-XVIIIe siècles,* (microfiche AUDIR, n° 73.944.1). Excellente étude.

A. ARMENGAUD : *La famille et l'enfant en France et en Angleterre du XVIe au XVIIIe siècle, aspects démographiques,* (SEDES, Paris, 1975, 193 p.). Utile bilan critique des études françaises et anglaises sur les aspects démographiques du sujet.

N. ALLIEU et J. PENDINO : *Suresnes, 1735-1850, aspects démographiques et sociaux,* (microfiche AUDIR, n° 73.944.42)

J.P. BARDET, « Enfants abandonnés et enfants assistés à Rouen dans la seconde moitié du XVIIIe siècle », (*Hommage à Marcel Reinhard,* Paris, 1973, pp. 19-48). La seule étude permettant actuellement de mesurer les dangers de l'allaitement mercenaire pour les enfants de famille.

J.P. BARDET : « La démographie des villes de la modernité (XVIe-XVIIIe siècles) : mythes et réalités », (*Annales de démographie historique,* 1974, pp. 101-126). En particulier pp. 117-124 (« Existe-t-il un comportement démographique urbain ? ») pour nuancer certaines de nos affirmations.

J. BEAUD et G. BOUCHARD : *La population de Saint-Denis en France, 1670-1792,* (microfiche AUDIR, n° 73.944.45).

A. BIDEAU : « *La population de Thoissey aux XVIIIe et XIXe siècles* », (*Bul-*

letin du Centre d'Histoire économique et sociale de la région lyonnaise, 1972, n° 2, pp. 23-42).

Y. Blayo : « Trois paroisses d'Ille-et-Vilaine » (Ranée-la-Guerche, 1733-1792 ; Saint-Méen-le-Grand, 1720-1792 ; Saint-Aubin-d'Aubigné, 1749-1789), (*Annales de Démographie historique,* 1969, pp. 191-213).

Y. Blayo et L. Henry : « Données démographiques sur la Bretagne et l'Anjou, de 1740 à 1829 », (*Annales de Démographie historique,* 1967, pp. 91-172). Pas d'étude de la fécondité.

J.D. Chambers : « Population Change in a provincial town : Nottingham, 1700-1800 », (*Studies in industrial Revolution,* ed. Pressnell, 1960, pp. 97-124).

H. Charbonneau : *Tourouvre-au-Perche aux XVIIe et XVIIIe siècles. Etude de démographie historique,* « Travaux et Documents » de l'INED, n° 55, P.U.F., Paris, 1970, XIV-424 p.). L'étude statistique la plus poussée à ce jour.

A. Croix : *Nantes et le pays nantais au XVIe siècle* (Paris, SEVPEN, 1974, 356 p.). La seule étude de démographie historique sur le xvie siècle. N'a pu reconstituer les familles, ni par conséquent étudier la fécondité.

R. Deniel et L. Henry, « La population d'un village du Nord de la France, Sainghin-en-Mélantois de 1665 à 1851 » (*Population,* juillet-août 1965, pp. 503-602).

F. Desjardin : *Etude démographique du Pays d'Arthies aux XVIIe et XVIIIe siècles (1668-1819),* (Bulletin d'Information de la Société de Démographie historique, n° 3, avril 1971). La plus convaincante des études sur l'apparition du contrôle des naissances dans les campagnes du xviiie siècle.

J. Dupâquier et M. Lachiver : « Les débuts de la contraception en France ou les deux malthusianismes » (*Annales E.S.C.,* nov.-déc. 1969, pp. 1391-1406). Très important sur le plan méthodologique.

Mohamed el Kordi : *Bayeux aux XVIIe et XVIIIe siècles (1600-1792),* (Mouton, 1970, 369 p.).

G. Engelmann : « Etude démographique d'un village de la commune de Toulouse : Pontvourville, 1756-1798 » (*Annales du Midi,* oct. 1965, pp. 427-434).

M. Fresel-Losey : *Histoire démographique d'un village du Béarn : Bilhères-d'Ossau,* xviie-xviiie *siècles,* (Bordeaux, 1969). L'unique étude de démographie historique dans les Pyrénées Occidentales.

J. Ganiage : *Trois villages de l'Ile-de-France au XVIIIe siècle,* (« Travaux et Documents » de l'INED, n° 40, Paris, P.U.F., 1963).

J.C. Giachetti et M. Tyvaert : « Argenteuil, 1740-1790 », (*Annales de Démographie historique,* 1969, pp. 40-61).

A. Gintrac : *Histoire démographique d'un village corrézien : Soudeilles, 1610-1859,* (multigraphié, Bordeaux, 1970, 2 vol., thèse droit). Belle étude, trop peu connue.

J. HAJNAL : « European marriage patterns in perspective », (*Population in History*, London, 1965).

L. HENRY, *La Population de Crulai, paroisse normande*, (« Travaux et documents » de l'INED, Paris, P.U.F., 1958). Un classique : la première illustration de la méthode de reconstitution des familles sur un village français.

L. HENRY : « La fécondité des mariages dans le quart Sud-Ouest de la France, de 1720 à 1829 », (*Annales E.S.C.*, mai-juin et juillet-octobre 1972, pp. 612-640 et 977-1025). Très technique.

L. HENRY et J. HOUDAILLE : « La fécondité des mariages dans le quart Nord-Ouest de la France de 1670 à 1829 » (*Population*, juillet-octobre 1973). Récent. Mais l'intérêt de ce cadre d'étude est discutable.

L. HENRY et C. LEVY : « Ducs et pairs sous l'Ancien Régime : caractéristiques démographiques d'une caste », (*Population*, 1960, n° 5, pp. 807-830). Seule étude française sur la noblesse. Mais pour ce petit groupe social archiconnu, fallait-il en rester aux statistiques ?

L. HENRY et C. LEVY : « Quelques données sur la région autour de Paris au XVIIIe siècle », (*Population*, 1962, n° 2, pp. 297-326). Ensemble très vaste. Pas d'étude de fécondité.

J. HOUDAILLE : « La population de Boulay (Moselle) avant 1850 », *Population*, nov.-déc. 1967, pp. 1058-1084).

J. HOUDAILLE : « La population de sept villages des environs de Boulay aux XVIIIe et XIXe siècles », (*Population*, nov.-déc. 1971, pp. 1061-1072).

M. LACHIVER : *La population de Meulan du XVIIe au XVIIIe siècle* (1600-1870), (SEVPEN, Paris, 1969, 339 p.). La première monographie urbaine et la plus sûre.

M. LACHIVER : « Fécondité légitime et contraception dans la Région parisienne », (*Hommage à Marcel Reinhard*, Paris, 1973, pp. 383-403).

D. LEYMOND, « La communauté de Duraval au XVIIIe siècle », (*Annales du Midi*, 1967, pp. 363-385).

P. LASLETT, etc. : *Household and Family in Past Time*, (Cambridge University Press, 1972, 623 p.).

P. LASLETT et K. OOSTERVEEN, « Long Term Trends in Bastardy », (*Population Studies*, 27, 2 juillet 1973).

N.W. MOGENSEN : *Aspects de la Société Augeronne aux XVIIe et XVIIIe siècles*, (microfiche AUDIR, n° 73.944.31). Démographie comparée de divers milieux sociaux.

A. MOLINIER : « Une paroisse du Bas Languedoc, Sérignan, 1650-1792 », (*Mémoires de la Société archéologique de Montpellier*, t. XII, 1968, 216 p.).

J.C. POLTON : « Coulommiers et Chailly-en-Brie », (*Annales de Démographie historique*, 1969, pp. 14-31).

C. POUYEZ : *Une communauté d'Artois, Isbergues, 1598-1826*, (microfiche AUDIR, n° 73.944.37). Intéressant.

P. ROBERT : « Rumont, 1720-1790 » (*Annales de Démographie historique*, 1969, pp. 32-40).

E.A. WRIGLEY : « Family Limitation in pre-industrial England » (*Economic History Review*, 2e série, vol. 19, n° 1, 1966, pp. 82-109).

E.A. WRIGLEY : *Société et Population* (Paris, Hachette, « L'Univers des connaissances », 1969, 255 pp.).

A. ZINK : *Azereix : une communauté rurale à la fin du XVIIIe siècle* (Paris, SEVPEN, 1969).

Complément à la bibliographie

Revues spécialisées et numéros spéciaux

Journal of Family History (*Studies in Family, Kinship and Demography*).

Daedalus, vol. 106, n° 2 : « The Family » (printemps 1977, 242 p.).

Communications 35 : « Sexualités occidentales » (Paris, Ed. du Seuil, 1982, 192 p.).

Ouvrages

Aimer en France, Actes du Colloque international de Clermont-Ferrand (Faculté des Lettres de Clermont-II, 1980).

Amour et mariage en Europe, Actes du Colloque international sur ce thème (Liège, Musée de la Vie wallonne, 1975, 336 p.).

M. ANDERSON, *Approaches to the History of the Western Family, 1500-1914* (Londres, MacMillan, 1980, 96 p.).

E. BADINTER, *L'Amour en plus. Histoire de l'amour maternel, XVIIe-XXe siècle* (Paris, Flammarion, 1980, 373 p.). Best-seller discuté.

E. CLAVERIE et P. LAMAISON, *L'Impossible Mariage. Violence et parenté en Gévaudan, XVIIe, XVIIIe et XIXe siècles* (Paris, Hachette, 1982). Importante étude d'ethnologie historique.

A. COLLOMP, *La Maison du père. Famille et village en Haute-Provence aux XVIIe et XVIIIe siècles* (Paris, PUF, 1983). L'une des meilleures études françaises.

G. DUBY, *Le Chevalier, la Femme et le Prêtre. Le mariage dans la France féodale* (Paris, Hachette, 1981, 313 p.).

A. FARGE, *Vivre dans la rue à Paris au XVIIIe siècle* (Paris, Gallimard/Julliard, coll. « Archives », 1979, 249 p.).

A. Farge et M. Foucault, *Le Désordre des familles. Lettres de cachet des archives de la Bastille* (Paris, Gallimard/Julliard, coll. « Archives », 1982, 365 p.).

J.-L. Flandrin, *Le Sexe et l'Occident. Evolution des attitudes et des comportements* (Paris, Ed. du Seuil, 1981, 380 p.).

J.-L. Flandrin, *Un temps pour embrasser. Aux origines de la morale sexuelle occidentale, VIᵉ-XIᵉ siècle* (Paris, Ed. du Seuil, 1983, 252 p.).

M. Foucault, *Histoire de la sexualité*, t. 1 : *La Volonté de savoir* ; t. 2 : *Le Souci de soi* ; t. 3 : *Les Aveux de la chair* (Paris, Gallimard, 1976 et 1984).

J. Gélis, *Accoucheur de campagne sous le roi Soleil. Le traité d'accouchement de G. Mauquest de La Motte* (Toulouse, Privat, 1979, 150 p.). Document fascinant.

J. Gélis, M. Laget et M.-F. Morel, *Entrer dans la vie. Naissances et enfances dans la France traditionnelle* (Paris, Gallimard/Julliard, coll. « Archives », 1978).

J. Goody, *Production and Reproduction. A Comparative Study of Domestic Domain* (Cambridge University Press, 1976, 157 p.). Etude anthropologique intégrant des apports historiques récents.

J. Goody, J. Thirsk et E.P. Thompson eds., *Family and Inheritance. Rural Society in Western Europe, 1200-1800* (Cambridge University Press, 1976, 421 p.).

Cl. Grimmer, *La Femme et le Bâtard. Amours illégitimes et secrètes dans l'Ancienne France* (Paris, Presses de la Renaissance, 1983, 281 p.). Mieux que son titre.

Y. Knibiehler et C. Fouquet, *L'Histoire des mères du Moyen Age à nos jours* (Paris, Montalba, 1980, 367 p.).

M. Laget, *Naissances. L'accouchement avant l'âge de la clinique* (Paris, Ed. du Seuil, 1982, 351 p.).

P. Laslett, *Family Life and Illicit Love in Earlier Generations* (Cambridge University Press, 1977, 270 p.).

P. Laslett, K. Oosterveen et R.M. Smith, *Bastardy and its Comparative History* (Londres, Edward Arnold, 1980, 431 p.).

M.-T. Lorcin, *Façon de sentir et de penser : les fabliaux français* (Paris, Honoré Champion, 1979, 199 p.). Concerne la famille et la sexualité.

F. Loux, *Le Jeune Enfant et son corps dans la médecine traditionnelle* (Paris, Flammarion, 1978, 276 p.). Un traditionnel qui est attesté fin XIXᵉ siècle.

M.-O. Métral, *Le Mariage. Les hésitations de l'Occident* (Paris, Aubier-Montaigne, 1977, 314 p.). Interrogations d'une philosophe sur le mariage et la sexualité dans la société chrétienne occidentale.

Cl. Mossé, *La Femme dans la Grèce antique* (Paris, Albin Michel, 1983, 190 p.).

R. Pillorget, *La Tige et le Rameau. Familles anglaise et française, XVIe-XVIIIe siècle* (Paris, Calmann-Levy, 1979, 325 p.).

G.R. Quaife, *Wanton Wenches and Wayward Wives. Peasants and Illicit Sex in Early Seventeenth Century England* (Londres, Croom Helm, 1979, 282 p.). Plein de vie.

R.I. Rotberg et T.K. Rabb eds., *Marriage and Fertility. Studies in Interdisciplinary History* (Princeton University Press, 1980, 374 p.). Recueil d'articles.

M. Segalen, *Sociologie de la famille* (Paris, Colin, 1981, 288 p.).

E. Shorter, *A History of Women's Bodies* (New York, Basic Books, 1982, 398 p.).

L. Stone, *The Family, Sex and Marriage in England, 1500-1800* (New York, Harper & Row, 1977, 800 p.). L'ouvrage fondamental pour l'histoire de la famille anglaise, et des comparaisons avec la famille française.

E. Sullerot, *Histoire et mythologie de l'amour. Huit siècles d'écrits féminins* (Paris, Hachette, 1974, 316 p.).

J.F. Traer, *Marriage and the Family in Eighteenth Century France* (Ithaca, Cornell University Press, 1980, 208 p.).

R. Wheaton et T.K. Hareven eds., *Family and Sexuality in French History* (Philadelphie, University of Pennsylvania Press, 1980, 274 p.). Recueil d'articles.

TABLE

IMP. HÉRISSEY, A ÉVREUX
DÉPÔT LÉGAL FÉVRIER 1984. N° 6714 (33469)

DANS LA MÊME COLLECTION
« L'UNIVERS HISTORIQUE »

derniers titres parus

Histoire politique de la revue *Esprit* (1930-1950)
par Michel Winock

Histoire et Psychanalyse
par Saul Friedländer

Histoire de la France rurale
sous la direction de Georges Duby et d'Armand Wallon
relié, quatre volumes

François de Wendel en République
L'argent et le pouvoir (1914-1940)
par Jean-Noël Jeanneney

La France et les États-Unis
par Jean-Baptiste Duroselle

Le Pain et le Cirque
par Paul Veyne

Le Coup de Prague 1948
par François Fejtö

Histoire économique et sociale de la Grande-Bretagne
1. Des origines au XVIIIe siècle
par Michael Postan et Christopher Hill

Histoire économique et sociale de la Grande-Bretagne
2. De la révolution industrielle à nos jours
par Eric Hobsbawm

Naissance de la famille moderne (XVIIIe-XXe siècle)
par Edward Shorter

L'Homme devant la mort
par Philippe Ariès

Lénine face aux moujiks
par Chantal de Crisenoy

La Droite révolutionnaire (1885-1914)
Les origines françaises du fascisme
par Zeev Sternhell

Histoire de la social-démocratie allemande
par Joseph Rovan

La République au village. Les populations du Var
de la Révolution à la IIe République
par Maurice Agulhon

Le Tribunal de l'impuissance
Virilité et défaillances conjugales dans l'Ancienne France
par Pierre Darmon

L'Impossible Prison
Recherches sur le système pénitentiaire au XIXe siècle
réunies par Michelle Perrot

Magistrats et Sorciers en France au XVIIe siècle
par Robert Mandrou

L'Argent, l'Amour et la Mort en pays d'oc
précédé du roman de l'abbé Fabre, *Jean-l'ont pris* ((1756)
par Emmanuel Le Roy Ladurie

Histoire de la France urbaine
sous la direction de Georges Duby
relié, quatre volumes ; vol. 5 à paraître

Le Sexe et l'Occident
par Jean-Louis Flandrin

La Prostitution à Paris au XIXe siècle
par Alexandre Parent-Duchâtelet
texte présenté et annoté par Alain Corbin

Comprendre l'Ancien Régime russe
par Marc Raeff

Naissances. L'accouchement avant l'âge de la clinique
par Mireille Laget

Un temps pour embrasser
Aux origines de la morale sexuelle occidentale, VIe-XIe siècle
par Jean-Louis Flandrin

La Sorcière de Jasmin
par Emmanuel Le Roy Ladurie

Le Corps et l'Ame
La vie des religieuses au XIXe siècle
par Odile Arnold

Familles
Parenté, maison, sexualité dans l'ancienne société
par Jean-Louis Flandrin